Erich Schöndorf

Strafjustiz auf Abwegen

Ein Staatsanwalt zieht Bilanz

Fachhochschulverlag
DER VERLAG FÜR ANGEWANDTE WISSENSCHAFTEN

Erich Schöndorf
Strafjustiz auf Abwegen
Ein Staatsanwalt zieht Bilanz

Der Verlag für Angewandte Wissenschaften
Band 94
ISBN 3-931297-94-2

Umschlag:
Annika Schorstein

DTP:
Andreas Bauer, Michael Becker,
Tinka Kellermann und Monika Weiland

Druck und Bindung:
ELEKTRA Reprografischer Betrieb GmbH,
65527 Niedernhausen

Preis:
Das Buch kostet je Exemplar 26,– DM,
ab 1.1.2002: 13,30 €
(einschließlich Versandkosten)

Bestellungen:
Fachhochschulverlag
Kleiststraße 31
60318 Frankfurt am Main

Telefon (0 69) 15 33–28 20
Telefax (0 69) 15 33–28 40
bestellung@fhverlag.de
www.fhverlag.de

INHALT

I Theorie in Not

1 Warum strafen wir?

Das junge Paar ist auf dem Heimweg von einer Geburtstagsfeier. Es ist spät geworden. Rund um den Henningerturm dämmert schon der Morgen. Kein Auto fährt auf der Straße und kein Flugzeug ist am Himmel zu hören. Am Ende der Textorstraße bleiben beide kurz stehen und genießen die ungewöhnliche Ruhe. Einen Augenblick später hören sie über ihren Köpfen ein blechernes Knarren. Sie schauen nach oben. Der Rollladen vor dem Fenster im ersten Stock bewegt sich, die Lamellen werden auseinander gedrückt und ein kleiner weißer Gegenstand wird durch den Spalt geschoben. Er fällt vor ihren Füßen auf den Bürgersteig. Die Frau bückt sich und hebt ihn auf. Es ist ein Tempotaschentuch. Sie faltet es auseinander. »Hilfe« steht auf dem weißen Vlies, geschrieben mit rotem Lippenstift und zitternder Hand.

Die späten Fußgänger sind irritiert, unschlüssig, was sie tun sollen. Hinter dem Rollladen über ihnen ist es wieder still und dunkel. Vielleicht ein Scherz, aber eins wissen sie auch: Diese Stadt ist für alles gut. Ein Funkwagen, der langsam auf die Kreuzung zufährt, macht ihnen die Entscheidung leichter. Sie winken, und das Fahrzeug hält. Die beiden Beamten des 8. Polizeireviers in der Offenbacher Landstraße reagieren schnell. Im Treppenhaus des Altbaus drücken sie alle Klingelknöpfe – ohne Erfolg. Daraufhin holt der Jüngere der beiden aus dem Wagen die Notfallaxt, steckt sie neben der Pistole in den Gürtel und klettert an dem alten Efeustrauch, der die Hauswand bis zum Giebel bewächst, nach oben.

Wenige Schläge genügen, dann brechen die spröden Lamellen des altersschwachen Rollladens in tausend Stücke. Nachdem der Beamte auch die dahinter liegende Scheibe eingeschlagen hat, kann er das Fenster öffnen und in die Wohnung einsteigen. Im Schein seiner Taschenlampe entdeckt er eine Frau, die nur notdürftig bekleidet in der hinteren Ecke des kleinen Zimmers kauert. Schräg gegenüber liegt auf einem Bett eine männliche Person, ebenfalls nackt und laut schnarchend. Der Mann auf dem Bett, sagt die Frau dem uniformierten Kletterkünstler, habe sie vergewaltigt. Dann bricht sie zusammen. Es dauert eine geraume Zeit, bis der Beamte den Schnarcher aufgeweckt und zum Anziehen überredet hat. Dann klicken die Handschellen.

Das Opfer wird von Beamten des Kriminaldauerdienstes in die Universitätsklinik gefahren und dort untersucht. Diagnose: multiple Prellungen, Hautabschürfungen, Bruch des linken Jochbeins. Leichte bis mittlere Alkoholisierung. Spermaspuren belegen, dass es in der fraglichen Nacht zum Geschlechtsverkehr gekommen ist. Der mutmaßliche Täter hatte keine Verletzungen, dafür aber viel Alkohol im Blut: 2,7 Promille.

Noch am selben Morgen, nach den Untersuchungen in der Klinik, erzählt das Opfer der Polizei seine Geschichte.

Am Abend zuvor gibt es zu Hause Zoff. Die üblichen Geschichten um Geld und Eifersucht. Ein randalierender Ehemann und zwei weinende Kinder. Daraufhin verlässt sie die Wohnung. Als sie ihre Freundin drei Straßen weiter nicht antrifft, beginnt sie einen Kneipenbummel. Wer Sorgen hat, hat auch Likör. Als der Wirt des Apfelweinlokals Feierabend gebietet, kommt sie schließlich wieder zu sich, an der Theke sitzend vor einem leeren Schnapsglas und einem Rest Apfelwein. Und dann ist da nur noch der nette Ober, der ihr während der letzten Stunde manches wunderschöne Kompliment gemacht hat. Noch Lust mit zu ihm nach Hause zu gehen, um ein bisschen was zu trinken, ein bisschen zu plaudern? Kaum ist die Tür hinter ihr ins Schloss gefallen, verwandelt sich der freundliche Gastgeber in ein Monster. Er schlägt auf sie ein, reißt ihr die Kleider vom Leib und wirft sie in die Badewanne, wo er sie kalt abduscht. Dann zerrt er sie auf sein Bett und vergewaltigt sie. Danach schließt er die Tür ab, versteckt den Schlüssel und bedroht das Opfer mit dem Tod für den Fall, dass es schreit. Der Fluchtweg Fenster sei im Übrigen tabu, denn den Rollladen könne man nicht mehr öffnen. Dann fällt er aufs Bett und schläft augenblicklich ein. Die Sache mit dem Tempotaschentuch, sagt die Geschädigte, habe sie einmal im Fernsehen gesehen.

Unmittelbar nachdem die Presse von dem Fall berichtet hat, meldet sich eine weitere Frau bei der Polizei, gleiche Vorgeschichte, gleicher Tatablauf, genau vier Wochen vorher: Zoff zu Hause, Kneipenbummel, Endstation Apfelweinkneipe, friedlicher Kellner lädt ein, plötzlich brutale Schläge, Dusche und Vergewaltigung. Das Opfer wartet bis zum nächsten Morgen, hat Todesangst. Als der Täter ihr die Tür öffnet, empfiehlt er ihr lächelnd, die Polizei aus dem Spiel zu lassen, da man einer Schlampe wie ihr mit Sicherheit nicht glauben werde. Dann drückt er ihr noch 10 DM in die Hand, damit sie sich erst einmal einen Kaffee und eine Kleinigkeit zum Essen leisten könne, »so beschissen, wie Du aussiehst«.

Diese Geschichte ist nicht in den Köpfen von Romanautoren entstanden und auch nicht in den Drehbuchfabriken in Hollywood. Sie hat sich in Frankfurt am Main ereignet, im Stadtteil Sachsenhausen. Ein bisschen beklemmend schon, aber irgendwie auch nichts Besonderes für die Mainmetropole, wie man die deutsche Hauptstadt des Verbrechens auch nennt.

Ich erzähle diesen Fall regelmäßig den erstsemestrigen Jurastudenten an der Frankfurter Universität. Nachdem wir uns darauf geeinigt haben, dass die Versionen der beiden Frauen der Wahrheit entsprechen und die Erklärung des Täters – nie gesehen bzw. freiwillig mitgemacht – als Schutzbehauptung abzuqualifizieren ist, frage ich die Studenten, was nun mit dem Täter zu geschehen habe. Zugegeben, ich führe sie aufs Glatteis. Denn ich lasse ihnen im Bezug auf Strafmaß bzw. staatliche Reaktion freie Hand, entbinde sie von den Vorgaben und Grenzen des Gesetzes, das für eine Vergewaltigung eine Freiheitsstrafe von zwei bis fünfzehn Jahren vorsah.

Danach wird es schnell unruhig im Hörsaal, und der Täter sieht sich einer rasch wachsenden Aggression ausgesetzt. Die Forderungen bewegen sich nur anfänglich noch im normalen Bereich: langjährige Freiheitsstrafe, Einweisung in die Psychiatrie, Zwangsarbeit im Frauenhaus. Dann aber brechen die Dämme: Kastration, Todesstrafe, alles nicht lege artis, sondern ohne Betäubung bzw. genüsslich langsam. Laut und turbulent geht es zu. Viele der Jungakademiker werden sich während ihres gesamten Studiums nicht mehr so sehr aufregen wie an diesem Tag. Auffällig aber ist: Der Mob ist männlich. Es sind fast ausschließlich Studenten, die den Saal zur Arena machen. Studentinnen halten sich dagegen auffallend zurück. Hektische Hähne und coole Hennen, wie geht das?

Ganz einfach, sagt die Wissenschaft, die den Aufstand der jungen Männer längst sorgfältig analysiert hat. Eine Musikgruppe aus Berlin, Künstlername »Die Ärzte«, hat das Ergebnis übernommen: Männer sind Schweine. Sie denken, wenn nicht stets, so doch oft an genau das, was der Sachsenhäuser Kellner getan hat, an Vergewaltigung nämlich. Mit ihr liebäugeln sie wie der Platzhirsch auf der Lichtung im deutschen Tann, würden es gerne tun. Gleichzeitig wissen sie, dass es Unrecht ist und zudem noch verboten.

Die Revolte der angehenden Juristen im großen Hörsaal der Frankfurter Universität, sie gilt nicht so sehr dem schlimmen Kellner als ihrem eigenen destruktiven Ich. In Wirklichkeit, sagen die Psychologen, bekämpfen die jungen Männer das nach außen gekehrte und auf den fremden Täter projizierte Böse in sich selbst, reagieren sie die in der eigenen Biographie angesammelte Schuld – wenn auch nur in Form eines schlechten Gewissens – am Ersatzobjekt ab. Ein altes Modell der Sozialpsychologie. An vielen Beispielen wird sein Mechanismus deutlich. Der über alles erhabene Moralapostel, der sich als schlimmer Perversling erweist. Der eifrige Feuerwehrmann, der als engagierter Brandstifter entlarvt wird. Und ganz modern: Manfred Kanter, gewesener hessischer Innenminister, der seine Polizei auf Ladendiebe ansetzte, während er selbst illegale Parteigelder verschob. Oder auch frei erfunden, wie in einem Leserbrief geschehen, den der Spiegel abdruckte: der Papst, der im Bordell erwischt wird, zu allem Überfluss auch noch mit Kondom.

Hans Magnus Enzensberger hat den Abgrund, der sich rund um das Strafrecht auftut und die Disziplin so sehr verunsichert, noch aus einem anderen Blickwinkel beschrieben. Für den Einzelnen, sagt Enzensberger, ist jede Verurteilung eines anderen ein Freispruch. Denn bestraft wird nur derjenige, der schuldig ist, also ist derjenige, der nicht bestraft wird, unschuldig.

Missbrauchen wir das Strafrecht? Zeigen wir auf den Täter und meinen in Wirklichkeit uns selbst? Kommt uns der Vergewaltiger vielleicht gerade recht, weil wir ihn eigenen Zwecken dienstbar machen können, und ist uns seine Tat daher gar nicht so unangenehm, wie wir vorgeben?

Der Verbrecher als Sündenbock und als Erlöser, so wie der Fahrer des Kleinbusses, der im Sommer 1998 sein Fahrzeug an einem Metallpoller im Sachsenhäuser Vergnügungsviertel, nicht weit entfernt von der Wohnung unseres Kellners, festgefahren hatte und aufgrund seiner Trunkenheit von der Polizei aus dem Wagen gehoben werden musste. Viele der Zuschauer, die johlend und pöbelnd die Szene begleiteten, waren erfahrene Promillesünder, und eine ganze Reihe von ihnen ist sicher auch in dieser Nacht wieder angetrunken nach Hause gefahren.

Sind die Frankfurter Jurastudenten unsere strafrechtliche Offenbarung? Aber es geht ja im Strafrecht nicht nur um Vergewaltigung, sondern um noch ganz andere Dinge, um Diebstahl, Betrug, Unterschlagung, Mord und Drogengeschichten. Warum hat das Gericht in München Konstantin Wecker erst- und zweitinstanzlich wegen des Erwerbs und Besitzes von Kokain zu einer Freiheitsstrafe von zweieinhalb Jahren verurteilt? Den hochgradig Abhängigen? Auch mit dieser Frage habe ich die Studenten konfrontiert. Weil er Vorbildfunktion hat und dieser Funktion nicht gerecht geworden ist, hat eine Kommilitonin geantwortet. Nicht schlecht. Ganz viele junge Leute, seine Fans, orientieren sich an ihrem Idol – das sich plötzlich als notorischer Sniefer outet, mit der Folge von Nachahmung oder Frustration – beides nicht gut. Aber wie sieht es dann mit unserem Rennidol Schumi aus? Er ist Vorsitzender der Verkehrswacht und Richtschnur unserer jungen Verkehrsteilnehmer. Und er fährt beim Rennen in Jerez de la Frontera seinem Widersacher Jacques Villeneuve ganz nebenbei mal mit Tempo 160 in die Seite. Vorsätzlich, so sah es jedenfalls aus.

Warum bestrafen wir ihn nicht, sondern stellen das Ermittlungsverfahren in rekordverdächtigem Tempo ein? Darf es darauf ankommen, ob ein Täter für den Autokult steht oder für Negermusik, kritische noch dazu?

»Soldaten sind Mörder« – warum hat man seinerzeit so engagiert nach einer Bestrafung derjenigen verlangt, die sich dieses Logo auf die Heckscheibe ihres Autos geklebt hatten? Weil die Bundeswehr in ihrer Ehre verletzt worden war? Oder weil die Täter etwas gesagt hatten, was zwar alle wussten, was aber so schrecklich war und so gefährlich für die, die es anging, dass es auf keinen Fall gesagt werden durfte? Tabubruch als Strafgrund?

Wie die Sachsenhäuser Sache ausgegangen ist? Der böse Kellner ist verurteilt worden, zu vier Jahren Gefängnis. Das Gericht hat nicht ihm geglaubt, sondern den beiden Nachtschwärmern. Wie sich in der mehrwöchigen Hauptverhandlung herausstellte, war der Angeklagte in der Vergangenheit schon zweimal wegen Vergewaltigung angeklagt, aber stets freigesprochen worden. In einem der Urteile hieß es über die Frau, die ihn angezeigt hatte: »Die Zeugin ist übergewichtig und daher nicht glaubwürdig.« So viel Glück hatte er diesmal nicht.

2 Strafzwecke – einmal seriös

Steht es wirklich so schlecht um das Strafrecht, wie die Ausflüge in die Tiefen unserer Psyche es befürchten lassen? Keinesfalls – sagt die Rechtswissenschaft. Wir strafen doch nicht aus niedrigen Beweggründen oder um unsere archaischen Triebe zu bedienen. Mit anderen Worten: Es gibt auch seriöse Gründe, unsere Vergewaltiger einzusperren.

Der Staat straft – das ist die offizielle Version – um Straftaten zu verhindern. Oder anders formuliert: Der Staat darf strafen, weil strafen ein geeignetes Mittel ist, um Straftaten zu verhindern. Der Zweck heiligt die Mittel, und das Bindeglied zwischen Mittel und Zweck heißt Abschreckung. Die Logik der Präventionstheorie ist relativ einfach: Für eine bestimmte Verhaltensweise, nehmen wir die Wegnahme einer fremden beweglichen Sache in der Absicht, dieselbe sich rechtswidrig zuzueignen – man kann auch Diebstahl dazu sagen –, stellt der Staat dem potenziellen Täter eine für ihn unerfreuliche Konsequenz in Aussicht: Geld- oder Freiheitsstrafe. Weil nun der potenzielle Täter – also jeder von uns – ganz und gar nicht mag, dass sein sauer verdientes Geld über die Steuer hinaus in der Staatskasse landet, bzw. weil er Angst davor hat, in einer 9 qm großen Zelle monatelang zusammen mit einem türkischen Rauschgifthändler eingesperrt zu werden, verzichtet er auf die fremde bewegliche Sache. Abschreckung, heißt es, ist Gehorsam durch Furcht. Eine rundherum tolle Sache – allerdings nur in der Theorie. Denn ob dies so auch in der Praxis funktioniert, ist heftig umstritten. Und das liegt daran, dass die Abschreckungstheorie wissenschaftlich nicht belegt ist, d.h., es fehlen verbindliche empirische Zahlen darüber, ob Strafdrohungen tatsächlich das strafrechtlich relevante Verhalten beeinflussen. Wir wissen beispielsweise nicht, wieviele potenzielle Täter von der Strafdrohung des Diebstahltatbestandes im Strafgesetzbuch von der Begehung dieses Delikts abgehalten werden. Dazu müssten wir wissen, was geschehen würde, wenn die Begehung eines Diebstahls nicht bei Strafe verboten wäre. Würden die Straftaten zunehmen oder gleich bleiben oder – woran niemand zu denken vermag – sogar abnehmen? Genau das wissen wir aber nicht. Wir könnten es nur erfahren, wenn wir es ausprobieren und das Strafgesetzbuch entsprechend ändern würden. Damit ist allerdings in absehbarer Zeit nicht zu rechnen.

Es gibt nur einige vage Indizien, und die weisen sowohl in die eine wie in die andere Richtung. Diejenigen, die der Strafe ihre abschreckende Wirkung absprechen, bemühen gerne die zweifellos sehr eindrucksvolle, historisch belegte Tatsache, dass nirgendwo mehr Taschendiebstähle begangen wurden, als unter den Zuschauern rund um französische Guillotinen, auf denen wieder einmal ein Taschendieb hingerichtet wurde. Allerdings können sie sich auch auf aktuellere Erfahrungen berufen, auf Erfahrungen beispielsweise aus unserem ganz normalen Alltag. Der Besucher der fröhlichen Gartenparty weiß genau, dass er den fünften Bacardi besser nicht mehr trinken sollte, aber er trinkt ihn trotzdem. Am nächsten Morgen muss er die Rechnung begleichen. Kopfschmerzen und Übelkeit addieren sich zur Hölle auf Erden, strafen ihn für den Fehltritt der vergangenen Nacht. Aber all das ändert nichts, schon zwei Wochen später wiederholt sich die schön-grausige Geschichte – nicht zum letzten Mal.

Wenn die negativen Folgen eines attraktiven Tuns zeitlich nur weit genug in die Zukunft verlagert sind, werden sie ignoriert. Wenige Stunden, wie im Fall unseres Bacardi-Freundes, reichen da oft schon aus. Wenn dann auch noch der Schadenseintritt unsicher ist, wenn also auch nur eine kleine Chance besteht, dass auf der Negativseite gar nichts geschieht, ist die Verlockung ungleich größer. 30% der Bundesbürger genießen trotz aller Warnungen weiterhin ihre Zigarette. Es stirbt ja nur die Hälfte aller Raucher an den Folgen des Tabakkonsums. Und bevor ein Dieb oder ein Räuber bestraft werden kann, muss man ihn erst einmal kriegen. Damit rechnet allerdings kaum ein Täter, wenn er zur Tat schreitet. Und selbst, wenn er diesen Ausnahmefall ins Kalkül zieht: Es gibt da immer noch den Rechtsanwalt, der zaubern kann.

Viel Honig saugen die Kritiker auch aus den amerikanischen Erfahrungen im Zusammenhang mit der Einführung bzw. Abschaffung der Todesstrafe in einzelnen Bundesstaaten. Die Zahl der Kapitalverbrechen, für die sie vorgesehen war, blieb stets gleich. In Texas, wo seit der Wiedereinführung der Todesstrafe im Jahre 1982 über 240 Mörder hingerichtet wurden, wird weiter gemordet wie bisher.

Halt, sagen da aber die anders Denkenden. Wer mordet, handelt in einer Ausnahmesituation. Der denkt überhaupt nicht an strafrechtliche Konsequenzen, unterscheidet nicht zwischen Gaskammer und 50 Jahren Sing-Sing – wenn es da überhaupt etwas zu unterscheiden gibt. Und legen gleich nach: Nach der Absenkung der Promillegrenze im Straßenverkehr von 0,8 auf 0,5 sei die Zahl der alkoholbedingten tödlichen Unfälle drastisch gesunken: von 17% auf 14% innerhalb nur eines Jahres.

Strafschärfung in Verbindung mit der Erhöhung des Aufklärungsrisikos, etwa durch Intensivierung der polizeilichen Überwachungstätigkeit, das soll auch nach einer ersten wissenschaftlichen Arbeit zu diesem Thema, die ein Hamburger Rechtswissenschaftler gerade vorgelegt hat, zu einem messbaren Rückgang entsprechender Straftaten führen. Diese Studie, der Autor nennt sie »Statistische Regressanalyse«, bringt mir einen Fall in Erinnerung, mit dem ich zu Beginn meiner staatsanwaltschaftlichen Tätigkeit befasst war. Seinerzeit waren in Frankfurt am Main chilenische Taschendiebe aktiv. Sie beherrschten ihr Handwerk perfekt, schlitzten am Hauptbahnhof den Fahrgästen mit Rasierklingen die Reisetaschen auf und zogen am Flughafen den Fernreisenden sogar die Rolex vom Handgelenk. Gelernt hatten sie das alles in einem Camp in Norditalien, wo die Mafia ihren Nachwuchs drillte. Ihr Erfolg war allerdings nur von kurzer Dauer, denn den Zivilfahndern der Polizei fielen die Söhne der Inkas, die immer zu zweit auftraten, selbst im dichtesten Getümmel auf. Dann dauerte es meist nicht sehr lange, bis ihnen der Polizeiobermeister die vorläufige Festnahme erklärte. Der Angeklagte, gegen den ich seinerzeit verhandelte, erzählte freimütig, dass sie mit ihren Diebeszügen in den Niederlanden begonnen hätten. Als dort die Strafen strenger geworden seien, sei man nach Deutschland ausgewichen. Da jetzt aber auch hier die paradiesischen Zustände zu Ende gingen, werde man wohl weiterziehen, wohin wisse er noch nicht, die Risikoanalyse sei Sache vom Boss. Wenn er die Angelegenheit richtig einschätze, dann werde er sich am neuen Zielort etwas verspäten. Da hatte er Recht, etwa 13 Monate sollten es werden.

Also doch Abschreckung durch Strafe? Die Diskussion ist noch lange nicht zu Ende. Kaum brauchbares Zahlenmaterial, sich widersprechende Indizien und nur diffuse Lebenserfahrungen zur Frage der Beeinflussbarkeit menschlichen Verhaltens durch Drohung machen die Angelegenheit zum Glaubenskrieg und damit zur unendlichen Geschichte. Die Verhaltensbiologen machen die Verwirrung perfekt: Die Evolution habe den Menschen risikobereit gemacht – allerdings auch vorsichtig. Auf diesem schmalen Grat laviere er sich durchs Leben und sei zu dem geworden, was er sei. Eine Regel aber, wann der Leichtsinn obsiegt und wann die Skepsis, kennen auch sie nicht. Fundierte Forschung wäre von Nöten, um mehr Licht in die Blackbox der Präventionstheorie zu bringen. Um beispielsweise in Erfahrung zu bringen, ob es in diesem Zusammenhang deliktspezifische Unterschiede gibt, ob vielleicht die Bagatell- und Luxusdelikte mehr, die Not- und Konfliktdelikte über Strafdrohung weniger beeinflussbar sind. Wird man diese Arbeit leisten? Für die Justiz wäre sie wichtig – aber wegen des möglichen Legitimationsverlustes auch hoch gefährlich. Von daher wird man eher geneigt sein, die Finger von den Dingen zu lassen. Und noch ein Aspekt stützt die Vermutung, dass die Abschreckungsthese noch eine Zeit lang im Dunkeln bleiben wird: Das Strafrecht ist auf die Verifizierung, auf den Beweis der Richtigkeit dieser These gar nicht angewiesen. Denn es hat noch andere Karten auf der Hand, mit denen es sein Tun rechtfertigen kann, zum Beispiel die Sühnekarte.

Strafe soll nicht nur abschrecken, sondern auch begangenes Unrecht sühnen. Auch über diesen Strafzweck wird heftig gestritten. Schon deswegen, weil der Begriff der Sühne ideologisch besetzt ist. Denn von ihr führt ein direkter Weg über die Vergeltung zur Rache. Damit aber wollen wir nichts mehr zu tun haben. Zivilisierte Gesellschaften üben keine Rache mehr. Das ist eine ganz und gar archaische Sache und für uns längst erledigt. Dort, wo der Rachegedanke noch praktiziert wird, als Blutrache beispielsweise, mitten in Europa, diagnostizieren wir ausnahmslos einen absoluten kulturellen Tiefstand. Rache ist voreilig, unüberlegt und tendiert zum Übermaß, sagen wir, sagt vor allem die sich liberal verstehende Rechtswissenschaft.

Darüber hinaus macht uns die Sühne begrifflich enorme Probleme. Ihr fehlen klare Konturen und ein konkreter Inhalt. Glaubt man den großen Lexika, steht Sühne für Buße, Genugtuung und Wiedergutmachung. Aber was heißt das? Die Kritiker haben leichtes Spiel. Begangenes Unrecht könne niemals wieder gutgemacht werden. Dazu müsse es ungeschehen gemacht werden, und das sei unmöglich. Und auch an der Genugtuungsfunktion der Strafe lässt die Kritik kein gutes Haar. Vorwurfsvoll fragt sie, was denn das für eine rückständige Gesellschaft sei, die aus der Bestrafung eines Täters Befriedigung erlange. Und sie sagt auch sogleich, was eine fortentwickelte Gesellschaft mit der Strafe bezwecken darf: die Verhinderung weiterer Straftaten, sei es durch Abschreckung, sei es durch Besserung des Täters (zu diesem Punkt kommen wir sogleich noch), aber immer geht der Blick nach vorne, in die Zukunft.

Eine bloße Übelszufügung, sagt der Verfassungsrichter Wilfried Hassemer, wäre mittelalterlich oder sogar metaphysisch, der moderne Staat müsse sein Handeln an empirischen Erfolgen und Misserfolgen messen und messen lassen. Das sei er nicht zuletzt auch den Opfern und dem Steuerzahler schuldig.

Der letzte Satz macht stutzig. Gerät da vielleicht etwas durcheinander? Steuerzahler – in Ordnung, aber Opfer? Meint der Richter vielleicht die potenziellen Opfer zukünftiger Straftaten? Die aktuellen Opfer sehen das in der Regel anders, schauen bevorzugt zurück auf die Straftat. Die geht ihnen nicht mehr aus dem Kopf. Von ihr träumen sie sogar noch viele Jahre nach dem schlimmen Erlebnis.

Da ist sie, die moderne Gesellschaft in Theorie und in Praxis. Zwischen Soll- und Istzutand klafft eine breite Lücke. Wenn die Gesellschaft straft, dann tut sie das in erster Linie im Hinblick auf die Tat, die Zukunft ist ihr zweitrangig. Und sie empfindet Genugtuung angesichts der Tatsache, dass der Täter nunmehr für Monate oder Jahre eingesperrt wird. Die entscheidende Frage ist allein die nach der Schutzwürdigkeit dieser Position – nach der Berechtigung des Genugtuungsverlangens. Wird sie damit gehört oder muss sich eine moderne Gesellschaft ob solcher Neigungen schämen?

Um es konkret zu machen: Durften sich in unserem Vergewaltigungsfall die beiden Opfer sowie die zahlreichen Zuhörer im Gerichtssaal erleichtert fühlen, als die Richter das Urteil verkündeten: vier lange Jahre Justizvollzugsanstalt Butzbach? Wohlgemerkt: Der Täter war mittlerweile verlobt und befand sich nicht nur sprichwörtlich in festen Händen. Eine Wiederholung der Tat war insofern eher unwahrscheinlich. Durfte man Befriedigung empfinden, Genugtuung ganz einfach deshalb, weil nunmehr auch dem Täter Gewalt angetan wurde? Die Menschen im Gerichtssaal waren jedenfalls erleichtert und froh, als das Urteil gesprochen wurde, und die beiden Staatsanwälte auch.

Woher kommt unser emotionales Bedürfnis nach der Bestrafung eines Täters? Warum fühlen wir uns angesichts der Strafe besser (nicht: gut) bzw., wenn sie ausbleibt, wenn der Täter freigesprochen oder gar nicht erst ermittelt wird, ungut, aggressiv? Diese Frage wird kaum diskutiert, und doch könnte sie uns weiterhelfen in unserem Bemühen, den Sühnegedanken in den Griff zu bekommen.

Die Denkansätze unserer Rechtstheoretiker bringen uns allerdings nicht weiter. Sie unterstellen unserer Gesellschaft einen nicht existenten Reifegrad, einen Entwicklungsstand, den wir noch nicht erreicht haben und möglicherweise auch nie erreichen werden. Das sollte man zur Kenntnis nehmen – und weil das so ist, heißt die richtige Adresse für die Beantwortung unserer Frage: Evolutionsbiologie.

Unser Sühnebedürfnis, sagen die Wissenschaftler, die sich mit der Frage befassen, ob und inwieweit unser evolutionäres Vermächtnis unser modernes Verhalten beeinflusst, fußt auf einem uralten evolutionären Prinzip: Der Aggressor wird in seine Schranken verwiesen, dem Schlag des Angreifers folgt notwendigerweise der des Angegriffenen. Das Individuum oder die Art, die auf Gegenwehr verzichtet hätte, wäre unweigerlich von der Bühne des Lebens verschwunden. So gesehen gehört dieser Mechanismus zu den Erfolgsrezepten, sogar zu den Überlebensformeln der Evolution. Das Bedürfnis nach Gegenwehr, nach Sanktion ist Teil des stabilen Vermächtnisses unserer Entwicklungsgeschichte und steckt tief und fest in unseren Hirnen. Wie alle Urinstinkte beeinflusst es unser Denken und Handeln – mehr als die modernen Gesellschaftskritiker wahrhaben wollen. So fortschrittlich wir uns auch geben, Erich Kästner wird Recht behalten: Wir bleiben die alten Affen, laufen noch lange an der kurzen Leine der Evolution.

Wenn dem so ist, dann spricht viel dafür, die Befriedigung des Sühnebedürfnisses als legitimen Strafzweck anzuerkennen, als Konzession an unser evolutionäres Vermächtnis, während das Schuldprinzip – dazu später – die Interessen des Täters wahrt.

Haben wir damit eine umfassende oder zumindest ausreichende Legitimation für unser Strafrecht gefunden? Vorsicht ist am Platze. Denn bei näherem Hinsehen zeigen sich schnell auch die Schattenseiten des Sühnegedankens. Soll die Berechtigung der Strafe insoweit am Einzelfall orientiert werden, an seinem real existierenden Sühnebedürfnis? Harte Strafen für Kindes- und Polizistenmörder, Nachsicht für den Täter, der einen verlausten Penner getötet hat? Oder eine No-Name-Prostituierte, wie seinerzeit in der Frankfurter Elbestraße geschehen? Die Eltern der jungen Frau, die von einem Freier erwürgt worden war, wurden nach langen Recherchen in einem kleinen Dorf in der Steiermark ausfindig gemacht. Die Tochter sei schon vor vielen Jahren aus dem Haus gegangen, erzählte die Mutter dem Gendarmen, mit unbekanntem Ziel. Irgendwann habe ein Bekannter ihnen berichtet, das Mädel in Frankfurt am Main gesehen zu haben. Aber mehr wüssten sie nicht, und für mehr interessierten sich die Eltern auch nicht mehr.

Muss hier der Sühnegedanke schon kapitulieren? Oder funktioniert er anders, abstrakter, unabhängiger vom Einzelfall? So, wie Kant ihn angedacht hat in seinem Inselbeispiel? Muss unmittelbar vor dem Untergang der Menschheit der letzte Mörder noch hingerichtet werden, um ein Äquivalent für seine Verbrechen zu schaffen und um damit der Gerechtigkeit genüge zu tun? Ein bisschen wenig Ratio für eine moderne Gesellschaft, und ein bisschen viel unzeitgemäßer Fundamentalismus, so scheint es. Wie dem auch sei. Der die Genugtuungsfunktion betonende Sühnegedanke ist ein zweites Standbein unseres Strafrechts – wackelig allerdings wie das erste, die Abschreckung.

Der dritte Strafzweck, den Juristen diskutieren, war in den siebziger Jahren der große Renner und ist heute fast schon wieder vergessen. Es geht um Resozialisierung, um die Wiedereingliederung eines Straftäters in die Gesellschaft im Rahmen des Strafvollzugs. Kritiker haben schon früh darauf aufmerksam gemacht, dass es bei den meisten der Delinquenten nicht um Resozialisierung gehe, sondern um deren erstmalige Einbindung in die Gesellschaft. Denn diese Menschen seien noch nie in einem funktionierenden Sozialgefüge zu Hause gewesen. Wie dem auch sei. Unter den Bedingungen des heutigen Strafvollzugs ist die Resozialisierungsthese nicht zu halten. Unsere Gefängnisse sind Verwahranstalten. Der Tag eines Gefangenen besteht aus zwei Stunden Hofgang und Sport sowie 22 Stunden Zelle. Wer so seine Zeit verbringt, vielleicht Jahre, kommt nicht auf die Idee, dass Gewalt auf den Index gehört, dass man Kinder nicht schlagen und Zechkumpanen nicht berauben darf, geschweige denn, dass er dieses Verhalten erlernt. Auf hundert Gefangene der Justizvollzugsanstalt Butzbach beispielsweise kommt ein Sozialarbeiter – damit ist alles gesagt.

Astrid Th. gehört zu den wenigen Menschen, von denen ich sagen könnte, dass sie im Gefängnis resozialisiert wurden. Ich habe sie während meiner Zeit als ehrenamtlicher Mitarbeiter der Frauenhaftanstalt Frankfurt-Preungesheim kennen gelernt. Mitte 20, sommersprossig und drogenabhängig, ihre beiden Kinder bei Pflegeeltern, allerdings Abitur, saß sie wegen versuchten Mordes in Untersuchungshaft. Gemeinsam mit ihrem Lebensgefährten, einem ebenfalls drogenabhängigen farbigen Amerikaner, hatte sie einen Taxifahrer überfallen, um an Geld für den nächsten Schuss zu kommen. Als der Mann zu fliehen versuchte, hatte sie zugestochen und die Halsschlagader des Opfers nur um wenige Millimeter verfehlt.

Aus eigener Kraft und aus eigenen Stücken arbeitete die intelligente Frau aus dem Schwäbischen in den Folgemonaten ihr verpfuschtes Leben auf, verabschiedete sich von den Drogen und entwickelte eine neue Lebensperspektive. Was der Knast dazu beigetragen hat? Eigentlich nur die Zeit und die Gelegenheit, die nötig waren für diesen Wandel, Dinge, die für normale Gefangene nicht ausreichen.

Die Justiz hat ihre außergewöhnliche Knastkarriere gewürdigt und es bei dreieinhalb Jahren Haft belassen, die sie zudem nur zur Hälfte verbüßen musste. Astrid Th. hat nach ihrer Entlassung den Beruf der Sozialarbeiterin erlernt.

Solche Karrieren haben Ausnahmecharakter. Der durchschnittliche Straftäter brauchte, um ebenfalls als geheilt entlassen zu werden, intensive psychologische und pädagogische Betreuung unter weniger repressiven Bedingungen. Mehr Fachpersonal und weniger Gitter. Das leistet der Staat nicht. Abgesehen von dem Geld, das diese Veränderung kosten würde: Ein auf Resozialisierung ausgerichteter Strafvollzug raubte der Strafe einen Teil ihrer abschreckenden und sühnenden Wirkung. Ein Krankenhaus ist halt keine Folterkammer. Das würde keine Regierung riskieren. Die Gewinner der hessischen Landtagswahlen 1999 hatten sich den »harten Strafvollzug« auf die Fahne geschrieben. Der Zeitgeist, politisch und medienmäßig geschickt in Szene gesetzt, diktiert amerikanische Verhältnisse: Auge um Auge, Zahn um Zahn.

Vergessen wir das. Strafe über ihre Resozialisierungsfunktion zu rechtfertigen, ist und bleibt ein untauglicher Versuch.

Es bleibt daher bei der Abschreckung und der Sühne als den beiden Elementen, die dem Strafrecht Legitimation verleihen können. Es sind unsichere Kandidaten, von ihrer Bedeutung her kaum zu packen, schwer zu belegen, aber auch kaum zu widerlegen.

Vielleicht legitimiert sich das Strafrecht ja viel nachhaltiger und überzeugender auf eine ganz andere Art und Weise, jenseits aller herkömmlichen Rationalität: Alle Gesellschaften, Staaten, Kulturen bestrafen ihre Rechtsbrecher. Grundlegend anderes wird, soweit ersichtlich, nirgendwo praktiziert. Unser Vergewaltiger aus Sachsenhausen wäre hinter Schloss und Riegel gelandet, egal wo er seine Tat begangen hätte: in Rom oder Nairobi, in Montevideo oder Jakarta. Nur in Houston hätte er vielleicht Glück gehabt und wäre unbehelligt geblieben, aber nur, wenn das Opfer schwarz gewesen wäre. Dafür wäre es ihm allerdings in Malaysia ganz schlecht ergangen, denn dort hätte man ihn für seine Tat gehenkt. Aber das sind Ausreißer, die unser Thema nicht sind.

Und eine dritte Option soll hier schon angesprochen werden. Ist die Zeit nicht vielleicht reif für eine Neubegründung des Strafrechts? Jenseits aller herkömmlichen Strafzwecke? Könnte es nicht sein, dass wir, insbesondere im Rahmen der modernen Kriminalität, die uns heute zu überrollen scheint, auf das Strafrecht zurückgreifen dürfen, um hochkomplexe Sachverhalte gesellschaftlicher und wissenschaftlicher Art transparent zu machen, die mangels anderer geeigneter Verfahren und Methoden gar nicht mehr aufklärbar sind? Oder um die expandierende Risikogesellschaft auf das verträgliche Maß zu reduzieren, ohne das sie auf Dauer gar nicht lebensfähig ist? Wir werden noch sehen.

3 Was bestrafen wir?

Wildes Gekreische und dumpfe Schläge ließen mich seinerzeit von meinem Schreibtisch im Polizeipräsidium aufspringen und zur Tür eilen, von wo aus ich über einen schmalen Flur den Ort des Geschehens in Augenschein nehmen konnte. Es war das so genannte Meldezimmer, wo die Kriminalpolizei ihre Gefangenen nach deren Vernehmung und erkennungsdienstlichen Behandlung zwecks weiterer Verwahrung in den Haftzellen ablieferte. Gerade rannten drei oder vier Polizeibeamte durch den Raum und suchten hinter dem breiten Holztresen Deckung. Unmittelbar danach flogen Kofferradios, Schuhe und Rucksäcke in Richtung der Beamten. Der Angriff ging von einer jungen Frau aus, die sich auf dem Weg zu den Haftzellen von ihren polizeilichen Begleitern losgerissen hatte und diese nun mit den in einer Ecke liegenden persönlichen Gegenständen der bereits Inhaftierten auf Distanz hielt. Die so Attackierten blieben besonnen, wichen geschickt den diversen Wurfgeschossen aus und warteten darauf, dass die Angreiferin ihre Munition verschossen hatte. Als nach knapp fünf Minuten das Effektenlager bis auf ein paar bunte afrikanische Tücher leer war, schritten die Uniformierten zur Tat, überwältigten die immer noch renitente Frau und sperrten sie in eine der zwölf schmutzigen Zellen.

Sie war kein Fall für mich, der ich an diesem Tag Dienst als Haftstaatsanwalt versah, also für diejenigen polizeilich festgenommenen Personen zuständig war, die möglicherweise in Untersuchungshaft genommen werden mussten. Denn gegen die junge Frau bestand schon ein Haftbefehl, ausgestellt vom Amtsrichter in München – wegen Schwarzfahrens. Sie hatte die S-Bahn zwischen Sendlinger Tor und Odeonsplatz benutzt, ohne einen Fahrschein zu lösen. Dadurch hatte sie sich eine Anklage wegen Beförderungserschleichung, wie das Delikt juristisch heißt, eingehandelt, und weil sie zur Hauptverhandlung nicht erschienen war, wurde nach ihr gefahndet. Jetzt war sie in Frankfurt am Main einer Routinekontrolle zum Opfer gefallen.

In einigen Stunden wird der hiesige Ermittlungsrichter im Nachbarzimmer den Haftbefehl verkünden, und dann kommt sie in die Preungesheimer Haftanstalt. In ein paar Tagen geht sie auf Tour. Ein Gefangenentransporter bringt sie über viele Zwischenstationen wieder nach Hause. Wenn sie Glück hat, sitzt sie schon in einer Woche in Neudeck. Und wenn sie noch mehr Glück hat, wird schon gleich darauf verhandelt. Wenn sie Pech hat, weil der Richter kurzfristig keinen Termin frei hat, muss sie ein paar Wochen warten. Schließlich wird man sie zu einer Geldstrafe verurteilen, die sie gar nicht mehr bezahlen muss, weil sie durch die erlittene Untersuchungshaft als verbüßt gilt. Unterm Strich bleiben: sechs Wochen Freiheitsentzug für eine Schwarzfahrt, für hinterzogene 2,50 DM.

Was bestrafen wir? Welche Handlungen, welches Tun oder Unterlassen? Welche Verhaltensweisen erklären wir zur Straftat, dürfen wir zur Straftat erklären? Wir bestrafen, sagt wiederum die Rechtswissenschaft, sozial schädliches Verhalten. Aber nur solches, das auf die Essentials unserer Gemeinschaft abzielt. Strafrecht dient dem Schutz der fundamentalen und unverzichtbaren gesellschaftlichen Normen, der Normen, ohne die ein gedeihliches Leben nicht möglich ist.

Verletzt der Schwarzfahrer eine solche Norm? Bricht das gesellschaftliche Gefüge zusammen, wenn alle Menschen U- und S-Bahnen ohne Fahrschein benutzen? Spaßmacher sagen, Bahn fahren sei in jedem Falle, ob mit oder ohne Fahrschein, positiv zu sehen – wegen der im Vergleich zur Benutzung etwa des Autos reduzierten Umweltbelastung. Aber auch ohne Zynismus wird man feststellen müssen, dass das Rechtsgut des § 265a StGB, die Aufrechterhaltung eines geordneten Betriebs von Bussen und Bahnen, sicher nicht zu den Eckpfeilern unserer Autogesellschaft zählt.

Signalisiert der Fall der Münchner Schwarzfahrerin ein weiteres strafrechtliches Grundproblem, neben dem der Strafzwecke? Befasst sich das Strafrecht zu sehr mit Kleinkram, mit Peanuts? Nun wird man einwenden können, es gäbe im StGB und seinen Nebengesetzen auch noch andere Bestimmungen, die bedeutendere Sachverhalte zum Gegenstand hätten. Mord zum Beispiel, Raub, Vergewaltigung, Erpressung und so fort. Aber: Schwarzfahren schlägt in quantitativer Hinsicht ganz schön zu Buche, jedenfalls im Jugendbereich. Über 17.000 Fälle kamen 1999 zur Anzeige – und: Schwarzfahren ist nicht alles, steht nicht allein.

Ein Delikt, das auf Platz eins der Statistik mit 10% aller Fälle – bei den Jugendlichen sind es sogar 30% – rangiert, steht nämlich ebenfalls im Verdacht, ein Bagatelldelikt zu sein: der Ladendiebstahl. Die Entkriminalisierung des Ladendiebstahls, seine Herausnahme aus dem Allgemeindelikt Diebstahl wird seit vielen Jahren gefordert. Bereits 1976 stand das Thema auf der Tagesordnung des 51. Deutschen Juristentages in Stuttgart. Obwohl sich heute der Trend umzukehren scheint, ist unübersehbar: Die Beute des Ladendiebes ist in den meisten Fällen klein – eine Stange Zigaretten, eine Flasche Schnaps, eine Sonnebrille. Allerdings: Zusammengenommen ergeben die Ladendiebstähle einiges an Schaden: drei Milliarden DM pro Jahr in der Bundesrepublik.

Der Bagatellcharakter der Ladendiebstähle resultiert aber noch aus einem anderen Umstand. Kaufhäuser werden heute nicht mehr von Innenarchitekten eingerichtet, sondern von Psychologen. Waren im kleinen Abstand zum Kunden, auf Greifhöhe, ohne Zwischenschaltung eines störenden Verkäufers, im Scheinwerferlicht, wie der erste Preis. Stimulierende Musik und betörende Gerüche – Verführung total. Am Ende des Zaubertrips allerdings: die Kasse. Die stört, und die wollen sich viele ersparen und werden erfinderisch. Nur leider sind die Detektive manchmal noch geschickter.

Psychologischer Kaufzwang – unter diesem Begriff subsumieren Kriminologen die Verhältnisse in den modernen Konsumtempeln. Wer den Kunden die Ware gewissermaßen aufdränge, der verwirke sein Recht auf justiziellen Beistand für den Fall, dass Kunden im Einzelfall nicht zahlen können oder wollen. Zumal sich der Ladeninhaber ohne weiteres auch selbst schützen könne, durch den Einsatz technischer Sicherungsmittel oder durch die Beschäftigung einer größeren Zahl scharfäugiger Aufpasser.

Doch auch hier wird sich in der Zukunft so schnell nichts ändern, im Gegenteil. Die rot-grüne Bundesregierung liebäugelt offenbar mit der Idee, mit Ladendieben kurzen Prozess zu machen. Die Polizei soll ihnen ein Strafgeld aufdrücken dürfen. Und wenn es nach dem Willen CDU-regierter Bundesländer geht, dann wird jungen Ladendieben demnächst zur Strafe der Führerschein abgenommen.

Kleinkram auf den vorderen Plätzen der Kriminalstatistik und eine todernste, zu allem entschlossene Justiz. Mindestens peinlich, aber es kommt noch schlimmer.

Tatort: Grünanlage in der Nähe des Gerichts. Ein knappes Dutzend junger Leute liegt sternförmig bäuchlings auf dem Rasen, die Köpfe auf eine im Boden zur Hälfte eingegrabene Flasche ausgerichtet. Auf dem Flaschenhals liegt waagerecht eine überdimensionale trompetenförmige Papierzigarre, aus deren dickem Ende weißer Rauch entweicht. Relative Stabilität verleiht der Konstruktion ein durch die Zigarre gestochener Stahlnagel, der einige Zentimeter in den Flaschenhals reicht.

Ich bin auf dem Weg zur Straßenbahn und bleibe interessiert stehen. Gerade robbt einer der Jugendlichen ein Stück an die Flasche heran und bläst heftig gegen die Zigarre, die sich daraufhin einige Male um die Stahlnagelachse dreht. Hocherfreut bewegt sich daraufhin der junge Mann, auf den das Mundstückdes Rauchkörpers zeigt, nach vorne, nimmt ohne Benutzung der Hände einen tiefen Zug, hält sekundenlang die Luft an, um dann mit kräftigem Atem die Zigarre wieder in Drehbewegung zu versetzen. Dann ist der nächste dran, immer der, auf den das Mundstück nach seinem Stillstand zeigt. Hier wurde, wie man deutlich riechen konnte, die neue Ernte aus dem Atlasgebirge verkostet: Haschisch.

Ein Grund zum Einschreiten gab es dennoch nicht, weder für mich noch für einen gleichfalls interessiert zuschauenden Uniformierten vom Ordnungsamt. Denn was die jungen Leute dort praktizierten war das straflose sich Berauschen an einem ansonsten auf dem Index stehenden Betäubungsmittel. Es war Rauschgiftkonsum im Reinformat und den stellt das Betäubungsmittelgesetzt nicht unter Strafe. Praktisch jeder andere Umgang mit Betäubungsmitteln ist verboten: die Ein- und Ausfuhr, der Erwerb, die Weitergabe, das Überlassen, der Anbau, die Herstellung, das Handeltreiben und vor allem der Besitz. Und weil der Konsum in aller Regel – jedenfalls bei demjenigen, der den Joint in den Händen hält – Besitz voraussetzt, ist faktisch auch der Konsum strafbar.

Und genau das will der Gesetzgeber auch: den Konsum verhindern. Auch den Konsum von Haschisch und Marihuana wohlgemerkt, nicht nur den von Heroin und Kokain.

Die Einbeziehung der weichen Drogen in den Feldzug der Justiz gegen den Rauschmittelgebrauch ist nicht begründbar. Weder rechtsdogmatisch noch rechtspolitisch. Rufen wir uns noch einmal die große Aufgabe des Strafrechts in Erinnerung. Die gerät in der Hektik des strafrechtlichen Alltags gerne aus dem Blick. Strafrecht soll die fundamentalen Regeln unseres Zusammenlebens schützen. Aber was macht den Joint so gefährlich, dass wir ihn mit Polizeigewalt verhindern müssen?

Marihuana und Haschisch haben selbst kein Suchtpotential, wie wir nicht erst seit heute wissen. Sie schädigen also den Konsumenten nicht, sieht man von der Belastung der Atemwegsorgane ab. Der wird zwar mit der Zeit etwas gleichgültiger, aber das ist ihm ja egal. Somit entfallen sämtliche den harten Drogen angelasteten Folgeprobleme, die die Gesellschaft mitzutragen hat und die einen Grund für staatliche Verbote abgeben können: suchtbedingte Beschaffungskriminalität und teure Langzeitaufenthalte in Kliniken und Therapieeinrichtungen.

Auch das Argument, die Softdrogen seien schließlich nur Einstiegsdrogen in Härteres, ist längst widerlegt. Wenn überhaupt, kann das doch nur dann der Fall sein, wenn man die Konsumenten beider Lager über eine undifferenzierte Strafdrohung auf dieselbe Szene zwingt. Und hat diese Gesellschaft nicht ganz viele Einstiegsdrogen in die Welt von Heroin und Crack, über deren Verbote sie nicht redet: Alkohol zum Beispiel, oder Zigaretten, Kaffee oder Psychopharmaka?

Man kann diese Geschichte nicht in erster Linie der Justiz anlasten, hauptverantwortlich ist zweifelsfrei der Gesetzgeber, der auch die weichen Drogen dem Betäubungsmittelgesetz unterstellt hat. Doch die Justiz macht kräftig mit. Die wenigen Staatsanwälte und Richter, die sich dem Mainstream verweigert haben, sind mittlerweile wieder still.

Was steckt dahinter? Eigentlich muss man nicht lange nach dem Grund suchen. Er ist so banal wie sachfremd. Dort, wo die Bierzelte am größten sind, sind die Haschischstrafen am höchsten. Wir wollen die fremde Rauschkultur nicht. Fröhlichkeit säuft man sich an, in Kneipen und vorm Fernseher. Die holt man sich nicht mittels endlos tiefer Lungenzüge, während man dösend oder bestenfalls kichernd im Kreis sitzt. Trägersubstanz unseres künstlichen Glücks ist der Alkohol und nicht das Tetrahydrocannabinol. Und dabei soll es bleiben. Sucht hin und Abhängigkeit her.

Da ist das Strafrecht auf Abwegen. Da ist es auf Feldern tätig, wo es wenig oder gar nichts verloren hat. Aber es geht heftig zur Sache. Die Hälfte aller Ermittlungsverfahren in Sachen Betäubungsmittel hat ausschließlich mit weichen Drogen zu tun.

Die Strafjustiz liebäugelt mit der Bagatelle. Das passt nun gar nicht zu ihrem grundlegenden Anspruch, für die große Ordnung zuständig zu sein. In Verbindung mit den Legitimationsdefiziten innerhalb der Abschreckungs- und Sühnetheorie lässt sich nicht gerade sagen, dass die Disziplin einen guten Start erwischt hat.

4 Freispruch für Serienmörder

Wir nennen unser Strafrecht auch Schuldstrafrecht. Wir verurteilen einen Täter nur dann, wenn er zum Zeitpunkt der Tat schuldfähig war. Schuld hat mit Vorwerfbarkeit zu tun, mit der Frage, ob wir dem Täter wegen seiner Straftat böse sein dürfen. Das dürfen wir nur, wenn der Täter das Verbotene seiner Tat kannte und vor allem, wenn er in der Lage war, nach diesem Wissen zu handeln. Einsichts- und Steuerungsfähigkeit sind die zentralen Begriffe innerhalb der Schuldfähigkeit. Wo sie fehlen, wo auch nur eine der beiden Komponenten fehlt, ist das Strafrecht aus dem Geschäft. Strafrecht zielt in erster Linie auf den autonomen Täter und hat nichts mit dem im Sinn, der nicht mehr Herr seiner Entschlüsse ist, oder noch nicht einmal mehr in der Lage ist, sinnvolle Entschlüsse zu fassen. So gesehen ist das Schuldstrafrecht die logische Konsequenz unserer Strafzwecke. Nur einsichts- und steuerungsfähige Täter kann man abschrecken, und zur Sühne gehört notwendigerweise vorwerfbares Täterverhalten.

Schuld spielt nicht nur für die Frage eine Rolle, ob der Täter überhaupt bestraft werden kann, sondern auch, wie er bestraft werden kann. Der Schuldumfang bestimmt entscheidend das Strafmaß. Auch wieder logisch, je fassungsloser wir uns geben dürfen angesichts des strafbaren Verhaltens des Täters, umso krasser darf der Urteilsspruch ausfallen.

Bleiben wir aber zunächst einmal bei der Schuldfähigkeit als Grundvoraussetzung für eine Bestrafung. So sehr wir sie in der Theorie akzeptieren und sogar begrüßen, so sehr verfluchen wir sie in der Praxis. Denn sie macht eine Menge Probleme, nicht nur was ihre Feststellung anbelangt, sondern vor allem in Bezug auf ihre Konsequenzen. Das Herz des Strafrechts wird zu einem seiner größten Probleme.

Vor über zehn Jahren hat ein Fall, der weit über die Grenzen Frankfurts hinaus für Aufsehen sorgte, in die mit dem Schuldprinzip verbundenen Konflikte Einblick gewährt. Es handelte sich um eine Tötungsserie, der im Frühjahr 1990 in Frankfurt am Main zahlreiche homosexuelle und wohnsitzlose Männer zum Opfer fielen.

Begonnen hatte sie in der Nacht auf den 1. Februar. Passanten finden am frühen Morgen in einer Passage in der Innenstadt einen 44-jährigen Berber – so werden Wohnsitzlose fachintern genannt – blutüberströmt und mit zertrümmertem Schädel in seinem Schlafsack. Wie durch ein Wunder überlebt er seine schweren Verletzungen. Weniger Glück hat eine Woche später ein 33-jähriger Homosexueller. Er stirbt an seinen schweren Schädelverletzungen, die ihm in einem als Homotreff bekannten Gebüsch in der Friedberger Anlage zugefügt worden sind. Die folgenden vier Opfer, zwischen 30 und 40 Jahre alt und sämtlich ohne feste Bleibe, sterben zwischen Anfang April und Anfang Mai. Alle werden sie, während sie in Decken und Schlafsäcken eingepackt auf Parkbänken schlafen, mit einem Hammer erschlagen. Den Polizeibeamten bieten sich grauenhafte Anblicke. Blutgetränkte Schädel und unter den Bänken quadratmetergroße Blutlachen, auf denen weiße Hirnmasse schwimmt.

Die Ermittler erkennen schnell, dass hier ein hochgefährlicher Serientäter am Werk ist. Fußstreifen kontrollieren die Grünanlagen der Innenstadt rund um die Uhr, und Beamte des Sondereinsatzkommandos liegen in ihren schlechtesten Klamotten nachts hellwach auf Parkbänken. Instinktiv scheint der Täter die Fallen, die man ihm stellt, zu meiden. Die Fahndung bleibt zunächst erfolglos.

Als mich am Morgen des 22. Mai gegen 4.00 Uhr der Kriminaldauerdienst aus dem Schlaf klingelt, hat der Hammermörder gerade wieder zugeschlagen. Sein siebtes Opfer ist ein 26-jähriger in Frankfurt am Main lebender Brasilianer, der seinen Lebensunterhalt auf dem Homosexuellen-Strich verdient. Eine Zivilstreife findet ihn kurz nach 3.00 Uhr in der Grünanlage hinter dem Stadtbad Mitte. Das Opfer liegt quer über einer Parkbank, Arme und Beine abgewinkelt und lang ausgestreckt. Der Kopf ist oberhalb der Lehne nach hinten gekippt. Das rechte Auge geschlossen, das linke schaut weit geöffnet in den Nachthimmel. Oberkörper und Arme sind blutverschmiert und voller Stichwunden, der Schädel ist linksseitig zertrümmert. Eine hundert Meter lange Blutspur zeigt, wo das Opfer auf seinen Mörder getroffen ist, der unvermittelt und heftig zugestochen hat. Bis zur nahen Bank kann der Schwerverletzte noch flüchten, dann bricht er zusammen. Der Täter ist ihm gefolgt und schlägt jetzt noch zweimal mit einem Hammer auf den Kopf des Sterbenden. Dass die Schläge unmittelbar zum Tod geführt haben, da ist sich die Pathologin, die wenige Stunden später in der Frankfurter Rechtsmedizin den Leichnam obduziert, aufgrund des festgestellten Blutverlustes sicher. Aber auch ohne die Schläge auf den Kopf wäre das Opfer gestorben – vielleicht eine oder eineinhalb Minuten später.

»Genauer kann man das leider nicht sagen«, bedauert die Ärztin.

Der junge Brasilianer ist nicht das letzte Opfer des Hammermörders. Schon zwei Tage später, in der Nacht zum 24. Mai, erschlägt er einen auf einer Parkbank in der Nähe des Mainkais schlafenden 59-jährigen Obdachlosen. Ein Anwohner hört die Schreie und alarmiert die Polizei. Eine Großfahndung führt kurz darauf zum Erfolg. Zwei Streifenbeamte kontrollieren an der Konstablerwache eine Person mit einer Plastiktüte. Darin finden sie ein Messer und einen Hammer, beide blutverschmiert. »Der Täter verhielt sich ruhig«, heißt es im Polizeiprotokoll. »Er gab spontan an, der Gesuchte zu sein. Er habe sie alle umgebracht.«

Bei dem Täter handelte es sich um den im Frankfurter Nordend wohnenden 50-jährigen Arthur Gatter, ein ehemaliger Dachdecker und Montagearbeiter, der seit fünf Jahren arbeitslos ist. Am nächsten Tag erfolgt seine Einweisung in die Psychiatrie. Untersuchungshaft bleibt ihm erspart, denn er ist augenscheinlich geisteskrank.

Eine Geisteskrankheit attestiert ihm auch der renommierte Gerichtspsychiater Prof. Wilfried Rasch, der Arthur Gatter nach Abschluss der polizeilichen Ermittlungen im Herbst 1990 untersucht. Paranoide halluzinatorische Paranoia lautet das Ergebnis des Sachverständigen – Verfolgungswahn also, mit der Folge einer absoluten Schuldunfähigkeit zum Zeitpunkt seiner Straftaten.

Seit vielen Jahren schon fühlte sich Arthur Gatter von Geistern aus dem Totenreich beherrscht. Irgendwann hatten diese auch begonnen, ihn zu quälen. Magenschmerzen, Krämpfe, Verstopfungen, oft nächtelange Schlaflosigkeit. Dann bedrängten sie ihn, Menschen zu töten. Nachdem er sich lange gewehrt hatte, wurden die Geister schließlich übermächtig. Er musste ihren Wünschen nachgeben und hoffte dadurch auch, die Geister gnädig zu stimmen. Tatsächlich ging es ihm nach jedem Mord ein paar Tage wieder gut, dann aber begann alles von vorne.

Zwar sei Arthur Gatter in der Lage gewesen, das Verbotene seines Tuns einzusehen, sagt der Sachverständige. Er sei aber nicht fähig gewesen, nach dieser Einsicht zu handeln.

Woher der Verfolgungswahn kommt, wissen die Ärzte nicht. Hier könnte man auf die Idee kommen, Arthur Gatters Lebensumstände für seine Erkrankung verantwortlich zu machen: Ehe der Eltern früh geschieden, große Angst vor dem Stiefvater, der ihn ständig misshandelt; der Bruder lebt in wilder Ehe, was der katholisch erzogene Arthur G. unerträglich findet. Vor einem solchen Hintergrund beginnen oftmals kriminelle Karrieren und warum dann nicht auch Krankheiten? Das aber wäre Spekulation, schreibt der Sachverständige. Doch auch ohne Ursachenfeststellung kann er die Krankheit zweifelsfrei diagnostizieren: Wie alle Wahnkranken ist Arthur Gatter nicht von seinen Halluzinationen abzubringen. Typisch auch sein Aussageverhalten. Als er die Taten schildert, steht er gewissermaßen neben sich und berichtet über die Handlung eines Dritten. Er benutzt englische Ausdrücke und Wortneuschöpfungen, und er erlebt sich allwissend. Verfolgungswahn und Größenwahn leben nah beisammen.

Arthur Gatter ist nicht schuldfähig, aber weiterhin gefährlich, denn sein Wahn dauert an. Er ist kein Fall für das Gefängnis, sondern für die geschlossene Abteilung einer psychiatrischen Anstalt, wo man ihn unter Kontrolle hat, aber auch behandeln kann – vielleicht mit Erfolg, dann ist er frei. Aber soweit kommt es nicht. Arthur Gatter erhängt sich am 12. Dezember 1990 in seiner Zelle in dem psychiatrischen Krankenhaus in Gießen.

Zum Schluss also noch ein Happyend? Der Mörder, den die Gesellschaft nicht bestrafen darf, bestraft sich selbst. Das ist ausreichend Kompensation für das Mitleid der Gesellschaft mit den toten Pennern und erschlagenen Schwulen. Die hat man in der Tat ein wenig bedauert seinerzeit, nicht gerade selbstverständlich für eine Stadt, die viel Wert auf Sauberkeit und äußeren Anstand legt. Aber auch diese Menschen darf man nicht wie tollwütige Hunde erschlagen, auf Parkbänken und im Schlaf, da war man sich schon einig. Und ein wenig schlechtes Gewissen war auch im Spiel, weil der Fall vielen bewusst machte, wie brutal die Gesellschaft ihre Randgruppen ausgrenzt, indem sie sie zum Lieben und zum Schlafen in die schmutzigen Anlagen schickt. Aber auch das konnte man schnell beruhigen. Hatte man nicht den gesamten Polizeiapparat zum Schutz der Betroffenen aktiviert, sogar die Spezialisten des Sondereinsatzkommandos?

In dieser Kombination – und nur in dieser Kombination – nimmt die Gesellschaft bei schweren Straftaten die Schuldunfähigkeitsentscheidung von Sachverständigen oder der Justiz hin. Nur in dieser Kombination macht Schuldunfähigkeit keine Probleme. Im Normalfall aber sieht es anders aus.

5 Eine Drogengeschichte

Seit einer Stunde sitzen wir nun schon im Auto und warten. Es ist schweinisch kalt und in mir macht sich eine Erkältung breit. Im Visier haben wir eine schmale Hofeinfahrt auf der gegenüberliegenden Straßenseite. Irgendwann meldet sich der Dolmetscher über Funk: »Es geht los.« Augenblicke später verlässt ein silbergrauer Sportwagen die Einfahrt und rast auf der Schäfergasse nach Norden. Wir sind sofort hinter ihm.

Eine Verfolgungsfahrt ist lustig? Eine Verfolgungsfahrt ist schwierig, es braucht dazu ganz besondere Leute. Unser Fahrer sitzt locker in seinem Cockpit, eine Hand am Lenker, eine Hand am Schalthebel seines schnellen BMW. Er ist einer der coolen Männer von K 51, der Fahndungsabteilung der Frankfurter Polizei, wo man eines auf jeden Fall kann, nämlich Autofahren.

Der Wagen vor uns beginnt nun zu tricksen, rein vorsorglich. Rechts blinken, links abbiegen. Dann in falscher Richtung durch die Einbahnstraße. Es ist kurz vor halb neun abends, die Rushhour vorbei, die Frankfurter Innenstadt macht das jetzt möglich. Dann plötzlich runter vom Gas, wir lassen uns zurückfallen. Unsere Position übernimmt ein anderer Wagen des schnellen Kommissariats. Sieben heiße Schlitten sind an der Jagd beteiligt. Ständiges Abwechseln in der Verfolgerposition, nur keinen Verdacht erregen.

Im Wagen, dem wir Richtung Offenbach folgen, sitzt Reza Z., ein persischer Teppichhändler. Er ist 36 Jahre alt und mit einer deutschen Frau verheiratet, die gerade ihr zweites Kind erwartet. Nachdem eine Vielzahl festgenommener Drogenabhängiger ihn als Heroinlieferanten benannt hatte, wurde sein Telefonanschluss überwacht. Alle Gespräche wurden auf Band aufgezeichnet. Heute saß zufällig der Dolmetscher an der Zapfstelle und erfuhr von einem aktuellen Rauschgiftgeschäft. Reza Z. hatte sich für den Abend mit Lieferanten am Bahnhof von Offenbach verabredet, Frankfurts schmutzigem Vorhof.

Auf der Offenbacher Landstraße fährt der Silbergraue 140 Sachen. Wir schließen auf und sind schon wieder verschwunden. Unser Fahrer zeigt noch immer keine Anzeichen von Stress, Karl-Heinz R., der Leiter des Rauschgiftskommissariats neben mir, auch nicht.

Das Verfahren gegen Reza Z. ist mein Verfahren; dass ich heute abend mit von der Partie bin, ist allerdings Zufall. Ich wollte mich nur mal bei den Rauschgiftfahndern informieren, was die so machen, wenn andere vor dem Fernseher sitzen.

Auf dem Parkplatz vor dem Offenbacher Bahnhof geht alles ganz schnell. Reza Z. hält an, wir sind 20 Meter hinter ihm. Drei Männer treten an seinen Wagen, er bekommt ein Päckchen gegen einen Umschlag, und schon fährt unser Mann weiter. Die Lieferanten gehen gemütlich in die Bahnhofskneipe. Während drei Observationsfahrzeuge Reza Z. Richtung Frankfurt am Main folgen, begibt sich das halbe Dutzend Beamte aus den restlichen Fahrzeugen in die betreffende Kneipe. Mit vorgehaltenen Pistolen werden die armenischen Dealer festgenommen. Sie bleiben völlig ruhig, fast so cool wie unser Fahrer. Keine Reaktion, als die Handschellen schließen. Keine Reaktion auch unter den zahlreichen Gästen des Lokals auf die sicherlich nicht alltägliche Polizeiaktion. 100 bis 150 Personen in der völlig verrauchten Spelunke sind erkennbar viel zu betrunken, um auch nur irgendetwas außerhalb ihrer Gläser wahrzunehmen. Rauschgift total, nur das Strafrecht macht Unterschiede. Einzig die Kellnerin reagiert noch. Sie will den Kaffee bezahlt haben, den sie den fernöstlichen Gästen gerade an den Tisch gebracht hat. Kriminalhauptkommissar R. drückt ihr wortlos einen 10-DM-Schein in die Hand, dann verschwinden wir.

Zur gleichen Zeit etwa wird Reza Z. an einer Ampel 200 Meter hinter der Stadtgrenze festgenommen. Der Zugriff auf Frankfurter Gebiet stellt sicher, dass die Frankfurter Polizei auch für diesen Fall zuständig ist. So gibt es kein Kompetenzgerangel zwischen den Offenbacher und Frankfurter Kollegen. Die armen Polizisten, sie müssen wirklich an alles denken. Das Rauschgift, 50 Gramm reinstes Heroin, liegt noch sorgfältig in Plastikfolie verpackt auf dem Beifahrersitz seines schnellen Autos.

Reza Z. ist nicht nur Dealer, sondern auch Junkie. Er ist hochgradig abhängig. Fünfmal pro Tag spritzt er sich den guten Stoff. Wenn er den Weg nach Hause gefunden hätte, wäre die nächste Injektion sofort fällig gewesen. So sitzt er um halb zehn im Polizeipräsidium, und erste Entzugserscheinungen machen sich bemerkbar: Herzklopfen, Zittern, Schweißausbrüche, Angst. Ein Turkey ist die Hölle. Ein Notarztwagen bringt ihn in die Uniklinik. Dort liegt er eine ganze Woche lang, weder haft- noch verhandlungsfähig. Dann erst wird er in die Untersuchungshaftanstalt gebracht.

Reza Z. ist drogenabhängig, süchtig nach dem weißen Pulver aus dem goldenen Dreieck. Sucht, so steht es in den medizinischen Wörterbüchern, ist der überwältigende Wunsch oder der Zwang, den suchtauslösenden Stoff weiter zu konsumieren. Sucht hat mit höherer Gewalt zu tun, ist klassisches Beispiel für das Fehlen von Handlungsfreiheit. Ob Alkohol oder Heroin, ob Valium oder Kokain, der Süchtige steht unter Fremdherrschaft. Es heißt, wenn links neben dem Abhängigen eine Flasche steht und rechts neben ihm sein Kind ertrinkt, dann greift er zuerst einmal zur Flasche. Wir wissen auch, wie es Menschen geht, denen man die Droge vorenthält. Entzugserscheinungen bedeuten furchtbare Qualen; allein um sie zu vermeiden, muss der Süchtige Drogen konsumieren. Ihr unbändiges Verlangen nach dem Stoff macht Süchtige nicht nur kriminell, sondern auch erfinderisch. Der Maler Toulouse Lautrec trug seinen Alkoholvorrat stets in einem ausgehöhlten Spazierstock mit sich. Und ein Professor der Frankfurter Rechtsmedizin destillierte seinen Alkohol eigenhändig im Labor des Instituts, so gut und so perfekt, dass am Ende alle Geruchsstoffe daraus verschwunden waren und die Atemluft des Wissenschaftlers so rein wie die eines Piloten war.

Es ist noch nicht lange her, dass sich die Wissenschaft darauf verständigt hat, dass Süchtige krank sind. Eine Feststellung, die eigentlich schon die Historie des Begriffs nahe legt, leitet sich doch »Sucht« von dem mittelhochdeutschen »suht« ab, und das bedeutet Krankheit. Auch Reza Z. war krank und aufgrund seiner Krankheit schon seit Jahren nicht mehr Herr seiner Entschlüsse, nicht mehr fähig, sein Verhalten normgemäß zu steuern. Er war schuldunfähig. Und dennoch verurteilt ihn die Justiz wenige Monate später wegen Verstoßes gegen das Betäubungsmittelgesetz zu einer Freiheitsstrafe von dreieinhalb Jahren. Sie gesteht ihm zwar eine erheblich verminderte Schuldfähigkeit zu, doch der Rest an Entscheidungsfreiheit, von dem Sachverständige und Richter immer wieder auch in den Fällen schwerer Drogensucht sprechen, ist letztlich nichts anderes als eine theoretische Größe, nichts anderes als ein Phantasieprodukt. Reza Z. hat Heroin erworben, besessen und damit Handel getrieben – um dem Diktat seiner Sucht zu genügen. Das Dealen war notwendig, um seinen Eigenkonsum zu finanzieren, der ihn täglich immerhin 500 DM bis 1.000 DM kostete. Das wirft das beste Teppichgeschäft nicht ab.

Warum hat die Frankfurter Strafkammer so entschieden? Dealer begreifen wir als Gefahr für unsere Kinder. Wenn die einmal süchtig werden, dann haben Dealer den Stoff besorgt. Und wenn die Opfer von Straftaten einmal keine Obdachlosen sind, mit denen uns herzlich wenig verbindet, sondern unsere Kinder, an denen uns viel gelegen ist, dann wollen wir den Dealer bestraft sehen. Mit dem Einwand der eingeschränkten oder gänzlich fehlenden Schuldfähigkeit kann die Gesellschaft in diesem Zusammenhang nur schwer umgehen. Sie orientiert sich am Normalfall, daran, dass jeder für sein Tun verantwortlich ist. Der behaupteten Ausnahme begegnet sie mindestens mit Skepsis, oft aber auch, wenn es um hochsensible Delikte geht, mit schroffer Ablehnung.

Eine wesentliche Ursache des Problems liegt in der Kompliziertheit der der Schuldunfähigkeit zugrunde liegenden medizinisch-naturwissenschaftlichen und sozialen Zusammenhänge, der Schwierigkeit, sowohl die Krankheit zu begreifen als auch deren Folgen zu verstehen.

Thema Alkoholabhängigkeit bzw. Drogensucht: Trinken wir nicht alle mehr oder weniger regelmäßig Bier, Wein oder Schnaps – hin und wieder auch über den Durst? Und werden nicht abhängig, verlieren wir nicht die Kontrolle über unser Leben? Dass es genetische Dispositionen gibt für die Sucht, das weiß ja die Wissenschaft auch erst seit kurzem, und auch gegenüber den sozialen Ursachen von Sucht gibt es Ressentiments. Wer Sorgen hat, hat auch Likör, der trinkt oder konsumiert Betäubungsmittel. Aber haben wir nicht alle unser Kreuz zu tragen – und werden mehrheitlich nicht abhängig?

Thema seelische Störung: Als Kinder- oder Polizistenmörder hätte Arthur Gatter schlechte Karten gehabt in der Öffentlichkeit. Verfolgungswahn, er stand mit Geistern in Kontakt, die ihm seine Taten befahlen. Kann das nicht jeder sagen?

Klassische Geisteskrankheiten, die die Schuldfähigkeit beeinträchtigen, sind zwar in der Gesellschaft massenhaft vorhanden, aber in unserem Bewusstsein kaum präsent. Psychosen, Zwangsneurosen, Paranoia, das Chaos in den Köpfen der Patienten ist für den Laien kaum vorstellbar. Die Wechselwirkung zwischen genetisch bedingten Anlagen, Erlerntem und aktuell Erlebtem ist oft nicht nachvollziehbar. Was alles die menschliche Seele beschädigen kann, wissen oft nur diejenigen, die sich damit jahrzehntelang beschäftigt haben, die Spezialisten in den psychiatrischen Krankenhäusern. Die Defekte der Seele sind unsichtbar. Und Krankheiten, die man nicht sieht, will man auch nicht wahrhaben. Und noch etwas ist von Bedeutung: Krankheit und Schuld, sagt die Psychologie, haben in der gesellschaftlichen Einschätzung viel miteinander zu tun. Krankheiten, psychische eher als körperliche, koppelt die öffentliche Meinung gerne an ein entsprechendes Verschulden des Betroffenen. Da soll also eine verschuldete Krankheit die Straftat des Betroffenen entschuldigen! Diesen Spagat schafft kaum jemand.

Eine Gesellschaft, die die Schuldeskapaden der Justiz nicht mitmacht, d.h. der wiederholten Feststellung eingeschränkter oder ausgeschlossener Schuldfähigkeit ablehnend gegenübersteht, ist für die Justiz eine gefährliche Angelegenheit. Sie weiß sehr wohl, dass Rechtsprechung auf Dauer nur funktioniert, wenn die Menschen die Urteile und Entscheidungen der Gerichte akzeptieren. Sich ständig und dann auch noch in den spektakulären, publikumsorientierten Fällen gegen den gesellschaftlichen Mainstream zu richten, brächte die Justiz in eine existenzielle Krise. Da muss sie sich etwas einfallen lassen, und da lässt sie sich auch etwas einfallen: Sie meidet die Schuldunfähigkeit und ist dafür auf dem Gebiet der eingeschränkten Schuldfähigkeit eher großzügig. Die Feststellung der eingeschränkten Schuldfähigkeit nämlich hindert sie nicht, den Täter mit der Strafe zu bedenken, die auch die Gesellschaft für akzeptabel hält.

Denn man braucht ins Urteil nur einen Satz zu schreiben: Die Strafe wäre, bei voller Schuldfähigkeit, deutlich höher ausgefallen.

Möglicherweise rollen der Justiz auf der Schuldschiene noch einige dicke Klöpse ins Haus. Diese eher pessimistische Prognose bzw. Perspektive hat nicht damit zu tun, dass die Alkohol- und Drogensüchtigen immer mehr werden, sondern weil immer mehr Süchte die gesellschaftliche Bühne betreten, unter deren Herrschaft die strafrechtliche Verantwortung entweder ausgeschlossen oder jedenfalls erheblich eingeschränkt ist. Es sind moderne Abhängigkeiten, nicht mehr an irgendwelche klassische Drogen wie Zigaretten und Schnaps gebunden, sondern Ausfluss und Folge unseres neuen Lebensstils. Wir sind arbeitssüchtig, kaufsüchtig, herrschsüchtig, liebessüchtig, magersüchtig, spielsüchtig, immer noch mondsüchtig und neuerdings internetsüchtig. Es ist die Inflation der Süchte, die dem Strafrecht mehr und mehr Angst macht. Denn hinter den alten und neuen Begriffen stecken regelmäßig knallharte Abhängigkeiten, die wie in den Fällen des Heroins und des Kokains die Hirne betäuben und die Seele beschädigen und damit die strafrechtliche Zurechnungsfähigkeit beeinträchtigen.

Und die Bedingungen für die Modeabhängigkeiten werden immer besser. Ein Mehr an Zeit, an Freiheit, an finanziellen und technischen Möglichkeiten und materieller Unabhängigkeit aktualisiert alte Leidenschaften und ruft neue ins Leben – und kultiviert sie zur Sucht. Es klingt banal, die Generation vor uns hatte keine Zeit für eine exzessive Suchtkultur. Wer 16 Stunden am Tag arbeiten musste, allein um das Brot für die Familie kaufen zu können, wird weder spiel- noch kaufsüchtig und ganz nebenbei auch nicht in dem Maße, wie wir es heute kennen, trunksüchtig.

Andererseits ebnet auch unsere kalte, rationale, technische Welt den modernen Süchten den Weg. Hinter jeder Sucht, sagen die Psychologen, steckt eine Sehnsucht, zum Beispiel nach sozialer Geborgenheit und menschlicher Wärme. Die bleiben in der Welt der stummen Computer immer mehr auf der Strecke.

Nach kurzem Schattendasein sind die modernen Süchte längst auf dem Weg nach oben. Medien und Wissenschaft haben sich ihrer angenommen, eine erfolgversprechende Kombination.

Beispiel Spielsucht. Der wenig adrette Mittvierziger war vor dem Frankfurter Schöffengericht wegen Steuerhinterziehung angeklagt. Nach dem Tod seines Vaters hatte er dessen Firma übernommen – und ruiniert. Das meiste der zwölf Millionen DM, die der untalentierte Sohn verprasst hatte, war in den Spielbanken in Wiesbaden, Bad Homburg und Baden-Baden hängen geblieben. Dazu gehörten schließlich auch die 400.000 DM, die er eigentlich an das Finanzamt hätte abführen müssen.

Die Vorwürfe aus der Anklageschrift träfen schon zu, räumte der Angeklagte dann auch sogleich ein, aber gegen seine Spielsucht habe er sich leider nicht behaupten können. Spielsucht, das hatte auch schon sein Anwalt ganz zu Beginn des Verfahrens vorgetragen, und das Gericht hatte daraufhin einen Sachverständigen mit der Abklärung dieser Frage beauftragt. Spielsucht, das war auch das Ergebnis des Gutachtens, das der Sachverständige jetzt vor Gericht erläuterte. Der Angeklagte erfülle alle Voraussetzungen, die man an einen Süchtigen stelle: Sein Spielverhalten sei durch eine ständige Steigerung gekennzeichnet, immer öfter habe er gespielt, am Anfang einmal pro Monat, dann einmal pro Woche und schließlich täglich. Und immer größere Summen habe er eingesetzt. 500 DM zu Beginn seiner Karriere und 500.000 DM am bitteren Ende. Auch Junkies begännen bei einer Prise und endeten im Grammbereich.

Darüber hinaus habe der Angeklagte sein ganzes Leben dem Spiel untergeordnet. Er habe die Familie zuerst vernachlässigt und dann verlassen und nicht mehr auf seine Gesundheit geachtet. Der Rouletttisch sei der einzige Inhalt seines Kopfes gewesen. Genau wie echte Drogenabhängige, deren Gedanken nur noch um Stoff und Spritze kreisten. Und schließlich: Wenn der Angeklagte einmal aufgrund von fehlenden Barmitteln oder Hausverboten nicht spielen konnte, dann habe er zu Hause gesessen, zitternd, weinend und schlaflos. Beim Heroinentzug spreche man von einem Turkey, von Entzugserscheinungen, die im Falle der Mangelversorgung mit der Droge aufträten und genauso aussähen wie die Symptome des Angeklagten.

Der Sachverständige bescheinigt erheblich eingeschränkte Schuldfähigkeit. Das Gericht zieht mit. Fünfzehn Monate auf Bewährung. Vabanque – aber im Gerichtssaal sind keine Zuschauer, keine Journalisten. Irgendwo anders werden heute spektakulärere Dinge verhandelt. Es wird keine Urteilsschelte geben.

Spielsucht, es ist wohl ein echtes Problem. Die wachsende Zahl der Selbsthilfegruppen macht mehr als wissenschaftliche Untersuchungen deutlich, dass die Kälte und die Einsamkeit unserer modernen Welt viele Menschen an die Spieltische und die Spielautomaten treiben, wo sie das Glück zu finden glauben, das ihnen das wirkliche Leben vorenthält.

Aber Spielsucht macht mittellos, und Mittellosigkeit öffnet die Türen zu den strafrechtlichen Delikten des Betrugs und des Diebstahls und des Raubes und der Steuerhinterziehung.

Da kommt noch einiges auf die Justiz zu. Da muss sie sich noch warm anziehen angesichts der Beweisanträge der Verteidigung. Spielsucht ist ja noch eine moderate Angelegenheit. Fast schon eine alte Kiste. Warten wir einmal ab, was die Internetsucht alles zu bieten hat. Wenn die hochverschuldeten und kommunikationsunfähigen Dauersurfer ausrasten.

Die Bewährungsstrafe für den spielenden Steuerhinterzieher, kein Kniefall vor einer öffentlichen Meinung, die dem arbeitsscheuen Sohn gerne einmal klargemacht hätte, wie anständige Menschen ihren Tag verbringen. Wie sehr allerdings die Justiz bereit ist, dem Schuldprinzip die Grenzen aufzuzeigen, wenn es um eigene fundamentale Belange geht, zeigt ein Fall, mit dem ich es wenig später zu tun hatte. Angeklagt war ein Rechtspfleger des Frankfurter Amtsgerichts. Er hatte über hundert Akten nicht bearbeitet, sondern mit nach Hause genommen, dort versteckt – natürlich unterm Bett – und sie so der Verjährung ausgesetzt. Das waren keine weltbewegenden Dinge, sondern ausschließlich Bußgeldsachen, aber immerhin. Raser und Rotlichtsünder, Verkäufer von verdorbenem Hackfleisch und Betreiber illegaler Kneipen kamen an ihrer gerechten Buße vorbei. Ein Sachverständiger hatte sich den Angeklagten während des Ermittlungsverfahrens schon einmal angeschaut und war der Meinung, dass der Angeklagte praktisch nicht schuldfähig war. Seine Diagnose lautete auf extreme Antriebsschwäche. Der Sachverständige wunderte sich schon, dass es der Angeklagte immer wieder geschafft hatte, morgens den Weg zu seiner Arbeitsstätte zu finden. Das war immerhin ein guter Kilometer vom Sandweg bis zu den Justizgebäuden an der Konstablerwache in Frankfurt am Main. Dass er das schließlich nicht mehr schaffte, lag nach den Erkenntnissen des Psychiaters an der immer weiter ausgreifenden Krankheit des Angeklagten, der schließlich nur noch die nächste Parkbank erreichte, wo er bis zum offiziellen Feierabend sitzen blieb, um sich dann 200 Meter zurück nach Hause zu schleppen.

Auch am Verhandlungstag schleppte sich der Angeklagte, mehr als dass er ging, zu seinem Platz im Saal 102 a des Frankfurter Landgerichts. Der Sachverständige, der seinen Platz zu dieser Zeit schon eingenommen hatte, war völlig überrascht und fragte ihn, warum er denn heute so gut drauf sei. Worauf der dann antwortete, das sei ja heute auch ein besonderer Tag und da habe er schon mal früh am Morgen drei Captagon eingeworfen. Damit war der Sachverständige dann auch zufrieden. Denn im Captagon steckt ganz viel Amphetamin, und das macht munter.

Wie viel Entscheidungsspielraum der Angeklagte noch hatte, wollte man in der Hauptverhandlung von dem Sachverständigen wissen. Nur noch ganz wenig, meinte dieser, kaum zu beziffern in Prozent oder sonstigen Anteilen, eher eine theoretischen Größe. Eigentlich sei der Rechtspfleger nicht mehr in der Lage gewesen, seine Arbeit zu tun, wie sehr er sich auch immer angestrengt hätte.

Meiner Anregung, das Verfahren einzustellen, folgt das Gericht nicht, es verurteilt vielmehr den Angeklagten zu einer Freiheitsstrafe von neun Monaten und setzt die Strafe im Hinblick auf sein tadelloses Vorleben zur Bewährung aus. Wenn es darum geht, den eigenen Laden sauber zu halten, muss das Schuldprinzip schon einmal einige Abstriche hinnehmen. Ich lege gegen das Urteil Berufung ein. Die Behördenleitung will mir das Rechtsmittel ausreden. Ich lasse mich darauf nicht ein. Die Behördenleitung revanchiert sich, sie teilt mich nicht mehr zum Berufungsverfahren ein, sondern beauftragt einen anderen Kollegen. Der ist brav und beantragt pflichtgemäß, den bösen Rechtspfleger wie gehabt zu einer Freiheitsstrafe von neun Monaten zu verurteilen. Aber nun spielt das neue Gericht nicht mit. Die Strafkammer erkennt auf eine Geldstrafe auf Bewährung. Das ist eine Art Verfahrenseinstellung.

6 Das Schuldprinzip – Ein Frontbericht

Das Schuldstrafrecht – Juristen sind mehrheitlich stolz darauf. Es macht einiges her – vor allem in der Theorie. In der Praxis steht es hingegen für einen fundamentalen Konflikt, dem zwischen Gerechtigkeit auf dem Millimeterpapier und der Gerechtigkeit in Volkes Sinne. Die Fälle des Penner-Mörders, des Rauschgifthändlers und des Rechtspflegers haben ein wenig von der Brisanz des Problems verraten.

Die Gesellschaft bewertet Schuld nicht rational und so richtig gerecht will sie dabei auch nicht sein. Sie ist hingegen – aus eigener tatsächlicher oder fingierter Betroffenheit heraus – vielfach bereit, entscheidungserhebliche Umstände zu ignorieren oder zumindest klein zu reden. Emotionen und Wahrheit vertragen sich nicht. Das gilt in jeder Hinsicht. Die sechziger und siebziger Jahre rückten den Täter in den Mittelpunkt der strafrechtlichen Aufmerksamkeit. Flower-Power und der steile Aufstieg der Sozialwissenschaften mit ihrer weitreichenden Verwissenschaftlichung des Alltags schafften eine erste Trendwende, nachdem zuvor noch der Slogan: »Todesstrafe für Taximörder« das Bild bestimmt hatte. Vor dem Hintergrund seiner oft traurigen Sozialisation, seiner schlimmen Kindheitserlebnisse und seiner beschädigten Seele wurde mit einem Male der Täter zum Opfer, nicht zum Opfer neben dem Opfer, sondern zum eigentlichen Opfer. Das andere Opfer geriet dabei immer mehr aus dem Blickfeld. Ab und an reduzierte sich Rechtsfindung schon auf die Suche nach Rechtfertigungs- und Entschuldigungsgründen bezüglich des Täters.

Noch 1995 verurteilte das Landgericht Darmstadt einen 24-jährigen, der eine junge Anhalterin über mehrere Stunden schwerst körperlich misshandelt und vergewaltigt hatte, wegen Vergewaltigung in einem minderschweren Fall zu einer Freiheitsstrafe von zwei Jahren und neun Monaten. Begründung für das geringe Strafmaß und vor allem für die unfassbare Feststellung eines minderschweren Falles: Das geringe Alter des Täters.

Diese Dinge gehen nicht lange gut. Seit geraumer Zeit ziehen die Strafen wieder an. Signifikant die Änderungen im Bereich der Tötungsdelikte. Aus Totschlag wird immer häufiger Mord, aus acht Jahren wird lebenslänglich. Justiz wieder auf dem Pfad des Zeitgeistes. Der steuert heute amerikanische Verhältnisse an, ist fasziniert von der Kompromisslosigkeit der Strafjustiz in Oklahoma und Texas. Auge um Auge, Zahn um Zahn. Was in den USA noch auf soziokulturelle Ursachen zurückgeführt wird, hat bei uns offenbar andere Gründe: Die Gesellschaft entsolidarisiert sich, natürlich zuerst gegenüber ihren Rechtsbrechern. Sündenböcke sind wieder gefragt und eine Spaßgesellschaft muss irgendwo auch wieder ernst machen. Aber bleibt das so? Schlägt die Faszination USA nicht vielleicht um in Ekel und Abscheu angesichts gefesselter Kinder und hingerichteter Geisteskranker? Und unterliegt der Zeitgeist nicht sowieso den Gesetzen des Pendels?

Wie geht es weiter mit dem Schuldstrafrecht? Schaffen wir die Mitte? Können wir Unschuldige dem Räderwerk der Justiz entwinden ohne Volkeswunsch nach konsequenten Strafen zu ignorieren? Und gelingt es uns, Schuldige konsequent zu bestrafen, ohne als Racheengel zu erscheinen? Im Frühjahr 2001 hat das Hamburger Landgericht gegen Thomas Drach wegen der Entführung von Jan Philipp Reemtsma verhandelt. Es hat den Täter zu vierzehneinhalb Jahren Haft verurteilt, das ist fast die Höchststrafe. Das Opfer hat als Nebenkläger eine harte Bestrafung verlangt. Es hat dies aber mit ganz viel Besonnenheit getan und wohlbegründet. Es hat auf seine Qualen hingewiesen, die es während seiner 33-tägigen Gefangenschaft, angekettet in einem Keller, erdulden musste. Und Jan Philipp Reemtsma hat an die Justiz appelliert, den Straftheorien endlich auch eine »Optik des Opfers« zu geben, und er hat daran erinnert, dass nicht nur der Täter, sondern auch das Opfer im Falle eines Traumas der Resozialisierung bedürfe. Aber nie ist seine Betroffenheit, sein persönliches Leid, in Aggression oder Hass umgeschlagen. So in etwa muss Strafrecht funktionieren.

Dies soll ein Plädoyer sein für das Schuldstrafrecht, für ein Strafrecht, das schuldige Täter verurteilt und von Unschuldigen die Finger lässt. Ein Strafrecht, das der Gesellschaft eine Menge zumutet, aber auch dem Täter. Da kommt einiges zu auf unsere neue Justiz. Auf Staatsanwälte und Richter, die Teil einer Gesellschaft sind, die sich eher der einfachen Lösung verpflichtet fühlt. Aber einfaches

Recht, einfache Gerechtigkeit gibt es nicht. Nachdenken und gegebenenfalls unbequem sein, daran führt kein Weg vorbei. Das müssen die neuen Leute wissen.

Umgekehrt müssen die Vertreter des Schuldprinzips zukünftig ihre Entscheidungen besser vermitteln, als sie das bisher getan haben. Eine Gesellschaft, die mehrheitlich nicht aus Juristen besteht, kann juristische Entscheidungen oftmals nicht nachvollziehen, ist nicht empfänglich für die Haarspaltereien des juristischen Denkens und für sie ist das Schuldprinzip ein Buch mit sieben Siegeln. Daher hat sie einen Anspruch auf Information, Erläuterung, Aufklärung. Dem wird die Justiz nicht gerecht, wenn sie die Formeln der forensischen Psychiater, wonach zum Beispiel ein Mörder aufgrund eines paranoiden Aggressionsschubes nicht schuldfähig war, pauschal und ohne Erläuterung als »Ergebnis überzeugender, in sich widerspruchsfreier Ausführung eines anerkannten Wissenschaftlers« übernimmt. Dieses Ergebnis muss sie übersetzen, muss sie vermitteln, muss sie so aufbereiten, dass es wenigstens der gutwillige Nichtjurist verstehen und nachvollziehen kann. Ihn gilt es zu erreichen, und das reicht ja auch. Die Selbstgerechten müssen außen vor bleiben.

Justiz und Schuldprinzip – wie geht das weiter? Da sind viele Unwägbarkeiten im Spiel. Einige davon nehmen wir heute noch gar nicht wahr. Jenseits von Zeitgeist und Jurisprudenz lauern sie noch unbemerkt in ihren gesellschaftlichen Nischen und wissenschaftlichen Verstecken – um vielleicht mit einem Mal laut trommelnd die Gerichtssäle zu okkupieren.

Es geht um die Ergebnisse der modernen Hirn- und Verhaltensforschung, um die Versuche herauszufinden, was unser Verhalten steuert. Warum wir tun, was wir tun, bzw. nicht tun, was wir unterlassen. Diese Disziplinen haben große Fortschritte gemacht in den vergangenen Jahren. Phänomene, die vor zwei Jahrzehnten noch einzigartige Rätselwerke darstellten, sind heute ganz oder teilweise gelöst. Oder können heute zumindest sachgerechter gelöst werden, als das seinerzeit der Fall war, allerdings wiederum – bei konsequenter Anwendung des Schuldprinzips – mit einem erheblichen Kompetenzverlust für das klassische Strafrecht.

Zum Beispiel der Fall des Jürgen Rennweg. Seine Geschichte beginnt im Winter 1980, jedenfalls soweit sie für die bundesdeutsche Justiz bedeutsam ist. Seinerzeit – lange vor der Wende – war es üblich, dass die Bundesrepublik alljährlich für zweistellige Millionenbeträge der DDR Gefangene abkaufte. Das waren ausschließlich politische Gefangene. Meist Menschen, die mit dem sozialistischen System nicht einverstanden waren und das auch öffentlich gesagt hatten, oder die beim illegalen Grenzübertritt erwischt worden waren – also sowieso lieber im Westen als im Osten leben wollten. Schlagwort: Staatsfeindliche Hetze und Republikflucht. Und damit verbunden der erste sehr erfolgreiche Versuch des sozialistischen Staates, aus den Regeln der freien Marktwirtschaft Kapital zu schlagen.

Die Häftlinge wurden in Bussen über die Grenze nach Westberlin oder nach Herleshausen an der hessisch/thüringischen Grenze geschafft, und bei jedem Grenzübertritt geschah ein kleines Wunder. Kurz vor dem Schlagbaum hielt der Bus an, und es stiegen noch zwei oder drei Personen zu. Das waren auch Häftlinge, aber Häftlinge der besonderen Art. So genannte Zugaben. Dafür brauchte die Bundesrepublik nichts zu bezahlen. Aber ein Geschenk waren die Zugaben keinesfalls. Denn soweit ging die Liebe zum alten Klassenfeind auch wieder nicht. Die späten Zusteiger waren keine politischen Häftlinge, sondern Diebe, Mörder, Räuber, Vergewaltiger, mit denen die DDR nicht fertig geworden war, die nicht resozialisiert werden konnten, obwohl man sich heftig Mühe gegeben hatte. Viel intensiver als im Westen kümmerte man sich drüben, schon wegen der dringend benötigten Arbeitskräfte, um die Gestrauchelten. Deren Familien und ihre Arbeitskollegen waren regelmäßig in das Resozialisierungskonzept eingebunden. Wenn es trotzdem schief ging – ab zum Klassenfeind.

Jürgen Rennweg war ein solcher Unverbesserlicher. Im Dezember 1980 kam er mit einem der überfüllten Busse nach Herleshausen in Hessen und von dort in das Notaufnahmelager nach Gießen.

Am zweiten Tag die erste Straftat. Sexuelle Nötigung, er hatte sich über eine Angestellte der Lagerverwaltung hergemacht. Danach Ortswechsel nach Frankfurt am Main. Nach wenigen Tagen überfällt Jürgen Rennweg spät nachts an der Endhaltestelle der Straßenbahn den letzten Fahrgast. Er zerrt die Frau in ein Gebüsch am Straßenrand und versucht sie zu entkleiden. Sie schreit, und zufällig erscheint ein Funkwagen der Polizei.

Jürgen Rennweg kommt in Untersuchungshaft. Er ist mein Fall und seine Akte interessiert mich mehr als die eines anderen Beschuldigten. Er ist kein Straftäter der üblichen Art. Sein Überfall auf den letzten Fahrgast der Linie 21 hat etwas von der Grausamkeit und Gruseligkeit Hollywoods. Ich lasse ihn mir aus der U-Haft in mein Büro bringen, denn ich will ihn kennen lernen. Er ist 34 Jahre alt, eher klein und schmächtig. Vor seiner Freilassung, sagt er, habe er schon 17 Jahre in DDR-Haft gesessen. Ich will wissen warum. Staatsfeindliche Hetze ist seine Antwort. Dafür muss auch in der DDR ein 17-jähriger nicht 17 Jahre einsitzen, gebe ich ihm zu bedenken. Hat er jemanden getötet? Er bleibt dabei: Staatsfeindliche Hetze. Näher kann er das nicht ausführen. Irgendetwas stimmt nicht mit ihm, sagt mir mein siebter Sinn. Ich lasse ihn bis zur Hauptverhandlung, die ein dreiviertel Jahr später stattfindet, in Untersuchungshaft.

Das Urteil dann: ein Jahr Freiheitsstrafe, Anrechnung der Untersuchungshaft, Rest zur Bewährung, Entlassung. Am Folgetag: In einem Hausflur im Frankfurter Rotlichtmilieu überrumpelt er spät nachts eine Frau. Das Opfer, eine ehemalige Prostituierte, wehrt sich mit Leibeskräften und schreit so laut wie sie es gelernt hat. Jürgen Rennweg muss fliehen, verliert aber am Tatort seinen Ausweis.

Drei Tage später: Im Feld von Sossenheim, einem westlichen Frankfurter Stadtteil, ist ein 14-jähriges ungarisches Mädchen unterwegs. Sie ist zu Besuch bei Verwandten und will, wie jeden Tag, deren Pferde füttern. Jürgen Rennweg ist auch dort, stößt die 14-jährige vom Fahrrad und schleppt sie in ein Maisfeld. Dort kämpft sie eine Viertelstunde lang um ihr Leben. Die polizeilichen Fotos vom Tatort zeigen später eine vielleicht 20 qm große Fläche, auf der der hochstehende Mais auf dem Boden liegt, wie von einer Dampfwalze platt gedrückt. Glücklicherweise verliert Jürgen Rennweg auch diesen Kampf, muss wieder fliehen. Für den Polizeihubschrauber ist er eine leichte Beute.

Untersuchungshaft und danach wieder Hauptverhandlung. Drei Psychiater – die besten Adressen in Deutschland – sind mit seiner Begutachtung beauftragt. Sie kommen zu keinem Ergebnis. Einer habe, schreibt die Frankfurter Allgemeine Zeitung enttäuscht und vorwurfsvoll, etwas von einem Aggressionspotential gemurmelt. Hat er auch, und ein anderer hat bei den DDR-Kollegen, die zuvor mit dem offenbar gefährlichen Mann zu tun hatten, nachgefragt, was denn dort geschehen sei. Was ihm die 17 Jahre Haft eingebracht hat. Der Sachverständige hat seine Kollegen, wie das so Kollegen untereinander tun, eindringlich gebeten, ihm wenigstens einen Tipp zu geben angesichts der Notwendigkeit, die Gesellschaft, wenn auch eine kapitalistische, vor einem eventuell hochgefährlichen Triebtäter in Sicherheit zu bringen, bzw. diesem auch gerecht zu werden. Nichts kommt über den eisernen Vorhang, noch nicht einmal ein kleiner Hinweis. Wäre das zehn Jahre später nicht etwas gewesen für die Aufarbeitung von DDR-Unrecht?

Das Mädchen aus Ungarn ist in Begleitung ihrer Mutter und ihres Onkels nach Frankfurt am Main gekommen. Sie wird im Prozess gegen Jürgen Rennweg als Zeugin vernommen. Lena P. ist geschädigt für ihr ganzes Leben. Bei der Aufarbeitung des schlimmen Vorfalls im Sossenheimer Feld haben die Eltern alles falsch gemacht was sie nur falsch machen konnten. Sie haben ihr erzählt, dass sie das alles nur geträumt hat. Das glauben 14-jährige nicht mehr, und jetzt müssen sich mehrere Wachtmeister zwischen der Zeugin und dem Angeklagten postieren, damit sie den Mann ihrer Träume nicht sehen kann. Derweilen sitzt ihre Mutter neben ihr und hält ihre Hand.

Der Richter fragt den Angeklagten irgendwann, ob ihm die Leute aus Ungarn denn nicht leid tun. Jürgen Rennweg überlegt lange und angestrengt. Dann sagt er im Normalton und sehr bestimmt, das Mädchen tue ihm leid, aber sein Onkel und die Mutter nicht. Auf keinen Fall tun ihm Onkel und Mutter leid.

Vier Jahre Haft verhängt das Gericht. Vorher soll er aber wegen eines Alkoholproblems noch ein Jahr in die Psychiatrie. Ich verliere Jürgen Rennweg wegen meines Dezernatswechsels aus den Augen. Später höre ich, dass er aus der geschlossenen Abteilung der Psychiatrie im hessischen Hadamar ausgebüchst ist, gleich darauf wieder eine Frau überfallen hat, diesmal auf dem Friedhof des kleinen Ortes, und daraufhin in Limburg an der Lahn zu einer hohen Freiheitsstrafe mit anschließender Sicherheitsverwahrung verurteilt worden ist.

Seinen Doppelgänger lerne ich 20 Jahre später kennen. Thomas L. ist ebenfalls Mitte 30 und verbüßt in der Haftanstalt Berlin-Tegel eine Freiheitsstrafe wegen versuchten Mordes. Er hatte ein achtjähriges Mädchen missbraucht, gewürgt und mit einem Knüppel brutal niedergeschlagen. Erst am nächsten Tag fand man das schwer verletzte Kind, das wie durch ein Wunder überlebte.

Die kriminelle Karriere von Thomas L. begann früh, sein Strafregisterauszug umfasst eine Vielzahl von Straftaten, Nötigung, Körperverletzung, Diebstahl, Trunkenheit, Vergewaltigung einer 13-jährigen. Schon hier: Jürgen Rennweg lässt grüßen.

Jetzt wirkt Thomas L. an einer Studie der Verhaltenspsychologin Hertha Flor mit. Die Professorin am Psychologischen Institut der Humboldt-Universität in Berlin will wissen, wie er seine Tat sieht, wie er zu ihr steht.

Thomas L. erzählt ungehemmt aber merkwürdig kalt und ohne Emotionalität. Mit viel Distanz zur Tat und vor allem zu der Rolle, die er bei dieser Tat spielt. Er sagt: »Ich weiß noch nicht mal, ob ich sie direkt gewürgt habe. Ich weiß nur, dass ich auf jeden Fall auf sie los gegangen bin, und dann hat ja auch ein Knüppel da gelegen, ob ich den nun verwendet habe oder nicht, das weiß ich gar nicht. Das hat man mir dann zwar vorgeworfen, aber im Grunde genommen weiß ich nicht, ob ich jetzt diesen Knüppel da verwandt habe. Ich denke mal, da hätte ja dann auch wahrscheinlich Blut dran sein müssen irgendwo, dass man sagen kann, der Knüppel wurde dafür verwandt, oder weiß ich was, Haarrückstände. Das ist auch alles nicht gefunden worden. Also denke ich mal, dass ich den Knüppel zum Beispiel nicht verwandt habe.«

Die Schuld an der Tat sucht er eher beim kindlichen Opfer; eigene Verantwortung kann er nicht erkennen und Reue empfindet er sowieso nicht: »Und dass dann natürlich so was dazwischen kommt, dass mir dann die an den Kopf schmeißt, du wolltest mich töten, was mir das Gericht natürlich auch wieder nicht geglaubt hat, das hatte ich mir natürlich nicht ausgerechnet.« Thomas L. sagt auch, im Grunde genommen sei er ein ruhiger Mensch, der eigentlich keine Probleme habe, die eine Behandlung nötig machten.

Hertha Flor unterzieht ihre Probanden auch dem Nasal-Test. Dabei werden Versuchspersonen mit unterschiedlichen Gerüchen konfrontiert, denen Bilder von menschlichen Gesichtern zugeordnet sind. Erst wenn sie die entsprechenden Kombinationen gelernt haben, beginnt das eigentliche Experiment. In einem Kernspintomographen, der ihre Hirnströme misst, werden den Versuchspersonen auf einem Spiegel die betreffenden Bilder projiziert, während ihnen wenige Sekunden später über eine Nasensonde die Gerüche zugeführt werden.

Bei »Normalen« zeigt der Monitor, sobald das mit einem schlechten Geruch assoziierte Gesicht auf dem Spiegel erscheint, eine typische Erwartungswelle, eine immer stärker ansteigende Vorbereitung des Gehirns auf den unangenehmen Geruch. Diese Kurve signalisiert Angst. Und diese Kurve gibt es bei Thomas L. nicht. Er reagiert nicht auf den bevorstehenden unangenehmen Reiz, bereitet sich nicht darauf vor.

Personen, die in dieser Weise unfähig sind Angst zu empfinden, sagt die Wissenschaftlerin, sind nicht in der Lage emotional nachzuvollziehen, was sie ihrem Opfer antun; sie empfinden nach der Tat keine Reue, und sie haben auch keine Angst vor der drohenden Strafe.

Das gefühllose Handeln, die grausame Tatausführung, das fehlende Unrechtsbewusstsein, keine Entschuldigung beim Opfer, keine Reue, alles was bisher strafschärfend ins Gewicht fiel, hat jetzt eine messbare, objektivierbare Ursache, ist im EEG darstellbar als fehlendes Signal aus dem Mandelkern mitten im Gehirn, hat somit offenbar eine hirnorganische Ursache – und ist damit eventuell der willentlichen Beeinflussung entzogen.

Der böse Wille bekommt Gestalt. Ist er noch Teil des freien Willens? Sind unsere größten Bösewichte, die wir immer für kerngesund gehalten haben, überhaut schuldfähig? Kann man sie verantwortlich machen für den Zustand und die Anordnung ihrer Nervenzellen im Hirn, Planquadrat A 5?

Hätte Jürgen Rennweg, dessen kriminelle Karriere, dessen Straftaten und dessen späteres Verhalten gegenüber den Opfern so sehr dem ähnelt, was bei Thomas L. festgestellt wurde, der also über die gleichen emotionalen Defizite verfügt haben dürfte, eigentlich ins Gefängnis gesteckt werden dürfen? Hätte man ihn nicht eher therapeutisch behandeln müssen? Ein Mann für die Psychiatrie und nicht für den Knast?

Nun ist man bekanntermaßen nachher immer klüger als vorher; heute wissen die Sachverständigen einiges mehr über die Person und die Taten des Jürgen Rennweg.

Ganz nebenbei: Auch für Thomas L. kamen die Erkenntnisse der Verhaltenspsychologie zu spät. Auch ihn hat das Gericht ins Gefängnis geschickt, für 10 lange Jahre.

Täter mit antisozialen Persönlickeitsstrukturen, sagt die Berliner Wissenschaftlerin Hertha Flor, werden durch Schaden nicht klug, Strafe schreckt sie nicht ab, beeindruckt sie nicht. Aber mit therapeutischen Maßnahmen könnte zumindest das Schlimmste nach ihrer Entlassung verhindert werden.

Nicht nur aus der Berliner Ecke weht dem freien Willen der Wind ins Gesicht. Das muss dem Strafrecht Angst machen, ist dieser freie Wille doch eine seiner Schlüsselgrößen. Für die Schuldfeststellung ist er unerlässlich, betrifft diese doch den Vorwurf, sich selbstverantwortlich, also frei für das Verbotene entschieden zu haben.

Für Professor Gerhard Roth vom Institut für Hirnforschung an der Universität Bremen steht es ausgesprochen schlecht um den freien Willen. Danach haben wir zwar Planungsfreiheit, aber keine Handlungsfreiheit. Ob wir das, was wir planen, auch wirklich tun, sagt der Wissenschaftler, darüber entscheidet allein das Unbewusste. Und das wiederum sei eingebettet in einen riesigen Schatz ebenfalls unbewusster Vorerfahrungen. Und genetischer Anlage, wird man ergänzen dürfen.

Neue, raffinierte Experimente belegen zudem, dass das Hirn schon vor einem bewussten Entschluss aktiv ist. Die aberwitzig klingende Folgerung: Wir tun nicht, was wir wollen, sondern wir wollen, was wir tun.

Also kein subjektiver freier Wille, wie der Bremer Wissenschaftler meint? Noch streiten die Naturwissenschaftler und die Juristen zeigen sich unbeeindruckt. Ob und was da noch auf die Justiz zukommt, ist schwer vorher zu sagen. Es hängt ab von der weiteren Entwicklung in der Neurobiologie und in der Hirn- und Bewusstseinsforschung. Dort herrscht allerdings Aufbruchstimmung. Und es hängt ab vom Engagement unserer Strafverteidiger, denen es irgendwann einfallen könnte, den freien Willen zum Thema zu machen.

II Und noch mehr Probleme

1 Die Akteure

Es wird Zeit ein erstes Wort zu sagen über die Akteure des Strafrechts. Wer verbirgt sich hinter der Justiz? Wer sind die Frauen und Männer in den schwarzen Roben? Was haben sie gelernt, und was befähigt sie Recht zu sprechen? Was Strafrecht ist und was aus ihm wird, hängt in erster Linie von ihnen ab. Und wer die Justiz verstehen und kritisieren will, sollte ein paar Dinge über ihre Akteure wissen.

Richter und Staatsanwälte haben Jura studiert und sie haben ihr Studium mit einem hervorragenden Examensergebnis abgeschlossen. Sie haben Jura allerdings nicht aus Überzeugung studiert, zunächst jedenfalls nicht. Kaum ein Student, der sich aus artikulierbaren Gründen für das Studium entschieden hätte. Auf die entscheidende Frage nach dem Motiv für die Studienfachwahl schaut man bei den Studienanfängern in ratlose Gesichter. Wenn es denn die eine oder andere substantiierte Antwort darauf gibt, dann hat sie zu tun mit der Rechtsanwaltspraxis des Vaters oder der Mutter, die es zu übernehmen gilt oder mit dem Großvater, der einmal Richter am Oberlandesgericht war und dem man jedenfalls gehaltsmäßig nacheifern möchte. Aus Engagement für die Sache, für die Sache der Gerechtigkeit gar, studiert niemand mehr. Nur 6% aller Studenten in Deutschland haben einer Umfrage aus dem Frühjahr 2000 zufolge ein bestimmtes Studium begonnen, um anderen zu helfen oder um die Gesellschaft zu gestalten. Das mag viele Nichtjuristen enttäuschen, erleben sie doch im Fernsehen oder im Kino Rechtsanwälte, Staatsanwälte und Richter als engagierte Kämpfer für die Sache der Gerechtigkeit. Aber die Medien sind das eine und die Sache mit der Knete das andere. Wer immer nur Sozialhilfeempfänger im Kampf gegen ignorante Ämter vertritt, wer also stets für Niedrighonorare tätig wird, der kann kein dickes Auto fahren. Das aber ist man sich nach zehnjähriger Ausbildung schon schuldig.

Schulabgänger studieren Jura auch nicht aus persönlicher Neigung, d.h. aus Spaß an der Sache, wie es knapp 70% der sonstigen Studienanfänger heute tun, folgen also nicht dem Lustprinzip, sondern tun es ganz einfach aus Verlegenheit. Für Medizin reicht es nicht, Physik ist mega-out, und Lehrer will man nun auch wieder nicht werden. Also Jura, damit kann man jedenfalls später viel anfangen. Juristen werden überall eingesetzt, nicht nur in der Justiz und in der Anwaltschaft. Wirtschaft, Banken, Verwaltung, Körperschaften sind satt voll mit Juristen und sogar im deutschen Bundestag schlägt ihr Berufsstand mit 16% zu Buche.

Jurastudenten gehören keiner besonderen Bevölkerungsschicht mehr an, rekrutieren sich insbesondere nicht mehr ausschließlich aus der sozialen Oberschicht, wie das früher einmal der Fall war. Buntes Volk unterschiedlicher Herkunft treibt sich auf dem Campus herum. Viele Ausländer und noch mehr Frauen dokumentieren eine gewisse Offenheit der Disziplin. Es gibt keine Klassenjustiz mehr, heißt es offiziell, jedenfalls unter personellen Aspekten nicht. Allerdings: Aus den Ghettos kommen die Juristen auch wieder nicht. Da kommen andere her, die uns später noch beschäftigen werden.

Jura studiert man durchschnittlich zwölf Semester lang, sechs Jahre also. In dieser Zeit lernt man die Kunst der Rechtsanwendung, jedenfalls ist das so vorgesehen. Was man nicht lernt, ist irgendetwas auswendig. Auch hier liegt Volkes Vorstellung deutlich neben der Wirklichkeit. Jurastudenten, die demonstrativ kiloschwere Gesetzbücher durch die Gegend schleppen, machen gerne Glauben, dass sie deren Inhalt im Schlaf aufsagen können. Damit schinden sie Eindruck, aber das ist Unfug und wäre aus zeitlichen Gründen und mangels Speicherkapazität auf der menschlichen Festplatte gar nicht möglich. Juristen sollen die Methode der Rechtsanwendung lernen, wenn ihnen das gelingt, können sie alle Fälle lösen.

Los geht es allerdings mit der Dogmatik. Im Strafrecht bedeutet das zunächst die Auseinandersetzung mit den unterschiedlichen Auffassungen zu den Grundbegriffen der Disziplin. Etwa darüber was unter einer Handlung zu verstehen ist, wie die Rechtfertigungsgründe einzuordnen sind, als negative Tatbestandsmerkmale oder ob sie einen Sonderstatus beanspruchen dürfen, und was man unter der Tatschuld im Gegensatz zur Lebensführungsschuld zu verstehen hat.

Das Reich der Dogmatik ist die Heimat der Theorien. Unzählige Meinungen streiten um die Vorherrschaft. Da kämpft etwa innerhalb der Frage, wie ein Irrtum über die Grenzen eines Rechtfertigungsgrundes einzuordnen ist, die strenge Vorsatztheorie gegen die strenge Schuldtheorie, und beide gemeinsam wieder gegen ihre Softvarianten, die eingeschränkten Vorsatz- und Schuldtheorien, während die Theorie vom Ausschluss des Vorsatzunrechts für weitere Verwirrung sorgt. In wissenschaftlichen Aufsätzen heißt es manchmal, über diese oder jene Frage werde seit Jahren erbittert gestritten.

Das ist noch nicht einmal falsch und die Vertreter der jeweiligen Standpunkte, Professoren und ihr Nachwuchs, meinen es in der Regel sogar ernst. Das ist halt ihre Welt und das ist ihr Krieg. Die Studenten sind bald in den Konflikt involviert, schlagen sich auf die eine oder andere Seite. Was ihnen im Schlachtengetümmel gar nicht auffällt: Der Krieg ist über weite Strecken virtueller Natur, eigentlich geht es um nichts oder vorsichtiger ausgedrückt, um nicht viel.

Ob man in den Fällen einer Drittbeteiligung den Diebstahl vom Betrug nach den Grundsätzen der Lagertheorie abgrenzt oder ob man auf die rechtliche Befugnis des Handelnden abstellt; ob man den Mord als qualifizierten Totschlag einstuft oder als eigenständiges Delikt ist außerhalb des Wissenschaftsbetriebes ohne Belang. Später, vor Gericht, werden die ehemaligen Studenten schnell merken, dass es für die Beteiligten entscheidend darauf ankommt, was man mit dem Täter macht, ob man ihn ins Gefängnis schickt oder zur Ableistung gemeinnütziger Arbeit ins Tierheim. Und weniger darauf, welchen Namen man dem Kind gibt.

Wichtiger wird es da schon wieder, wo die Frage Freispruch oder Verurteilung davon abhängt, welcher Theorie man folgt. Etwa im Rahmen der Urkundsdelikte, wenn es um den Urkundscharakter einer Fotokopie geht. Auch da ist die Relevanz meist begrenzt.

Übrig bleibt in diesen Fällen regelmäßig noch der Betrug. Also bekommt der Täter am Ende das was er immer bekommt, nämlich eine angemessene Strafe für sein unangemessenes Verhalten.

Herzstück der Rechtsanwendung ist allerdings die Subsumtion. Subsumieren lernen ist nicht leicht. Da müssen schon einige Knöpfe im Kopf gedrückt und einige Hebel im Hirn umgelegt werden. Studenten tun sich damit schwer, jedenfalls am Anfang. Der Begriff kommt aus dem lateinischen, hat mit Logik zu tun und bedeutet soviel wie das Unterordnen eines einzelnen Sachverhaltes unter ein allgemeines Gesetz.

Dazu zerlegt man den gesetzlichen Tatbestand, den Paragraphen also, in seine einzelnen Elemente, die so genannten Tatbestandsmerkmale und versucht jeweils damit ein einzelnes Element des Falles, den man zu diesem Zweck ebenfalls in seine Einzelteile zerlegt, zu kombinieren. Hat zum Beispiel die Person A die Person B mit einer Pistole in den Kopf geschossen und ist B daraufhin verstorben, dann versucht der Strafjurist nun herauszufinden ob sich A dadurch strafbar gemacht hat. Weil hier eine Strafbarkeit wegen Totschlags naheliegend ist, bemüht er den § 212 des Strafgesetzbuches. Dort heißt es leicht vereinfacht: Wer einen Menschen tötet wird bestraft. Dann beginnt die juristische Sektion.

Die Vorschrift des § 212 zerlegt man zunächst in seine Bestandteile: Es muss eine bestimmte Verhaltensweise des A vorliegen. Diese muss ursächlich für den Tod des B gewesen sein. Das alles muss als rechtswidrig zu bewerten sein und schließlich muss A noch schuldhaft gehandelt haben. Man sieht, wie in der Rechtsmedizin ist das so zerlegte Medium am Ende nicht mehr ganz das alte.

Jetzt holen wir uns die portionierten Teile des Falles und versuchen sie dem Tatbestand unterzuordnen. Als relevantes Verhalten des A nehmen wir die Abgabe des Schusses. Mehr hat er ja auch nicht gemacht. Eine andere Wahl haben wir also auch gar nicht. Die Abgabe des Schusses muss nun kausal für den Tod des B sein. Das ist der Fall, wenn der Schuss nicht hinweg gedacht werden kann, ohne dass der Erfolg, der Tod also, entfällt. Denkt man sich hier den Schuss weg, wäre in der Tat der B noch am Leben. Rechtswidrig ist die Tat, wenn keine Rechtsfertigungsgründe vorhanden sind. Notwehr wäre ein solcher Rechtfertigungsgrund, aber dafür liegen keine Anhaltspunkte vor. Und schließlich fragen wir noch nach möglichen Entschuldigungsgründen. Auch die können wir hier nicht feststellen und damit ist die Fallprüfung beendet.

Subsumiert wird nach einem bestimmten Schema. Nach einem Plan. Für jedes Rechtsgebiet, für jede Rechtsfrage gibt es den dazu passenden Subsumtionsplan. Punkt für Punkt wird der durchgeprüft: Wenn hinter jedem Punkt ein Häkchen steht, ist der gesetzliche Tatbestand erfüllt, d.h., der Paragraph passt auf den betreffenden Fall und es gilt die im Gesetz dafür vorgesehene Rechtsfolge. In unserem Fall heißt das: Indem A den B mit einem Schuss aus seiner Pistole tödlich verletzt hat, hat er den Tatbestand des § 212 StGB erfüllt und ist als Totschläger zu bestrafen.

Irgendwann lernen alle Juristen das Subsumieren, sowie alle Ärzte irgendwann lernen einem Patienten eine Spritze zu machen. Allerdings, es gibt da ein Problem. Nicht immer scheint die Subsumtion, jedenfalls so wie Juristen sie lernen, das richtige Ergebnis zu garantieren.

Richter Schmidt hat es seinen Referendaren am Darmstädter Landgericht seinerzeit eher unfreiwillig demonstriert. Er hatte über die Klage eines Bauunternehmers zu entscheiden, der von einer Bauherrin viel Geld verlangte. Die Bauherrin wollte sich als alleinstehende Oberstudienrätin zu ihrer Pensionierung einen alten Traum erfüllen, den vom Häuschen im Grünen. Bei dem bekanntesten und größten am Ort hatte sie es in Auftrag gegeben und der hatte auch hervorragende Arbeit geleistet. Kein einziger Baumangel, dafür aber eine andere Überraschung. Er wollte den Kaufpreis zweimal haben. Das sei so vereinbart worden, sagte der Kläger und verwies auf den schriftlichen Kaufvertrag. Und tatsächlich, da stand zwar auf der Vorderseite als Kaufpreis groß und fett der Betrag von 150.000 DM, aber auf der Rückseite des Vertrages, irgendwo im Kleingedruckten, in den Allgemeinen Geschäftsbedingungen, hieß es, bei Übergabe des Hauses werde der Kaufpreis ein zweites Mal fällig. Die Oberstudienrätin fiel aus allen Wolken. Stets sei nur von 150.000 DM die Rede gewesen und mehr sei das Haus, das ja ein Häuschen war, auch nicht wert. Sie verweigerte die Zahlung der zweiten 150.000 DM und sah sich augenblicklich als Beklagte vor Gericht.

Für Richter Schmidt eine klare Angelegenheit. Anspruchsgrundlage sei der Vertrag und der sei wirksam zustande gekommen und laute halt über 300.000 DM. Ein Vertrag bestehe nämlich aus zwei übereinstimmenden Willenserklärungen und die seien hier schön belegt durch die beiden Unterschriften unter dem Text auf der Vorderseite des Papiers. Dass die Rückseite des Papiers ebenfalls Vertragsinhalt geworden sei, ergebe sich daraus, dass auf der Vorderseite ausdrücklich noch vermerkt worden sei, dass die Klauseln auf der Rückseite ebenfalls gelten sollten. Aus Vorder- und Rückseite ergäbe sich die geschuldete Summe: 300.000 DM, und damit war die Klage des Bauunternehmers begründet und erfolgreich.

Verstanden?, fragte Richter Schmidt seine Referendare am Ende der Sitzung. Verstanden schon, aber nicht einverstanden. War da vielleicht nicht ganz zu Ende gedacht worden? Wir kommen darauf noch einmal zurück. So viel schon hier: Diese Form der Rechtsanwendung hat den Juristen den Beinamen Formalisten beschert. Formalisten geht es um die Form, um das Äußerliche, das Erscheinungsbild. Der Inhalt interessiert sie weniger.

Und noch mit einem anderen Begriff macht man den Juristennachwuchs früh vertraut: Mit dem der Rechtssicherheit. Will heißen, das Recht muss kalkulierbar sein. Die juristischen Entscheidungen müssen vorhersehbar sein. Die Verlässlichkeit des Rechts, so heißt es, sei auch wichtig für seine Akzeptanz. Mag alles sein und ist wohl auch so. Nur: Verlässlichkeit geht immer auch zu Lasten der notwendigen Erneuerung des Rechts, seiner innovativen Komponente. Lange haben Richter vor allem junge Delinquenten, die ohne Fahrerlaubnis im Auto oder auf dem Moped unterwegs waren, mit ganz bestimmten Sperrfristen für die Erteilung einer Fahrerlaubnis bedacht. So stand es im Gesetz, als Konsequenz für den Regelfall. Die Sanktionen waren schließlich überall bekannt und die Betroffenen konnten ihr Risiko genau kalkulieren – es herrschte Rechtssicherheit. Aber irgendwann sah man dann doch ein, dass es eine bessere Lösung gab, nämlich den Delinquenten zu verpflichten, endlich eine Fahrerlaubnis zu erwerben, um dem Kreislauf aus immer längeren Sperrfristen und neuen Straftaten in Form des Fahrens ohne Fahrerlaubnis zu entkommen. Es hat lange gedauert, bis sich diese sinnvolle Lösung durchgesetzt hatte. Sicher auch eine Folge des innigen Verhältnisses der Justiz zur Rechtssicherheit.

Damit und mit anderen Dingen haben sich die Juristen einen weiteren Ruf eingehandelt, nämlich konservativ zu sein. Der Rechtsprofessor Bockelmann hat sie sogar zu den Beharrlichsten der Konservativen gemacht. Das Neue liegt ihnen nicht so. Veränderungen sind ihnen suspekt. Keine Experimente! Das sollte man vielleicht auch wissen von dem Apparat, der für die Rechtsprechung zuständig ist.

Damit soll es vorerst gut sein. Die wenigen Informationen genügen ja auch, um sich einen ersten Eindruck zu verschaffen von den Akteuren des Strafrechts staatlicherseits. Interessant an dieser Stelle vielleicht noch ein kurzer Hinweis auf das, was Juristen nicht lernen oder nur ganz am Rande: zum Beispiel was Gerechtigkeit ist. Oder warum es sich lohnen könnte, dem Rechtsstaat die Stange zu halten. Warum irgendwann einmal auf den Talaren Hakenkreuze klebten. Was passieren musste, dass deutsche Richter eine russische Zwangsarbeiterin wegen des Diebstahls von zwei Meter Stoff auf die Guillotine schickten. Und wie es geschehen konnte, dass eine Justiz über Nacht zum willigen Vollstrecker eines größenwahnsinnigen Verbrechers wurde.

Das lernen unsere Juristen nicht. Denn das ist kein Prüfungsstoff, weder im ersten noch im zweiten Staatsexamen. Danach fragt man sie nicht, wenn man herausbekommen will, ob die jungen Leute, wie es in der Prüfungsordnung heißt, befähigt sind, verantwortungsbewusst und verständnisvoll soziale Konflikte zu regeln und gesellschaftliche Verhältnisse zu gestalten – und dies alles unter Einbeziehung der damit verknüpften wirtschaftlichen, sozialen und politischen Voraussetzungen und Auswirkungen.

2 **Gerechtigkeit**

Bleiben wir noch einmal dabei, was Jurastudenten nicht lernen: zu verstehen, was sich hinter dem Begriff der Gerechtigkeit verbirgt. Urteile sollen gerecht sein. Aber was heißt das? Wann ist ein Urteil gerecht?

Gerecht kommt von richtig. Das Urteil muss richtig sein, es darf nicht falsch sein, das wäre die Alternative. Mehr wissen wir damit aber auch nicht. Juristen verwenden die Begriffe »Gerechtigkeit« und »gerecht« im Übrigen nur höchst ungern und daher äußerst selten. Obwohl sie zu dem Elementarsten der Jurisprudenz gehören, werden sie gemieden. Man ordnet sie lieber anderen Disziplinen zu, der Philosophie zum Beispiel und der Ethik. Juristen sprechen in diesem Zusammenhang lieber von Angemessenheit, von einem angemessenen Interessenausgleich. Das könnte mit der Befürchtung der Juristen zu tun haben, dass sie die hohen Erwartungen, die die Gesellschaft an die Gerechtigkeit stellt, nicht erfüllen können. Es gibt ja justizintern den schönen Satz: »Gerechtigkeit gibt es hier nicht, aber ein Urteil können Sie schon bekommen.« Unter diesen Umständen sattelt man lieber schon begrifflich ab.

Der Eiertanz um die Gerechtigkeit erklärt sich im wesentlichen damit, dass sich der Begriff letztlich der rationalen Begründung entzieht, dass es für seine Bestimmbarkeit an objektiven Kriterien fehlt. Das gilt für alle Rechtsgebiete, nicht nur für das Strafrecht, wo das Dilemma bei der Strafzumessung ganz besonders deutlich zutage tritt.

Im Zivilrecht glaubte man und glaubt man heute noch, die Regelung einzelner Rechtsfragen sehr rational getroffen zu haben. Beispiel gutgläubiger Erwerb. Das BGB bestimmt, dass eine gestohlene Sache von einem Dritten nicht zu Eigentum erworben werden kann, auch wenn dieser Dritte gutgläubig ist. Als Beispiel: Der Dieb kann das gestohlene Fahrrad nicht wirksam an einen Interessenten veräußern, auch wenn dieser davon ausgeht und aufgrund der Gesamtumstände auch davon ausgehen darf, dass der Veräußerer zum Verkauf befugt ist, weil er zum Beispiel als Eigentümer des Rades erscheint. Der ursprüngliche Eigentümer behält sein Eigentum, kann das Rad also vom Erwerber zurückverlangen, was regelmäßig keine besonderen Probleme macht. Er ist nicht auf einen Schadenersatzanspruch gegen den Dieb angewiesen, der, wie man weiß, mangels Masse selten realisiert werden kann.

Anders die gesetzliche Regelung für den Fall, dass der Eigentümer sein Fahrrad verleiht. Veräußert der Entleiher das Rad zwecks Aufbesserung seiner Tageskasse an einen gutgläubigen Erwerber weiter, dann ist dieses Geschäft wirksam. Der Erwerber wird Eigentümer, der Verleiher verliert sein Eigentum und ist auf den regelmäßig wertlosen Anspruch gegen den untreuen Entleiher angewiesen. Die Begründung für die unterschiedliche Regelung zweier an sich sehr ähnlicher Sachverhalte: Wer sein Eigentum freiwillig aus der Hand gibt, wie der Verleiher, ist weniger schutzwürdig, als derjenige, dem man es per Diebstahl entzieht.

In beiden Fällen ist der Erwerber im gleichen Maße schutzwürdig. Er durfte an die – fehlende – Berechtigung seines Verkäufers glauben. Die Position des Diebes bzw. des Unterschlagers ist ebenfalls in beiden Fällen gleich. Er ist nicht schutzwürdig. Einen relevanten Unterschied gibt es nur in der Position des Eigentümers. Einmal verliert er das Rad unfreiwillig durch Diebstahl und das andere Mal gibt er es freiwillig aus der Hand, als Verleiher. Da knüpft der Gesetzgeber nun an: Wer sein Eigentum freiwillig an einen Dritten gibt, spielt Risiko und ist daher weniger schutzwürdig als derjenige, der es bei sich behält und dem es der böse Dieb schließlich stiehlt.

Noch heute gilt die gesetzliche Regelung des gutgläubigen Erwerbs als Paradebeispiel für einen gelungenen Interessenausgleich, für eine rational begründbare Festschreibung davon, was Gerechtigkeit ist, oder, um es für die modernen Juristen verträglich zu formulieren, was einen angemessenen Interessenausgleich darstellt.

Längst aber ist Kritik laut geworden. Ist der Verleiher wirklich so wenig schutzwürdig, wenn er sein Eigentum an einen Dritten weitergibt? Umgekehrt: Ist der Berechtigte richtigerweise auch dann geschützt, wenn er sein Rad völlig ungesichert vor dem Supermarkt abstellt, wo es ihm gestohlen wird? Und warum wird der Erwerber – aus seiner Sicht – so willkürlich behandelt, wo er doch in beiden Fällen gutgläubig war – und sein durfte?

Ein anderes Beispiel: Haftungsrecht. Wer vorsätzlich oder fahrlässig und rechtswidrig das Eigentum eines anderen zerstört, muss diesem Ersatz leisten. Ein unverbrüchlicher Grundsatz des BGB. Ausnahmen sind vorgesehen. Wer noch nicht sieben Jahre alt ist und wer geisteskrank ist, muss keinen Ersatz leisten, es sei denn, so die Rückausnahme, dass Billigkeitsgründe dies erfordern. Der völlig betrunkene Millionär zündet die Villa seines Nachbarn an. Schadensersatz trotz Schuldunfähigkeit.

Ist die Regelung der deliktischen Haftung damit in Ordnung? Warum gibt es diese Billigkeitsregeln nur bei Geisteskranken, Besoffenen und kleinen Kindern? Warum nicht auch bei ganz normalem Handeln ohne Schuld? Obwohl dieses Handeln den Schaden verursacht hat? Ein Beispiel: Ein Chemieunternehmen bringt eine Chemikalie auf den Markt, die nach allgemeinem Kenntnisstand und durchgeführten Tierversuchen für den Menschen unbedenklich ist. Das aber erweist sich als Irrtum. Menschen werden krank. Soll das Risiko wirklich beim Opfer bleiben, beim 49-jährigen Postangestellten, mit 2.900 DM netto im Monat? Und soll der XY-Konzern ungeschoren nach Hause gehen dürfen, ohne Schuld, aber mit drei Milliarden DM Gewinn pro Jahr nach Steuern?

Lange hat man den Gesetzestechnikern des vorvergangenen Jahrhunderts ausschließlich Beifall gezollt für ihre ansprechende Leistung. Und keine Frage, die 3.000 Paragraphen des Bürgerlichen Gesetzbuches sind schon eine tolle Leistung, so sehr stimmt die große Logik und so sehr hat man die vielen Wenn und Aber gesehen und bedacht. Jetzt aber, wo die Helden lange schon tot sind und sich vor allem die gesellschaftlichen Bedingungen radikal gewandelt haben, sind erste kritische Bemerkungen angebracht. Das ist nichts Ehrenrühriges für die Macher des Gesetzes.

Ein letztes Beispiel aus dem Verwaltungsrecht für die Schwierigkeit zu sagen, was denn nun um alles in der Welt die gerechte Lösung ist. Die meißten Jurastundenten kennen den Fall. Im Außenbereich einer Gemeinde wird eine Schweinemästerei genehmigt und errichtet. Schweinefleisch gehört zu unseren bevorzugten Nahrungsmitteln. Nicht nur wegen BSE. Mit Knoblauchsoße, Kroketten und Salat der Saison schmeichelt es unserem Gaumen. Die Produktion gestaltet sich weniger angenehm. Dort wo zahlreiche Schweine gehalten werden, entströmt den Stallungen ein weniger angenehmer Duft. In unserem Fall macht das zunächst nichts aus, denn die Mästerei liegt weit ab, draußen in der Landschaft. Im Laufe der Zeit aber rückt die Wohnbebauung immer näher an die Mästerei heran. Zuletzt soweit, dass der Schweinegestank in Wohn- und Schlafzimmern der Neubürger landet.

Muss der Bauer dicht machen oder müssen die Nachbarn die Fenster geschlossen halten? Die Antwort fällt nicht leicht. Gerichte entscheiden einmal so und einmal so.

Was ist gerecht? Frösche quaken im Teich in Nachbars Garten. Es sind Grasfrösche und sie sind laut. Die Evolution hat sie mit großen Schallblasen ausgestattet, damit sie Kontakt zu ihren Weibchen aufnehmen können. Ein paar Millionen Jahre hat das funktioniert und ihr Überleben gesichert, jetzt könnte das Amtsgericht diese erfolgreiche Strategie durchkreuzen. Der Nachbar nämlich kann nicht mehr schlafen. Muss der Teich beseitigt werden oder muss der Nachbar wegziehen? Was ist gerecht? Auch hier haben die Richter einmal so und einmal so entschieden. Gerechtigkeit ist keine einfache Angelegenheit.

Aber während man in den vorgenannten Fällen immer objektive Kriterien zur Konfliktlösung heranziehen konnte, bewegt man sich im Strafrecht bei der Strafzumessung im rationalen Niemandsland. Nur die Theorie hat da vergleichsweise wenig Probleme. Wir strafen um abzuschrecken und zu sühnen. Und wir strafen unter den Bedingungen des Schuldprinzips. Das heißt, wir bestrafen nur den – wenn auch eingeschränkt – schuldfähigen Täter. Und wir orientieren das Strafmaß an der konkreten Tatschuld. Wie groß war die Ignoranz oder die Nachlässigkeit des Täters? Nun brauchen wir nur noch die unterschiedlichen Kriterien auf die Reihe zu bringen und schon haben wir ein gerechtes Urteil.

Die Theorie, sie ist grau und hat wenig zu tun mit der Wirklichkeit in unseren Gerichtssälen. Schon die Bewertung eines einzigen Parameters kann erhebliche Probleme machen. Beispiel Tatschuld. Es gibt die schöne Geschichte des Richters, der einem Dieb, der zur Nachtzeit gestohlen hat, als besonders strafschärfend vorhält, dass er die Dunkelheit für seine Missetat ausgenutzt habe. Die andere Geschichte erzählt von einem Richter, der einem Dieb verübelt, dass dieser am helllichten Tag eingebrochen hat.

Wo die Halteseile fehlen, wo vorgetretenen Pfade nicht existieren, da läuft die Rechtsfindung Gefahr zum Glücksspiel zu werden. Und genau an diesem Punkt setzt eine massive öffentliche Kritik ein. Man versteht nicht, wieso Gerichte an sich gleich gelagerte Sachverhalte so unterschiedlich beurteilen. Neun Monate mit Bewährung für den versuchten Einbruchsdiebstahl in Hamburg und zweieinhalb

Jahre Freiheitsstrafe ohne Bewährung für einen gleichgelagerten Fall in Regensburg. Das kann kaum jemand nachvollziehen. Das macht wütend und bringt die Menschen gegen die Disziplin auf. Gleichheit ist nämlich in vielen Köpfen, nicht nur in denen der Rechtsphilosophen, unverzichtbares Element der Gerechtigkeit.

Die Justiz nimmt das hin. Nur auf wenigen Gebieten ist sie zu Katalogstrafen bereit. Wer heute mit 1,7 Promille Alkohol im Blut in eine Polizeikontrolle fährt, der weiß genau was ihm blüht, egal ob er das Ding in Nord- oder in Süddeutschland gedreht hat: ein Nettomonatslohn Geldstrafe und ein knappes Jahr Entzug der Fahrerlaubnis. Finden die Polizisten allerdings noch 20 g Haschisch in seinem Kofferraum, dann kommt es schon darauf an, wo er angehalten wurde.

Das soll sich nicht grundlegend ändern, und das könne sich auch nicht grundlegend ändern, sagen die Juristen. Auch wenn andere darüber spotten. Uwe Wesel lacht über die Juristen, die zu Fragen der Dogmatik ungeheuer viel Arbeit aufwenden und bei der Frage des Strafmaßes so ungemein hilflos sind: »Schweiß von Generationen zu Fragen der Dogmatik, und wenn es ans Eingemachte geht, wird über den Daumen gepeilt. So ist das mit der Rechtswissenschaft, einer erstaunlichen Kombination von höchster Rationalität en détail und tiefster Irrationalität en gros.«

Die Schwierigkeiten der Justiz, ein gerechtes Strafmaß zu finden, resultieren nicht nur aus der Inkompatibilität zwischen Straftat bzw. Rechtsgutverletzung und Strafmaß, aus der Unmöglichkeit, einen Raub in eine Freiheitsstrafe umzurechnen. Gerechtigkeit muss noch andere Hürden überwinden. Manchmal sind es auch ganz einfach nur Zufälle, die ihr den Weg ebnen oder die sie verhindern; Umstände, die der Normalbürger nicht ins Kalkül zieht, wenn er über die Strafmaßproblematik nachdenkt.

Mit einem Zufall dieser Art hatte ich es im Frühjahr 1978 zu tun. In der Frankfurter Justiz herrschte große Aufregung. George Silverman hatte sich angesagt, ein »No-Name«-Jura-Professor aus Portland im US-Staat Maine, und der wollte sich die deutsche Rechtsprechung einmal vor Ort anschauen. Was die Angelegenheit so prekär erscheinen ließ: Er beabsichtigte, eine Sitzung des Amtsrichters Schwalbe zu besuchen. Rolf Schwalbe – von ihm wird noch das eine oder andere Mal die Rede sein – war kein Amtsrichter der normalen Art. Er galt vielmehr als Risiko. Hin und wieder pflegte er den Boden strafprozessualer Gepflogenheiten dermaßen gründlich zu verlassen, dass Zeitungen darüber berichteten und – noch viel schlimmer – Staatsanwälte protestierten. Betroffen davon waren in erster Linie Verhandlungen, die von ihrer Thematik her oder im Hinblick auf die Akteure bereits über zündfähige Gemische verfügten.

Richter Schwalbe benahm sich nicht ständig daneben. Seine Ausrutscher waren eher die Ausnahme. Stets aber gingen sie ans Eingemachte. Vor einem halben Jahr hatte er einen Schöffen, also einen ehrenamtlichen Richter, der gleichberechtigt neben dem studierten Profi sitzt, damit letzterer vor lauter Paragraphen den Menschen um den es geht nicht übersieht, zum Garderobewechsel nach Hause geschickt. Dessen Jeanshose, ein edles Modell übrigens, gut doppelt so teuer und mehrfach ansehnlicher als Schwalbes Stangenhose aus 100% Polyester, erschien dem Richter nicht gesetzeskonform.

Erinnerlich ist mir auch noch ein Ordnungsgeld gegen einen spanischen Zeugen, der im Blaumann erschienen war und dies mit seiner beruflichen Tätigkeit als Autoschlosser sowie hohem Arbeitsanfall zu erklären versuchte. Es half nichts. 300 DM musste er dafür bezahlen, dass er in Arbeitskleidung zur Wahrheitsfindung beitrug. Und selbst der Name des Zeugen, er hieß Romero, barg Zündstoff. Richter Schwalbe betonte ihn auf der ersten Silbe. Die Proteste des Betroffenen, der partout die zweite Silbe betont haben wollte, weil das im spanischen so sei, fanden keine Resonanz: »Die Gerichtssprache ist deutsch«, belehrte ihn der Richter, und das war das Ende der Diskussion. Es gäbe noch viel zu erzählen von ausgeschlossenen und hinausgeworfenen Verteidigern, von Sitzungsweckern zur Begrenzung von Redezeiten und von mangelnden Deutschkenntnissen als Strafschärfungsgrund. Viele, die es mit Richter Schwalbe zu tun hatten, haben Blessuren davon getragen und nicht wenige haben Narben zurückbehalten.

Die Strafsache, die Prof. Silverman besuchen wollte, richtete sich gegen einen Wohnsitzlosen, dem die Staatsanwaltschaft vorwarf, einen Pennbruder beraubt zu haben. Richter Schwalbe pflegte es solchen Straftätern hin und wieder kräftig zu geben. Nun war man auch seinerzeit in den Staaten nicht besonders pingelig im Umgang mit Randgruppen, aber die Intellektuellen stellten auch dort eine einflussreiche Opposition. Kurz und gut: Prof. Silverman wird ein strenges Urteil wohl nicht begrüßen.

Mein Chef bat mich zu prüfen, ob nicht ein Gespräch mit dem Richter das Schlimmste verhindern könnte. Dem konnte ich nichts abgewinnen. Sollte Amerika doch sehen wie es vor deutschen Gerichten 30 Jahre nach der Befreiung zuging. Und so nahm die Geschichte dann auch ihren Lauf.

Zahlreiche Zeugen bestätigten die Raubversion der Staatsanwaltschaft. Der Angeklagte selbst redete sich um Kopf und Kragen, indem er alles abstritt und so das Klima für ein hartes Urteil schuf. Sein Pflichtverteidiger intervenierte nicht. Zu allem Überfluss war sein Mandant noch einschlägig und vielfach vorbestraft. Prof. Silverman machte sich eifrig Notizen.

Ich plädierte auf eine Freiheitsstrafe von vielleicht doch noch einmal nur zwei Jahren und bat darum zu überlegen, ob es nicht ausnahmsweise auch noch einmal Bewährung geben könnte. Als Wohnsitzloser habe er wenig gutes im Leben erfahren. Richter Schwalbe beriet sich nur zwei Minuten mit seinen Schöffen, dann verkündete er das Urteil: Neun Monate Freiheitsstrafe auf Bewährung wegen Raubes in einem minderschweren Fall. Die Sache sei ein randgruppentypisches Delikt ohne größeren Unwertgehalt. Im Übrigen habe es der Angeklagte im Leben nicht besonders leicht gehabt.

Auf dem Weg zu meinem Dienstzimmer überholt mich Richter Schwalbe und grinst.

»Wir wollen doch nicht, dass in den Vereinigten Staaten ein falscher Eindruck entsteht!«

Gerechtigkeit einmal auf eine besondere Art. Als ich anschließend George Silverman zu einem Kaffee in die Cafeteria des Gerichts einlade, fragt mich der Professor wie viel Staatsanwälte in Frankfurt am Main tätig seien. »100«, antwortete ich ihm, dazu noch 30 hart schuftende Amtsanwälte und 30 übergeordnete, deren Beitrag allerdings eher bescheiden ausfalle. In Norfolk, das genauso groß ist wie Frankfurt am Main, seien es sechs, sagt mein Gast und fügt anschließend hinzu: »Aber rund ums Gericht gibt es viele Geldverleiher.«

Mit der Gerechtigkeit ist es halt so eine Sache, hier wie da.

Mit einem anderen Zufall dieser Art war ich im Herbst des gleichen Jahres befasst. Genau gesagt, es ging um den 17. Oktober 1977. Das war ein Montag, aber kein normaler Montag. Denn in der Nacht zuvor hatten Beamte des Bundesgrenzschutzes, die berühmte GSG 9, in Mogadischu, der Hauptstadt des ostafrikanischen Staates Somalia, die dorthin von einem palästinensischen Kommando entführte Lufthansa-Maschine »Landshut« gestürmt, und die über 100 Geiseln befreit. Dabei erschossen die Grenzschützer drei der vier Luftpiraten, die zuvor den Piloten der Maschine »hingerichtet« hatten.

Um einiges vorwegzunehmen: Unmittelbar nach der Befreiungsaktion begingen die RAF-Häftlinge Andreas Baader, Gudrun Ensslin und Jan-Carl Raspe, die das Kommando freipressen wollte, in der Justizvollzugsanstalt Stuttgart-Stammheim Selbstmord. Und: Der vierte Luftpirat, Souhaila Andrawes, wurde später in Norwegen gefasst und an Deutschland ausgeliefert. In Frankfurt am Main wurde die Palästinenserin dann zu zwölf Jahren Haft verurteilt, die sie in ihrer Wahlheimat Norwegen verbüßen konnte. 1998 wurde sie vorzeitig auf Bewährung entlassen.

In den Tagen der Landshut-Entführung befand sich Deutschland im Ausnahmezustand. Viel fehlte damals nicht und man hätte die junge Rechtsstaatlichkeit schon wieder über Bord gekippt. Die ersten waren schon ins Lager der Stammtische gewechselt, darunter Personen, die man für standhafte Demokraten gehalten hatte. Golo Mann zum Beispiel, der Historiker. In seiner Verzweiflung bediente er sich der Logik der Gegenseite. Nacheinander müsse man die Häftlinge der RAF erschießen, wenn die Maschine nicht frei gegeben werde. Man sei im Kriegszustand und das sollte heißen: Das Recht war außer Kraft gesetzt. Die Strafprozessordnung, die unter anderem die Untersuchungshaft regelt und die von einstweiligen Erschießungen oder vorläufigen Hinrichtungen kein Wort sagt, sollte nicht mehr gelten.

Am Tag vor der Landshut-Erstürmung war in Deutschland nichts mehr so wie vorher. Die Menschen aggressiv und aufgewühlt, ohnmächtig dem Zynismus der Geiselnehmer ausgeliefert, die Nerven lagen blank. Das Fernsehen zeigte Bilder von weinenden Angehörigen der Entführten, die sich Einlass in das Bonner Auswärtige Amt verschafften. Als der Rundfunk kurz nach Mitternacht seine Sendung unterbrach und von der erfolgreichen Aktion im fernen Afrika berichtete, machte sich Euphorie breit. Der Ausnahmezustand hielt an, nur die Vorzeichen hatten sich geändert.

An diesem Montagmorgen, nur wenige Stunden nach der Geiselbefreiung, verhandelte Richter Rolf Schwalbe gegen einen Piloten der Lufthansa. Der Vorwurf lautete auf gefährlichen Eingriff in den Straßenverkehr. Tatort war Bad Homburg, eine schmucke Stadt am Fuße des Taunus, wo ein Teil der Frankfurter Millionäre wohnt und andere Geldleute zur Kur weilen. Der Angeklagte sollte sich auf der Heimfahrt von einem Faschingsball einer Polizeikontrolle dadurch entzogen haben, dass er auf die Beamten zufuhr und diese sich nur durch einen Sprung in den Straßengraben retten konnten. Blutalkoholkonzentration des Angeklagten zur Tatzeit: 2,0 Promille. Ich vertrat die Anklage. Der Pilot erschien pünktlich und mit seinem Anwalt. Er war freundlich und machte einen sympathischen Eindruck. Und er gab die Tat zu. Seine Ehefrau habe an jenem Abend mit anderen Männern geflirtet und da sei er verärgert an die Bar gegangen und habe sich ein paar Wodka genehmigt. Bis Mitternacht sei er dort sitzen geblieben und habe auf seine Frau gewartet. Dann habe er – endgültig sauer – die Heimfahrt angetreten. Das wolle er nicht als Entschuldigung verstanden wissen, es sei aber so passiert. Zu seinen Vermögensverhältnissen befragt, teilt er dem Gericht mit, dass er Jumbos fliege, meist nach Übersee, 15.000 DM netto verdiene und gerade ein Haus gekauft habe, auf Pump. Er war, trotz allem, immer noch verheiratet und hatte zwei Kinder. Wenn er verurteilt werde, bemerkte der Anwalt eher nebenbei, dürfe sein Mandant nie mehr an irgendeinem Steuerknüppel sitzen und auch nicht mehr lange in seinem neuen Haus wohnen. Mehr sagte der Verteidiger nicht. Kein Wort von Affekt oder Black-out, obwohl bekannte Leute doch schon hinlänglich unter Beweis gestellt hatten, wie erfolgreich solche Strategien sein konnten.

Der Gerichtsaal bebte vor Solidarität mit dem aufrechten und bescheidenen Kollegen des Mordopfers von Mogadischu, dem die eigene Ehefrau zum Verhängnis geworden war und der nicht das geringste unternahm, um aus der für ihn so günstigen Konstellation Kapital zu schlagen.

Juristen können jede Entscheidung begründen. Richter Schwalbe hätte ohne weiteres ein Gnadenurteil fällen können, das es dem Angeklagten erlaubt hätte, weiter zu fliegen. Er tat es nicht. Er verurteilte den Angeklagten zu einer Freiheitsstrafe von acht Monaten mit Bewährung, und das war das Aus für den netten Piloten aus der Taunusstadt. Noch im Gerichtssaal nahm der Angeklagte das Urteil an und gab einen Tag später seine Fluglizenz zurück. Solche Menschen trifft man selten. Aber auch solche Urteile sind nicht selbstverständlich.

Und dann gibt es noch eine Gerechtigkeit, die nun möglicherweise schon gar keine mehr ist. Im Herbst 1993, während meiner sechsmonatigen Abordnungszeit an die Generalstaatsanwaltschaft hatte ich auch mit der eher banalen Materie der rechtlichen Überprüfung von Bußgeldbescheiden zu tun. Klar, dass es in einer Autogesellschaft in erster Linie um Bußgeldbescheide nach der Straßenverkehrsordnung geht. Geschwindigkeitsüberschreitungen und Rotlichtverstöße. Viele fahren zu schnell und zu forsch. Wenn sie dann geblitzt werden, kann das unangenehme Konsequenzen haben. Nicht nur, dass ein Bußgeld fällig wird, sondern in krassen Fällen verhängt die Behörde auch ein Fahrverbot von normalerweise einem Monat Dauer. Das fürchten die Autofahrer ganz besonders, denn Fahrverbot heißt: Verzicht auf das geliebte Objekt. Und daher schöpfen sie ihre Rechtsmittel in aller Regel aus, wenn auch mit geringem Erfolg.

Der Fall der jungen Autofahrerin, den ich im September 1993 auf den Tisch bekam war ganz besonders aussichtslos, jedenfalls aus der Sicht der Betroffenen. Als sie die Kreuzung am südlichen Mainufer überfuhr zeigte die Ampel schon 17,5 Sekunden rot. Ein Fahrverbot sieht das Gesetz aber schon nach einer Sekunde vor. Ein klarer Fall. Ich leite die Akte an den Senat des Oberlandesgerichts weiter und beantrage, den Einspruch gegen das Urteil des Amtsrichters, der den Bußgeldbescheid inklusiv einem Monat Fahrverbot bestätigt hatte, zurückzuweisen.

Schon drei Wochen später kommt die Akte zurück. Erstaunlich schnell. War ja auch ein eindeutiger Fall, denke ich mir und schaue noch einmal kurz hinein. Die Richter haben zu meiner Überraschung dem Rechtsmittel stattgegeben und das Fahrverbot aufgehoben. Sie schreiben: Wer über eine Ampel fährt, die bereits 17 Sekunden auf rot geschaltet ist, der zeigt, dass er kein Verkehrsrowdy ist, sondern einfach das Lichtzeichen übersehen hat.

Dass Rowdytum zum Bußgeld bzw. zum Fahrverbot gehört, sagt die Straßenverkehrsordnung allerdings nicht ausdrücklich. Und zudem: Ist denn derjenige unbedingt ein Verkehrsrowdy, der eine Ampel nach einer oder zwei Sekunden der Rotphase überfährt? Geschieht das nicht auch regelmäßig, weil man nicht aufgepasst hat oder sich einfach nur verkalkuliert hat? Und was hat das Urteil für Folgen? Werden die Autofahrer jetzt möglicherweise großzügiger Rotlichtverstöße riskieren, um die Richter von ihrer fehlenden Rowdy-Einstellung zu überzeugen?

Ich lese die Akte noch einmal sorgfältig durch. Die Autofahrerin ist 18 Jahre alt. Das Lichtbild in ihrem Führerschein zeigt ein Lächeln, das man nur schafft, wenn man 18 ist, einen Erdbeermund hat und Engelslocken. Sie ist Krankenschwester und war früh morgens auf dem Weg in die Uniklinik zur Arbeit. Die fünf Richter, die das Urteil gefällt haben, sind Männer und wie alle, die es bis zum Oberlandesgericht geschafft haben, sind sie nicht mehr die Jüngsten. Ihr Urteil muss sich keiner weiteren Instanz stellen. Über uns der blaue Himmel der Rechtskraft, heißt es am Oberlandesgericht.

Man gönnt der jungen Krankenschwester diese Entscheidung. Aber wenn es richtig ist, dass Gerechtigkeit entscheidend mit Gleichheit zu tun hat, mit Gleichbehandlung auch, dann ist hier Unrecht geschehen.

Wie Gerechtigkeit noch funktioniert? Zum Beispiel so: Die 17. Strafkammer des Frankfurter Landgerichts hatte es im Sommer 1997 mit einem farbigen Angeklagten zu tun, der des Rauschgifthandels beschuldigt wurde. Der Angeklagte bestritt die Tat und zweifelte vor allem die Angaben des Hauptbelastungszeugen an, der ihn bei der Rauschgiftübergabe erkannt haben wollte. Der Verteidiger beantragte schließlich eine Gegenüberstellung. Jeder kennt das aus dem Fernsehen. In einer Reihe stehen sechs oder acht ziemlich gleich aussehende Personen, darunter auch der Verdächtige, und hinter der Scheibe steht der Zeuge und muss den Täter identifizieren.

Die Kammer wies den Antrag zurück und schrieb zur Begründung, es stünden für eine Gegenüberstellung nicht genug Mohren zur Verfügung. Der Angeklagte war empört ob dieser Begriffswahl und fühlte sich diskriminiert. Keinesfalls habe es den Angeklagten herabsetzen wollen mit der Bezeichnung als Mohr, reagierte das Gericht. Immerhin gäbe es den Mohr doch schon bei Othello und in der Schokoladenwerbung. Der Verteidiger blieb unbeeindruckt und lehnte das Gericht wegen der Besorgnis der Befangenheit ab.

Das Gericht, das über den Ablehnungsantrag zu entscheiden hatte, empörte sich nun ebenfalls über den »Mohren« und schimpfte laut mit der 17. Strafkammer. Einen Farbigen als Mohren zu bezeichnen, gehe unter keinen Umständen an. Trotzdem wies es den Befangenheitsantrag zurück. Anlass an der Objektivität des Gerichts zu zweifeln, gäben die bösen Worte nämlich nicht.

War diese Argumentation nicht arg widersprüchlich? Nicht aus der Sicht der 13. Kammer. Denn hätte sie dem Antrag stattgegeben, dann hätten zukünftig alle farbigen Angeklagten der 17. Strafkammer, und das sind gerade im Drogenbereich nicht wenige, dieses Gericht abgelehnt – mit Erfolg, wie gemutmaßt werden darf. Und welches Gericht hätte dann diese Fälle bearbeiten müssen? Manche ahnen es schon: nach der Geschäftsverteilung des Landgerichts die 13. Strafkammer. Gerechtigkeit hat halt auch eine ökonomische Seite. Und natürlich auch eine politische, vor allem eine machtpolitische Seite. Stichwort Menschenrechte.

Dass Menschen ihre Meinung frei sagen, ihren Wohnsitz frei wählen und ihre Religion frei ausüben dürfen, zählt in den westlichen Ländern zu den unantastbaren Rechten, mithin zu den Essentials der Gerechtigkeit. Andere sehen das anders. Denn Menschenrechte gefährden die Herrschenden. In mehr als der Hälfte aller Staaten werden diese Rechte jedenfalls faktisch nicht anerkannt. Selbst das Recht auf Leben steht in vielen Staaten nur auf dem Papier. Beispiel USA: Die Orgien der Hinrichtungen schieben Gerechtigkeit nur vor. In Wirklichkeit stehen Gaskammer und Giftspritze für den Machterhalt eines brutalen kapitalistischen Systems, das seine Loser verachtet.

3 **Justiz und Humor**

Trotz aller Bedenken, was die Richtigkeit der gerichtlichen Entscheidung in Sachen Rotlichtverstoß anbelangt – ein lustiger Haufen, dieser Strafsenat. Heben sie doch eiskalt einen Bußgeldbescheid auf, weil sie sich der Sünderin auf geheimnisvolle Art verbunden fühlen. Wahrscheinlich haben sie sich während der Beratung und bei der Beschlussfassung nicht nur an ihre wilde Jugend erinnert, sondern auch heftig belacht und auf die Schenkel geklopft. Denn das könnte ihr Meisterstück gewesen sein.

Sagte ich: gelacht? Können Juristen lachen? Oder können sie wenigstens schmunzeln, zumindest dann und wann? Wie halten es Juristen eigentlich mit dem Humor? Die Frage, die die Rotlicht-Entscheidung des Frankfurter Oberlandesgericht ganz nebenbei aufwirft, klingt banal – und sie ist es wohl auch. Aber sie ist auch auf eine zunächst verdeckte Art interessant. Denn Justiz und Humor stehen nicht so beziehungslos nebeneinander, wie das auf den ersten Blick erscheinen mag. Sie haben einiges miteinander zu tun.

Die Phantasie, sagt Albert Camus, tröstet die Menschen über das hinweg, was sie nicht sein können und der Humor über das, was sie tatsächlich sind. Humor als Reaktion auf das Unabänderliche, auf die oft traurige Wahrheit unserer Existenz. Und auch die Justiz hat mit der Wahrheit zu tun, sehr viel sogar, denn sie ist ihre Herzensangelegenheit. Lacht sie manchmal darüber oder wird sie mit der Wahrheit auf andere Art und Weise fertig?

Justiz und Humor – auch ein Thema vor dem Hintergrund unserer Wandlung zur Spaßgesellschaft. Und die wird sich, wenn man die inflationären Zahlen des Extasykonsums betrachtet, noch eine zeitlang behaupten. Harald Schmidt, der Entertainer, hat zwar im »Spiegel« das Ende der Spaßgesellschaft prognostiziert, aber in der NTV-Talk-Show erläuternd dazu bemerkt, das habe er halt einfach so gesagt, weil man in seiner Funktion immer einmal etwas sagen müsse – und alle haben gelacht.

Es gibt Menschen, die halten Rechtsprechung ohne eine gehörige Portion Humor für gar nicht machbar. Das sind allerdings in der Regel keine Insider, jedenfalls keine Insider mehr. Sie sind nämlich aus dem Laden rausgeflogen, ein deutlicher Hinweis darauf, dass es die Masse der Juristen anders sieht.

Schwarze Roben, das viele Aufstehen, die Stille der Gerichtssäle deuten in der Tat zunächst einmal auf totale Humorfeindlichkeit hin. Allerdings: Der äußere Schein signalisiert auch in der Medizin absolute Ernsthaftigkeit. Und was läuft tatsächlich ab? Unter den weißen Kitteln hüpfen die Zwerchfelle. Der Medizinerwitz, hochklassig, deftig und immer etwas obszön, was angesichts der latenten Nacktheit, mit der dieser Job zu tun hat, nicht verwundert, füllt Bände. Bei den Juristen allerdings Fehlanzeige auf breiter Front. Keine Witzkultur, sieht man einmal von den wenigen dünnen Büchlein ab, die mit »Da lacht Justitia« oder »Schmunzeln in der Robe« betitelt sind. Sie treffen nicht ins Herz der Disziplin und stammen auch nicht von dort. Ich kenne nur zwei Juristenwitze, allerdings sind die vom Feinsten: »Dr. Penis ist festgenommen worden, er hat gestanden.« Und der Vormundschaftsrichter, der das Kind nach seinen Bezugspersonen fragt, ob er eine Mutter hat, einen Vater, einen Onkel, Geschwister usw., und immer antwortet der Gefragte, aufgrund eines Sprachfehlers näselnd, mit nein. Ob er dann wenigstens einen Vormund habe? Nein, lautet auch diesmal die Antwort. Was denn, um Himmels Willen? Eine Hasenscharte!

Nein, Juristen haben wenig am Hut mit Humor. Von einem einzigen Justizkabarett habe ich gehört, in Hamburg, »Im Namen aller

Völker« hieß das Programm, und das klang schon nicht schlecht. Aber mittlerweile ist diese Gruppe in der Versenkung verschwunden, wobei natürlich die Frage erlaubt ist, ob gerade Hamburg die richtige Adresse für das Lachen in der Robe ist, wo dort doch überwiegend über den Kopf geschmunzelt wird und das kann nicht gut gehen. In Frankfurt am Main scheiterte Anfang der neunziger Jahre die Gründung eines Kabaretts, obwohl es dort an Manpower nicht fehlte und der Apfelwein sich als stoffliche Basis für erstklassige Schauspielerei angeboten hätte: Sauer macht bekanntlich lustig. Und der Kölner Richter, der seine Urteile in lustige Verse fasste, ist ein Einzelfall geblieben. Urteile, auch die freisprechenden, sind eine todernste Angelegenheit, Recht mit dem Charisma von Todesanzeigen.

Humorlosigkeit auch im Kleid mangelnder Großzügigkeit. Der Angeklagte nennt in der Hauptverhandlung den Oberstaatsanwalt einen Mörder. Dabei ist er selbst einer – und wird auch entsprechend verurteilt, zu lebenslanger Haft nämlich. Das genügt dem Vertreter der Anklage aber nicht. Er verlangt auch noch Genugtuung wegen der Verbalattacke. 30 Tagessätze Geldstrafe setzt er im Wege des Strafbefehls durch. Und weil er die nicht bezahlen kann, muss der Missetäter jetzt länger brummen. Statt 15 Jahren 15 Jahre und einen Monat.

Ein Bekannter, der im hessischen Kultusministerium in Wiesbaden tätig war, sprach mich seinerzeit ganz entsetzt an, nachdem er einmal in der Justizkantine zu Mittag gegessen hatte. Furchtbar still und diszipliniert sei es dort zugegangen, berichtete er mir erschrocken, kein lautes Wort, kein Lachen, eine ganz fremde Welt habe er da erlebt.

Kann es denn sein, werden Outsider fragen, dass ein ganzer Apparat gleichförmig traurig ist? Das kann nicht nur sein, das ist sogar so. Auch dieser Apparat frisst seine Kinder, um sie schon nach wenigen Jahren als gleichförmig depressive, uniformierte Masse wieder auszuspucken.

Die Frankfurter Generalstaatsanwaltschaft bietet Anschauungsunterricht der besten Qualität. Wer vielleicht mit 30 Jahren als hoffnungsfroher Staatsanwalt begonnen hat, der ist 15 Jahre später, nachdem er auch das eine oder andere Jahr in der Oberbehörde gearbeitet hat, zu einem Justizzombie mutiert. Der ist nicht nur wie alle anderen gekleidet: Anzug bzw. Kostüm von der Stange, Preisobergrenze 200 DM, der verhält sich auch wie alle seine Kollegen. Arbeitsbeginn pünktlich um 8.30 Uhr, Feierabend nie vor 16.00 Uhr, es sei denn es gelingt ausnahmsweise sich unbemerkt vom Acker zu schleichen; drei Kaffeepausen, die erste um 10.00 Uhr, die zweite um 14.15 Uhr und die dritte um 15.45 Uhr; und mitten drin als

Herzstück des Tages, die Mittagspause. Sie beginnt pünktlich um 11.15 Uhr, dann öffnen sich alle Zimmertüren gleichzeitig, und die Mitarbeiter steuern im Sturm- und Sauseschritt auf die Aufzüge zu, wo es dann zum unvermeidlichen Stau kommt. Nach dem Mittagessen am immer gleichen Tisch der Gang in kleinen Gruppen zum Tschibo-Kaffeestand, die Hände auf dem Rücken gefaltet, vielleicht als letztes Relikt aus der Zeit, als man noch in der Strafverfolgung tätig war und Verbrecher gefangen hat, und für die untergeordneten Mitarbeiter, die man auf der Straße trifft, ein mildes, huldvolles Lächeln bei geschlossenem Mund: »Wir sind auch für dich da«, lautet die stille Botschaft, oder »Erfolg ist eine Sache der Disziplin«.

Und nach 15 Jahren denken auch alle gleich. Alle sind sie davon überzeugt, dass beispielsweise die Überprüfung der bereits überprüften Einstellungsbescheide eine der wichtigsten Tätigkeiten innerhalb einer rechtsstaatlichen Justiz darstellt, dass man arbeitsmäßig stark überbelastet ist und dass der Einsatz des Computers die Rechtsprechung quantensprungmäßig voran bringen kann.

Ketzer behaupten, dass sich auch an Sonn- und Feiertagen, wenn die Staatsanwälte der Oberbehörde zu Hause relaxen und ihr Gerichtsgebäude leer steht, die Türen um 11.15 Uhr wie von Geisterhand öffnen. Als ein Kollege, von Hause aus ein fröhlicher Mensch und offenbar auch noch eine Zeit lang so geblieben, die Ahnengalerie im wichtigsten Flur des Gebäudes, das heißt, die dort aufgehängten Porträts der hessischen Generalstaatsanwälte mit bekannten Mickey-Maus-Figuren ergänzte, Onkel Donald, Tante Daisy, der schräge Goofy – da gab es Zoff im Haus. Da hört der Spass auf, zumal der Kollege per Hollywood auch noch die Lücke zwischen 1933 und 1945 geschlossen hatte. Das passiert nicht mehr.

Trotzdem, ganz uniform in Sachen Humor oder Humorlosigkeit ist die Justiz auch wieder nicht. Wer genau hinschaut wird erkennen, dass sich die Staatsanwälte eher noch als die Richter eine gewisse Unbekümmertheit und Fröhlichkeit bewahrt haben, jedenfalls die jungen Staatsanwälte in den niederen Rängen.

In der Kantine kann das dem aufmerksamen Beobachter auffallen. Hier die disziplinierte Ordnung der rechtsprechenden Gewalt, immer mit einer gewissen Tendenz zum Hungerstreik, gespielt natürlich, und dort der Tisch mit den eher lustbetont speisenden Vertretern der Ermittler, die sich auch schon mal einen Nachschlag holen, gegen alle Üblichkeit.

Vielleicht bietet ja demnächst einmal jemand Thomas Gottschalk die Wette an: Juristentische raten. Richter oder Staatsanwälte. Neun von zehn müssen stimmen, dann ist die Wette gewonnen.

Für die Restlustigkeit der jungen Staatsanwälte könnte es eine plausible Begründung geben: Ihr Job ist hart, die Konfrontation mit dem Verbrechen stellt viele vor Probleme und sie erleben pausenlos Misserfolge: Für die Akten, die sie an einem Tag wegarbeiten, gibt es am nächsten Tag vollwertigen Ersatz. Immer sitzt der Aktenbock voll. Immer noch nimmt Kriminalität zu oder stabilisiert sich auf hohem Niveau. Rückfall ist die Regel. Kein Erfolg also bei der Eindämmung von Kriminalität, obwohl man dafür ja angetreten ist.

Der so Enttäuschte entwickelt Gegenstrategien. Humor, meist schwarzer allerdings, auch ein bisschen Sarkasmus, trösten über das offenbar Unabänderliche hinweg. Später wird dann daraus nur noch Sarkasmus, auch Zynismus; der Suff gesellt sich dazu und die innere Kündigung, der Rückzug ins Private auch schon während der Arbeitszeit. Es sei denn, man hat Karriere gemacht. Mit gehobener Gehaltsstufe und neuem Titel sieht die Welt schon wieder schöner aus. Humor ist so und so kein Thema mehr.

Im trostlosen Milieu des Juristenalltags gedeihen allerdings die Geschichten von einer besseren Welt irgendwo anders. Es gibt eine Reihe von Sagen über Amtsrichter auf dem flachen Land, die mutterseelenallein Hunderte von Quadratkilometer und Tausende von Menschen mit Recht versorgen. Das sind dann Käuze, die den Humor verkörpern und deren Arbeit als Realsatire in die Geschichte eingeht. Einen davon hat man sogar schon geoutet, im Osthessischen. Einen Anwalt, der den Richter auf eine gerade ergangene Entscheidung des Bundesgerichtshofs, abgedruckt in der Neuen Juristischen Wochenschrift, der Bibel der Juristen, hinwies, beschied der Amtsrichter mit dem Satz: »Neue Juristische Wochenschrift? Herr Kollege, die haben wir schon vor zehn Jahren abbestellt.«

Peter Sloterdyk hat einmal geschrieben, die Tatsache, dass sich die Menschen heute in diesem extremen Ausmaße mit Autos, Flugzeugen, Zügen und Schiffen in jedem Sommer auf die große Reise machten, dass ganze Länder evakuiert und andere okkupiert würden, sei in erster Linie zu verstehen als Rache der Menschen an der ihnen verordneten Sesshaftigkeit. Es sei die Quittung für den Verlust ihres Nomaden-Daseins. Vielleicht kann man das, was ein Frankfurter Amtsrichter vor ein paar Jahren dem Recht zumutete, als gewaltiger Einakter, der alles in den Schatten stellte, was bisher in der Justiz geschehen war, ebenfalls begreifen als eine Rache, diesmal an der der Justiz verordneten Humorlosigkeit, als Quittung für den Zwang zur Traurigkeit, für das Lachverbot in den Gerichten.

Die Person des Richters interessiert eigentlich nicht. Es könnte allerdings Richter Rolf Schwalbe gewesen sein, der an diesem verregneten Vormittag im Frankfurter Gerichtssaal 102 A sein humoristisches Meisterstück machte. Nachdem wir im Stundentakt drei Verhandlungen hinter uns gebracht hatten, eine Unterhaltspflichtverletzung um 9.00 Uhr, eine falsche Anschuldigung um 10.00 Uhr und einen Versicherungsbetrug um 11.00 Uhr, entledigte sich der Richter seiner Robe, verabschiedete überschwenglich seine beiden Schöffen und begann danach Aktenbände und Gesetzesbücher zu transportfähigen Mengen zusammen zu packen. Kurzum: Er rüstete zum Aufbruch.

Die Protokollbeamtin störte das mittägliche Idyll:

»Wir haben doch noch die Sache Obermeier, Herr Richter, um 12.00 Uhr.« Es war haargenau 12.00 Uhr.

»Nein«, flötete der Richter zurück und fesselte weitere Aktenbände.

»Aber ja doch«, beharrte seine selbstbewusste Protokollführerin auf ihrem Standpunkt.

Jetzt ließ der Richter die Katze aus dem Sack. Angesetzt sei die Sache schon, aber der Angeklagte wohne in Oberbayern und werde doch nicht so dumm sein, 500 Kilometer weit zu fahren um sich eine Verurteilung abzuholen. Ob das was mit Dummheit zu tun habe, wisse sie nicht, antwortete die Protokollbeamtin, jedenfalls sei der Angeklagte zum Termin erschienen. Dabei deutete sie zur Tür des Sitzungssaals, wo ein junger Mann von augenscheinlich bayrischer Herkunft unschlüssig mit einer großen Segeltuchtasche in der Hand von einem Bein auf das andere trat und von irgendwo her ein erlösendes Wort erwartete.

Der Richter fixierte den Mann in dem blauweiss karierten Hemd eine halbe Ewigkeit lang, fragte dann ungläubig nach seinen Personalien und nach dem Grund seines Erscheinens.

»Ich habe da so eine Ladung bekommen«, war die Antwort.

»Und deswegen sind sie ins Auto gestiegen und hier her gekommen?« fragte der Richter fassungslos.

»In den Zug, ja, selbstverständlich« lautete die Antwort.

Der Richter schaute zu mir herüber, schaute zur Protokollbeamtin – die Schöffen waren schon gegangen – und sagte dann: »Ich denke, das muss honoriert werden! Herr Obermeier, wissen Sie, was Ihnen vorgeworfen wird? Versuchten Einbruchsdiebstahl in das Haus der Mode in der Schiller-Passage in Frankfurt am 12. September – 2,8 Promille.«

»Weiß schon.«

»Stimmt das so?«

»Freilich.«

»Auch, dass Sie schon einmal bestraft wurden, wegen einer ähnlichen Sache vor vier Jahren in Straubing?«

»Stimmt ebenfalls.«

»In Anbetracht des Geständnisses einerseits und der Vorstrafen andererseits und unter Berücksichtigung der Tatsache, dass der Angeklagte eine Weltreise auf sich genommen hat, um hierher zu kommen, sechs Monate mit Bewährung. Herr Staatsanwalt, einverstanden?«

»Okay.«

»Herr Obermeier, sechs Monate mit. Sie müssen nicht ins Gefängnis, es sei denn sie werden die nächsten drei Jahre wieder straffällig, auch einverstanden?«

Der Angeklagte nickt und stammelt irgend etwas Unverständliches.

»Frau Protokollbeamtin, schreiben Sie: sechs Monate wegen versuchten schweren Diebstahls, drei Jahre Bewährungszeit und: Das Urteil ist rechtskräftig.«

Als ich den Sitzungssaal verließ, stand der Mann aus Bayern immer noch orientierungslos auf dem breiten Flur. Dass die Justiz hin und wieder die Gesetze missachtet, war ihm aus Bayern wohl schon bekannt, was er soeben aber erlebt hatte, schien ihn, trotz des glücklichen Ausgangs, völlig zu überfordern. Ich nahm ihn mit zum Ausgang und versicherte ihm, dass er problemlos wieder nach Hause fahren oder sich einen schönen Tag in der Stadt machen könne. Widerwillig verließ er schließlich das Gerichtsgebäude, während seine große Tasche, in der er alles gepackt hatte, was man für einen längeren Aufenthalt in karger Umgebung braucht, laut neben ihm her schleifte.

Ich habe diese Geschichte keinem meiner Kollegen und keiner meiner Kolleginnen bisher erzählt. Vielleicht ist sie mir einmal irgendwo in einer frohen Runde entwischt, dann aber waren die Zuhörer nicht vom Fach. Ich halte die Geschichte nicht deshalb zurück, weil sie von einem so krassen Rechtsbruch berichtet, an dem ich ja selbst auch beteiligt war. Nein, das macht ihre Komik wieder mehr als wett. Ich erzähle sie ganz einfach deshalb nicht, weil ich glaube, dass man sie mir nicht glaubt. Ungeglaubte Geschichten sind die schlechtesten. Dass ich sie jetzt aufschreibe, ist ein Risikounternehmen.

4 Wen bestrafen wir?

Welche Menschen verbergen sich hinter den normalen Straftätern? Ist das ein repräsentativer Querschnitt aus der Bevölkerung oder belegt die Statistik Unregelmäßigkeiten und Auffälligkeiten? Wer landet schließlich im Gefängnis? Der Knast als klassenlose Gesellschaft, wie es für die Verhältnisse draußen behauptet wird, oder liegen die Dinge vielleicht ganz anders? Herrschen auch bei uns Verhältnisse wie in den Vereinigten Staaten, wo über 50% der Todeskandidaten in den Gefängnissen Farbige und Latinos sind, obwohl sie nur knapp 15% der Bevölkerung ausmachen? Wen bestrafen wir?

Die Angeklagte, die pünktlich um 9.00 Uhr den Sitzungssaal des Darmstädter Amtsgerichts betritt, ist Anfang 40 und von kleiner, schmächtiger Gestalt. Ihr schütteres rotes Haar trägt sie in kleinen Löckchen und rund um ihre Nase siedeln Sommersprossen. Ihr Ehemann, der sie begleitet, ist eben so zierlich, hat auch rote Haare, dafür aber keine Sommersprossen. Das Paar wohnt in Kranichstein, einem Vorort Darmstadts, in der Grundstraße, wo ausschließlich Menschen mit dünnen Brieftaschen leben. Er ist Frührentner und sie Hausfrau, Kinder haben sie keine.

Diebstahl wirft die Staatsanwaltschaft der Hausfrau vor. Laut Anklage hat sie ein halbes Jahr zuvor im Kaufhaus Karstadt in der Darmstädter Innenstadt zwei Hemden unter ihrem Mantel verborgen an der Kasse vorbeigemogelt. Am Ausgang kam dann der Detektiv und alles ging seinen Gang.

Ob sie denn die Tat zugebe, fragt der Richter. Die Angeklagte nickt zögernd und lächelt gequält mit großen Augen und rotem Kopf. Warum sie das gemacht habe, will der Richter mit Blick auf die vor ihm liegende zellophanverpackte Billigware wissen.

Hilfloses Kopfschütteln. »Die passen doch meinem Mann gar nicht«, sagt sie schließlich. Das tun sie nun wirklich nicht, denn sie haben die Größe 42 und der Ehemann liegt bestimmt sechs Einheiten darunter.

Wollte sie sie weiter verkaufen? Wieder Kopfschütteln und auch nicht besonders logisch bei einem Stückpreis von 14,95 DM.

Weshalb also. Es ist nicht zu erfahren. Die Angeklagte weiß es selbst nicht, und ihr Mann, der schulterzuckend im Zuhörerraum sitzt, wohl auch nicht. Eigentlich kein großes Problem, wenn da nicht noch etwas wäre.

Das Strafregister der Angeklagten weist sechs einschlägige Vorstrafen auf. Ein halbes Dutzend Mal hat sie schon in Supermärkten gestohlen, immer Kleinigkeiten, Parfüm, Zigaretten und einmal auch eine Klobürste. Die ersten paar Mal gab es Geldstrafen, dann schon Freiheitsstrafen, drei Monate, sechs Monate und sieben Monate. Aber immer zur Bewährung ausgesetzt. In das letzte Urteil hat der Richter geschrieben, jetzt sei Ende der Fahnenstange, beim nächsten Diebstahl gebe es keine Bewährung mehr. Heute haben wir das nächste Mal.

Rückfall bedeutet Straferhöhung. Das entspricht der Logik des Abschreckungsgedankens. Wer rückfällig wird, zeigt, dass ihn die vorhergehende Strafe nicht ausreichend beeindruckt hat. Jetzt also sieben oder acht Monate Knast. Keine Bewährung mehr, auch deshalb, weil das Gesetz Bewährung nur vorsieht, wenn zu erwarten ist, dass der Verurteilte auch ohne Strafvollstreckung zukünftig keine Straftaten mehr begehen wird. Im Hinblick auf die kriminelle Karriere der Angeklagten war das hier auch beim besten Willen nicht begründbar.

Also acht Monate ohne Bewährung – für den Diebstahl von zwei Hemden im Verkaufswert von insgesamt 30 DM bei einem Einkaufswert von vielleicht fünf DM – auch damals schon: made in Malaysia.

Setzen denn Roben den Verstand völlig außer Kraft? Hat die ganze Nachdenkerei während der Studentenbewegung überhaupt nichts gebracht? Ich vertrete als Rechtsreferendar die Anklage und beantrage eine Geldstrafe von 300 DM – das zehnfache der Schadenssumme, berechnet auf der Basis des Verkaufspreises. Mehr ist die Sache nicht wert und nur das sage ich auch zur Begründung meines Antrags.

Der Richter ist zunächst überrascht, dann willigt er fröhlich ein. Weil alle einverstanden sind, ist das Urteil Sekunden später rechtskräftig.

Ist damit auch die Kuh vom Eis? Das kleine Paar aus der Grundstraße verlässt freudestrahlend den Sitzungssaal.

Zu früh gefreut! Zwei Wochen später wechselt der Richter. Der neue hat eine andere Sicht der Dinge. Im Hinblick auf den jüngsten Hemdenklau widerruft er die Bewährung der vorhergehenden Verurteilung. Dass zuletzt nur eine Geldstrafe verhängt worden sei, schreibt er in seinem Beschluss, ändere nichts daran, dass die Angeklagte die in sie gesetzten Erwartungen enttäuscht habe. Astreines Juristendeutsch. Tausend mal probiert und tausend mal ist nichts passiert. Jetzt muss sie doch noch ins Gefängnis – für sechs Monate. Übrigens – wegen des Diebstahls einer Flasche Kölnisch Wasser.

Jochen B. ist Drogenkonsument. Nur sporadisch, sagt er, setzt er sich mal einen Schuss, und man glaubt es ihm sogar, denn er sieht noch gut aus. Ein sportlicher Typ, Anfang 20 und fast noch alle Zähne im Mund. Aber selbst sein Wochenendkonsum kostet Geld. Weil er aber keiner Arbeit nachgeht, übrigens auch keine berufliche Tätigkeit erlernt hat und zudem die Schule nicht abgeschlossen hat, fehlt ihm die erforderliche Knete.

Beschaffungskriminalität nennt man die Konsequenz aus diesem Konflikt. Jochen B. geht also klauen. Erst bricht er in Wohnungen ein, dann wechselt er zu Pkw, nachdem Autoradios und Autotelefone auf der Hehlerseite stärker nachgefragt werden.

Eine Zivilstreife erwischt ihn gegen Mitternacht auf dem Beifahrersitz eines BMW, die Tür halb geöffnet und in der Hand eine Plastiktüte. Darin befinden sich ein sehr hochwertiges Blaupunkt-Radio sowie diverse Kassetten.

Auf schweren Diebstahl lautet die Anklage. Jochen B. erscheint zur Hauptverhandlung mit einem Verteidiger. Den können sich Junkies an sich nur selten leisten. Den jungen Mann erkenne ich unzweifelhaft wieder als einen meiner Studenten aus dem Praktikum, das ich Jahre zuvor betreut hatte. Nach einem schlechten Examen blieb ihm nichts anderes übrig, als sich als Anwalt niederzulassen. Schild an die Tür und warten. Solche Anwälte haben schlechte Karten, vor allem in den Großstädten. Sie nehmen notgedrungen alles. Auch Jochen B. und noch dazu zu seinen Bedingungen. Jochen B. lässt vortragen, er sei in der fraglichen Nacht auf dem Nachhauseweg gewesen, als es angefangen habe zu regnen. Kurz entschlossen habe er in einem am Straßenrand geparkten Pkw Schutz gesucht, dessen Beifahrertür nur angelehnt gewesen sei. Im Wagen habe er dann feststellen müssen, das offensichtlich jemand vor ihm das Radio ausgebaut und in einer Tüte versteckt hatte. Wahrscheinlich sei der Täter gestört worden und habe den Tatort ohne Beute verlassen. Die Tüte habe er dann an sich genommen, um sie in Sicherheit zu bringen. Dann seien schon die Polizisten gekommen.

Der Richter bittet ihn unter Berücksichtigung seiner zahlreichen einschlägigen Vorstrafen und der Tatsache, dass der Schraubenzieher, mit dem die Tür aufgehebelt worden war, in seiner Jackentasche gefunden wurde, die Einlassung noch einmal zu überdenken. Doch Jochen B. bleibt dabei.

In einer Sitzungspause nehme ich mir den Verteidiger ins Gebet. Der lächelt nur wie ein Profi und weist darauf hin, dass dem Täter für eine Verurteilung die Tat nachgewiesen werden müsse. Das habe er schließlich bei mir gelernt. Und dann stellt er, nachdem die Beamten der Zivilstreife erklärt hatten, in der fraglichen Nacht sei kein einziger Tropfen Regen gefallen, noch einen Beweisantrag. Er will einen Wetterfrosch hören und der soll bestätigen, dass es in der Tatnacht doch geregnet hat in Frankfurt am Main und speziell am Tatort im Nordend.

Das Gericht vertagt sich auf die nächste Woche und lädt einen Mitarbeiter des deutschen Wetterdienstes in Offenbach als Sachverständigen. Nein, sagt der, in Frankfurt am Main habe es nicht geregnet zur fraglichen Zeit und es habe gar nicht regnen können. Über Russland habe ein mächtiges Hochdruckgebiet gelegen, an dessen Westrand trockenheiße Luft aus Afrika nach Mitteleuropa geweht sei. Die ortsnächsten Schauer habe es über Irland und Zypern gegeben.

Danach noch einmal die richterliche Bitte zu überlegen, ob sich die betreffende Angelegenheit nicht vielleicht anders als zunächst geschildert abgespielt haben könnte. Nach abschlägigem Bescheid durch den jungen Rechtsanwalt und nach zehnminütiger Beratung dann das Urteil: Ein Jahr und schs Monate – ohne Bewährung.

Nachdem er seinen alten Opel Kadett im Parkhaus an der Hauptwache abgestellt hatte, bummelte er über die Einkaufsstraße der Innenstadt, schaute sich die Auslagen in den Schaufenstern an, aß an einem Büdchen auf der Zeil eine Rindswurst und erstand im Kaufhaus Hertie einen ledernen BMW-Schlüsselbund. Kurz vor Mittag erreichte er die Niederlassung der Dresdner Bank in der Bockenheimer Landstraße. Er setzte sich zunächst auf einen Mauersims auf der gegenüberliegenden Straßenseite und beobachtete die Örtlichkeit. Nachdem eine Viertelstunde lang kein Publikumsverkehr in die oder aus der Bank gegenüber stattgefunden hatte, stand sein Entschluss fest.

Zehn Minuten nach 12.00 Uhr betrat er die Filiale. Sie war erwartungsgemäß leer. In der Raummitte standen ein Glastisch und drei Ledersessel. Dort nahm er Platz, holte sein Notizblock aus der Innentasche seiner Lederjacke und schrieb einen kleinen Text auf das karierte Papier: »Das ist ein Überfall! Geld raus! Wir haben eure Frauen in unserer Gewalt!«

Er riss das Blatt aus dem Block und ging zum Schalter. Ein jugendlicher Angestellter hinter der dicken Glasscheibe fragte nach seinen Wünschen. Wortlos schob der Kunde den Zettel durch den Schlitz zwischen Trennscheibe und Tresen. Gleichzeitig legte er seinen Schreckschussrevolver, den er wegen seiner späten Fahrgäste – er war Busfahrer im Großraum Miltenberg im Spessart – immer mit sich führte, auf den Schaltertisch.

Der Angestellte las den Text, blickte ungläubig, überlegte kurz und sagte dann, während er unbemerkt den Alarmknopf drückte, dass er dafür nicht zuständig sei. Das müsse der Filialleiter entscheiden. Auch gut. Der Kunde nickte und der junge Mann telefonierte nach dem Chef. Der tauchte wenig später hinter dem Panzerglas auf, ließ sich detailliert den Sachverhalt erläutern und bat dann freundlich, seine Forderung zu konkretisieren. Wie viel er denn wolle.

»50.000 mindestens.«

Das sei ein Batzen Geld, dafür müsse er an den Safe. Er bäte um etwas Geduld. Drei Minuten vielleicht, oder auch etwas länger.

»Schon in Ordnung.«

Als die Beamten des 6. Reviers mit gezogenen Pistolen die Bank stürmen, sitzt der Mann aus dem Spessart wieder am Glastisch und blättert im Kundenblatt der Bank, Thema: Sichere Geldanlagen.

Zweieinhalb Jahre gibt es später für diesen Schabernack. Zuviel? Keinesfalls, sagt die Justiz. Immerhin hat man zu Gunsten des Täters noch einen minderschweren Fall der schweren räuberischen Erpressung angenommen.

Die Haufrau aus der Reihenhaussiedlung in Darmstadt, der Junkie aus dem Frankfurter Nordend und der Busfahrer aus dem Spessart, das sind die Menschen, die der Justiz Arbeit geben und die die Gefängnisse nicht leer stehen lassen.

Es sind die kleinen Leute, in den meisten Fällen die ganz kleinen. Die Angehörigen der sozialen Unterschicht stellen den Löwenanteil des strafrechtlich auffälligen Kollektivs. Soziale Unterschicht, d.h.: benachteiligt sein in jeder Hinsicht. Aufgewachsen sein zwischen streitenden, saufenden und schlagenden Eltern, Gewalt als bevorzugtes Mittel der Konfliktlösung erlebt zu haben, auf Video wie im wirklichen Leben. Heißt oft, auch sexuell missbraucht worden zu sein, Angst als Dauerzustand erlebt zu haben. Heißt weniger zu wissen und zu können und weniger zu haben und zu besitzen als andere.

Soziale Unterschicht meint Arme und Einfache, geschädigte und gedemütigte Menschen. Menschen, die die sozialen Spielregeln nicht beherrschen, weil sie sie nicht erlernen konnten.

Wer nicht weiß, wie die Gesellschaft funktioniert, fällt regelmäßig durch abweichendes Verhalten – so der Sprachgebrauch der Kriminologen – auf. Abweichendes Verhalten ist oft strafbares Verhalten. Menschen aus der Unterschicht begehen öfter als andere Straftaten, kommen häufiger als andere mit dem Gesetz in Konflikt.

Und häufiger als andere schlagen sie auch schon einmal zu. Aus der Lernpsychologie wissen wir: Kinder tun nicht das, was man sagt, sondern das was man macht, vor allem auch mit ihnen. Rauchende Eltern erziehen keine Nichtraucher. Und wer als Kind geschlagen wird, wird seine Kinder, seinen Ehepartner, seinen Nachbarn ebenfalls schlagen, wenn es zum Konflikt kommt. Wer Gewalt erfahren hat, hat Gewalt gelernt.

Menschen aus der sozialen Unterschicht führt auch ihre wirtschaftliche Situation in die Kriminalität. Sie stehlen aus Not. Wer als alleinerziehende Mutter mit drei Kindern von 1.700 DM Sozialhilfe im Monat leben muss, kommt im Supermarkt schon einmal in Versuchung. In Frankfurt am Main, wo es 345 Banken gibt, sind 20% aller Familien arm.

Kleine Leute sind einfache Leute. Sie machen Fehler, wo andere keine machen. Zum Beispiel bei der Tatplanung und Tatausführung. Trotz jahrelanger Praxis gehen sie immer wieder dilettantisch und amateurhaft zur Sache. Ein gefundenes Fressen für die Polizei, die aus diesen Dummheiten eine hohe Aufklärungsrate macht.

Angesoffen und daher leichtsinnig und tollpatschig hinterlassen die Einbrecher an den eingeschlagenen Scheiben Blut und Fingerspuren und an den aufgehebelten Türen ihre Ohrabdrücke. Auf dem Boden liegen ihre Marlborokippen, deren Spurenanhaftungen den DNA-Analytikern den Verursacher verraten. Im Schnee und Matsch bleiben gut verwertbare Schuh- und Reifenabdrücke zurück. Die Flucht endet oft wenig professionell an Laternenmasten und in Straßengräben.

Die Beute wird selbstverständlich zu Hause aufbewahrt, wo sie von der Polizei sichergestellt werden kann. Oder sie wird spektakulär in große Autos und rauschende Feste umgesetzt. Dass man schon im Folgesuff mit der Tat prahlt, gehört ebenfalls dazu. Tölpel wohin man schaut. Schneller als die Polizei erlaubt, sind sie überführt.

Dabei bleibt es leider nicht. Beim Strafmaß setzt sich die Pechsträhne der ewigen Anfänger fort. Das hat einmal damit zu tun, dass sie sich für das falsche Delikt entschieden haben. Einfache Leute entscheiden sich auch für einfache Taten, für den einfachen Weg zum kriminellen Erfolg. Wenn sie dringend Geld brauchen, gehen sie zur Bank. Dort liegt es ja zu Hauf, und mit einer Pistole und dem richtigen Spruch dazu bekommt man es auch. Der Weg über manipulierte Konten und gefälschte Bonitätsbelege ist ihnen zu kompliziert.

Aber das heißt, wie im Fall des Spessarter Bankräubers, schwere räuberische Erpressung und ist im Normalfall mit einer Mindeststrafe von fünf Jahren bedroht. Auch diejenigen, die Scheiben einschlagen und Schlösser knacken, gehen ein hohes strafrechtliches Grundrisiko ein. Denn auch der Einbruchsdiebstahl hat einen täterfeindlichen Strafrahmen: drei Monate bis zu zehn Jahren Haft.

Einfache Täter tendieren zudem zur Tatwiederholung, zu Serientaten. Das kann leicht übel ausgehen, wie der Fall der Darmstädter Ladendiebin zeigt. Selbst wenn sich das Gericht lange großmütig gibt und immer wieder Bewährung einräumt – solche Strafen sind Zeitbomben, die irgendwann einmal platzen. Spätestens mit der ersten unbedingten Verurteilung fallen per Widerruf die noch offenen Bewährungen. Unterm Strich steht dann nicht selten eine langjährige Haftstrafe – für zwei Liter Schnaps und vier Stangen Zigaretten.

Auch die übrigen unterschichtsspezifischen Delikte tragen ein hohes täterbezogenes Gefahrenpotential in sich. Sie verletzen nämlich klassische, historisch gefestigte Verbotsnormen. Beispiel Diebstahl. Dahinter steht der biblische Satz: Du sollst nicht stehlen. Den haben wir verinnerlicht, fast schon genetisch abgespeichert. Selbst diejenigen, die schon lange keine Kirche mehr von innen gesehen haben, anerkennen dieses Verbot. Die Geldwäsche, der Verstoß gegen das Außenwirtschaftsgesetz oder die Computersabotage haben kein historisches Pendant.

Emotional vollzieht die Justiz auf diesen Gebieten nur Altbekanntes und traditionell Anerkanntes. Sie muss nicht neu denken und braucht sich auch emotional nicht neu zu orientieren. Klauen verboten. Das gehört zu unserem sozialen Vermächtnis. Und wer dagegen verstößt wird bestraft. Da hat die Justiz keinerlei Skrupel. Und das heißt: freie Bahn für hohe Strafen.

Prozesstaktische Fehler erhöhen schließlich noch einmal ihr strategisches Risiko. Die Schutzbehauptungen, die sie sich in ihren einfachen Köpfen zurecht gelegt haben und die sie originell und pfiffig finden, hat der Richter schon hundertmal gehört. Wenn sie trotz Vorhalt aufrecht erhalten werden, wird er sauer. Dass man, wenn die Sache wie im Fall des Automarders, gelaufen ist, die Taktik ändern und sich geständig und reuig zeigen muss und nicht noch den Mann vom deutschen Wetterdienst holen lassen darf, sehen sie nicht ein.

Ein richtiger Anwalt hätte es ihnen sagen können, aber der war über die Sozialhilfe nicht zu finanzieren. Der bezahlbare weiß es selbst nicht, und den Pflichtverteidiger interessiert es nicht. Das ist nicht das Klima für milde Strafen.

Manche provozieren sogar das Gericht, einige auf eine geradezu selbstmörderische Art. Wie der Strafgefangene aus der Justizvollzugsanstalt im mittelhessischen Butzbach, in den sich eine dort tätige Sozialarbeiterin verliebt hatte. Nach seiner Entlassung war er von ihr aufgenommen und mit einer nur von den sozialen Berufen zu leistenden Hingabe versorgt worden. Leider zeigte er sich wenig dankbar und plünderte ihr Sparbuch. Vor Gericht, in seinem Schlusswort, verstieg er sich zu dem bemerkenswerten Satz, dass die Gesellschaft Menschen wie ihm halt keine Chance gebe. Da lief das Fass über. Zehn Minuten später ging das Gericht weit über den Antrag der Staatsanwaltschaft hinaus.

Oder wie der Boxpromotor Ebbi Thust, ein Unterschichtler der besonderen Art, den die Frankfurter Staatsanwaltschaft wegen Erpressung von Peter Graf angeklagt hatte. Der hätte vielleicht noch eine Chance gehabt, das Gericht davon zu überzeugen, dass es sich bei den erhaltenen 800.000 DM um ein Schweigegeld und nicht um die Beute einer Straftat gehandelt hat. Aber er machte den Fehler, mit großen Auftritten im Gerichtssaal und in der Gerichtskantine, wo er die Speisekarte verlangte, der Justiz die Show zu stehlen. Damit hatte er den Bogen überspannt. Drei Jahre Haft waren der Preis für sein Kabinettstückchen. Später machte er sich seine vorzeitige Entlassung dadurch zunichte, dass er wenige Tage vorher, nach einem letzten Kurzurlaub, eine kokainhaltige Urinprobe ablieferte. Einmal Tollpatsch, immer Tollpatsch.

Das ist die Heimat des Strafrechts: Angehörige von Randgruppen, Sonderlinge, Abweichler von der Norm, nicht nur was die konkrete Straftat betrifft, sondern auch im Bezug auf Aussehen und Auftreten. Strafrecht braucht gut identifizierbare Minderheiten. Nur ihnen gegenüber entwickelt es die für eine Bestrafung erforderliche Kraft. Kein unbekanntes Phänomen, auch in der Tierwelt sind Minderheiten das Ziel heftiger Aggressionen. Wer als Graugans aus der

Reihe tritt, bezieht Prügel. Angeklagte, nach Möglichkeit schmutzig und in Lumpen. Wo sie in Loden kommen, wir werden das noch genauer sehen, verliert die Justiz schnell den Mut.

Dann nützt es nichts wenn die Beute der Dilettanten – wie so oft – nur klein ist. Wenn der Bankräuber mit 8.000 DM registrierten Scheinen abzieht, die für den Fall der Fälle an jedem Schalter bereit liegen und die ihm zu allem Überfluss an der nächsten Ecke aufgrund einer versteckten Sprengladung vielleicht schon um die Ohren fliegen. Oder wenn der Einbrecher sich strafschärfend durch zwei Sicherheitstüren gekämpft hat, einzig und allein um sich für die Nacht und den kommenden Tag mit Zigaretten, Schnaps und Bier einzudecken. Es gibt auch dafür Strafen, die sich gewaschen haben. Ihr Missverhältnis zum Wert der Beute, zum angerichteten Schaden stört die Richter nicht.

Auch die regelmäßig dilettantische Tatausführung macht der Justiz nicht zu schaffen. Kein Mitleid mit den Trotteln, im Gegenteil: Gerade die daraus resultierende klare Beweislage ermutigt sie zum großen Schlag. Diesen Tätern zahlt sie es heim, ganz so als müsste die Dummheit der Täter noch zusätzlich bestraft werden. Das könnte allerdings auch einen anderen Grund haben. Zu sehr ist die Justiz an anderer Stelle mit Beweisproblemen konfrontiert, die sie zum Rückzug oder zum Kompromiss zwingen. Da hält sie sich mit Macht an die glasklaren Fälle und punktet wenigstens dort. Das muss sie auch. Denn die Gesellschaft, die es kaum verwinden kann, dass über die Hälfte aller Straftaten schon mangels polizeilicher Aufklärung nicht sanktioniert werden können, will wenigstens die Restposten so gut wie möglich erledigt haben.

Das ist irgendwie nicht fair, wird man vielleicht sagen, die Kleinen so unnachsichtig zu behandeln. Juristisch ist es noch viel mehr. Es ist die Missachtung des Schuldprinzips. Schuld spielt ja im Strafrecht nicht nur im Zusammenhang mit der grundsätzlich erforderlichen Schuldfähigkeit des Täters eine Rolle, sondern sie ist auch für das Strafmaß von Bedeutung. Von entscheidender Bedeutung sogar, denn das Strafgesetzbuch erklärt die Schuld zur Grundlage für die Strafzumessung. Je mehr wir dem Täter seine Tat zum Vorwurf machen können, je höher wir unseren Zeigefinger heben dürfen, je böser wir ihm sein dürfen, umso strenger dürfen wir ihn bestrafen. Das ist auch richtig so. Wenn Strafe Schuld sühnen bzw. ausgleichen soll, dann erfordert eine große Schuld eine hohe Strafe.

Die Eckdaten der typischen Delinquenten – Armut, intellektuelle Defizite, nicht gelerntes Sozialverhalten, mit anderen Worten: Nichts haben, nichts wissen, nichts können, müssten bei ihnen eigentlich zur Strafmilderung führen. Aber das tun sie in aller Regel nicht. Sie finden kaum Erwähnung vor Gericht, weder im Plädoyer der Staatsanwaltschaft noch im Urteil der Richter. So erscheinen Wiederholungstäter nicht als Folge einer fehlverlaufenen Sozialisation sondern als Ausdruck hoher krimineller Energie. Und noch nicht einmal die Geringwertigkeit der Beute kann die Schuld des notorischen Rechtsbrechers mindern. Von den Nöten und Zwängen der Kleinen will die Justiz nichts wissen. Um einem Missverständnis vorzubeugen: Unter denen gibt es auch richtig böse, die ihre Strafe verdient haben. Aber so viele, wie die Justiz uns glauben machen will, gibt es nicht.

5 Der Nachweis

Wenn wir schon im Vorfeld vom Hauptfeld auf Problemsuche gehen, dann darf eine Frage nicht ausgespart werden: Wann darf ein Gericht einen Angeklagten überhaupt verurteilen? Auch diese Frage fällt, vielleicht aufgrund ihrer Banalität, oftmals durch das Raster der Routineangelegenheiten, obwohl sie doch von so grundsätzlicher Wichtigkeit ist.

Wenn seine Täterschaft bewiesen ist, lautet die Antwort, mit der kleinen Einschränkung, dass sie nicht zu 100% bewiesen sein muss, sondern dass die fraglichen Umstände mit an Sicherheit grenzender Wahrscheinlichkeit feststehen müssen. Es genügt, dass alle vernünftigen Zweifel ausgeräumt sind. Und wann das der Fall ist, wird nicht auf einer verlässlichen, objektiven Ebene entschieden, sondern ist eine Frage der richterlichen Überzeugung. Wenn der Richter von der Täterschaft des Angeklagten überzeugt ist, darf er ihn verurteilen, wenn nicht, muss er ihn freisprechen.

Ist das richtig so? Das Recht am seidenen Faden von Menschenhirnen und dem, was diese zusammenspinnen? Kürzlich, zur Jahrtausendwende, waren viele Menschen überzeugt, dass die Welt unterginge. Christen sind von ihrem Gott überzeugt und Muslime von dem ihren; Atheisten wiederum davon, dass es keinen von beiden und auch darüber hinaus keinen gibt. Menschenköpfe sind zu allem fähig. Soll es diese Unberechenbarkeit nun auch bei der Rechtsfindung geben dürfen? Gesetzgeber und Rechtsprechung haben ein wenig vorgesorgt. Richterliche Überzeugungen sind nur dann verbindlich, wenn sie auf nachvollziehbare Art und Weise zustande gekommen sind, wenn sie also begründbar sind und wenn sie, wie es der Bundesgerichtshof formuliert hat, keine Denkgesetze verletzen, insbesondere nicht gegen die Grundsätze der Logik verstoßen.

So weit, so gut. Einiges ist gerettet, aber die Kuh ist noch lange nicht vom Eis. Wo argumentiert der Richter noch und wo fängt er schon an zu spinnen?

Der 27-jährige Flugzeugmechaniker war mit seinem VW-Passat unterwegs auf der Autobahn A 5 von Darmstadt nach Frankfurt am Main. Neben ihm auf dem Beifahrersitz saß seine 53-jährige Mutter. Ein Samstag im Mai, später Nachmittag, Straßenverhältnisse und Sicht in Ordnung, durchschnittliches Verkehrsaufkommen. Fünf Kilometer vor dem Frankfurter Kreuz überholt der Passatfahrer mit ca. 120 km/h einen rechts fahrenden Reisebus. Von hinten nähert sich nun mit großer Geschwindigkeit ein schwarzer BMW. Er fährt dicht auf den Passat auf, der Fahrer blinkt und hupt und droht mit der Faust. Der Passatfahrer ist erschrocken, im Rückspiegel kann er den hinter ihm fahrenden Wagen nur noch ab Kühlermitte erkennen, er schätzt, dass er bis auf einen Meter an ihn herangefahren ist. Dann zieht der BMW nach links auf die dritte Spur, schließt zum Passat auf und droht erneut mit geballter Faust zum Fahrer hinüber. Anschließend überholt er und lenkt seinen Wagen unmittelbar vor dem Passat auf die mittlere Spur um danach abrupt abzubremsen. Nur durch eine Vollbremsung kann der Passatfahrer eine Kollision verhindern. Jetzt zieht der BMW wieder nach links, lässt sich zurückfallen, droht dem Passatfahrer erneut, überholt, fährt nach rechts, bremst stark ab, das Spiel wiederholt sich, dann braust er davon.

Das ist die Geschichte, die der Flugzeugmechaniker und seine völlig aufgelöste Mutter wenig später auf der Autobahnpolizeistation den Beamten zu Protokoll geben. Autotyp, Farbe und amtliches Kennzeichen haben sie sich notiert, den Fahrer können sie beschreiben.

Ein Ermittlungsverfahren wird eingeleitet und festgestellt, dass der fragliche Wagen auf eine in Darmstadt wohnende Frau zugelassen ist. Sie hat einen Sohn. Die Polizei besorgt sich Fotos von ihm. Die Anzeigenerstatter erkennen ihn mit 100%iger Sicherheit als den Fahrer des schwarzen BMW wieder. Der Sohn der Halterin wird vorgeladen und als Beschuldigter vernommen. Er sagt, dass nur er den auf seine Mutter zugelassenen Wagen benutzt. Am fraglichen Tag sei er aber mit dem Fahrzeug nicht auf der Bundesautobahn zwischen Darmstadt und Frankfurt am Main unterwegs gewesen. Denn an diesem Tag habe er seine neue Gartenhütte eingeweiht, mit Fassbier und Grillwürstchen. Er nennt zwölf Personen, die das bestätigen können.

Zwölf Personen werden von der Polizei vernommen und bestätigen die Aussage des Beschuldigten. Er sei den ganzen Nachmittag immer an der Gartenhütte gewesen, sagen die einen, während die anderen nicht ausschließen wollen, dass der Beschuldigte sich auch einmal für maximal zehn Minuten entfernt hat. Diese Zeitspanne reicht bei weitem nicht aus um mit dem Auto zum Vorfallsort und zurückzufahren. Geschädigter und Beschuldigter sind sich noch nie vorher begegnet, kennen sich nicht. Sie sind nicht vorbestraft, allerdings ist der Beschuldigte wegen dreier Geschwindigkeitsübertretungen in Flensburg aktenkundig.

Die Staatsanwaltschaft klagt den Beschuldigten wegen Nötigung und Beleidigung an und das Amtsgericht in Darmstadt verurteilt ihn wegen entsprechender Taten zu einer Geldstrafe von 4.000 DM. Jetzt hat das Oberlandesgericht Frankfurt am Main über seine Sprungrevision zu entscheiden.

Ist die Verurteilung rechtsfehlerfrei zustande gekommen? Haben die Richter ihre Überzeugung nachvollziehbar begründet? Die Darmstädter Richter haben gesagt: Die Anzeigeerstatter, der Flugzeugmechaniker und seine Mutter, sind glaubwürdig, sie haben keinen Grund, den Angeklagten zu Unrecht zu beschuldigen. Ein Irrtum ist ausgeschlossen, zumal Automarke, Wagenfarbe, amtliches Kennzeichen zueinander passen und der identifizierte Fahrer auch die Benutzung des Fahrzeuges einräumt. Hingegen sind die Alibizeugen nicht glaubwürdig. Sie haben ihrem Freund einen Gefallen getan oder sich nicht mehr richtig erinnern können.

Diese Argumentation ist in Ordnung, sagen die Revisionsrichter des Oberlandesgerichts in Frankfurt am Main. Die Entscheidung der Darmstädter Richter steht in Einklang mit den Grundsätzen der Logik und des gesunden Menschenverstandes. Gleichzeitig empfehlen sie der Staatsanwaltschaft, gegen die zwölf Grillfreunde ein Verfahren wegen uneidlicher Falschaussage einzuleiten.

Diese Entscheidung wird manchen irritieren. Heißt es nicht, dass dann, wenn Aussage gegen Aussage steht, der Grundsatz »in dubio pro reo« zur Anwendung kommt, im Zweifel für den Angeklagten? Und sind hier die Zweifel nicht besonders groß, da doch den zwei belastenden Aussagen zwölf entlastende entgegenstehen?

Die Wahrheitsfindung vor Gericht, da ist man sich heute einig, ist keine mathematische Disziplin, kein sportlicher Wettkampf, wo die Tore zählen, unabhängig davon wie sie zustande gekommen sind. Überzeugungen dürfen sich, müssen sich vor allem auf die Qualität der Beweismittel stützen und da kann es schon sein, dass zwei Zeugen entscheidend mehr geglaubt werden darf als zwölf anderen.

Ein anderer Fall mit ähnlichen Mehrheitsverhältnissen und einem entsprechenden Ausgang verdeutlicht ein weiteres Problem innerhalb der richterlichen Überzeugungsbildung.

Der Messegast aus Süddeutschland hatte gleich zweimal Pech. Einmal hatte er seinen Pkw am Main ins Halteverbot gestellt und dann hatte er noch seine Papiere vergessen. Als die beiden Streifenpolizisten ihn zwecks Personalienfeststellung mit aufs Revier nehmen wollten, kam es zum Eklat. Die Uniformierten hätten ihn gepackt, zum Polizeiwagen geführt und beim Verbringen auf die hintere Sitzbank absichtlich mit dem Kopf gegen die obere Türleiste geschlagen. Das war jedenfalls die Aussage des Verletzten. Für die Gehirnerschütterung und die Platzwunde gab es ein ärztliches Attest.

Massiv gewehrt habe sich der Beschuldigte, so die Beamten, und beschimpft habe er sie auch, als Bullenschweine und Nazis und dabei sei es passiert. Von wegen gewehrt und beschimpft, sagen genau acht Zeugen, die den Vorgang zufällig beobachtet hatten. Ein Gelegenheitsarbeiter, zwei Verkäuferinnen, zwei Studenten, ein Fahrlehrer und ein Bankdirektor bestätigen die Version des Verletzten. Erstinstanzlich waren die beiden Polizisten wegen Körperverletzung im Amt zu Geldstrafen verurteilt worden. Jetzt stand die Berufungsverhandlung vor dem Landgericht an. Die Zeugen bleiben bei ihren Aussagen, die Angeklagten auch. Unter diesen Umständen darf man mit einer Bestätigung des erstinstanzlichen Urteils rechnen. Doch es kommt anders. Richterin Christel Forester verkündet Freispruch. Sie sagt: »Polizisten lügen nicht«.

Auch hier die Frage: War dieses Urteil in Ordnung? War es revisionsfest? Polizisten lügen nicht! Lügen Polizisten nicht? Gilt das alte Bild vom zuverlässigen und gesetzestreuen Schutzmann noch, dem die Wahrheit heilig ist? Oder machen nicht umgekehrt Schichtdienst, schwierige Klientel und schlechte Bezahlung anfällig für dies und das? Für falsche Aussagen und noch schwerere Straftaten? Im März 2000 wurden zwei Beamte des Bundesgrenzschutzes, die am Flughafen Dienst taten, wegen Rauschgifthandels zu sechs Jahren und drei Monaten, bzw. zu vier Jahren und drei Monaten Haft verurteilt. Polizisten dealen nicht! Dieses Gericht sah es anders. Es gibt viele Verfahren gegen Polizeibeamte. Was das Thema Falschaussagen anbelangt: Sind sie nicht auf der Wache, im Streifenwagen, auch im Kommissariat eine Gefahrengemeinschaft, die zu Überlebenszwecken in guten wie in schlechten Zeiten zusammenhalten muss? Wo das Verpfeifen – Wahrheit hin, Unwahrheit her – nur schwer eingefordert werden kann?

Was soll's: Polizisten lügen nicht.

Die Justiz kennt Fälle dieser Art zu Hauf. Im ersten Prozess gegen Monika Weimar wegen Mordes an ihren beiden Kindern hatte die Angeklagte augesagt, sie habe, als sie in der fraglichen Nacht nach Hause gekommen sei, ihre beiden Kinder bereits tot vorgefunden. Ihr Mann habe die Tat zugegeben und die Leichname dann weggebracht. Dann seien sie beide zu Bett gegangen.

Eine Mutter legt sich nicht neben den Mörder ihrer Kinder, sagten dazu nicht nur die Richter des Fuldaer Schwurgerichts.

Ist das richtig? Kann man das mit dieser Verbindlichkeit so sagen? Die Gegenmeinung, die für die Angeklagte Freispruch forderte, wusste, was Mütter ebenfalls nicht tun: Mütter töten ihre Kinder nicht. Wirklich?

Die Richter des Frankfurter Oberlandesgerichts hatten 1995 über die Beschwerde des Boxpromotors Ebbi Thust gegen die Ablehnung seiner vorzeitigen Entlassung aus dem Gefängnis zu entscheiden. Thust war, wie zuvor schon erzählt, wegen der Erpressung von Peter Graf, dem Vater der bekannten Tennisspielerin, zu einer dreijährigen Freiheitsstrafe verurteilt worden. Sein Antrag auf vorzeitige Entlassung nach Ablauf von zwei Drittel der Strafzeit war abgelehnt worden. Wo denn die Beute aus seiner Straftat – immerhin 800.000 DM – verblieben sei, wollten die Richter wissen. Die habe er kurz nach dem Erhalt wieder verzockt, hatte Thust geantwortet, in einer Nacht. Das wiederum glaubten ihm die Richter nicht. Wer ein so großes Engagement aufwende, um an das Geld zu kommen, schreiben sie, der verspiele es nicht, vor allem nicht in einer Nacht. Damit wurde Thusts Beschwerde zurückgewiesen, denn wer die Beute seiner Straftat verheimlicht, hat keinen Anspruch auf vorzeitige Entlassung.

Entspricht das der Lebenserfahrung: Wer hart arbeitet, geht auch sorgsam mit seinem Lohn um? Für Richter mag es gelten, für rechnende und berechnende, rational handelnde Menschen. Es ist die Logik der geordneten Verhältnisse, die Strategie der beamteten Ordentlichkeit. Gilt die aber auch für das Zockermilieu? Oder steht das Glücksspiel nicht jenseits aller Vernunft? Ist es nicht die Art der Spieler, bis zum bitteren Ende am Tisch zu bleiben, alles zu verlieren, auch 800.000 DM in einer Nacht und auch dann, wenn für die 800.000 DM hart gearbeitet wurde? Fremde Welt für die Oberlandesrichter.

Nach der Strafprozessordnung bildet sich der Richter seine Überzeugung von der Täterschaft oder von Schuld oder Unschuld des Angeklagten auf der Grundlage der gerichtlichen Beweisaufnahme. Das ist die eine Seite. Entscheidendere Bedeutung für unsere Überzeugungen hat allerdings unser Vorverständnis von den Dingen, in die die Ergebnisse der Beweisaufnahme eingebunden sind.

Und dieses Vorverständnis resultiert aus einer Vielzahl von Faktoren. Daraus, wer unsere Eltern sind und was sie uns mit auf den Weg gegeben haben, wo wir aufgewachsen sind, in Hütten oder Palästen, was man uns zum Lesen gekauft hat, die Bibel oder Karl May, Che Guevara oder Groschenheftchen. Und welche ganz persönlichen Erfahrungen wir in unserem Leben noch gemacht haben.

Ganz früh, im Vorfeld der Entscheidungen werden die Weichen gestellt, entscheidet es sich, was wir später als richtig oder falsch erkennen. Das Sein oder das »So-geworden-Sein« bestimmt auch das Bewusstsein des Richters.

So gesehen sind unsere Überzeugungen nicht nur eine sehr subjektive oder auch zufällige Angelegenheit, sondern auch eine lenkbare und kalkulierbare Sache. Für den Staat übrigens eine wichtige Erkenntnis. Denn damit ist die Justiz ganz ohne unmittelbare Einmischung steuerbar, allein über die Gestaltung der Studieninhalte sowie – noch wichtiger – über die richtige Auswahl der in den Justizdienst zu übernehmenden Kandidaten.

Das hatte ich nämlich vergessen bei der Beantwortung der Frage, wie ein Jurastudent zum Richter oder Staatsanwalt wird. Das Prädikatsexamen reicht nicht, er muss noch ein Einstellungsgespräch erfolgreich hinter sich bringen. Eine Stunde lang will ein Mitarbeiter des Ministeriums von dem Bewerber alles mögliche wissen. Dazu stellt er komische Fragen. Die hat er sich aber gut überlegt.

6 Die Lüge

Wo die Verurteilung eines Menschen abhängig ist von den persönlichen Überzeugungen des Richters, und die wieder maßgeblich beeinflusst werden von seinem entsprechenden Vorverständnis, wo also Wahrheit in doppelter Weise subjektiv relativiert ist, da fragt man besorgt nach der Richtigkeitsgewähr unserer Strafurteile. Das Fehlurteil ist für viele Menschen das klassische Problem des Strafprozesses. Immer ereignet es sich im Rahmen von Kapitalverbrechen und es gibt viele Beispiele. Dabei muss man nicht unbedingt nach Amerika schauen, wo zahlreiche Fälle unschuldig verurteilter Todeskandidaten uns den Atem stocken lassen.

Auch in Deutschland sind viele Menschen wegen Mordes verurteilt worden und haben lange Jahre im Gefängnis gesessen, bevor sich ihre Unschuld ergab, oder jedenfalls so viele Zweifel an ihrer Täterschaft entstanden waren, dass sie im wiederaufgenommenen Verfahren freigesprochen werden mussten. Einer der bekanntesten Fälle war der der Hausfrau Maria Rohrbach. Die war 1954 vom Schwurgericht in Münster wegen Mordes an ihrem Ehemann zu lebenslanger Haft verurteilt worden. Das Opfer war irgendwann einmal tot und ohne Kopf gefunden worden. Und weil im Ruß des Rohrbach'schen Kohleofens Quecksilber, das in Zahnplomben enthaltene Schwermetall, gefunden worden war, schloss man daraus, dass das Haupt des Ehemannes im fraglichen Ofen verbrannt worden war. Und weil im Ofenruß auch noch Thallium, der Wirkstoff des stets blau eingefärbten Rattengiftes festgestellt wurde, und im Darm des Toten Bestandteile der blauen Malvenblüte festgestellt wurden, waren sich die Richter schnell einig, dass die raffinierte Hausfrau ihren Ehemann mit unverfänglich in den blauen Malvenblütentee eingemischtem blauen Rattengift umgebracht hatte. Nach drei Jahren Haft fand man schließlich den Kopf des Opfers in einem trocken gefallenen Bombentrichter. Maria Rohrbach wurde in einem Wiederaufnahmeverfahren schließlich frei gesprochen.

Auch der Fall des »Kälberstrick-Mörders« Heinz Hetzel lässt uns heute noch erschaudern. Der hatte eine Anhalterin mitgenommen, die – nach seinen Angaben – beim Techtelmechtel auf einer Wiese plötzlich verstorben war. Als der Leichnam schon verbrannt war, glaubte ein Sachverständiger auf einer Fotograpfie am Hals der Toten Würgemale zu erkennen, wie sie von einem Kälberstrick hätten herrühren können. Heinz Hetzels Pech: Er war Metzger. Obwohl nie ein solcher Strick gefunden worden war, wurde er wegen Mordes verurteilt. 14 Jahre saß er im Zuchthaus, dann stellten andere Gutachter fest, dass es sich bei den fraglichen Verfärbungen um natürliche Leichenflecken gehandelt hatte.

Das sind nicht die einzigen Fälle. Wer in den Archiven der Tageszeitungen nach Fehlurteilen sucht, hat es schnell mit dicken Leitzordnern zu tun.

In den bekannten Fällen hatten vor allem Sachverständige das Sagen, allerdings hatten sich die Staatsanwälte und Richter deren Räuberpistolen leichtfertig andrehen lassen. Vielleicht eine Ausnahme, aber andere Beweismittel der Strafprozessordnung stehen auch im Verdacht unzuverlässig zu sein. Zum Beispiel die Zeugen. Viele Studien sind dazu mittlerweile gemacht worden, mit überraschenden Ergebnissen. Menschen haben große Probleme sich richtig zu erinnern. Wer Zeuge einer Straftat wird, der wird dies oft unerwartet. Der hat sich nicht darauf vorbereitet, dass er sich etwas merken muss. In einem Prozess vor dem Frankfurter Amtsgericht im Zusammenhang mit dem Mord an dem szenebekannten »Totenkopf-Paule« antwortete ein Zeuge auf die Frage des Richters, wie viele Schoppen Bier er denn am fraglichen Abend getrunken habe: »Wenn ich gewusst hätte, Herr Rat, dass sie mich heute danach befragen, hätte ich sie gezählt.«

Auch der mit dem Akuterlebnis verbundene Stress beeinträchtigt die Erinnerung. Farben und Entfernungen, Automarken und Autokennzeichen werden gerne falsch wiedergegeben. Die Anzahl der Schüsse wird nicht richtig erinnert, und die Reihenfolge einzelner Geschehnisse gerät im Nachhinein durcheinander. Auffällig wird es in den Prozessen immer dann, wenn mehrere Personen aus gleicher Position und Distanz einen bestimmten Vorgang beobachtet haben. Nicht selten weichen ihre Schilderungen deutlich voneinander ab.

Vor allem wenn viel Zeit vergangen ist seit dem fraglichen Vorfall, ist auch die Erinnerung der Zeugen verblasst. Dass die Zeit alle Wunden heilt, hat entscheidend mit dem Vergessen zu tun. Wenn dann auch noch die Prozesse zum wiederholten Male stattfinden und Zeugen zum dritten oder vierten Mal aussagen müssen, fragt es sich, von was sie dem Gericht erzählen: Vom Erlebten oder vom schon mal Berichteten.

Damit hat die Justiz leben gelernt. Zeugen sind keine Maschinen, tragen keine Videokamera auf dem Kopf, die es ihnen erlaubt die Vorgänge detailliert zu rekonstruieren. Das weiß sie. Bei unterschiedlichen Angaben zu einem bestimmten Vorfall begnügen sich Staatsanwälte und Richter mit den Übereinstimmungen im Kernbereich. Der Täter hat Geld gefordert – mit welchen Worten auch immer; das Opfer hat geschrien, zwei- oder drei- oder sechsmal, egal. Dagegen gibt es nicht viel zu sagen. Aber erinnern sollte man sich immer daran, dass die Zeugenaussage bei der Wahrheitsfindung mit Vorsicht zu genießen ist.

Ein anderer Aspekt der richterlichen Überzeugungsbildung ist praktisch bis gestern fast völlig ignoriert worden. Es geht um die Beurteilung der Glaubwürdigkeit, nicht nur der Zeugen, sondern auch der Sachverständigen und vor allem der Angeklagten, unter dem Aspekt der Lüge. Dass sich Menschen nicht mehr richtig erinnern, ist die eine Sache, mit der wir klar kommen. Dass sie lügen, bewusst die Unwahrheit sagen, ist die andere. Und damit haben wir Probleme. Bisher haben wir diese Frage beim Richter bestens aufgehoben geglaubt. In den Augen der Bevölkerung ist ein Richter nämlich nicht nur männlich, etwas älter und weißhaarig, sondern vor allem auch souverän und cool. Dahinter verbirgt sich in den Augen des Laien die aus Begabung und Lebenserfahrung entstandene Fähigkeit, den Angeklagten und die Zeugen einzuschätzen und zu bewerten, ihre Angaben in falsch und richtig zu unterteilen, die Lüge von der Wahrheit zu trennen.

Gerade die amerikanischen Gerichtsfilme – und Amerika handelt ja sein schlechtes Gewissen in Sachen Gerechtigkeit gerne über solche Filme ab – klopfen diese Einschätzung fest. Wer die langen und intelligenten Anträge und Fragen der Staatsanwälte und Verteidiger stets prompt und knapp mit einem begründungslosen »stattgegeben« oder »abgelehnt« kontert, der ist der King im Saal.

Aus Amerika, diesmal nicht aus Hollywood, sondern vom Human Interaction Lab in San Francisco, kommt aber auch eine ganz andere Kunde: Richter sind, ebenso wie Polizisten, Zollbeamte oder Psychiater nicht besser im Erkennen von Lügen als der ganz normale Bürger. Nur Geheimdienstagenten und Poker-Profis liegen über dem Durchschnitt.

Nun könnte man meinen, es käme nicht so sehr darauf an, die Feinheiten der Lüge zu durchschauen, zumal ja vor Gericht nur der Angeklagte lügen darf, alle anderen müssen streng bei der Wahrheit bleiben.

Zu schön um wahr zu sein! Gerade die aktuellen Vorfälle um Parteispenden und schwarze Konten haben gezeigt, wie sehr selbst das einmal als sauber geglaubte politische Leben vom Lügenvirus infiziert ist. Fraktionsvorsitzende, Schatzmeister, Parteivorsitzende, Exkanzler – der Verdacht, dass sie lügen wie gedruckt, ist überwältigend. Selbstverständlich lügt auch der Nicht-Politiker. Im Durchschnitt lügen wir 200-mal am Tag, weiß die Wissenschaft. Und dann gibt es noch den alten Satz, dass nirgendwo mehr gelogen wird als vor Gericht. Da sind nicht nur die Angeklagten gemeint. Schöne Aussichten, vor allem wenn man bei der Mentiologie, der Lügenforschung, nachfragt um mehr zu erfahren.

Wir lügen deswegen so häufig und so hemmungslos, sagen die Psychologen, weil wir gute Gründe dafür haben. Alltagslügen dienen dem sozialen Frieden. Unwahrheiten können sowohl für den Lügner als auch für den Belogenen von Vorteil sein. Das Kompliment ist das beste Beispiel. Das alles funktioniert aber nur, wenn wir auch auf die Lüge hereinfallen. Und da hat die Evolution vorgesorgt: Menschen sind nicht gut im Erkennen von Lügen, nur jedes fünfte Geflunkere wird aufgedeckt.

Zwar kennt die Wissenschaft mittlerweile eine ganze Reihe einschlägiger Lügenmerkmale. Die aber sind, wie der schnelle Augenaufschlag, das Zwinkern oder das Zucken der Mundwinkel als so genannte Mikrogesten unter Normalbedingungen nur schwer erfassbar und lassen sich erst im Mitschnitt in der Zeitlupe erkennen. Oder aber sie werden falsch interpretiert. Die gängige Auffassung, wonach derjenige, der unsicher und zögernd spricht und durch fahrige Bewegungen auffällt, regelmäßig lügt und derjenige die Wahrheit spricht, der betont emotional auftritt und Rückfragen sicher beantworten kann, wird von der Wissenschaft nicht geteilt. Vieles sei halt zufälliger persönlicher Stil und als Signal nahezu wertlos. Erschreckend aber wahr: Die Justiz teilt die gängigen, aber falschen Auffassungen.

Die entsprechenden Formulierungen stecken als Textbausteine in ihren Computern. In einem Punkt haben die Richter allerdings recht: Wenn sie den Detailreichtum von Aussagen als Indiz für deren Übereinstimmung mit der Wahrheit bewerten. Dennoch ist auch hier Vorsicht am Platz. Die guten Lügner haben eine blühende Phantasie, sie leben in ihren falschen Geschichten und glauben sie irgendwann einmal selbst. Einem ihrer berühmtesten wird heute noch geglaubt: Karl May.

Die Lüge hat eine weitere Chance: Wenn sie unseren Wünschen entspricht, wenn sie uns besser schmeckt als die Wahrheit, glauben wir ihr besonders gern. Als klassisches Beispiel gilt hierfür die Chamberlain-Erklärung aus dem Jahr 1939, die der englische Außenminister nach dem Besuch bei Adolf Hitler abgegeben hatte: Der deutsche Führer habe nichts mit Krieg im Sinn. Eigentlich undenkbar, dass ein kluger Mann wie Chamberlain auf den Verbrecher Hitler hereingefallen war. Aber Hitlers Botschaft hieß Frieden und war für den Engländer so verlockend, dass er ihr nicht widerstehen konnte und sie einfach glauben musste.

Im Prozess kann auch dieser Umstand Bedeutung erlangen. Wenn etwa ein Zeuge mit widersprüchlichen Angaben einen Angeklagten belastet, der dem Gericht unsympathisch ist und den es nach Aktenlage für den Täter hält.

Bei den Juristen stößt das Lügenphänomen auf kein gesondertes Interesse. Es ist das Thema der Philosophen und neuerdings der Psychologen und die Mentiologie ist zudem eine Modedisziplin. Und so soll es auch bleiben. Die Gesellschaft ist jedenfalls einverstanden, sie glaubt noch an das Bild vom weisen Richter, der mit seinen Erfahrungen und Instinkten den ambitioniertesten Lügner ausbremst.

Folgerichtig gibt die Justiz nur in Ausnahmefällen etwas von ihrer entsprechenden Zuständigkeit ab. Wenn es um die Glaubwürdigkeit von Kindern oder geistig Behinderten geht, kommen auch schon einmal Gutachter zu Wort. In anderen Fällen nicht. Im Böttcher-Prozess hatte die Verteidigung die Anhörung eines Sachverständigen beantragt. Er sollte Stellung nehmen zu der Glaubwürdigkeit der beiden Zeugen, die die ermordeten Kinder noch am Morgen nach der von der Angeklagten behaupteten Tötung durch den Vater lebend gesehen haben wollten, ein Umstand von prozessentscheidender Bedeutung. Die Anwälte hatten geltend gemacht, dass die fraglichen Geschehnisse schon 13 Jahre zurück lagen und die Zeugen schon mehrfach dazu vernommen worden waren und sich auch aufgrund ihrer Verwandtschaft darüber verständigt hätten. Ob die Angaben der Zeugen unter diesen Voraussetzungen noch der Wahrheit entsprächen, sei nur mit Hilfe eines Sachverständigen zu ermitteln. Nein, sagt das Gericht zu diesem Beweisantrag. Die Beurteilung der Glaubwürdigkeit von Zeugen und der Glaubhaftigkeit ihrer Aussagen gehöre zur genuinen Aufgabe des Richters und zum Wesen richterlicher Rechtsfindung. Da habe ein Sachverständiger nichts zu suchen.

Erst recht hat da der Lügendetektor keine Chance, in unseren Gerichtssälen heimisch zu werden. Kein Gericht lässt sich von einer Maschine, die es nur ansatzweise versteht, sowie von einem Verfahren, das es gar nicht durchschaut, seine Kompetenzen streitig machen.

So werden wir denn weiter damit leben müssen, dass die Justiz sich belügen lässt. Und Besserung scheint nicht in Sicht. Der Nachwuchs unterscheidet sich in nichts von den Altvorderen. Im Frankfurter Polizeipräsidium habe ich zwölf Rechtsreferendare versammelt um ihnen die Tätigkeit eines Haftstaatsanwaltes vorzuführen. Der letzte Fall an diesem Vormittag ist besonders heikel. Die Polizei führt einen 36-jährigen Mieter vor, den sie unmittelbar zuvor festgenommen hat, nachdem es im Treppenhaus seiner Appartementwohnung zu einem blutigen Zwischenfall gekommen ist. Er hat mit einer Axt den Schädel seines Nachbarn gespalten, der nur knapp überlebt. Aus Notwehr, sagt der Beschuldigte, dem die Polizei nicht glaubt, und tischt seinen Zuhörern eine detailreiche, blumige Geschichte auf, von einem italienischen Nachbarn, der ihn beim Verlassen seiner Wohnung in Richtung Kleingarten hinterrücks überfällt.

Wir stimmen ab. Alle Referendare glauben dem Beschuldigten. Auch ich, und so entlasse ich ihn in die Freiheit. Keine Untersuchungshaft wegen versuchten Mordes.

Am nächsten Morgen ruft mich ein Referendar aufgeregt an. Auf dem Weg zum Bahnhof hat er den Beschuldigten in der Straßenbahn getroffen. Der Beschuldigte hat ihn gefragt, »wie er denn gewesen sei. Ob er die Story, die von A bis Z erlogen gewesen sei, gut rüber gebracht habe, wie Humphrey Bogart oder John Wayne in ihren Filmen?« Der Student hat ihm recht gegeben und der Beschuldigte sei erkennbar stolz gewesen.

Zwei Stunden später wird er an seinem Wohnort in der Nähe von Koblenz erneut verhaftet. Jetzt ist er geständig.

Auch wenn wir auf den weisen Richter verzichten müssen, Grund zur Panik scheint dennoch nicht gegeben zu sein. Nicht alle lügen, und andere Beweismittel können gar nicht lügen: Die wissenschaftlichen Befunde beispielsweise. Hier hat sich einiges verändert in der Vergangenheit. Der technische Fortschritt einmal von seiner guten Seite. Beispiel: DNA-Analyse, kleinste biologische Spuren, wie sie der Täter beim Zug an der Zigarette am Filter oder beim Schluck aus der Wasserflasche auf dem Glashals hinterlässt, können dem Verursacher zugeordnet werden – mit einer Sicherheit von 1 : 5 Milliarden. Dieser Fortschritt hat einigen schlimmen Straftätern den Kopf gekostet. Den schon erwähnten Rainer Körppen beispielsweise, oder diverse Kindesmörder aus Norddeutschland. Da bleiben Lügen wirkungslos.

III Von Mördern und Irrtümern

1 Wenn Menschen töten

Das Strafrecht als Angelegenheit der kleinen Leute. Davon kann sich ein jeder schon durch einen Gang über die Flure eines Gerichts überzeugen. Überall die Insignien der Unterprivilegierten. Klamotten nicht von Armani, sondern aus der Kaufhalle. Plastikschuhe mit gewaltigen Plateausohlen – Bluff der einfachen Art. Modeschmuck vom fliegenden Händler – Mimikry wie in der Welt der Insekten. Alle rauchen, viele sind tätowiert und kaum einer, der sich nicht dem Slang der Ghettos bedient. In den Gefängnissen können schließlich die glücklosesten der Glücklosen in Augenschein genommen werden. Überfüllte Krafträume machen deutlich, dass es hier um Body und Bizeps und nicht so sehr um Wissen und Bildung geht. Nichts kapiert von den Dingen, die sie dorthin gebracht haben.

Wer sich von Berufs wegen als uniformierter Streifenpolizist oder Staatsanwalt im Buchstabendezernat, als Bewährungshelfer oder Sozialarbeiter schwerpunktmäßig mit der klassischen Kriminalität befasst hat, der kennt die Zusammenhänge. Der weiß wie wenig die klassische Justiz in diesen Bereichen verloren hat und wie selten sie den straffälligen Losern gerecht werden kann – auch den Opfern nicht. Nicht wenige Polizisten und Staatsanwälte haben sich unter diesen Bedingungen zu Sozialingenieuren gewandelt, haben ihren Jagdtrieb zugunsten ihres Beschützerinstinkts zurückgestellt. Die meisten von ihnen, Richter inklusive, haben ihre »Pflegefälle«, denen gegenüber sie immer wieder Nachsicht üben, denen sie vor dem Hintergrund ihres elenden Lebens nicht ernsthaft böse sein können. Am grundsätzlichen Übel ändert das allerdings nichts. Diese Geschichten machen kaputt. Selbst die härtesten Cops und die coolsten Staatsanwälte geraten über kurz oder lang in die Krise. Deswegen suchen zahlreiche Angehörige des Strafverfolgungsapparats nach einer anderen Delinquenz.

Wirkliche oder echte Kriminalität heißt das branchenübliche Zauberwort. Das sind Delikte, für deren Sanktionierung man sich nicht rechtfertigen und nicht schämen muss. Im Gegenteil: Deren konsequente Verfolgung und Bestrafung einem berechtigten gesellschaftlichen Interesse entspricht. Das sucht man, im Idealfall: Taten, die die Gesellschaft oder den einzelnen empfindlich geschädigt haben, begangen nach Möglichkeit nicht von irgendwelchen Habenichtsen sondern von den Großen der Gesellschaft, Millionenschäden durch Millionäre, das steht ganz vorne auf der Fahndungsliste.

Was sind das für Fälle, die da auf dem Wunschzettel der frustrierten Fahnder stehen? Beginnen wir mit einem Klassiker, der zwar in aller Regel keine hochrangige Täterseite kennt, dafür aber unter dem Opferaspekt nicht zu schlagen ist: das Tötungsdelikt.

Die Bearbeitung eines entsprechenden Falles ist eine attraktive Sache. Die Polizisten der Mordkommission sind die ungekrönten Könige der Kriminalfilme. Für Staatsanwälte bedeuten die Delikte nach den §§ 211 und 212 des StGB die Highlights in ihrem Dezernat. Und die Richter der Schwurgerichte stehen noch über denen der Wirtschaftskammern. Tötungsdelikte betreffen unser wertvollstes Rechtsgut, das Leben. Vieles spricht dafür, dass sich das Strafrecht dort zu Hause fühlen darf, wo Menschen andere Menschen vorsätzlich töten. Mord und Totschlag also als echte, wirkliche Kriminalität?

Seine Kindheit verbrachte Alfred Rehwald in einem kleinen Dorf in der Nähe von Königsberg. Im Winter 1944/45 floh die Familie vor den anrückenden russischen Truppen in den Westen. Auf dem großen Treck über das zugefrorene Haff starben seine Eltern und seine Geschwister. In Hamburg kam der 14-jährige zunächst in einem Waisenhaus unter, dann nahm ihn eine Pflegefamilie auf. Drei Jahre später verließ er die Stadt, wo es immer nur regnete, und trampte ins Ruhrgebiet, wo zwar das Wetter auch nicht viel besser war, aber wo es Arbeit gab und nette Kumpels. Bald war er Bergmann auf einer Zeche in Essen. Kohle und Kölsch wurden zu seinem Lebensmittelpunkt. Später wird er dem Gericht sagen, er habe stets gerne gearbeitet, aber auch genauso gerne getrunken. Als die Zechen an der Ruhr Anfang der siebziger Jahre massenhaft schließen, steht Alfred Rehwald über Nacht auf der Straße. Da wo man ihn, den zuverlässigen Hauer, nicht mehr braucht, will er auch nicht mehr bleiben. Er zieht weiter, diesmal nach Frankfurt am Main. Neue Stadt, neues Glück. Daraus wird aber nichts. Er landet an der Großmarkthalle. Von dort holen sich Privatleute und Unternehmer Eintagsarbeitskräfte. Mal zum Entrümpeln einer Wohnung, mal zum Möbelschleppen.

Morgens um 5.00 Uhr steht Alfred Rehwald bereit, am Abend setzt man ihn dort wieder ab. Seine Arbeit ist hart aber es gibt auch gutes Geld, jedesmal bar auf die Hand. Zunächst schläft er im Männerwohnheim oder in den Grünanlagen, dann leistet er sich ein kleines Zimmer in Oberrad, einem Stadtteil südlich des Mains, oder, wie die Frankfurter sagen, dribb'de Bach.

Sein eigentliches Zuhause ist das Bahnhofsviertel. Dort kennt man ihn, zumeist verkehrt er in Henrys Pinte, einem Szenelokal, an dessen Theke allabendlich – grob geschätzt – 100 Jahre Gefängnis stehen. Für das, was da auch noch steht an Not, Verzweiflung, Einsamkeit und Hoffnungslosigkeit – dafür gibt es noch keine Maßeinheit. Aus dem Rotlichtviertel stammt auch seine Freundin, die er sich irgendwann einmal angelacht hat – Monika.

Als er spät Abends von einer wüsten Möbelschlepperei müde aber scheinebepackt in sein Stammlokal kommt, nimmt ihn ein guter Freund zur Seite. Seine Freundin gehe fremd, ist die schlechte Nachricht, mit dem fetten Paul, einem milieubekannten Trinker. Alfred Rehwald trifft die Mitteilung wie ein Schlag ins Gesicht. Er will es nicht wahrhaben, fährt mit der Straßenbahn in sein Unterdachzimmer in Oberrad, und während er mit einem Küchenkneipchen ein Stück von seinem Schinkenspeck, den er als Energiereserve immer vorrätig hält, abschneidet, fällt ihm ein: Mit dem Messer kann man auch noch etwas anderes machen.

Er fährt zurück zu Henrys Pinte. Er setzt sich an einen Tisch, allein, und ordert Hütchen. Hütchen sind Mischungen aus Cola und Cognac. Gefährliche Mischungen, denn die süße Cola maskiert den gefährlichen Alkohol des Cognacs. Allerdings nicht so sehr für Alfred Rehwald, denn er kann mit Alkohol, in welcher Form auch immer, umgehen. Doch irgendwann an diesem Abend fängt auch er an, mit sich selbst zu reden. Zeugen sagen, er habe vor sich hin gebrabbelt.

Dann kommt der Nebenbuhler ins Lokal. Er setzt sich an die Theke und bestellt ein Bier. Eine Viertelstunde lang beobachtet ihn Alfred Rehwald von seinem Platz aus und versucht sich vorzustellen, was seine Freundin diesem fetten dreisten Faulpelz wohl abgewonnen haben könnte. Dabei trinkt er immer mehr und immer schneller. Schließlich steht er auf, geht zum Tresen und setzt sich auf den Hocker neben seinem Kontrahenten. Zehn Sekunden sitzt er nun da, dann sagt er: »Das machst du nicht noch einmal«, zieht dabei sein Küchenkneipchen aus der Tasche und rammt es einmal und dann ein zweites Mal in den Bauch seines Thekennachbarn. Der stürzt klaglos zu Boden und presst beide Hände auf die Wunde, aus der blutrote Fontänen aufsteigen.

Notarzt und Polizei sind schnell zur Stelle. In Henrys Pinte gehören diese Dinge zwar nicht zum Alltag, aber die Männer und Frauen mit den Blaulichtautos kennen diese Adresse. Der Verletzte wird in die Uniklinik gefahren, Alfred Rehwald landet in Polizeigewahrsam und dann in der Untersuchungshaft.

Wenige Tage später liegt die Sache auf meinem Schreibtisch. Ich rufe die Uniklinik an. Das Opfer ist auf die Station A 0 verlegt worden. Das bedeutet, dass ich alsbald wegen vollendeten Totschlags ermitteln muss, denn wer auf A 0 liegt, hat wenig Chancen. Der Nebenbuhler stirbt sieben Tage nach der Tat. Mein Kollege, der bei der Obduktion anwesend ist, erzählt mir, dass die Leber des Toten sich schon in Auflösung befunden habe.

Ich beauftrage nach Abschluss der Ermittlungen – ein knappes Dutzend Tatzeugen sind von der Mordkommission vernommen worden – Prof. Redhardt vom Zentrum der Rechtsmedizin mit der psychiatrischen Begutachtung des geständigen Täters. Prof. Redhardt ist Arzt und Psychiater und hat eine Sonderausbildung genossen in forensischer Psychiatrie. Er soll Stellung nehmen zu der Frage, ob Alfred Rehwald schuldfähig war, als er auf seinen Nebenbuhler einstach.

Das Gutachten dauert, denn der Sachverständige ist ein gefragter Mann. Als er mir per Telefon signalisiert, dass Schuldunfähigkeit höchstwahrscheinlich ausscheide, erhebe ich Anklage wegen Totschlags. Mordmerkmale, wie niedrige Beweggründe oder Heimtücke scheiden offenbar aus.

Ein Dreivierteljahr später findet die Hauptverhandlung vor dem Schwurgericht statt. Ein völlig unproblematischer Fall. Täter geständig, Tatablauf klar, ebenso die juristische Bewertung. Das Strafmaß hängt entscheidend von der Expertise des gerichtlichen Sachverständigen ab. Prof. Redhardt trägt am dritten Verhandlungstag sein Gutachten vor. Er hat den Angeklagten an zwei Tagen ausgiebig untersucht, er hat ihn befragt und er hat einige Tests mit ihm gemacht.

Unter anderem ein Interpretationstest. Dabei wird dem Probanden ein DIN A4 großes Bild vorgelegt. Dieses Bild zeigt ein herkömmliches, alleinstehendes Wohnhaus. Es ist Nacht; über dem Dach steht der Mond. Ein Fenster im ersten Stock ist beleuchtet. Zu diesem Fenster führt eine provisorische Leiter und genau in der Mitte dieser Leiter befindet sich eine männliche Person. Ob sie auf- oder absteigt ist nicht zu erkennen. Am Haus selbst lehnt ein Fahrrad.

Was das Bild zeige, wird Alfred Rehwald gefragt. Der erkennt darauf einen Mann, der auf seinem späten Heimweg an einem Haus vorbeikommt, aus dem Geigenspiel ertönt. Er hält an und lauscht. Wunderschön ist die Musik, die an sein Ohr dringt. Der nächtliche Zuhörer kann das beurteilen, denn er spielt selbst Geige. Die schöne Musik macht ihm allerdings Angst. Sollte da tatsächlich jemand besser spielen können als er? Aber vielleicht ist es ja nur Musik aus dem Radio, von Schallplatten oder CDs. Jetzt will er es wissen. Er findet eine Leiter, stellt sie an das Fenster aus dem die Musik kommt und klettert nach oben um nachzuschauen.

Für Prof. Redhardt eine ungewöhnliche Interpretation. Schon deswegen, weil 90% der Probanden, die sich in Haft befinden, in dieser Szene einen Fluchtvorgang erblicken. In den Köpfen der Gefangenen dreht sich nämlich alles nur um eins: Abhauen.

Bei Alfed Rehwald gibt es offenbar eine viel stärkere, den Fluchtaspekt überlagernde Komponente. Es ist seine allgemeine Lebenssituation, die er in das Bild interpretiert. Beide, der Mann auf dem Bild und er selbst, sind sie Habenichtse, und beide haben sie ein existenzielles Problem. Bei dem einen ist es die Angst, seines einzigsten und damit wertvollsten sozialen Besitzstandes, der Kunst des Geigespielens, beraubt zu werden, durch einen Nobody. Und bei dem anderen schon eher die Gewissheit eines gleichschweren Verlustes, nämlich dem der Partnerin. Denn vielmehr hat er nicht, nur noch seinen Job und seine Bude. Die Freundin vor allem gibt ihm die Kraft, vor sich und der Welt zu bestehen. Und die hat er jetzt verloren, zudem noch an einen, der neben dem Suff gar nichts anderes mehr kennt.

Alfred Rehwald ist der Klettermaxe. Die Geschichte, die er zu dem Bild erfindet, erzählt von seiner existenzbedrohenden Angst, von dem Schock, den er angesichts der Mitteilung vom Stellungswechsel seiner Freundin empfindet.

Dieses Erlebnis, sagt Prof. Redhardt habe den Probanden in die Katastrophe gestürzt, habe ihm den Steuerknüppel aus der Hand genommen und habe ihn mit einem gewissen Automatismus auf den Verursacher seines großen Dilemmas losgehen lassen. Seine Alkoholisierung – mindestens 2,9 Promille zur Tatzeit – habe da keinen entscheidenden Einfluss gehabt. Keine Rolle spielt bei der Bewertung der Schuldfähigkeit durch den Sachverständigen auch die Tatsache, dass Alfreds Freundin eine todkranke Frau ist. Als sie als Zeugin vernommen werden soll, führen Polizeibeamte einen desorientierten, zahnlosen, von Alkohol und Drogen ruinierten Menschen in den Gerichtssaal. Sie haben sie irgendwo zwischen Kaiserstraße und Münchner Straße aufgelesen. Sie kennen sie gut, aber sie kennt sich selbst nicht mehr. Ihren Namen kann sie dem Gericht nicht sagen und ihr Alter auch nicht. Für Alfred Rehwald war sie trotzdem die Welt.

Der Sachverständige will allerdings nicht von einer kompletten Schuldunfähigkeit ausgehen. In jedem Fall aber sei der Angeklagte zur Tatzeit aufgrund einer schweren seelischen Störung in einem erheblichen Maße in der Schuldfähigkeit beeinträchtigt gewesen.

In meinem Plädoyer fordere ich vier Jahre Haft wegen Totschlags und sage, dass es sich mehr um einen sozialen Unfall als um ein Verbrechen handele. Das Gericht ist empört. Die Gerichtsvorsitzende, die schon nach dem ersten Verhandlungstag gegenüber meinem Abteilungsleiter mein gestörtes Verhältnis zur Kleiderordnung gerügt hatte – ich trug eine bunte statt einer weißen Krawatte –, gab dem Sitzungsvertreter der Staatsanwaltschaft in der Urteilsbegründung Saures: Der halte die Tötung eines Menschen für einen Strafschärfungsgrund, das Gericht hingegen stufe sie als Tatbestandsmerkmal ein. Seltener, aber feinster juristischer Humor, eigentlich nur Insidern zugänglich, und in diesem Fall gemeint als heftige Attacke auf den Vertreter der Staatsanwaltschaft.

Das Urteil leider nicht vom feinsten, dafür aber Klartext. Sechs Jahre Haft und eigentlich, sagt die Vorsitzende, hätten es acht sein müssen. Das Gericht nimmt seine Arbeit ernst. Schwurgerichte sind keine Sozialstationen.

In Deutschland wurden im Jahr 1999 insgesamt 1020 Menschen Opfer von Mord und Totschlag. Die Zahlen sinken seit Jahren kontinuierlich. Rechtsmediziner sprechen allerdings von einer hohen Dunkelziffer. Viele Tötungsdelikte würden nicht erkannt, liefen unter »natürliche Todesursache«. Wenn auf jedem Grab eines nicht erkannten Mordopfers eine Kerze brennen würde, wären Deutschlands Friedhöfe hell erleuchtet. Sie schätzen die Mordrate auf das Doppelte der offiziellen Zahlen.

Tötungsdelikte haben eine hohe Aufklärungsquote. In über 90% der Fälle wird der Täter ermittelt. Die beachtlichen Erfolge der Mordkommission beruhen wesentlich darauf, dass Tötungsdelikte überwiegend Beziehungsdelikte sind. Täter und Opfer kennen sich, oft schon längere Zeit. In ca. 15% aller Fälle vergreift sich der Täter an seinem Intimpartner. Der Ehemann tötet die Ehefrau, der Freund die Freundin oder den homosexuellen Freund. Wilfried Rasch, ein angesehener forensischer Psychiater, hat die Logik dieser Taten anschaulich beschrieben. Stets ist die Tat Endpunkt eines lange schwelenden Konflikts, Finale einer bilderbuchhaften Eskalation. 30 Jahre Ehe ohne Liebe aber mit viel Alkohol und gegenseitiger Demütigung. Irgendwann genügt ein kleiner Funke und es kommt zur Katastrophe. Daran, dass er abgedrückt oder zugestochen hat, kann sich der Täter meißt nicht mehr erinnern. Durchgebrannte Sicherungen haben das Erinnerungsvermögen ausgeschaltet. Die Taten, schreibt Wilfried Rasch, ähneln sich aufs Haar.

Tötungsdelikte auf der Grundlage schwerer, komplizierter und unkontrollierbarer persönlicher, zwischenmenschlicher Konflikte kommen oft als schieres Unglück daher. So wie ein Großteil der Fälle aus meinem Dezernat. Da ist der Junge, der von seinem Vater ständig misshandelt und geschlagen wird. Als Zweijähriger muss er Brot mit Löwensenf essen. Als Zehnjähriger verdrischt ihn sein Vater regelmäßig mit seinem Ledergürtel. Aber als 17-jähriger ist er einen halben Kopf größer als sein Vater. Jetzt werden die Karten neu gemischt. Nach einem Streit, morgens um 7.00 Uhr im Badezimmer erdrosselt er seinen Peiniger mit dessen Schlafanzugshose.

Und dann gibt es den Verwalter, der für den erfolgreichen Arzt für wenig Geld die dreckigen Arbeiten macht. Dadurch krank geworden, will er endlich auch etwas von dem großen Geld seines Chefs haben. Mehrfach wird er abschlägig beschieden, dann versucht er ihn zu erpressen – vergeblich – und dann erschießt er ihn zusammen mit seiner Ehefrau. Die Liste ist lang.

Es gibt allerdings auch andere Fälle. Tötungen außerhalb der geschilderten Konflikte und Beziehungen. Verbrechen nicht als höhere Gewalt und nicht als soziale Unfälle. Verbrecher nicht aus Not, sondern aus Kalkül, sogar aus Leidenschaft.

Verbrecher aus Leidenschaft – so hat der Sachverständige Rainer Körppen qualifiziert, der im Oktober 1996 in Frankfurt am Main den wohlhabenden Kaufmann Jakob Fishmann entführt und nach Zahlung eines Lösegeldes grausam getötet hatte. Ein echter Bösewicht, verantwortungs- und herzlos, ohne Schuldbewusstsein. Verbrechen zu begehen, macht ihm Spaß. Straftaten sind sein Lebensinhalt und sein Lebensmittelpunkt. Für ihn gab es keine Strafmilderung. Das Schwurgericht verurteilte ihn zwei Jahre später zu lebenslanger Haft und ordnete die anschließende Sicherheitsverwahrung an.

Prozentual nehmen diese Taten zu. Das Verhältnis zwischen Mord und Totschlag hat sich in den letzten Jahren zu Gunsten des Mordes, der ja die schlimmere , verwerflichere Tötung darstellt, verschoben. Das hat nicht nur mit der schon geschilderten Amerikanisierung der Bewertung von Straftaten zu tun. Es ist auch ein Zeichen dafür, dass die Gesellschaft zu einer Konkurrenzgesellschaft entartet ist, der alle Mittel recht sind, wenn sie nur zum Erfolg führen.

Dennoch: Tötungsdelikte sind überwiegend immer noch Konflikttaten. Getötet wird in erster Linie immer noch aus sozialer und persönlicher Not. Wer nach der großen Kriminalität sucht, wird im Bereich der Tötungsdelikte auch nicht glücklich.

2 Von Dealern und Metzgern

Dealer sind Mörder, meint Volkes Stimme und verlangt eine entsprechende Bestrafung. Juristen, emotionslos und nur der Dogmatik verpflichtet, sehen das anders: Der Drogenhändler haftet nicht für den Tod des Drogenkonsumenten, weil der sich nämlich bewusst selbst gefährdet. Die Eigenverantwortlichkeit des Opfers schließt den für die strenge Bestrafung des Dealers erforderlichen Risikozusammenhang aus. Das wird hingenommen, denn der Dealer ist damit nicht aus dem Schneider. Für den Handel mit Rauschgift sieht das Betäubungsmittelgesetz hohe Strafen vor. Wenn es sich um nicht geringe Mengen handelt – und die sind zum Beispiel beim Kokain schon mit fünf Gramm Wirkstoffgehalt erreicht –, können Gerichte die Täter unter Umständen schon bis zu 15 Jahre ins Gefängnis stecken.

Sind wir hier endlich am Ziel? Jedenfalls da wo es sich, anders als im Fall des Reza Z., nicht um drogenabhängige Dealer, sondern um solche im feinen Zwirn und im großen Auto handelt? Rauschgiftkriminalität – große Kriminalität?

Die Leiche auf dem Sektionstisch der Frankfurter Rechtsmedizin war keine der gewöhnlichen Art. Es fehlten ihr nämlich Arme, Beine und Kopf. Ein weiblicher Torso, verpackt in einen blauen Müllsack, gefunden von einem Spaziergänger in einem Gebüsch der Eschenheimer Anlage, unweit der Stelle, wo die jungen Kiffer seinerzeit den Joint auf der Flasche kreisen ließen. Quer über Unterleib und Bauch, von der rechten Leiste bis zum linken unteren Rippenbogen verläuft ein tiefer gerader Schnitt. Aus der Wunde ist Blut ausgetreten, das sich in kleinen, mittlerweile geronnenen Pfützen zwischen Körper und der PVC-Folie gesammelt hat. Fliegen haben ihre Eier dorthin gelegt. Eine ganze Handvoll stellen die Pathologen sicher. Aus ihrem Reifezustand kann unter Berücksichtigung der Temperatur die Liegezeit berechnet werden. Höchstens acht Stunden, sagen die Mediziner, war der Torso den Reproduktionsattacken der Fliegen ausgesetzt. Bei der Bestimmung des Todeszeitpunktes ist man sich nicht ganz einig. Irgendwann zwischen zwei und fünf Stunden vor der Entsorgung des Restkörpers muss das Opfer verstorben sein.

Extremitäten und Kopf sind mit glatten, sauberen Schnitten, die an genau der richtigen Stelle angesetzt wurden, abgetrennt worden. Für die Spezialisten am Tisch ist klar, dass hier Leute am Werk waren, die ihr Handwerk verstanden. Metzger vielleicht oder Ärzte. Als die Leiche in Bauchlage gebracht wird, fällt aus dem aufgeschnittenen Leib ein länglich runder Gegenstand heraus. Es handelt sich um ein so genanntes Bömbchen, in Latex eingeschweißtes Kokainpulver. Im Dünndarm des Opfers finden die Ärzte weitere 30 mit Paraffin überzogene Latexbehältnisse mit jeweils ca. zehn Gramm 60%igem Kokain. Wie die Wagen eines Güterzugs schlängeln sie sich dicht an dicht über zwei Meter durch den Darm. Wagen 21 enthält die Antwort auf die Frage nach der Todesursache: Er ist leer. Aus nicht nachvollziehbaren Gründen ist der Latexmantel geplatzt. Zehn Gramm Kokain, über die Darmwand in den Blutkreislauf gelangt, überleben nur wenige. 18,5 mg Kokainhydrochlorid pro Liter Blut messen die Rechtsmediziner. Eine Überdosis der besonderen Art.

Dann bringen Polizisten die ebenfalls in blauen Plastiksäcken entsorgten Arme und Beine der Leiche. Die Beamten haben sie bei der Nachschau im Bereich des Torsofundortes entdeckt. Der Kopf und die Hände werden nie gefunden.

Für die Beamten der Rauschgiftpolizei ist klar, was hier passiert ist. Einer Body-Packerin ist ihr Restrisiko zum Verhängnis geworden. Ein Teil des Rauschgifts aus den Bergen in Kolumbien wird von Boten in die Verbraucherländer gebracht. Die schlucken das in Latex eingeschweißte weiße Pulver und transportieren den Stoff in ihrem Magen-Darm-Bereich. So etwas muss man lange üben. Sonst besteht die Gefahr, dass Erbrechen und Durchfälle das Rauschgift vorzeitig nach draußen befördern. Hin und wieder, im Bereich der Frankfurter Rauschgiftszene vielleicht ein- oder zweimal im Jahr, geht die Sache schief. Dann platzt eines der bis zu 100 Behältnisse im Bauch des Transporteurs und dann sind alle Träume ausgeträumt.

Auch wie es weitergeht, wenn es denn gut geht, weiß die Polizei mittlerweile. Der Kurier steigt in einem für ihn reservierten Hotel ab. Dort wird er dann von ihm unbekannten Personen abgeholt und irgendwo anders hingebracht, in eine Wohnung oder wiederum in ein Hotelzimmer. Dort scheidet er dann in aller Ruhe die inkorporierten Behältnisse aus, um anschließend wieder in seine Heimat zurückzufliegen. 5.000 Dollar erhält er im Schnitt dafür, und das ist viel im armen Südamerika.

Die Polizei interessiert sich natürlich für die Identität der Kurierin, und vor allem sucht sie nach den Hintermännern, die offenbar den Leichnam beseitigt haben. Drei Tage später findet ein Spaziergänger in der Eschenheimer Anlage nahe dem Leichenfundort einen spanischen Reisepass. Er bringt ihn zur Polizei und dort stellt man fest, dass er verfälscht wurde: Das Lichtbild des Passinhabers wurde ausgetauscht. Da der Pass der Inhaberin in Südamerika gestohlen wurde, mutmaßen die Beamten, dass er für die Transporteurin präpariert wurde, zumal die auf dem Lichtbild abgebildete Person vom Körperbau her zum gefundenen Leichnam passt. Mit dem Lichtbild geht man auf Suche, in den einschlägigen Hotels, im Rotlichtmilieu und auf der Szene. Eine Vertrauensperson der Polizei wird auf den Fall angesetzt, und die führt schließlich die Beamten auf die Spur eines 31-jährigen Kokainkonsumenten, der auch als Zwischenhändler fungiert. Nach zahlreichen Verhören gibt er schließlich zu, in die Sache verwickelt zu sein. Danach hatte er schon seit längerer Zeit Kontakt zu drei Südamerikanern, die in Frankfurt am Main mit Rauschgift handelten und die auch die Kontaktpersonen der fraglichen Kurierin waren. Nachdem diese in einem Hotel in der Münchner Straße abgestiegen war, seien die drei dort erschienen und hätten sie in eine Wohnung im Frankfurter Nordend gebracht. Dort sei es der Frau plötzlich schlecht geworden und sie habe das Bewusstsein verloren. Wohl wissend was geschehen war, hätten die Südamerikaner nun schnellstens versucht die Frau loszuwerden. Zunächst hätten sie sie auf die Straße getragen und dort abgelegt. Das sei ihnen doch allerdings etwas zu gefährlich vorgekommen und daher hätten sie das Opfer wieder nach oben in die Wohnung getragen. Dort sei sie in der Badewanne liegend verstorben. Dann hätten die drei ihr den Bauch aufgeschnitten und insgesamt 20 Kokainbömbchen aus dem Darm entnommen. Anschließend sei die Leiche in der festgestellten Art und Weise zerstückelt worden und von einem anderen Rauschgiftabhängigen gegen Entgelt in der Parkanlage entsorgt worden. Das in den 20 Bömbchen befindliche Kokain, ca. 180 Gramm, habe er den Südamerikanern für 13.000 DM abgekauft.

Bei einer Lichtbildvorlage erkennt der Käufer zwei seiner Geschäftspartner wieder. Es sind junge Männer aus Lima in Peru und aus Bogota in Bolivien. Nach langwierigen Fahndungsmaßnahmen schließlich entdecken sie den einen in Madrid. Dort wird er dann im September 1996 verhaftet und im Mai des Folgejahres nach Deutschland ausgeliefert. Sechs Wochen später aber schon seine überraschende Freilassung. Die nicht ganz 100%ige Identifizierung seiner Person durch den Aufkäufer des Kokains im Rahmen einer Lichtbildvorlage genügt der Haftrichterin nicht. Die Staatsanwaltschaft beantragt eine Gegenüberstellung mit dem Aufkäufer. Zu spät, sagt die Haftrichterin, dafür sei in den vergangenen Monaten genug Zeit gewesen. Der Beschuldigte verschwindet umgehend und bleibt verschwunden, wie auch der zweite mutmaßliche Mittäter, der irgendwo in Südamerika leben soll.

Fast ein großer Fisch, oder seien wir ehrlich, ein nicht ganz kleiner Fisch – aber halt nur fast. Wo die kleinen und wo die großen Fische auszumachen sind im Rauschgiftgeschäft, das wissen selbst die Spezialisten nicht. Der für viele vielleicht überraschende Grund: Das Rauschgiftgeschäft ist eine riesige Blackbox. Ihr Inhalt ist weitgehend unbekannt.

Die Polizei schnappt immer nur den Konsumenten und seinen kleinen Dealer. An die Hintermänner kommt sie nicht heran. Die kennen die Pechvögel auf der Szene bestenfalls mit Vornamen und können sie auch nur vage beschreiben. Wie viele Glieder eine solche Kette hat, weiß man nicht. Wie viele Ketten es überhaupt gibt, auch das ist unbekannt. Selbst dann, wenn es einmal zu einem großen Aufgriff kommt, wie beispielsweise im Herbst 1999 in Frankfurt am Main, als über 200 Kilogramm Kokain sichergestellt wurden, führte das nicht zur Enttarnung einer ganzen Bande, obwohl die Ermittlungsbehörden monatelang die Verdächtigen observierten und mehrere Verdeckte Ermittler ins Rennen geschickt hatten. Noch nicht einmal die Menge der Rauschgifte Kokain und Heroin, die ins Land geschmuggelt werden, ist bekannt. Sicheres Wissen gibt es nur bezüglich der Menge des sichergestellten Rauschgifts. 836 Kilogramm Kokain waren es 1999, die das Zollfahndungsamt am Flughafen in Frankfurt am Main beschlagnahmt hat. Dass die zehnfache Menge unbehelligt in Koffern und im Gedärm der Kuriere in die Stadt kommt, ist gängiger Text, für die Beamten des Zolls und der Polizei aber reine Spekulation.

Wenig Wissen oder gar kein Wissen auch bezüglich der Konsumentenseite. Die meisten Zahlen, die im Umlauf sind, sind geschätzt und man findet selten jemanden, der sich zu ihnen bekennt. Zum Hellfeld der 3.300 polizeilich registrierten Drogenabhängigen der Stadt Frankfurt am Main rechnet das Drogenreferat ein fast doppelt so großes Dunkelfeld und kommt so auf etwa auf 8.000 Süchtige – ganz unverbindlich, diese Zahl. Wie viel Konsumenten es gibt? Auch das weiß man nicht. Aber man vermutet: viele, und dass alle Bevölkerungsschichten betroffen sind und dass sich vor allem Kokain aus den Künstlerkneipen in die Ghettos vorgearbeitet hat. Zwar dominiere immer noch Heroin, sagen die Beratungsstellen, aber Kokain sei dicht herangekommen. Aber auch hier: Genaues weiß man nicht.

Noch weniger Information und Wissen bezüglich des Weges der Drogen jenseits unserer Grenzen. Vom Kokain weiß man jedenfalls noch, dass es fast ausnahmslos aus Kolumbien kommt, wo auf großen Flächen mittlerweile statt Regenwald der Kokastrauch wächst. Gesichert ist auch noch, dass die getrockneten und gepressten Cocablätter in den Dschungellabors unter Zugabe von Wasser, Natriumkarbonat und Kerosin, sowie durch Abfiltrieren und erneuter Zugabe von Schwefelsäure und Ammoniak zu Cocapaste gemacht werden, die dann anderenorts in einem weiteren, noch komplizierteren Verfahren zu Kokainhydrochlorid veredelt wird, dem Stoff, der als weisses Pulver schließlich auf die große Reise geht. Der Rest: unbekannt. Die Vertriebswege, die dahinter stehenden Organisationen, die Verstrickung des Staates in das Rauschgiftgeschäft, die Namen der Bosse, der Handlanger – die Details sind im Dunkeln.

In einem Punkt aber sind sich alle einig: Rauschgift ist ein Riesengeschäft. Mächtige Kartelle beherrschen den Markt und sichern ihn gegen die Konkurrenz. Die Apparate haben sich eine hervorragende Infrastruktur geschaffen. Die Drogenbosse verfügen über eigenes Militär. Ihre Leute sitzen in Regierung und Justiz. Die Nachfrage in den reichen Ländern lässt die Gewinne sprudeln. Selbst die kleinen Andenbauern partizipieren an dem Reichtum. Zehnmal mehr als der von den USA gewünschte Kartoffelanbau wirft die Kokainplantage für sie ab. Die Chefs zählen mittlerweile ihr Geld nicht mehr, sondern sie wiegen es. Heute haften sämtlichen Geldscheinen in den USA und in England Kokainspuren an. Aber ob 200 Milliarden Dollar oder 500 Milliarden Dollar umgesetzt werden im Jahr, das weiß man schon wieder nicht.

Wie das Rauschgift schließlich über den Ozean nach Europa kommt, wenn es denn per Kurier kommt, erzählen uns die Body-Packer. Ihre Geschichten ähneln sich sehr. Ein gewisser Alfredo hat sie in Cali oder Bogota angesprochen und ihnen für den Transport 5.000 Dollar in Aussicht gestellt. Weil das Kind krank ist und die Familie insgesamt Hunger leidet, ist man auf das Geschäft eingegangen. 5.000 Dollar sind in den Favelas Südamerikas eine Überlebensgarantie für viele Jahre und für eine große Familie. Dann hat man das Schlucken geübt und das Bei-sich-Behalten und schließlich ist man geflogen.

Dealer sind Mörder. Aber wer ist gemeint? Rechtlich sind alle der am Kokain- oder Heroingeschäft Beteiligten Dealer, vom Bauer in den Anden oder im Goldenen Dreieck bis hin zum Straßenverkäufer an der Konstabler Wache in Frankfurt am Main oder auf dem Hamburger Kiez. Sie alle handeln mit Betäubungsmitteln. Aber wo fängt der Dealer an, für den das Mörderzitat Geltung beanspruchen könnte? Wir können uns die Klassifizierungsarbeit sparen, denn soviel steht fest. Wir kommen an die potenziellen Mörder nicht heran. Uns gehen im wesentlichen nur die Kleinen ins Netz, im juristischen Sinne zwar auch Täter, aber ansonsten eher Opfer. Wie beispielsweise die Endverbraucher, die irgendwann alle einmal abhängig werden und keine gute Perspektive haben. Oder die Endverkäufer, meist schon abhängig und zur Befriedigung der eigenen Sucht zum Dealen gezwungen. Oder die Kuriere aus den armen Ländern der Dritten Welt, die, wenn sie ganz viel Pech haben, zerstückelt in irgendwelchen Grünanlagen landen. Ganz selten gelingt der Zugriff auf einen von der gehobenen Ebene, der vielleicht fünf oder zehn Kilogramm reinen Stoff leichtsinniger Weise im Kofferraum seines großen Pkw transportiert hat. Auch unsere Dreiergruppe aus Südamerika könnte man durchaus zu den Besserverdienenden der Branche rechnen. Aber gerade die Leichtigkeit, mit der der einzige dieser Gruppe, der in Haft geraten war, wieder in Freiheit gelangen konnte, macht deutlich, wie gering das Risiko für die Chefs und ihre linken Hände im Rauschgiftgeschäft ist.

Und gerade weil wir an die Großen nicht herankommen, die im Übrigen weltweit sicher sind vor Strafverfolgung und Machtverlust, sieht man einmal von den paar wenigen ab, die in Südamerika den Nordamerikanern – selbstverständlich gegen cash – geopfert werden, halten wir uns an diejenigen, die wir schnappen, und das sind die Kleinen. Sie kriegen ihr Fett ab. Strafen, die sie nie bekämen, wenn neben ihnen auf der Anklagebank die Chefs der Syndikate aus Bogota oder aus dem Goldenen Dreieck säßen. Ein oder zwei Jahre für den kleinen Dealer im Wiederholungsfall, dreieinhalb bzw. vier Jahre für den Kurier mit dem vollen Bauch oder dem Hartschalenkoffer mit doppeltem Boden und vielleicht sieben Jahre und mehr für den zwei- bis drei-Kilo-Mann. Im Rauschgiftbereich bestimmt die besessene oder gedealte Stoffmenge maßgeblich das Strafmaß. Keine Frage, die Sozialschädlichkeit eines Rauschgiftgeschäftes hat entscheidend damit zu tun, wieviel neue Süchtige mit dem Tatmittel geschaffen werden können. Die hemmungslose Fixierung auf die fragliche Stoffmenge scheint aber auch viel zu tun zu haben mit dem Urwunsch des Strafrechts, endlich eine rationale, nachvollziehbare Berechnungsgrundlage für das Strafmaß zu haben. Richter Schwalbe hat die Zauberformel einmal in der Gerichtskantine für alle hörbar zum Besten gegeben: drei Kilogramm – drei Jahre, sieben Kilogramm – sieben Jahre, zehn Kilogramm – zehn Jahre.

Die Kilos schlagen alles tot. Wir passen unsere Strafen dem an, was wir hier sicher stellen. Und da wir nicht mehr als vielleicht zehn oder 20 Kilogramm mit einem Schlag zu fassen bekommen, gibt es halt dafür die Höchststrafe. Das sind in den qualifizierten Fällen immerhin 15 Jahre. Während sich die Bosse in Cali darüber totlachen, droht bei uns darüber das Schuldprinzip in den Hintergrund zu geraten. Im März 2000 verurteilte das Landgericht Heidelberg einen Medizinstudenten wegen der Einfuhr von insgesamt 200 Kilogramm Haschisch, der Droge, die ihren Namen noch nicht einmal verdient hat, zu einer Freiheitsstrafe von neun Jahren. Für einen durchschnittlichen Totschlag gibt es keinen Tag mehr.

Nein, an die Großen im Rauschgiftgeschäft kommen wir nicht heran, und das ist einer der Hauptgründe dafür, dass wir unsere Rauschgiftkriminalität nicht zur großen Kriminalität rechnen dürfen – von Ausnahmen natürlich abgesehen. Dass wir der Großen nicht habhaft werden, hat viele Gründe. Entscheidend liegt es wohl daran, dass sie Ausländer sind und im Ausland sitzen. Kein Land liefert eigene Staatsangehörige an fremde Staaten aus. Als Anfang der achtziger Jahre ein libanesischer Rauschgifthändler in der Frankfurter Innenstadt erschossen neben seinem Porsche aufgefunden wurde, brauchte die Kripo mehrere Monate um den Täter zu ermitteln. Chengiz B., ein türkischer Konkurrent, hatte abgedrückt, eigentlich aus nichtigem Anlass. Der Libanese hatte eine ihm vom Täter spendierte Whiskyflasche ignoriert. Chengiz B. floh in die Türkei, und wir schickten, wohlwissend, dass die dortigen Behörden ihn nicht ausliefern würden, unsere Akte nach dort. Die Türkei hätte ihn verurteilen können, sogar müssen – sie tat es aber nicht. Und sie hat es bis heute nicht getan. Erklärungen dafür gibt es. Türkische Tageszeitungen berichteten wenig später, dass Chengiz' Vater bei einem Deal mit 20 Tonnen Haschisch festgenommen wurde. Drei Tage später erfolgte schon seine Entlassung, ein Verfahren hat es danach nicht mehr gegeben. Zu zwölf Monaten Haft wurde aber wenige Monate nach der Flucht des Chengiz B. ein türkischer Student verurteilt, weil er den Schützen nach der Tat eine Woche lang in seinem Appartement im Studentenwohnheim versteckt hatte – Bewährung gab es dafür nicht.

Die Rauschgiftkriminalität – die große Kriminalität? Die Polizisten, Staatsanwälte und Richter, die damit zu tun haben, haben schon gute Gründe, die Profiteure des Geschäfts, wenn man sie einmal erwischt, zu verurteilen. Hier das Elend der Sucht und dort 100.000 DM im Küchenschrank des Asylbewerbers aus dem Kosovo, das schafft schon das aggressive Milieu, das das Strafrecht braucht. Und das sind auch die Fälle von denen die Strafverfolger leben. Lilo Noffke, der erfahrenen Heroindezernentin der Frankfurter Staatsanwaltschaft, macht es schon Freude, wenn sie nach langen Vorbereitungen den Mann aus Pristina zwei Kilogramm Heroin und 100 Riesen abnehmen kann. Sie sagt aber auch: »Strafverfolgungsmaßnahmen haben zu keiner Zeit das Heroingeschäft gefährdet und werden dies auch in Zukunft nicht tun.« Staatsanwalt Krauth, der Frankfurter Mann fürs Kokain, weiß, dass überall da, wo die Strafverfolger ein Steinchen aus dem großen Rauschgiftpuzzle entfernt haben, umgehend ein neues auftaucht. Für 5.000 Dollar würden die Armen aus Südamerika auch auf Einbäumen in Richtung Europa fahren.

Damit ist ein Punkt berührt, der die Zuständigkeit des Strafrechts für die Rauschgiftproblematik grundsätzlich infrage stellt. Weder Konsumenten noch Dealer werden von Strafdrohungen wirkungsvoll abgeschreckt. Der ungeheuere Aufwand, den Polizei und Strafverfolgungsbehörden in Sachen Rauschgift treiben, zeigt praktisch keinerlei Wirkung. Der Hund bellt und die Karawane zieht weiter. Das ist insofern von Bedeutung als das Strafrecht ja gerade zur Eindämmung der Rauschgiftkriminalität eingesetzt wird und nicht eben in erster Linie zur Sühne. Andere Aspekte relativieren ebenfalls die Bedeutung des Rauschgiftsektors im strafrechtlichen Zusammenhang: Der Deal mit einem Briefchen Stoff gegen 100 DM cash ist zwar strafbar, hat aber unter den Akteuren kein Opfer, jedenfalls keines, das sich als solches begreift. Verkäufer und Käufer, beide wollen sie das Geschäft, auch wenn es dem Außenstehenden als risikobehaftet erscheint. Bei Diebstahl oder Betrug, bei Raub oder Vergewaltigung, im strafrechtlichen Normalfall also, ist das anders.

Sollen nicht alle über ihre Lebensbedingungen und Todesursachen frei entscheiden können? Recht auf Rausch, Recht auf Sucht? Es gibt gute Argumente gegen diese liberale Auffassung: Die Lebenserfahrung zeigt, dass Menschen mit ihrer Freiheit oft nichts anfangen können. 50% aller Lottomillionäre sind nach zwei Jahren pleite. Das mag man noch hinnehmen können. Als feststand, dass Autofahrer, die sich anschnallen, und Motorradfahrer, die einen Helm tragen, im Falle eines Unfalls gegenüber entsprechend ungeschützter Verkehrsteilnehmer ungleich besser davon kommen, hat der Staat seine Schäfchen zum Selbstschutz gezwungen. Das genügt nicht der Lehre vom freien, zum selbstverantwortlichen Handeln befähigten Menschen, aber es könnte unterm Strich in Ordnung sein.

Es mag – jenseits aller Dogmatik – angehen, den Konsum harter Drogen auch mit den Mitteln des Strafrechts zu verhindern, ein schlechter Nachgeschmack bleibt trotzdem. Vor allem auch, weil der mit ungleich größeren Schadensfällen besetzte Alkohol- und Nikotinmarkt staatlicherseits nicht beschränkt ist. 180.000 Menschen saufen und rauchen sich allein in Deutschland alljährlich zu Tode, während sich die Zahl der Drogenopfer eher bescheiden ausnimmt. Während Kiffer und Junkies Gleichberechtigung fordern, hat der Staat panische Angst vor einer zweiten Drogenfront, wohl wissend, dass er an der ersten längst verloren hat. Das kann man nachvollziehen. Aber stimmig ist es trotzdem nicht.

Die Überantwortung des Rauschgiftproblems an die Strafjustiz wirft eine letzte Frage auf. Warum eigentlich greifen die Menschen in unserem Land so zahlreich zur Droge? Zu Schnaps und Bier, Zigaretten und Valium, Heroin, Kokain und neuerdings Ecstasy? Wer diese Frage etwa in Russland stellt, wo Alkohol ebenfalls eine zentrale Rolle spielt, bekommt eine verbindliche Antwort: Armut und Perspektivlosigkeit in einem großen, kalten Land sind dafür verantwortlich.

Was aber sind die Gründe bei uns, oder in Amerika, gerade dort? Warum brauchen so viele Amerikaner, denen doch das Recht auf Glück von der Verfassung garantiert ist, das künstliche Glück aus Mohnblütensaft und Kokablättern? Und warum beginnen in Deutschland immerhin drei oder fünf Millionen den Tag nicht so wie die Werbefamilie, die sich clean und clear und optimistisch mit einer Tasse Bohnenkaffee auf die Herausforderung des neuen Tages einstellt, sondern ganz anders: Mit zitternden Händen, schweißgebadet und mit rasendem Puls, im Entzug halt, nach vier oder fünf Stunden Schlaf, um umgehend zur Flasche, zur Pille oder zur Spritze zu greifen?

Die Gesellschaft hat die Verbrecher, die sie verdient. Auch und vor allem die Drogenkriminalität stellt der Gesellschaft und dem Staat unangenehme Fragen. Fragen nach deren Ursachen. Diese Fragen aber werden nicht beantwortet. Der schwarze Peter wird vielmehr weitergegeben, an die Dealer, die wir gegebenenfalls dazu machen und an die Abhängigen, die sich nicht wehren können.

3 **Straße als Arena**

Australien, Dezember 1999. Der Fußgängerverband erschreckt die Öffentlichkeit mit einer Anzeigenkampagne. Auf großen Plakaten werden Promillesünder mit bekannten Massenmördern verglichen. Eine Anzeige zeigt den US-Führerschein von Charles Manson, der 1969 das Massaker in der Villa des Filmregisseurs Roman Polanski verübte, und eines australischen Autofahrers, der einen tödlichen Unfall verursachte. Darunter steht: »Ein Killer ist ein Killer. Fahre nicht betrunken«.

In Deutschland starben im Jahr 1999 insgesamt 7.772 Menschen im Straßenverkehr. Die Zahlen sind rückläufig, seit 1970, dem Jahr des Rekordes. Damals wurden allein in den alten Bundesländern 21.332 Menschen bei Verkehrsunfällen getötet. Trotzdem bedeuten auch die aktuellen, stark zurückgegangenen Zahlen noch eine schlimme Bilanz unserer modernen Mobilität. Nur in großen Kriegen ist der Blutzoll höher. Und doch bleibt der kollektive Aufschrei aus. Die Kreuze, die die Angehörigen der Opfer am Straßenrand aufgestellt haben, stehen für individuelle Trauer und nicht für den politischen Protest. Die vielen Verletzten – eine knappe halbe Millionen pro Jahr, wobei diese Zahl über die Jahre hinweg stabil geblieben ist – werden weitgehendst ignoriert.

Wir sind eine Autogesellschaft, so heißt es. Unsere Gesellschaft habe sich für das Auto entschieden, in Kenntnis der Tatsache, dass es ein gefährliches Objekt sei. Die Schäden aus dem Autoverkehr müssten daher hingenommen werden. Was dabei gern übersehen wird: Viele haben sich nicht für das Auto entschieden. Kinder, Senioren, Alternative. Nur 70% der Bevölkerung besitzen oder nutzen das Auto. 30% haben nichts damit am Hut. Damit ist zwar die Mehrheit der Bevölkerung automäßig involviert – ein wichtiger Aspekt in einer demokratisch verfassten Gesellschaft, aber eine starke Minderheit fällt glatt unter den Tisch, trotz Minderheitenschutz. Und der ist ebenfalls wesentlicher Teil der demokratischen Ordnung.

Juristen sagen, Autofahren gehöre zum erlaubten Risiko. Darunter fallen Tätigkeiten, deren Nachteile durch anderweitige Vorteile aufgewogen werden. Ein hochproblematischer Ansatz, denn die Rentnerin, der man auf dem Zebrastreifen die Knochen zerdeppert hat, kann wenig mit dieser juristischen Rechtfertigung anfangen.

Nun ist der Straßenverkehr andererseits kein rechtsfreier Raum. Freigestellt von der Haftung ist nur derjenige, der die Verkehrsregeln einhält. Wer das nicht tut, wer etwa bei rot über die Ampel fährt, muss für den Schaden, den er dabei anrichtet, einstehen und wird auch strafrechtlich zur Rechenschaft gezogen. Auf das Verschulden kommt es an. Das ist in vielen Fällen, in denen ein Mensch verletzt oder getötet wird, gering. Ein Autofahrer passt eine Sekunde nicht auf und schon ist es geschehen. Die falsch eingeschätzte Verkehrsampel, der unterlassene Blick in den Seitenspiegel, die heruntergefallene Zigarette – Sekunden später Trümmer, Tote und Verletzte. Das sind dann eher Unglücksfälle als Straftaten – Alfred Rehwald lässt grüßen.

Hier hat das Strafrecht wenig zu vermelden. Es ist Schuldstrafrecht. Wo die persönliche Schuld des Täters – nicht verstanden als Vorwurf, überhaupt am Straßenverkehr teilgenommen zu haben, sondern im Straßenverkehr etwas falsch gemacht zu haben – gering ist, nur mit der juristischen oder psychologischen Lupe sichtbar gemacht werden kann, da wird der Staatsanwalt gar nicht erst anklagen oder der Richter, wenn eine öffentliche Verhandlung erforderlich ist, das Verfahren einstellen oder sich mit einer Geldstrafe begnügen. So handhabt das die Justiz auch, und daran ist nichts auszusetzen.

Es gibt allerdings auch ganz andere Unfälle. Wir lesen davon regelmäßig in den Zeitungen und sehen die Bilder im Fernsehen. Da wird gerast, nicht nur auf Autobahnen, wo es grundsätzlich erlaubt ist, sondern auf Landstraßen, in geschlossenen Ortschaften, innerhalb von Baustellen. Rasen heißt nicht nur schneller als erlaubt, sondern viel schneller als erlaubt fahren. 120 statt 50; 140 statt 80 und so fort. Und es heißt: mit antisozialer Einstellung unterwegs sein.

Da wird gefahren ohne Fahrerlaubnis, ohne persönliche Eignung ein Fahrzeug zu führen und vor allem ohne fahrtüchtig zu sein, weil man Alkohol oder Drogen konsumiert hat. Vor allem Alkohol, obwohl Haschisch und Amphetamine stark im kommen sind. Jeder siebente Verkehrstote geht auf das Konto Alkohol.

Da wird risikoreich und rücksichtslos gefahren. Überholen vor unübersichtlichen Kurven, dichtes Auffahren auf den Vordermann, »Schneiden« des anderen Verkehrsteilnehmers. Und das alles wissentlich, willentlich und sogar absichtlich – die subjektive Komponente des Strafrechts in ihrer schlimmsten Form.

Noch einmal Zahlen: 3.587 Menschen starben 1999 aufgrund grober Verletzung der Verkehrsregeln durch den Unfallverursacher in Form überhöhter Geschwindigkeit.

Ist das nicht die große Kriminalität? Sind diese Täter nicht Verbrecher, Killer, wie der australische Fußgängerverband meint? Erhebliche Rechtsgutverletzungen und schwere Schuld – was will man eigentlich noch mehr?

Die Justiz sieht das anders. Es gibt kein »lebenslänglich« in Verkehrsstrafsachen. Auch nicht für den Autofahrer, der zum wiederholten Mal mit mehr als zwei Promille Alkohol im Blut durch die Stadt rast und einen Menschen, der vorschriftsgemäß die Straße benutzt, überfährt und tödlich verletzt. Drei Jahre gab es im März 1998 für einen Autofahrer, der ohne Führerschein mit 140 km/h – 80 km/h durften maximal gefahren werden – durch eine Autobahnbaustelle gefahren war und die Gewalt über sein Fahrzeug verloren hatte. Sieben Menschen, alle Insassen seines Wagens, waren dabei gestorben. Der Staatsanwalt hatte vor laufenden Kameras die öffentliche Empörung noch in die Schranken gewiesen. Wir alle führen zu schnell. Das Pech des Angeklagten sei es gewesen, zur falschen Zeit am falschen Ort das Falsche gemacht zu haben.

Die Justiz sieht immer nur Fahrlässigkeit im Spiel. Auch dann, wenn vorsätzlich gesoffen wird, wird nur fahrlässig getötet. Trotz der Kenntnis von der schlimmen Wirkung des Alkohols auf die Fahrtauglichkeit und trotz der vielen schlechten Erfahrungen, die man schon mit zu hohen Geschwindigkeiten gemacht hat. Die Richter sprechen von bewusster Fahrlässigkeit. Die wohnt Tür an Tür mit dem bedingten Vorsatz. Den Schritt zum Nachbarn gehen die Richter aber nicht. Es bleibt bei der Bagatelle, es wird daraus weder Totschlag noch Mord.

Das hessische Fernsehen hat im November 1996 erneut auf die Problematik dieses Zustandes hingewiesen, indem es zwei aktuelle Urteile vorstellte. Am 11. Oktober 1996 hatte der Hamburger Amtsrichter Schill eine 45-jährige Angeklagte wegen Sachbeschädigung in zehn Fällen zu einer Gesamtfreiheitsstrafe von zwei Jahren und sechs Monaten verurteilt. Die arbeitslose und psychisch labile Arzthelferin hatte zwischen Februar und April 1996 an zehn Fahrzeugen den Lack zerkratzt.

Zeitgleich etwa saß das Frankfurter Amtsgericht über einen Berufskraftfahrer zu Gericht, der früh morgens um 7.00 Uhr auf dem Weg zur Arbeit eine Frau beim Überqueren einer Straße angefahren und tödlich verletzt hatte. Das Opfer hatte die Straße neben einer rot geschalteten Fußgängerampel überqueren wollen. Der Autofahrer fuhr mit 80 km/h, also 30 Sachen zu schnell, und war zudem betrunken: 2,2 Promille Restalkohol, so nennt man das, was von der feuchtfröhlichen Nacht am nächsten Morgen noch übrig geblieben ist. Der Richter verurteilte ihn zu einer Freiheitsstrafe von 15 Monaten, die er nicht zu verbüßen braucht, wenn er sich die nächsten drei Jahre straffrei führt. Amtsrichter Schill hatte sein Urteil damit begründet, dass die Autobesitzer, für die das Auto etwas ganz besonderes sei, unter solchen Schäden litten. Das beeinträchtige das Sicherheitsgefühl und damit die Lebensqualität dieser Menschen. Unter diesen immer häufiger vorkommenden Delikten leide zudem auch die Autonachfrage und dadurch wiederum die Zulieferindustrie der Autoindustrie und dann koste es Arbeitsplätze.

Der Frankfurter Richter sagte zu seinem Urteil, strafmildernd habe sich ausgewirkt, dass der Angeklagte durch den Unfall seine Arbeit verloren habe, weil er für zwei Jahre seine Fahrerlaubnis eingebüßt habe. Und er sagt, man müsse bei diesen Delikten stets bedenken, dass deren Folgen immer sehr zufällig seien; ob nichts passiere oder ob jemand vielleicht sogar zu Tode komme, das habe der Täter nur bedingt unter Kontrolle.

Dabei liegt der Frankfurter Amtsrichter noch im oberen Bereich dessen, was es für vergleichbare Fälle sonstwo gibt. Wenn das Opfer – wie hier – ein Mitverschulden trifft, kann es auch schon mal sein, dass auch nur eine Geldstrafe verhängt wird. Ansonsten, im Normalfall der fahrlässigen Tötung durch einen betrunkenen Kraftfahrer, lautet das Urteil auf eine Freiheitsstrafe von ca. einem Jahr – ausgesetzt zur Bewährung, es sei denn, es ist ein Wiederholungsfall. Aber auch dann geht es in aller Regel noch gnädig zu. Der junge Aussiedler aus Russland, der im Frühjahr 2000 ein mit sieben Personen besetztes Kraftfahrzeug volltrunken gegen einen Baum steuerte und dadurch drei Menschen zu Tode brachte, wurde vom Amtsgericht in Hanau zu drei Jahren Freiheitsstrafe verurteilt, obwohl er wenige Monate vor diesem Unfall seine Fahrerlaubnis aufgrund einer hochalkoholisierten Fahrt verloren hatte. Unterm Strich hätte der Frankfurter Richter auch gar keine Chance gehabt, eine noch höhere Sanktion durchzusetzen. Die Unüblichkeit einer solchen Strafe hätte schon in der nächsten, spätestens in der übernächsten Instanz zu einer Korrektur des Strafmaßes geführt.

Übrigens: Auch das Hamburger Strafmaß ist in der zweiten Instanz korrigiert worden: Zwar nicht auf das übliche, soll heißen: gerechte, aber doch auf ein verträgliches Maß: auf ein Jahr mit Bewährung. Warum macht die Justiz aus den Gräueltaten der Straße Bagatelldelikte? Die Urteile beantworten diese Frage nicht, also muss und darf spekuliert werden.

Wir sind ein Volk von Biertrinkern und Autofahrern. Das Trinken war geschichtlich gesehen zuerst da. Mit Met auf Bärenhäuten fing es an. Mittlerweile haben wir unsere Saufkultur kultiviert und noch viel effektiver gemacht. Wir verkonsumieren pro Kopf der Gesamtbevölkerung und Jahr sechs Liter Schnaps, 23 Liter Wein und 131 Liter Bier. Das haben die alten Germanen nicht geschafft. Das Auto kam später. Trotzdem geht es mittlerweile insofern nicht mehr ohne. Über eine Stunde sitzt der deutsche Führerscheininhaber im Durchschnitt pro Tag in seinem Wagen. Trinken und Fahren als Dauerbeschäftigung – da muss es Überschneidungen geben, insbesondere weil der genossene Alkohol über eine längere Zeit im Blutkreislauf aktiv ist. Und auch deswegen, weil Trinken und Fahren attraktive Gewohnheiten darstellen. Beide machen Spaß, aktivieren das Lustzentrum in unserem Gehirn.

Ein Konflikt also, der sich einfach so ergeben hat aufgrund kultureller Zufälle, für den der einzelne bei Licht betrachtet und so gesehen eigentlich nichts kann, in dem er aber fast unlösbar gefangen ist, und der seine Entscheidungsfreiheit erheblich einschränkt.

Will die Justiz mit ihren milden Promille-Urteilen diesem Konflikt Rechnung tragen? Das ist gut denkbar.

Ein anderer Ansatz. Der Psychologe Micha Hilgers hat geschrieben, Autofahren habe mit Ortswechsel nur am Rande zu tun. In Wahrheit bedeute es Suchtverhalten. Das Auto als Droge. Es macht uns schnell, stark, mächtig und vermittelt uns damit die Erfolgsrezepte der Evolution. Es lässt uns soziale Ränge einnehmen, von denen wir unter Echt-Bedingungen nur träumen können und es macht uns für die Partner attraktiv. Es entfaltet damit einen solch hohen Grad an Attraktivität und Faszination, dass wir uns dem nicht mehr entziehen können. Wie im Fall der Drogenabhängigkeit.

Und tatsächlich, wenn man das Auto-Phänomen mit den Eckdaten der Sucht abgleicht, gibt es überraschende Übereinstimmungen. Die gesamte Lebensplanung stellt auf das Auto ab, für sein Traumauto verschuldet sich der Käufer bis über die Ohren, die Dosis wird kontinuierlich gesteigert, der Neue ist immer ein paar PS stärker als sein Vorgänger, und wenn mal die Fahrerlaubnis auch nur für einen Monat weg ist – wegen zu schnellen Fahrens beispielsweise –, setzen Entzugserscheinungen ein. Gegen das Fahrverbot kämpfen die Betroffenen daher bis zur letzten Instanz – von jungen Krankenschwestern abgesehen allerdings meist erfolglos.

Vereinnahmt dieses Suchtphänomen auch die Richter? Sind sie vielleicht ein Teil dieser Suchtkultur? Ihr Wagenpark im justizeigenen Parkhaus unterscheidet sich jedenfalls nicht von dem anderer Berufsgruppen mit entsprechendem Einkommen, ihr Fahrverhalten hoffentlich. Oder – eher wahrscheinlich – unterwirft sich die Justiz bloß der Logik der Auto-Junkies, die freie Fahrt fordern und freies Rasen meinen. Kommt sie nicht an gegen den gesellschaftlichen Mainstream, der das Auto so gnadenlos favorisiert und von Beschränkungen freigestellt wissen will und sich dabei sachfremder aber äußerst schlagkräftiger Argumente bedienen kann. Allen voran dem Arbeitsplatzargument. Dem Hinweis darauf, dass jeder siebte Job unmittelbar oder mittelbar von dem automobilen Wohlergehen abhängt und dass daher alles zu unterlassen sei, was dieses unmittelbar oder mittelbar beeinträchtigt. Gegen dieses Argument ist kein vernünftiges Kraut gewachsen. Vielleicht weiß das auch die Justiz und hat längst aufgehört, anders zu sein.

Oder ist das Auto gar zum Götzen geworden, wie Peter Sloterdyk mutmaßt? Wir stürben nicht durch das Auto, sondern für das Auto, meint der Philosoph. Das Auto als Abgott der technischen Welt, als religiöser Gegenstand, dessen Verstrickung in kriminelles Unrecht – so tötet etwa jedes 500. Auto, das vom Band läuft, einen Menschen – völlig tabu ist. Ein Privileg, von dem natürlich auch sein Fahrer profitiert, in dem es ihm seine Verantwortung abnimmt. Über solche Thesen lacht man gerne und zudem sind Philosophen ja komische Käuze, Sloterdyk sowieso. Aber hat nicht gerade ein so weltlicher Mensch wie der Hamburger Amtsrichter Schill dem Philosophen recht gegeben? Sind solche Strafen, wie er sie gegen die 45-jährige Angeklagte wegen des Zerkratzens von zehn Kraftfahrzeugen verhängt hat – 30 Monate Gefängnis ohne Bewährung – nicht Beleg dafür, dass der Richter nicht eine Sache als beschädigt angesehen hat, sondern einen Götzen? Wurde da etwa gar nicht wegen Sachbeschädigung, sondern wegen Gotteslästerung bestraft?

Vielleicht wehrt sich die Justiz aber auch nur gegen die Erkenntnis, dass Kriminalität, vor allem Schwerkriminalität, längst aus den Ghettos ausgebrochen ist und sich unter den Etablierten, den Normalen sesshaft gemacht hat. Dass die Gesellschaft insgesamt kriminell geworden ist bzw. es leicht werden kann, weil jeder einmal zu schnell fährt, beim Überholen auf Risiko setzt oder einen über den Durst trinkt, während sein Auto vor der Kneipe auf ihn wartet.

Erinnern wir uns: Strafrecht funktioniert nur unter der Bedingung, dass der Straftäter sich als Individuum aus der rechtstreuen Gesellschaft ausgeklinkt hat. Im Namen des Volkes gegen den Abweichler. Oder in Amerika: Die Bürger des Staates Kalifornien gegen Jim Black.

Dass die Gesellschaft insgesamt in Ordnung ist, gehört zur Geschäftsgrundlage des Strafrechts. Im Verkehrsbereich droht dieser These nun Ungemach. Vor Jahren schon hat man Verkehrsstraftatbestände in Ordnungswidrigkeiten umgewandelt, weil man kein Volk von Vorbestraften haben wollte. Heute verfolgt man das gleiche Ziel damit, dass man nur einen Bruchteil der kriminellen Verstöße im Straßenverkehr durch Kontrollen erfasst. Die Masse der Nötiger auf den Autobahnen bleibt unbehelligt. Und da könnte es auch sein, dass die Gerichte mit ihren milden Urteilen trotz der schlimmen Verstöße zur Bewahrung des alten Status quo beitragen wollen.

Diese Überlegungen machen die zahmen Sanktionen gegen rücksichtslose und aggressive Täter, die für Tod und Elend auf unseren Straßen verantwortlich sind, nachvollziehbar, ändern aber nichts an der ursprünglichen Einschätzung: Die betreffenden Taten zählen zur echten Kriminalität, zur Schwerkriminalität.

Dem müsste die Justiz Rechnung tragen, aber sie tut es nicht. Sie müsste beispielsweise viel engagierter darüber nachdenken, ob sich ihre viel beschworene fahrlässige Begehungsweise nicht allzu oft, zum Beispiel in den Fällen von Trunkenheitsfahrten, als Vorsatztat darstellt. Dazu reicht ja aus, dass der Täter der Verletzung des fremden Rechtsguts gleichgültig gegenüber steht. Im Falle des Alfred Rehwald hatte das Schwurgericht seinerzeit die Bedenken im Zusammenhang mit der Frage, ob der Täter mit Tötungsvorsatz zugestochen hatte, mit einem Satz zur Seite geräumt: Wer in dieser Weise – zwei Stiche mit einem Küchenkneipchen in den Bauch des Opfers – auf einen anderen Menschen einwirkt, will töten. Direkter Vorsatz also. Handelt dann derjenige, der sich mit zwei Promille ans Steuer setzt und losprescht nicht wenigstens mit bedingtem Vorsatz, wenn er dabei einen Menschen verletzt oder tötet? Nimmt ein solcher Täter die Unfallfolgen nicht billigend in Kauf? Der Vorsatz im Verkehrsbereich, das ist allerdings heute noch kein Thema.

Selbst wenn es bei dem Fahrlässigkeitsvorwurf bleibt. Die in der Regel vorliegende bewusste Fahrlässigkeit ist stets grobe Fahrlässigkeit, und dann muss es nicht bei Geld- oder Bewährungsstrafen bleiben. Voraussetzung für einen entsprechenden Wandel ist allerdings eine andere Sicht des Individualverkehrs durch die Justiz. Dazu muss sie die hohe und zum Teil leidenschaftliche Akzeptanz des Autos kritisch hinterfragen, darf sich nicht zu einem Teil der hirnlosen Autogesellschaft machen lassen und muss zur Kenntnis nehmen, dass in diesem Zusammenhang Gewalt und Intoleranz eine zentrale Rolle spielen. Es ist kein Zufall, dass die Autofahrerparteien, wo immer sie sich gründen, ausländerfeindliche Positionen vertreten. Und es fügt sich auch in dieses Bild, dass ein ehemaliger Frankfurter Staatsanwalt, Mitglied einer rechtsradikalen Partei, vor Jahren in einem Prozess gegen einen Autofahrer, der durch ein verkehrswidriges Verhalten den Tod eines Radfahrers verursacht hatte, forderte, dass die Straße ausnahmslos für den König der Verkehrsmittel, das Auto, zu reservieren sei. Automobiler Darwinismus – das darf die Justiz nicht mitmachen.

Über drei Jahre lang schmückte ein Blumenmeer die Grünanlage an der großen Straßenkreuzung am Nibelungenplatz im Frankfurter Norden. Ein achtjähriger bosnischer Junge war dort überfahren worden, offenkundig bei Rot hatte er die Straße überqueren wollen mit seinem Fahrrad, und wurde dabei von zwei Autos erfasst, das eine 58 km/h schnell, das andere 91 km/h, bei erlaubten 50 km/h. Die Eltern des Buben waren zurückgezogen in ihre Heimat und hatten ihr Kind dort auch beerdigt. Verwandte brachten traditionsgemäß immer wieder neue Blumen an den Ort des schlimmen Geschehens. Die beiden Autofahrer wurden im April 1998 zu Geldstrafen verurteilt.

Die Frankfurter Rundschau berichtete über diese Dinge im Sommer 1999. Sie sprach auch mit der Cousine des Opfers. Ob sich die beiden unfallbeteiligten Fahrer einmal bei ihnen gemeldet hätten, wollte der Journalist wissen. »Nein«, sagte die Cousine des Opfers, »wir haben nichts von ihnen gehört«.

Wenn die Straße zur Arena wird, wie das der nordrhein-westfälische Regierungspräsident Antwerpes einmal formuliert hat, zum Ort der Verantwortungslosigkeit, zum Schauplatz der Entsolidarisierung und zum Einfalltor einer egoistischen und antisozialen Lebensphilosophie, dann ist auch die Justiz daran schuld. Wohlgemerkt, es geht nicht darum, undifferenziert mit der strafrechtlichen Keule auf die Autogesellschaft einzuschlagen. Es geht nur darum, dem schlimmen Unrecht auf den Straßen die Maske der Bagatelle zu nehmen.

IV Die neuen Hoffnungsträger

1 Justiz und Macht

Noch einmal: Ortsbestimmung. Wir suchen nach der großen Kriminalität, nach den Straftaten und Begehungsweisen, die die Individualrechte, unsere zentralen gesellschaftlichen Anliegen und unsere Zukunftsfähigkeit ernsthaft schädigen oder in Gefahr bringen. Bevor nun diese Suche fortgesetzt wird, soll einer Frage nachgegangen werden, die für das Verständnis der Justiz insgesamt und für die Beurteilung der Legitimität ihrer Entscheidungen, insbesondere derjenigen, die im Folgenden noch zu diskutieren sind, von grundsätzlicher Bedeutung ist.

Welches Verhältnis hat die Justiz zur Macht, zu ihrer eigenen und vor allem: Wie steht sie zur fremden Macht, zur Macht in Staat und Wirtschaft? Es gibt da nämlich einen bösen Verdacht. Er ist schon lange in der Welt und will und will nicht verstummen. Im Gegenteil: Nach Abschluss der Ermittlungen im so genannten Parteispendenskandal im Herbst 2000 sind die Stimmen, die sich äußern, wieder lauter geworden. Es heißt, dass die Justiz ein Verhältnis hat mit der Macht, dass da gekungelt wird und gemauschelt und gemogelt. Wenn das so wäre, es wäre schlimm. Der Sache muss nachgegangen werden, und zwar gründlich. Daher soll zunächst einmal nach dem Verhältnis der Justiz zu ihrer eigenen Macht gefragt werden.

Drei Episoden – Aufstehen

Da saß ich nun zusammen mit der Protokollbeamtin im Flur des Darmstädter Landgerichts und wartete auf Richterin Annette von Sydow, der ich als frischgebackener Rechtsreferendar zur Ausbildung unterstellt worden war. Es stand eine Zeugenvernehmung an, um was es dabei ging, weiß ich nicht mehr. Gut in Erinnerung geblieben ist mir allerdings noch der ältere Herr, der plötzlich auf uns zukam und uns in barschem Ton aufforderte aufzustehen. Während die Protokollbeamtin raketengleich nach oben schnellte, blieb ich sitzen. Das mit dem Aufstehen mochte ich nicht. Meinem Gegenüber gefiel das mit meinem Sitzenbleiben allerdings auch nicht und er wiederholte, nunmehr mit rotem Kopf und deutlich lauterer Stimme seine Aufforderung, der er erklärend hinzufügte: »Ich bin der Vorsitzende Richter«. Als ich ihm daraufhin antwortete, dass ich der neue Referendar sei, zog er schnaubend und schimpfend ab.

Er war der Vorsitzende Richter, das erfuhr ich kurz darauf von meiner Ausbilderin, die der Beleidigte umgehend über den Vorfall informiert hatte und die mich jetzt aufforderte, mich in aller Form bei ihm zu entschuldigen. Als ich das ablehnte und darauf bestand, die Angelegenheit dem Präsidenten vorzutragen, änderte Frau von Sydow ihre Meinung kurzfristig und schlug vor, die Sache doch auf sich beruhen zu lassen. Immerhin sei der Richter nicht mehr ganz gesund aus dem Krieg zurückgekommen. Damit war ich dann auch einverstanden.

Im Krieg konnte die beisitzende Richterin der Strafkammer schon altersbedingt keinen Schaden genommen haben. Blutjung, mit einem weißen Schal unter der schwarzen, frisch gebügelten Robe machte sie ihren Vorsitzenden immer wieder darauf aufmerksam, dass der Angeklagte sich nicht erhoben hatte, wenn das Gericht den Saal betrat, zu Prozessbeginn und nach zahlreichen Unterbrechungen. Der Angeklagte war Michael Heise, damals schon ein Promi qua Dummheit. Hatte er es doch geschafft, durch Bagatelldelikte einen erheblichen Teil seines jungen Lebens im Gefängnis verbracht zu haben. Später addierte sich das alles auf 18 Jahre Haft, gut für einen schlimmen Mord, aber eingehandelt durch Zechprellerei und Großmannssucht – mit einer Ausnahme. Die stand am fraglichen Tag zur Verhandlung an: Schwerer Raub. Michael Heise hatte einen Geldboten mit der Schreckschusspistole bedroht und ihn um ein paar Tausend DM erleichtert – allerdings nur für ein paar Minuten, weil er auf der Flucht einer Polizeistreife in die Arme gelaufen war.

Einen ganzen Tag dauerte die Hauptverhandlung und Michael Heise wollte partout nicht aufstehen vor dem hohen Gericht aus immerhin drei Berufsrichtern und zwei Schöffen. Die besagte Beisitzerin meldete sämtliche Verstöße des Angeklagten gegen die Prozessordnung an ihren Vorsitzenden, der sie genauso konsequent ignorierte.

Aber einmal stand Michael Heise doch noch auf an diesem Tag. Als er das letzte Wort erhielt. Gerade hatte der Staatsanwalt siebeneinhalb Jahre beantragt, konsequent bei einer gesetzlichen Mindeststrafe von fünf Jahren, wie er sagte. Er stand also auf und sagte: »In Butzbach sitze ich mit einem Mann auf der Zelle, der hat dreieinhalb Jahre bekommen – wissen Sie, was der gemacht hat?« Fünf Sekunden ließ der Angeklagte seine Zuhörer zappeln, dann beantwortete er die Frage selbst: »Der hat 10.000 Juden umgebracht.« Dann nahm er wieder Platz.

Das Gericht verurteilte Michael Heise zu einer Freiheitsstrafe von fünfeinhalb Jahren. In der mündlichen Urteilsbegründung kündigte der Vorsitzende Richter an, dass er selbst nach Ablauf der Hälfte der Strafzeit ein Gnadengesuch stellen werde. Von der Mimik her hatte die Beisitzerin wohl nicht für das überraschend niedrige Strafmaß gestimmt und würde sich wohl auch dem Gnadengesuch nicht anschließen.

Nicht der letzte Akt im Aufstehen-Drama. Es ist Jahre später. Eine kleine Rauschgift-Sache vor dem Frankfurter Schöffengericht. In meiner Begleitung Referendar Fred Wenzel. Er soll heute das Plädoyer halten. Das sieht die Ausbildungsordnung so vor. Referendare müssen während ihrer Staatsanwaltschaft-Station auch einmal vor der versammelten Mannschaft eine Rede halten. Referendar Wenzel will wissen, ob er aufstehen soll bei seinem Schlussvortrag. Ich schlage ihm vor sitzen zu bleiben, weil ich selbst immer nur dann aufstehe wenn es der Akustik dient. Ein solches Problem aber haben wir in dem kleinen Saal nicht. Also bleibt Referendar Wenzel sitzen als er mit seinem Plädoyer beginnt. Sekunden später unterbricht ihn der Richter und bittet ihn aufzustehen. Referendar Wenzel schaut hilfesuchend zu mir. Ich signalisiere sitzenbleiben und weiterreden. Der Richter interveniert erneut. Jetzt ist mir die Sache zu albern. Referendar Wenzel soll, wenn er will, aufstehen. Referendar Wenzel steht auf und sagt: »Wenn es der Wahrheitsfindung dient ...«

Damit handelt er sich ein Dienstaufsichtsverfahren ein. Er muss zum Präsidenten des Landgerichts. Eine Stunde lang erzählt ihm der nun, dass sein Spruch unpassend war. Der Satz mit der Wahrheitsfindung stamme schließlich von Fritz Teufel, dem Berliner Kommunarden und Staatsfeind, und gehöre nicht in den Mund eines Rechtsreferendars. Zudem gehöre es sich, dass der Referendar aufstehe. Der Referendar macht ein Zweier-Examen. Er wollte ursprünglich Staatsanwalt oder Richter werden. Zweierkandidaten nimmt der Staat mit Handkuss, sie sind selten. Aber Referendar Wenzel will nach diesem Erlebnis nicht mehr in den Staatsdienst. Er wird Rechtsanwalt.

Aufstehen ist die moderne Form des sich Unterwerfens. Was unter Wölfen noch dem ursprünglichen Begriff entspricht und seinen Ausdruck im »flach auf den Boden legen« findet, ist innerhalb der Gattung des Homo sapiens mit der gegenteiligen Geste verbunden. Die Bedeutung ist aber die gleiche. Aufstehen – das gibt es vor allem beim Militär, in der Kirche und zum Teil noch in der Schule. Überall dort, wo autoritäre Strukturen und ein starkes Unter-Überordnungsverhältnis dominieren.

Die Justiz hat viel Macht, sowohl gegenüber Außenstehenden als auch innerhalb ihrer eigenen Hierarchie. Und sie weiß davon, sie ist machtbewusst. Richter können Protokollbeamte und Rechtsreferendare ebenso aufstehen lassen wie Angeklagte, auch wenn das hin und wieder misslingt oder wenn sogar großzügig darauf verzichtet wird. Und sie können vor allem Angeklagte verurteilen, können sie einsperren, jahrelang.

Und die Justiz weiß, wie diese Macht funktioniert. Gesetze und der Wachmeister mit den Handschellen sind nur der bekannteste, sichtbare Teil eines ganzen Instrumentariums.

Die Sprache, sie ist oft barsch und angsteinflössend, gehört dazu, das Juristendeutsch, das der Laie nicht versteht und das die Justiz abhebt und überlegen macht und vor allem die Robe. Sie bedeutet ebenfalls Macht. Wie jede Uniform macht sie wichtig, verleiht dem Träger Bedeutung und sagt stets: Ich bin nicht allein. Auch dessen sind sich die Juristen bewusst. Als kritische Berufsvertreter in den siebziger Jahren das Thema »Robentragungspflicht« auf die Tagesordnung gesetzt hatten, war die Diskussion schnell beendet. Das wollten auch an sich fortschrittliche Leute nicht. Dass Richter ihre Entscheidungen vom Inhalt her an die Leute bringen sollen und nicht durch Einschüchterung – schön und gut. Aber dass das gleich die Robe kosten sollte, wollte niemand einsehen.

Wenn sich die Kollegen im fortschrittlichen England zusätzlich mit Perücken schmücken, dann dürfen wir wenigstens in den schwarzen Umhängen brillieren. Einzig der Frankfurter Jugendrichter Hermann Möller hat auf die Robe konsequent verzichtet. Alle anderen, Richter, Staatsanwälte, Rechtsanwälte, Protokollbeamte tragen sie in den Sitzungen und einige selbst dann, wenn sie zwecks Gebäudewechsel ein Viertelstündchen durch die Stadt marschieren müssen.

Macht demonstriert man auch, indem man seine Entscheidung der Kritik entzieht. Das Verbot der Urteilsschelte, immer noch mehrheitlich respektiert, ist nicht, wie behauptet, notwendiges Element für eine unabhängige Justiz, sondern dient einzig und allein deren Machterhalt. Wer nicht kritisiert werden darf, der kann auch nicht infrage gestellt werden. Wer die Kritik an seinen Entscheidungen als Majestätsbeleidigung zurückweisen darf, der ist auch der Herrscher.

Aber fühlt sich die Justiz immer als Majestät? Als autonome Instanz, die das letzte Wort hat, oder gibt es auch für sie ein Oben, über das sie nicht richtet sondern nach dem sie sich richtet?

Im Jahr 1989 ist das Frankfurter Gerichtsgebäude A 100 Jahre alt geworden. Richter Rainer Raasch, damals Vorsitzender eines Schöffengerichts, hatte sich für die Geburtstagsfeier und den Tag der offenen Tür etwas ganz besonderes ausgedacht. Im Staatsarchiv der Landeshauptstadt Wiesbaden machte sich der Jurist kundig über die Arbeit der Frankfurter Justiz während der NS-Herrschaft. Denn die Zeit zwischen 1933 und 1945 war in der geplanten Festschrift komplett ausgeblendet. Im großen Aktenlager in Wiesbaden wurde er fündig – einige der Verfahrensakten hat er zu einem Aktenstück zusammengestellt und zum Geburtstag des Gerichtsgebäudes präsentiert. Darin enthalten ist der Fall der russischen Zwangsarbeiterin Valentina Archipowa, die im Frühjahr 1942 einem kleinen bäuerlichen Betrieb im Frankfurter Stadtteil Sindlingen zugeteilt wurde. Im August 1942 wurde das Gebäude von amerikanischen Flugzeugen bombardiert. Bei den Löscharbeiten entwendete die Zwangsarbeiterin zwei Meter angebrannten, aber noch verwertbaren Damaststoff sowie einen Meter Linolstoff. Ihre Beute verbrachte sie anschließend zu ihrem neuen Domizil in Frankfurt-Zeilsheim. Als die Sache ans Tageslicht kam, wurde sie von der GESTAPO verhaftet.

Über ein Jahr ist sie in Frankfurt-Höchst inhaftiert. Dann wird sie nach der Volksschädlings-Verordnung wegen Plünderung zum Tode verurteilt. Am 9. September 1943 wird Valentina Archipowa in der Preungesheimer Haftanstalt mit dem Fallbeil hingerichtet. Alles ist genau dokumentiert. Zwischen der Vorführung der Delinquentin durch die Wachmeister und ihrer Übergabe an den Scharfrichter liegen zwei Sekunden, und bis zur Vollstreckung des Urteils dauert es noch einmal sieben Sekunden. Die Protokollbeamten, die bei der Hinrichtung zugegen sind, arbeiten mit der Stoppuhr.

Das war eine von 78 Hinrichtungen im Gefängnis von Frankfurt-Preungesheim im Jahr 1943. Jetzt steht dort ein Gedenkstein mit den Namen der Ermordeten. Der von Valentina Archipowa ist auch dabei. Ihr Leichnam wurde übrigens im Krematorium von Gießen an der Lahn verbrannt, ihre Asche irgendwo verscharrt.

Reinhard Ruttmann hat diesen Fall 1969 in einem Dokumentarfilm festgehalten. »Sondergerichtsakte 86/43 – Rechtsprechung im Namen des deutschen Volkes.« Einige der Beteiligten kommen zu Wort. Einer der drei Sonderrichter, Amtsgerichtsrat Börner, sagt: »Wir waren gezwungen die Todesstrafe zu verhängen bei Plünderung.« Dass hier aber genauso gut auf einen einfachen Diebstahl hätte erkannt werden können und somit auf Freiheitsstrafe, wie es der Staatsanwalt zunächst vorgeschlagen hatte, verschweigt er. Und er sagt: »Wir waren derart aufgeregt, das sage ich ganz offen. Sie war ja ein Mensch, ein Mensch wie wir auch.«

Der zweite Beisitzer, der seinen Namen nicht genannt wissen will: »Das Todesurteil haben wir für unbefriedigend gehalten, aber wir haben pflichtgemäß entschieden.«

Nur eine spielt nicht mit. Die Protokollbeamtin Irmgard Kohlhaas weigert sich, das Urteil zu tippen. »Ich empfinde das als Mord«, sagt sie, »zwei Meter Stoff, deswegen kann man doch ein Menschenleben nicht auslöschen«. Zu dem Richter hat sie damals gesagt: »Das ist ein Justizmord, die müsste jede Nacht vor ihrem Bett stehen.«

Richter Rainer Raasch weiß, dass er von der Gnade der späten Geburt profitiert. Er bricht nicht den Stab über seine Kollegen von damals. Man wisse nicht, welches Risiko mit einem milden Urteil für die Richter verbunden gewesen wäre – den Ostfronteinsatz habe es wohl nicht bedeutet. Da aber Adolf Hitler im Frühjahr 1942 ungehorsamen Richtern mit der Entbindung von ihren Funktionen gedroht habe, hätten diese sicher um ihren Job fürchten müssen. Richter Rainer Raasch spricht nicht von Mördern und nicht von Feiglingen. Das ist gnädig. Er sagt aber, den drei Richtern habe es sicherlich am Selbstbewusstsein gefehlt, an ihrer Bereitschaft ihre Möglichkeiten im Sinne der Gerechtigkeit zu nutzen.

Die Juristen des Dritten Reiches haben ein böses Kapitel Justizgeschichte geschrieben. Der eine Teil als überzeugte Nationalsozialisten, die ihre auf den Sondergesetzen basierenden Urteile mit Herzblut schrieben, der andere Teil als braver Diener des Führers, immer darauf bedacht, im vorauseilenden Gehorsam dessen Wünsche zu erfüllen und nicht mehr bereit, ihre Spielräume zur Kenntnis zu nehmen oder zu Gunsten der Opfer zu nutzen. Verbrecher die einen und opportunistische Handlanger die anderen – furchtbare Juristen allesamt.

Ist das heute passee? Oder ist etwas übrig geblieben von dem Schlimmen, was damals unsere Justiz praktiziert hat? Gibt es ein Vermächtnis des Schrecklichen? Wir alle wissen ja, dass die Schlimmsten von damals in der Justiz der Bundesrepublik Deutschland weiterbeschäftigt wurden und eine zweite Karriere machen konnten.

Nein, heute sind wir verbrecherfrei, schon durch Zeitablauf geworden. Und zudem gibt die neue Rechtsordnung Juristen wie Freisler und Co. heute keine Chance mehr. Da liegt das Problem nicht. Aber wie sieht es mit den juristisch-menschlichen Grundhaltungen diesseits des Verbrechertums aus? Mit dem blinden, vorauseilenden Gehorsam gegenüber den Mächtigen, dem Mangel an Courage, gegen das Unrecht aufzubegehren, dem Wunsch, nicht unangenehm aufzufallen?

Nach Einschätzung der jungen Studenten hat sich da wenig geändert gegenüber den Zeiten vor unserer Republik und insbesondere während der NS-Zeit. Ich erzähle ihnen gerne die fiktive Geschichte vom Militärputsch. Rechtsgerichtete Militärs übernehmen die Macht in Deutschland. Was geschieht am Tag des Umsturzes und unmittelbar danach, will ich wissen, wen schalten die Putschisten zuerst aus?

Die Grünen, lautet die Antwort, die PDS, die Vertreter der Schwulenkommittes, der Gewerkschaften, der Naturschutzverbände, von amnesty international. Manchmal genannt: die Evangelische Kirche, selten genannt: die Katholische Kirche, nie genannt: die Justiz. Richter und Staatsanwälte braucht man offenbar nicht einzusperren oder zu erschießen. Sie müssen nur neu vereidigt werden. Dann nur noch die neuen Gesetzbücher und weiter geht es, business as usual.

Sehen das die jungen Leute richtig, beziehungsweise, stimmt meine Interpretation ihrer Antworten? Viel spricht dafür, dass sie richtig liegen. Warum sollte sich denn auch irgendetwas grundlegend geändert haben? Weil wir eine rechtstaatliche Ordnung bekommen haben, neue gerechte Gesetze für die alten ungerechten? Das macht aus Zauderern leider keine Freiheitskämpfer. Etwas anderes scheint viel entscheidender zu sein: Die neuen Juristen sind nicht anders ausgebildet worden als die alten.

Die Rechtsanwendung funktioniert heute noch genauso wie ehedem. Und bei der das Studium beherrschenden Dogmatik hat sich nur quantitativ, weniger qualitativ etwas geändert. Sie ist auch heute noch das Produkt der juristischen Selbstbeschäftigungstherapie ohne irgend eine gesellschaftskritische Ausrichtung. Ein paar Dutzend Theorien dürften in den letzten Jahrzehnten dazugekommen sein bei gleichzeitigem Wegfall einiger völlig unbrauchbarer Modelle.

Und es ist diese Ausbildung, die zur Anpassung an die Macht, zur Respektierung der Mächtigen drängt. Das Zauberwort heißt herrschende Meinung (hM). Mit diesem Kürzel kennzeichnet man die Auffassung, die mehrheitlich zu einer juristischen Frage, etwa über die Auslegung des Begriffs Gewalt im Nötigungsparagraphen, vertreten wird.

Dass die herrschende Meinung die Meinung der Herrschenden ist, wie das der Jurist Thilo Ramm aus Gießen behauptete und belegte, war nur kurz einmal Anlass für die angehenden Juristen, sich für die so genannten Mindermeinungen zu interessieren. Heute ist dieser Satz Grund dafür, dass sich die Azubis mit aller Konsequenz auf die Seite der hM schlagen und die Mindermeinungen dem Schicksal aller Minderheiten überlassen. Denn das ist die sichere Seite. Nostalgiker mögen den Kopf schütteln ob dieser Angepasstheit. Aber tatsächlich agiert der juristische Nachwuchs nur vernünftig. Denn was liegt näher als sich der hM anzuschließen, wenn man weiß, dass sich alle Musterlösungen der Prüfungs- und Examensarbeiten, die dem Prüfer als Grundlage für die Beurteilung dieser Arbeiten dienen, ebenfalls an der hM orientieren?

Zwar könnte man auch auf die Idee kommen, die entgegengesetzte Haltung zu vermitteln, denn der Mensch ist ebenfalls in der Lage, Unangepasstheit, Querdenkerei, Rebellentum lustvoll zu praktizieren und zu erleben. Den Ball aber, den tausend Filme und noch mehr Bücher und sogar das wirkliche Leben spielen, von Robin Hood bis Karl May und von Che Guevara bis Dietrich Bonhoeffer, hat die juristische Ausbildung nicht angenommen. Sie setzt auf die Logik des geringsten Risikos. Im Zweifel feige.

An den Regeln der Rechtsprechung und der hM orientieren sich die Juristen sinnvollerweise auch, wenn sie schon Richter geworden sind. Denn Exotenurteile werden schnell in der nächsten Instanz aufgehoben und ein Richter, der viele Rechtsmittel gegen seine Entscheidungen provoziert, erfolgreiche noch dazu, macht dem Apparat Ärger. Der revanchiert sich dafür, richterliche Unabhängigkeit hin und her – bei der Beförderung.

Wer befördert, befiehlt, das wissen wir spätestens seit Thomas von Eschenburg, und bei der hierarchisch geordneten Staatsanwaltschaft spielt die Beförderungsfrage eine noch größere Rolle. Wer nicht pariert, dem Vorgesetzten nicht gehorcht und nicht zu gefallen weiß, wird nicht Oberstaatsanwalt. Dass der Vorgesetze ein Verfechter der hM ist, muss nicht betont werden, sonst wäre er es ja nicht geworden.

Was diese Missstände noch weiter fördert, ist die Tatsache, dass die wichtigen Zuarbeiter und potenziellen Impulsgeber der Rechtsprechung, die Rechtswissenschaftler, ebenfalls eher ins Lager der Hosenschisser tendieren, ein Umstand, der bestehende Machtverhältnisse kaum gefährdet erscheinen lässt. Wer die Aufsätze und Monographien, die Dissertationen und Habitilationen unserer Hochbegabten an den Universitäten, die sich völlig ungefährdet ihrer Pension entgegenschreiben können, liest, dem fällt sofort das extrem aufwendige Stützkorsett aus Fußnoten am Ende jeder Seite auf. Die dienen nicht, wie gemeinhin behauptet wird, dazu, Begleitliteratur zum Thema mitzuteilen, sondern in erster Linie der Absicherung der eigenen Meinung, die dann zwar keine richtig eigene mehr ist, sich dafür aber unter Gleichgesinnten in Sicherheit wiegen darf.

Damit soll es an dieser Stelle sein Bewenden haben. Soviel kann hier schon gesagt werden: Traditionell steht die Justiz im Lager der Macht. Und die Logik der Ausbildung sowie die Organisation des Apparates orientieren sie auf die Belange der Obrigkeit. In Ermangelung rechtsstaatlicher Erfahrungen muss sie als anfällig gelten für eine Parteilichkeit zugunsten der Großen. Ob das so ist, werden wir noch sehen.

Eine Verifizierung dieses Verdachts wird nicht leicht fallen. In den entsprechenden Urteilen – so sie es denn überhaupt gibt – wird dazu ausdrücklich nichts geschrieben stehen. Und nur in Ausnahmefällen werden sich Richter als bloße Vollstrecker obrigkeitlicher Wünsche zu erkennen geben. So wie 1995 in Mainz geschehen. Die 2. Strafkammer des Landgerichts hatte in einer Neuauflage eines Prozesses über die Strafbarkeit des Ausspruchs »Soldaten sind potenzielle Mörder« zu entscheiden. Die Kammer sprach den Angeklagten zwar wegen der entsprechenden Vorgaben des Bundesverfassungsgerichtes, das diese Äußerung als von der Meinungsfreiheit gedeckt erklärt hatte, vom Vorwurf der Beleidigung frei. Gleichzeitig entschuldigte sich der Vorsitzende Richter aber ausdrücklich bei den anwesenden Bundeswehrsoldaten für diese Entscheidung. Ob er dabei niedergekniet hat oder ob ihn seine Restwürde noch auf dem Richterstuhl gehalten hat, darüber wurde seinerzeit nicht berichtet.

2 Wirtschaftskriminalität – Vom schnellen Geld

Das Zauberwort heißt Wirtschaftskriminalität. Da wollen sie alle hin, Polizisten, Staatsanwälte und Richter. Denn dieses Terrain ist frei von Bedenken, Einschränkungen, Ausnahmen, kurz, von alledem, was die Strafverfolgung ansonsten so schwer macht. Es geht um Millionenschäden und Täter in weißen Kragen. Betrug und Untreue heißen die Straftatbestände, saubere Delikte mithin, nicht mehr Raub und Vergewaltigung, wo es allenthalben nach Schweiß und Blut stinkt. Endlich intelligente Tatbegehung per Mausklick und Scheckkarte statt Pistole und Messer. Geschäftsführer, Vorstände und Direktoren aus Kronberg und Königstein im Visier der Strafverfolger und nicht mehr die ewig dummen Ganoven aus den Hoch- und Reihenhäusern in Preungesheim und im Gallus. Große Schäden, große Täter, große Kriminalität. Endlich am Ziel der allzu verständlichen Träume?

Drei der Täter kannten sich aus dem Gefängnis in München-Stadelheim. Die anderen fünf waren in den Kneipen im Bahnhofsviertel dazugestoßen. Alle hatten sie irgendwann einmal irgendwelche Berufe gelernt. Metzger, Fliesenleger, Schlosser, einer sogar war Kaufmann. Aber alle waren sie auch schon seit Jahren ohne Job, und etwa genauso lang lebten sie von ihren Familien getrennt.

Nachdem sie ihr letztes Geld bei einem Spitzenfigaro und bei einem renommierten Herrenausstatter gelassen hatten, mieteten sie in bester Frankfurter Lage ein mittelgroßes Büro an. Kaution später, das war okay. Dann besorgten sie sich zehn Telefone und ebenso viele Telefonbücher und begannen zu telefonieren. Systematisch wählten sie sich Seite für Seite durch die dicken Bücher. Ihre Gesprächspartner hatten sämtlich einen Dr. med. vor dem Namen. Das, was sie ihnen in freundlichen und netten Worten erzählten, stand alles auf einem Blatt Papier, das jeder neben seinem Apparat liegen hatte und das der Kaufmann, der gleichzeitig der Kopf der Gruppe war, im Knast in Stadelheim konzipiert hatte. Es enthielt alle seine Erfahrungen, die er im Zusammenhang mit Warentermingeschäften gesammelt hatte.

»Guten Morgen, mein Name ist Harald Merz von der Firma Consulting Management.«

So begrüßte beispielsweise der Schlosser den Doktor, nachdem er ihn mit entwaffnender Direktheit ans Telefon geholt hatte. Der Name des Verkäufers war natürlich falsch und den Firmennamen hatten sie sich nach dem zehnten Schoppen Bier ausgedacht. Auf jeden Fall klang er sehr nach Kompetenz und Erfahrung.

»Sie werden sich natürlich fragen, was hat die Firma Consulting Management gerade mit mir im Sinn und dann noch am frühen Morgen. Aber wir haben soeben von unserem Geschäftspartner in Chicago eine Option auf brasilianischen Kaffee hereinbekommen, für die der Ausdruck günstig mehr als untertrieben wäre.«

Für den Fall, dass die Ärzte hier intervenieren enthielt das Papier drei alternative Pfade, je nachdem, ob die Gesprächspartner Zustimmung, Ablehnung oder Unentschlossenheit bekundeten.

Worst case: Ablehnung. »Das sagen die meisten unserer Kunden, die wir dann allerdings über die Jahre hinweg nicht mehr loswerden. Lassen sie sich erst einmal die Gewinnaussichten erläutern. Laufzeit der Option: drei Monate. Unterste Gewinnmarke: 25%. Der durchschnittliche Gewinn von Consulting Management: 70% – 90%. In letzter Zeit, speziell bei brasilianischem Kaffee hatten wir Gewinne von 100% – 150% und mehr. Wären sie uns denn böse, wenn sich ihr Geld nach drei Monaten verdreifacht hätte?«

Spätestens jetzt haben die Damen und Herren in weiß große Ohren bekommen und fragen nach dem Einsatz. Wie immer bei Consulting Management sehr günstig: 8.400 Dollar pro Option.

Manche der Angerufenen stellen noch eine hinterlistige Frage, warum die Firma denn das Geschäft nicht selbst mache, wo es doch so günstig sei? Auch da weiß der Spickzettel die Antwort. «Das fragen viele unserer Kunden und diese Frage ist nur zu berechtigt. Aber wir dürfen das nicht, und als alt eingesessenes und renommiertes Unternehmen riskieren wir doch nicht unseren Ruf, Sie verstehen?« Die meisten haben verstanden. Die Bankverbindung wird telefonisch übermittelt und am nächsten Tag ist das Geld da. Von den ersten Zahlungen kaufen die Männer von Consulting Management Büromöbel, ein großes kupfernes Firmenschild, Briefpapier, zwei PCs, einen großen Mercedes und teuren Sekt. Dann geht die Post ab. Werbematerial wird gedruckt und verschickt. Kunden, die nicht so recht wollen, werden immer wieder angerufen, bis sie beim absolut günstigsten Angebot endlich schwach werden. Kein Pfennig wird irgendwo an der Börse platziert. Alles Geld geht in die privaten Taschen der Consulting Management Gesellschaft. Als die ersten Verträge auslaufen, werden die Kunden großzügig ausbezahlt, es ist ja mittlerweile genug Geld auf den Konten eingegangen. Die so geblufften investieren selbstverständlich sofort neues Geld, das Zigfache der ersten Summe.

Ein Leben in Saus und Braus. Ein Zeuge berichtet später in der Hauptverhandlung, wie einer aus der Gruppe abends bei ihm erschienen sei und einen Maserati haben kaufen wollen. 200.000 DM habe er in bar auf den Tisch gelegt und ihn geradezu angefleht wegen des Autos. Weil aber kein Wagen vorrätig gewesen sei, habe der Kunde ihn um einen anderen, ebenso teueren Gegenstand gebeten, egal was. Daraufhin habe er ihm für 200.000 DM eine alte, sehr wertvolle Taschenuhr verkauft. Am nächsten Morgen sei ihm dann der Käufer in der Innenstadt über den Weg gelaufen, völlig abgerissen und betrunken. Alles weg, habe er gesagt, verzockt, auch die Uhr.

Zunächst läuft alles wie am Schnürchen. Auch noch nach einem halben Jahr. Aber jetzt wird die Firma leichtsinnig. Sie zahlt die Gewinne nicht mehr pünktlich aus, hält einige Kunden hin. Ein Hals-Nasen-Ohren-Arzt wird schließlich misstrauisch und geht zur Polizei. Die macht sich schlau, stellt fest, dass Consulting Management an den Börsen völlig unbekannt ist. Der Rest geht schnell: Durchsuchung, vorläufige Festnahme, Untersuchungshaft. Nach einem knappen Jahr dann die Hauptverhandlung vor der Wirtschaftsstrafkammer des Frankfurter Landgerichts. 35 Millionen haben sie eingenommen. Ein Drittel ist noch da. Die drei aus Stadelheim sind einschlägig vorbestraft, ebenfalls Betrug im Zusammenhang mit Warentermingeschäften. Zu Freiheitsstrafen zwischen vier und sechs Jahren hat sie das Landgericht Stuttgart vor einigen Jahren verurteilt; zwei Drittel davon haben sie verbüßt, der Rest wurde ihnen zur Bewährung ausgesetzt.

Das Urteil der Stuttgarter Richter wird in der Hauptverhandlung verlesen. Die gleiche Masche. Hauptleidtragender war ein 80-jähriger Zahnarzt. Dem hatten sie 800.000 DM, fast seine gesamten Ersparnisse, abgeschwindelt. Noch während der laufenden Ermittlungen – die Täter waren gegen Auflagen von der Untersuchungshaft verschont worden – werden sie erneut bei ihrem betagten Opfer vorstellig. Sie entschuldigen sich für ihr schlimmes Tun und versprechen Wiedergutmachung des Schadens. Allerdings könne die nur erfolgen, wenn das Opfer ihnen noch einmal Geld zur Verfügung stellen würde. Am besten wieder 800.000 DM, damit sie an der Börse einsteigen und mit jetzt wirklich totsicheren Geschäften das doppelte oder dreifache hereinholen könnten.

Der Zahnarzt war einverstanden, belieh seine Villa, nahm ein entsprechendes Darlehen auf. Im Urteil hieß es dann wörtlich: »Im folgenden Sommer dominierten die Angeklagten die Parties rund um St. Tropez. Als großherzige und spendable Gäste waren sie auf den

Gartenfesten der Hautevolee immer willkommen. Jeder kannte sie, zumal sie mit Hubschraubern einzuschweben pflegten.«

Während der mehrmonatigen Hauptverhandlung gerieten allerdings andere Prozessbeteiligte in den Mittelpunkt des Interesses – die Geschädigten. Viele kamen nicht, obwohl sie geladen waren oder versuchten in Telefonaten mit dem Gerichtsvorsitzenden vom Erscheinen befreit zu werden. Es wurde deutlich, dass sie gar kein Interesse an dem Verfahren hatten, den Verlust des Geldes längst verschmerzt oder irgendwie steuerlich aus der Welt gemogelt hatten.

Ob er sich geschädigt fühle, wurde einer der Betroffenen gefragt. Nein, sagte der, das sei für ihn nur ein Spiel gewesen. Dass man dabei verlieren könne, sei ihm klar gewesen. Ein anderer erläuterte dem Gericht, wie er zu den Warentermingeschäften gekommen war. Eigentlich zufällig, nachdem es mit der Spekulation in Waffengeschäften nicht geklappt habe.

Plötzlich ist alles wieder offen, große Schäden, wirklich? Eher nur auf dem Papier. Große Täter? Eher große Sprüche.

Was an den Taten so sehr stört, was ihre Zurechnung zur großen Kriminalität so zweifelhaft macht, ist vor allem die eingeschränkte Schutzwürdigkeit der Opfer.

Konfrontiert mit attraktiven Renditen vergessen sie jegliche Vorsichtsregeln und verlieren alle ihre Instinkte – bis auf den einen. Die Aussicht auf Gewinn vernebelt ihre Sinne. Sie überweisen hohe Beträge an Menschen, die sie noch nie vorher gesehen haben und mit denen sie gerade einmal fünf Minuten telefoniert haben. Die Versprechungen der Telefonverkäufer mögen uns völlig unrealistisch vorkommen, und sie sind es auch, aber die Gauner wissen sehr genau, je abenteuerlicher die in Aussicht gestellten Gewinne sind, umso erfolgversprechender ist der Bluff. Die Logik, die dabei zum Tragen kommt, gleicht einem Teufelskreis: So schlimm kann niemand lügen, also stimmt es. Geld ist zudem eine Droge, vielleicht die härteste auf dem Markt.

»Zehn Tipps, wie sie totsicher reich werden«, stand in einem Inserat der FAZ. Gegen 100 DM in bar waren die Tipps für jedermann erhältlich. Viele bestellten und einige entblödeten sich noch nicht einmal, mit dem Antwortbrief zur Polizei zu gehen und Anzeige zu erstatten. »Fallen Sie nie auf solche Anzeigen herein«, hatte der geschäftstüchtige Witzbold geschrieben und: »Leben Sie sparsam«.

Die Warentermingeschäfte stehen nicht alleine. Auch auf dem Gebiet der Anlagegeschäfte spielen sich die Kunden böse Streiche. Auch hier veranlassen hohe Gewinnversprechen die Menschen zur Zahlung großer Summen. Zum Beispiel an Josef Schmidt, einem deutschstämmigen Chilenen mit vielen Pässen und noch mehr Wohnsitzen. Auf Hochglanzpapier warb er vor dem Hintergrund mächtiger Carterpillars, deren Herkunft aus irgendwelchen Konkursmassen augenfällig war, für seine Goldmine ganz im Norden Kanadas, die ergiebigste, die je jenseits des Polarkreises aufgetan worden sei. Tausende deutscher Kunden zahlten Millionen auf das Konto bei der Bank in Winnipeg. Wie im Goldrausch, wie hundert Jahre vorher am Klondike, 2.000 Meilen westlich.

Wären die Kunden nur ein bisschen vorsichtiger gewesen, hätten sie den Totalverlust ihrer Einlage verhindern können. Es hätte wohl schon ausgereicht einmal kurz bei der Botschaft anzufragen und die Rahmenbedingungen des Geschäftes abzuchecken. Von dort wäre höchstwahrscheinlich Misstrauen signalisiert worden. Denn im kanadischen Norden, wo der Unternehmer angeblich zentnerweise Gold aus dem Boden holte, kann nur drei Monate im Jahr gearbeitet werden. In der übrigen Zeit backt klirrende Kälte den Boden so sehr zusammen, dass keine Planierraupe auch nur eine Tonne Kies auf die – sowieso vereiste – Waschstraße schafft.

Während Josef Schmid nie gefasst werden konnte, sitzen unsere Frankfurter Ganoven in Untersuchungshaft. Fast ein halbes Jahr dauert ihr Prozess. Dann verurteilt sie die Wirtschaftsstrafkammer zu Freiheitsstrafen von zwei Jahren mit Bewährung und sechs Jahren ohne. Sechs Jahre für den Kopf der Bande, dem Verfasser der Gebrauchsanweisung, mit der die Telefonverkäufer so erfolgreich gearbeitet hatten. Er wird nach Strafverbüßung weiter machen. Warentermingeschäfte sind sein Schicksal. 1998 bringen sie ihn in die Sicherungsverwahrung.

3 Wirtschaftskriminalität – was noch dahinter steckt

Anlagebetrug und betrügerische Vermittlung von Warentermingeschäften sind nicht alles, was die Wirtschaftskriminalität an Deliktformen zu bieten hat.

Am 30. Juni 1997 begann vor dem Frankfurter Landgericht der Prozess gegen den Königsteiner Bauunternehmer Dr. Jürgen Schneider. Ein spektakulärer Prozess, vor allem deswegen, weil ihm eine schier unglaubliche Geschichte zugrunde lag. Die Geschichte eines entschlossenen Aufsteigers, eines entsprechend skrupellosen Hochstaplers und die eines beispiellosen Schadens.

Schneider hatte von seinem Vater ein Baugeschäft übernommen. Nachdem sich die Firma zunächst ganz normal entwickelt hatte, kam Mitte der achtziger Jahre der Durchbruch. In Baden-Baden übernahm der hier zum Baulöwen mutierende Unternehmer ein Luxus-Anwesen, das Goldene Kreuz. 26 Millionen sollte es inklusive der notwendigen Modernisierung kosten, allerdings gab es ein Problem: Der Unternehmer hatte kein Eigenkapital. Eine Kreditaufnahme hätte hier normalerweise nicht weiter geholfen, denn die Banken finanzieren regelmäßig nur 60% des Objektwertes. Die Lösung: Ein Kreditbetrug. Nach den Kriterien von Business Crime Control eine Variante krimineller Kapitalbeschaffung.

Es war ausgerechnet ein Repräsentant der nicht nur von ihren Feinden für allmächtig und allwissend gehaltenen Banken-Macht, der Jürgen Schneider half, diese normalerweise unüberwindliche Hürde zu überspringen. Seine simple Empfehlung: einfach den Wert der Immobilie nach oben zu manipulieren. Durch Aktivierung von Nebenflächen, Ausweisung von Untergeschossen, Gängen und Toiletten als Mietflächen und vor allem: durch »mutigen« Ansatz der zukünftigen Einnahmen. Das hieß, die Kalkulation erfolgte auf der Basis von zu erzielenden Spitzenmieten. Auf diese Weise gelang es, den Wert des Goldenen Kreuzes auf 48 Millionen DM anzuheben. Die Deutsche Bank akzeptierte die Rechnung und finanzierte genau 60% dieser Summe. Damit hatte der Unternehmer erreicht, was er erreichen wollte: die über 100%ige Finanzierung des Baden-Badener Prestigeobjekts.

Über Nacht ist er oben. Ein goldfarbener Mercedes mit Chauffeur und ein markantes Toupet stehen für einen märchenhaften Erfolg. Baden-Baden ist nur der Anfang. Ein solcher Erfolg beschwingt – oder zwingt? – zum zweiten Versuch.

1992 eröffnete Schneider die Zeil-Galerie im Herzen von Frankfurt am Main. Auch dieses Projekt hat er ohne Eigenkapital realisiert. Die Baukosten in Höhe von rund 400 Millionen DM lässt er sich wiederum zu über 100% von der Deutschen Bank vorstrecken, indem er den Wert auch dieser Immobilie nach oben manipuliert. Aus einer vermietbaren Fläche von 9.800 qm werden 22.000 qm, 30 Mieter werden einfach dazu erfunden und Mietverträge schließlich auch gefälscht. Ein Gutachter, dessen Rolle nie geklärt werden konnte, bestätigt zu erwartende Mieteinnahmen von 57 Millionen, tatsächlich sind es dann nur rund acht Millionen. Am Ende ist die Immobilie 966 Millionen DM wert – auf den Papieren des Jürgen Schneider.

Die Bank lässt sich auch diese Mogelpackung andrehen. Ungeachtet der Tatsache, dass am Gebäude eine große Tafel angebracht war, auf der Schneider die vermietbare Fläche kaltschnäuzig-korrekt vermerken ließ. Und obwohl Jürgen Schneider Vermögenszuwächse in Ansatz bringt, die völlig unrealistisch sind – eine Milliarde Mark allein während der kostenintensiven Bauzeit an der Frankfurter Zeil. Die Summe, die die Bank schließlich als Kredit gewährt – 430 Millionen DM –, deckt die gesamten Kosten der Zeil-Galerie – und vieles mehr.

Mit diesem nicht angemeldeten Patent arbeitet er weiter. Bei seinem größten Projekt, dem Bernheimer Palais in München, erfindet er zwecks Wertsteigerung einfach zwei Geschosse hinzu. Die Bank, bei der er den entsprechenden Kredit beantragt hat, residiert genau gegenüber. Ein Blick aus dem Fenster hätte genügt, um den Schwindel aufzudecken. Die Bank, wer immer sie in diesem Falle war, merkt ganz selbstverständlich nichts.

In Berlin erhöht Schneider den Wert des »Kurfürstenecks«, indem er es an Strohfirmen für einen überhöhten Preis verkauft. Binnen fünf Monaten werden so aus 121 Millionen DM 325 Millionen DM – und das macht einen »faulen Kredit« von 225 Millionen DM.

»Mein Ruf war wie Donnerhall«, erinnert sich der Spekulant, Hochstapler und Betrüger später. Er hatte sehr schnell kapiert, was im modernen Wirtschaftsleben zu einer effektiven Erfolgsstrategie gehörte: sich selbst in Szene setzen, den dicken Motz machen, Muskeln spielen lassen, klotzen und keinesfalls kleckern. Dass er bald in einem schmucken Schlösschen residierte, hatte für ihn einen knallharten geschäftlichen Grund. Zu Beginn seiner Karriere musste er, wenn er Geld von den Banken haben wollte, im feinen Zwirn in »sterilen Hallen« oft lange warten. Jetzt stellte er diese Verhältnisse auf den Kopf. Die Banken – deren Nöte beim Anlegen ihres Geldes Schneider richtig einschätzte – machte er zu Bittstellern. Nur die Oberbosse durften in sein Schlösschen, die unteren Chargen mussten auf dem Parkplatz warten. Aber warten ließ der erfolgreiche Bauunternehmer die Oberen auch. Nur zu ganz besonderen Anlässen durften sie ganz nach oben ins Schlösschen, in den Esssalon, wo man fürstlich tafelte. »Da wollten sie alle hin«, erinnert sich Jürgen Schneider im Herbst 2000 gegenüber einem Journalisten. »Danach flossen die Kredite erst richtig.«

Als die Bombe schließlich platzt, man schreibt das Jahr 1994, sind 5,6 Milliarden DM an Schulden aufgelaufen. Nach dem Verkauf der Immobilien bleiben noch 2,6 Milliarden DM an Forderungen übrig.

Das Frankfurter Landgericht verurteilt Jürgen Schneider am 23. Dezember 1997 (man achte auf die lange und teure Prozessdauer) wegen Betrugs und Urkundenfälschung zu einer Freiheitsstrafe von sechs Jahren und neun Monaten. Strafmildernd rechnet es ihm die nach den Worten des Vorsitzenden Richters Heinrich Gehrke »unglaubliche Fahrlässigkeit« der Banken an, ohne die das alles gar nicht möglich gewesen wäre. Man hat nicht gehört, dass ein Verantwortlicher aus dem Bundesaufsichtsamt für das Kreditwesen wegen Vernachlässigung seiner Aufsichtspflicht hätte gehen müssen. Es passt auch ins Bild, dass die gelinkten Geldhäuser, immerhin etwa 50 an der Zahl, gar nicht wünschen, dass sich die Staatsanwaltschaft um den Fall kümmert. Sie fühlen sich nicht betrogen. Nur die Deutsche Bank stellt Strafantrag.

Warum fühlt sich die Masse der Banken nicht betrogen? Vielleicht weil sie, wie der Journalist Gert Monheim mutmaßt, ganz bewusst ihre Rolle als Bank aufgegeben und als Unternehmen gehandelt, spekuliert hatten, geblendet von den sich abzeichnenden riesigen Zinsgewinnen? Weil sie ganz einfach Risiko – neudeutsch high risk – spielen wollten?

Dann haben sie möglicherweise auch freiwillig darauf verzichtet, die Geschosszahlen oder die nutzbare Fläche der Immobilien zu überprüfen. Oder sie haben eigene Zweifel und Skrupel ganz bewusst zur Seite geschoben. Wie heißt es in der Mentiologie? Wenn ihre Botschaft attraktiv genug ist, glaubt man auch der Lüge.

Das Argument für die Strafmilderung, nämlich das erhebliche Mitverschulden der Geschädigten, gilt allerdings nicht durchgehend. Ein großer Teil der in die Bauvorhaben des Angeklagten involvierten sogenannten »kleinen Handwerksbetriebe«, denen ein leichtsinniges Verhalten nicht vorzuwerfen war, bleibt nach dem Konkurs des Firmenimperiums auf seinen Forderungen sitzen. Und auch das Finanzamt hat das Nachsehen. Auf rund 1,3 Milliarden DM muss es verzichten.

Diese Umstände wirken sich nach Auffassung des Gerichts strafschärfend aus. Die große Show des Jürgen Schneider, sein Rollentausch zwecks »richtig-Kasse-machen«, spielt bei der Strafzumessung allerdings keine Rolle, obwohl man sie als Manifestierung erheblicher krimineller Energie hätte werten können. Im Gegenteil, das Gericht rechnet es dem Angeklagten positiv an, dass er es nicht noch schlimmer getrieben hat. Jürgen Schneider habe sich, obwohl es ihm möglich gewesen wäre, persönlich nichts von dem gegönnt, was andere sich von ihnen in dieser Größenordnung zur Verfügung stehenden Gelder üblicherweise leisteten – keinen Golfclub, keine Yachten, Flugzeuge oder Rolls-Royce-Wagen, nicht einmal kostspielige Urlaubsreisen, heißt es in der Urteilsbegründung. Wenn arbeitslose Schriftsetzer oder Metzger ohne Hauptschulabschluss verbotenerweise in die Rolle des Börsenfachmannes oder Anlageberaters schlüpfen und über Inserate in der Tageszeitung Kasse machen – viel weniger natürlich als Jürgen Schneider –, wird den Tätern ihre Hochstapelei vor Gericht nicht nur einmal um die Ohren gehauen. Hier ist das nicht der Fall. Schlägt die richterliche Missbilligung jenseits einer bestimmten Schadenshöhe vielleicht in blinde Bewunderung um?

Ein ähnliches Problem kommt demnächst auf die Mannheimer Justiz zu, im Rahmen des Flowtex-Verfahrens. Das hat schon jetzt Berühmtheit erlangt, obwohl die staatsanwaltlichen Ermittlungen im Frühjahr 2001 noch andauern. Bei Flowtex ist die Bombe schon geplatzt. Zwei dringend Tatverdächtige sitzen bereits in Untersuchungshaft.

Was man ihnen vorwirft? Auch das eine toll-dreiste Geschichte. 1986 erwarben beide in den Vereinigten Staaten die Lizenz für das sogenannte Flowtex-Verfahren, eine neuartige Methode zum Verlegen von Leitungen und Röhren ohne den Boden aufzugraben. Das System war zunächst sehr erfolgreich. Aber das genügte den beiden Beschuldigten offenbar nicht. Mit dem System Jürgen Schneider – einer riesigen Luftnummer – sollen sie vor allem Banken in Milliardenhöhe geschädigt haben. Sie haben ganz einfach Bohrgeräte »erfunden« und Leasingverträge fingiert. Die dazu gehörenden Typenschilder und Papiere – so der Vorwurf – wurden schlicht gefälscht. Mit dem auf diese Weise geschaffenen virtuellen Maschinenpark als Sicherheit gingen die Firmenbosse die Banken um Kredite an – erfolgreich. 2,5 Milliarden DM sollen geflossen sein.

Und was vielleicht noch wichtiger war: Die beiden Firmeninhaber protzten hemmungslos und führten sich auf, wie das Geschäftsleute tun müssen, um bei Banken glaubwürdig zu werden. Angeberei macht offenbar auch im Badischen Eindruck auf die Herren der Kredite. So wohnten die neureichen Herrschaften in einem parkähnlichen Anwesen und waren stolze Besitzer eines Flugzeugs, das »den Charme einer Segeljacht besaß« und das auch mal dazu benutzt wurde, den Chefs teure Delikatessen nach Marbella hinterher zu fliegen.

Ein 50. Geburtstag wurde laut Presseberichten mit 500 Gästen und einem Riesenfeuerwerk gefeiert. Ein Ex-Ministerpräsident und der Vorsitzende einer Landtagsfraktion sollen sich unter den Feiernden befunden haben. Zu Fachkongressen schwebten die Spezis mit einem Hubschrauber ein – eine Masche, an der auch die Warenterminbetrüger im vorstehenden Kapitel ihren Narren gefressen hatten. Aber auch anderen gegenüber sollen die Flowtexer großzügig gewesen sein. So zum Beispiel zugunsten des Festspielhauses Baden-Baden und der Pferderennbahn in Iffezheim. Dass ein Bundestagsabgeordneter sie als »wichtige Investoren« bezeichnet hat, verwundert nicht angesichts der Tatache, dass die Flowtex-Verantwortlichen im Winter 1998/99 auf dem Flughafengelände in Sölling mit dem Bau ihrer neuen Firmenzentrale begonnen hatten. Das 100 Millionen-Projekt, ein attraktiver Glaspalast inmitten eines Technologieparks, begeisterte sogar den bei Baubeginn anwesenden Ministerpräsidenten. Ein Glücksfall und ein Aushängeschild für die Region seien die beiden Firmeninhaber, soll er gesagt haben.

Das sind offenbar wichtige Elemente im Rahmen des ganz großen Coups: Kompletter Identitätswechsel. Vom Tellerwäscher zum

Millionär in einer Sekunde. Ausgemachte Großmannssucht, aber immer auch jovial. Angeberei, allerdings nie ohne irgendein sympathisches Korrektiv. Einmal Autorität und ein andermal Gönner. Die Ziele: ausnahmslos maßlos.

Und vielleicht noch: totaler Realitätsverlust. Kaum einer der Supercoups hatte zu irgend einem Zeitpunkt eine Chance auf dauerhaften Erfolg. Irgendwann musste der Plot auffliegen. Nur wenige dieser Abenteurer unseres globalen Finanzdschungels sorgen frühzeitig mit einem einigermaßen zuverlässigen Fluchtplan und ausländischen Gelddepot für den Tag X vor. Jürgen Schneider ist – wie in einem schlechten Krimi – nach Florida getürmt. So war es nur noch eine Frage der Zeit, dass man ihn auch ohne Toupet erkannte. Clevere Anwälte könnten demnächst auf die Idee kommen, unter Hinweis auf diesen Schwachsinn die Schuldfähigkeit ihrer Mandanten infrage zu stellen.

Das wird die Justiz allerdings nicht mitmachen. Umgekehrt spricht aber auch wenig dafür, dass sie die »alles-oder-nichts-Täter«wie Schwerverbrecher behandelt. Über intelligente, risikofreudige Gangster bricht man nicht so schnell den Stab. Wenn die Mannheimer Richter, im Jahr 2002 vielleicht oder später, über die Flowtex-Bosse das Urteil sprechen, wird man sehen, ob sich daran etwas geändert hat.

Von einer anderen Spielart der Wirtschaftskriminalität soll hier noch die Rede sein. Auch sie dokumentiert die enorme Sozialschädlichkeit dieser Deliktsform, daneben aber auch ein neues Problem, das die Justiz bei ihrer Bewältigung hat.

Im März 1980 kommt der Ansbacher Fabrikant Norbert S. bei einem Verkehrsunfall ums Leben. 13 Jahre später, im Januar 1993, erhält seine Witwe einen an ihren verstorbenen Mann adressierten Brief. Er kommt aus Lagos in Nigeria. Sein Absender ist ein dubioser Azzessi Wassiri. Aber die Botschaft des Schreibens ist vielversprechend. Norbert S. hat durch sein finanzielles Engagement in den Kaduna-Staudamm, 700 Kilometer nordöstlich von Lagos, viel Geld verdient – 24 Millionen Dollar. Die kann er sich jetzt abholen.

Wenige Tage später trifft seine Witwe in Lagos ein. Wassiri bekommt sie nie zu Gesicht, dafür aber einen Rechtsanwalt, Fred Adjeduah, dessen Bonität von der Deutschen Botschaft bestätigt wird, und einen Repräsentanten der Nationalbank, Dr. Fakme. Zunächst aber verzögert sich die Auszahlung der Gelder. Frau S. muss noch diverse Gebühren zahlen, damit das bei der Nationalbank liegende Geld frei wird.

Wieder in Deutschland tätigt sie diverse Überweisungen, aber nichts geschieht. Nach acht Monaten schließlich weiß sie: alles Bluff, ihr Mann war nie in Nigeria. Da aber hat sie schon einige hunderttausend Mark verloren. Noch einmal fährt sie nach Westafrika, nachdem sie einen anderen Rechtsanwalt mit ihrer Interessenwahrnehmung beauftragt hat. Der kann auch mit einer guten Nachricht für sie aufwarten. Fred Adjeduah soll der Prozess gemacht werden. Dann die Enttäuschung. Der Angeklagte erscheint nicht vor Gericht, er ist angeblich krank. Zum 48. Mal wird die Verhandlung vertagt. Frau S. wird ihr Geld nie zurück bekommen.

Nicht anders ergeht es dem Landmaschinenhändler Günter K.. Anfang 1993 bestellt das nigerianische Landwirtschaftsministerium bei ihm 300 Traktoren für drei Millionen Dollar. Auch Günter K. fliegt nach Lagos. Dort gibt es zunächst eine positive Nachricht: Nigeria will doppelt soviele Traktoren kaufen wie zuerst bestellt. Wieder mit von der Partie: Rechtsanwalt Fred Adjeduah. Er stellt den Kontakt zum Vertreter des Agrarministeriums her. Doch auch hier wieder das leidige Gebühren-Problem. Der Fabrikant erkundigt sich bei der Botschaft und beim Afrika-Verein. Dort gibt man Entwarnung. »Gebühren, auch im voraus, sind normal.« Günter K. zahlt insgesamt 500.000 DM. Dann die bittere Erkenntnis: Alles ein Flop, keiner der Akteure ist »echt«. Kein einziger Traktor wechselt den Besitzer.

Noch dreister die Variante, der die Stuttgarter Handelsvertreterin Karin S. 1994 zum Opfer fällt. Die nationale Erdölgesellschaft Nigeria hat für acht Millionen Dollar Computer bestellt. Den Scheck über die Kaufsumme soll sie in Lagos abholen. Dort aber bietet man ihr Bargeld an, kein normales allerdings. Die Scheine sind pechschwarz, können aber in einer chemischen Lösung in echte Dollarscheine umgewandelt werden. »Von der Regierung beschlagnahmtes Geld«, tut man geheimnisvoll. Für die Chemikalie soll sie aber zunächst 200.000 Dollar zahlen. Daneben gibt es noch andere Gebühren zu begleichen. In zwei Jahren hat Karin S. 1,6 Millionen Mark verloren und selbstverständlich keinen einzigen Computer verkauft.

Hinter diesen Betrugsdelikten steckt die sogenannte »Nigeria-Connection«, eine mittlerweile weltweit operierende Verbrecherorganisation mit Sitz in Lagos. Ihre mit falschen Pässen ausgerüsteten Mitglieder sind grenzenlos mobil und von daher kaum zu fassen. In Nigeria selbst haben sie aufgrund ihrer Verbindungen zu den Behörden und der bescheidenen Ausstattung der Strafverfolgungsbehörden nichts zu befürchten.

600.000 Briefe mit fingierten Angeboten zur Beteiligung an diversen Geschäften mit hohen Gewinnversprechen erreichen in jedem Jahr allein England. Als Absender ist die nationale nigerianische Erdölgesellschaft angegeben. Die englischen Behörden wissen es allerdings besser. Die Nigeria-Connection steckt dahinter. Die Briten haben mittlerweile ein Verfahren entwickelt, um diese Briefe schon am Flughafen aus dem Verkehr zu ziehen. Trotzdem: Die gutgläubigen Anleger von der Insel haben auf diese Weise bereits 3,5 Millionen Pfund verloren.

Schon ist die Nigeria-Connection in das Rauschgiftgeschäft eingestiegen. Die schwarzen Bosse investieren ihre Gewinne in das internationale Kokain-Geschäft.

Und die Herren der Rauschgift-Syndikate wiederum investieren in den internationalen Zigarettenschmuggel, um dort ihre Gelder zu waschen.

Zigarettenschmuggel: Er steht ebenfalls für die moderne Variante der Wirtschaftskriminalität. Was die kleinen Vietnamesen auf den Berliner Straßen stangenweise billig an den Raucher bringen, stammt überwiegend aus Osteuropa und ist an den weitgehend offenen Grenzen nicht aufzuhalten. Ein bis zwei Milliarden Mark gehen dem deutschen Fiskus auf diese Weise pro Jahr als hinterzogene Steuern verloren.

Meist werden die Zigaretten aus den Herstellerländern – Europa oder Amerika – ganz legal in Drittländer exportiert, um von dort auf geheimnisvollen Wegen in die Länder gebracht zu werden, die sie durch hohe Steuern teuer gemacht haben. In den Drittländern arbeiten die Schmuggler Hand in Hand mit den Behörden, gedeckt von einflussreichen Politikern. Montenegro ist ein solches Land. Mit Schnellbooten gelangen Marlboro und Camel nach Italien. Das ZDF hat es gerade vor Ort recherchiert. Dass die Schmuggelbanden keine Amateure sind, sondern mit allen Wassern gewaschene und gut ausgerüstete Profis, zeigen nicht nur die Schnellboote im Hafen von Podgorica. Auch die fast 100 Vietnamesen, die in den vergangenen Jahren bei Auseinandersetzungen zwischen verfeindeten Gruppen allein in Berlin ums Leben kamen, machen deutlich, was Sache ist in diesem lukrativen Geschäft.

Mit in den Zigarettenschmuggel involviert: die Hersteller. Die Europäische Union beschuldigt die amerikanischen Multis Philip Morris und J.R. Reynolds in Kenntnis der Zusammenhänge große Mengen Zigaretten an Zwischenhändler zu verkaufen, die die Ware an die Schmugglerbanden weitergeben.

Wirtschaftskriminalität: Schon immer waren daran Menschen beteiligt, die über Geld, Phantasie und große kriminelle Energie verfügten. Die Aussicht, aus dem Kapitaleinsatz riesige Extraprofite zu ziehen, setzt enorme Kräfte und Fähigkeiten frei. Da kommen die schlecht bezahlten und daher wenig motivierten Strafverfolger nicht mit. Immer häufiger kommt es vor, dass sie sich korrumpieren lassen oder ganz und gar die Seiten wechseln. Globalisierung und offene Grenzen haben mittlerweile einen weiteren Entwicklungsschub in Gang gesetzt. Gut organisierte, international operierende Banden, die über Erpressung und Korruption Behörden und ganze Regierungen ihren Geschäften dienstbar machen und die zusätzlich Unterstützung von an sich sauberen Unternehmen und Branchen erfahren, machen nicht bloß Milliardengeschäfte, sondern sie bedrohen nach Einschätzung von Fachleuten mittlerweile auch die nationale Sicherheit.

Die Justiz jedenfalls hat unter den neuen Bedingungen noch weniger Chancen als bisher. Mitunter spielt sie schon eine tragisch-komische Rolle. Etwa im Fall des deutschen Käufers russischer Aktien. Obwohl er beste Auskünfte über die Papiere erhalten hatte, endete das Geschäft mit einem Totalverlust. Auf seine Strafanzeige hin geschah wenig und der ermittelnde Oberstaatsanwalt wusste auch warum: Die russische Rechtshilfe sei eine problematische Angelegenheit. Da hatte er noch nicht einmal gelogen. Rechtshilfeersuchen in andere Länder haben oft lange Wege. Von der Staatsanwaltschaft an das Justizministerium, von dort an das Außenministerium und im fremden Land die ganze Reihe rückwärts, die Dokumente gesiegelt und in buntem Garn gebunden.

Darüber lacht sich die Organisierte Kriminalität, die über schnelle Flugzeuge und noch im Knast über modernste Handys verfügt, halb tot. Im Fall des russischen Aktiengeschäfts war dann auch ein deutsches Fernseh-Team schneller als alle Strafverfolger. Es flog nach Wladiwostok, wo der Aktienverkäufer zu Hause war und wusste umgehend Bescheid: Die Firmenadresse war ein unbewohntes Abbruchhaus.

4 Die große Verlockung: Korruption

Der Mann, der freundlich grüßend mein Zimmer betritt und schließlich unterwürfig und dankbar nickend vor meinem Schreibtisch Platz nimmt, ist Jugoslawe, Anfang 50 und Opfer eines Irrtums. Sein Nachbar aus dem Stadtteil Seckbach hatte ihn angezeigt wegen Diebstahls. Er habe gebeten, einmal telefonieren zu dürfen und als er die Wohnung wieder verlassen habe, sei auch die wertvolle goldene Brosche, die neben dem Telefon gelegen habe verschwunden gewesen. Die Tat könne nur er begangen habe, sagte der Anzeigeerstatter. Der Beschuldigte hatte diesen Vorwurf bei der Polizei erregt zurückgewiesen, eine Brosche, eine goldene dazu, habe er nirgendwo liegen sehen. Als ich noch überlegte ob die Voraussetzungen eines Durchsuchungsbeschlusses für die Wohnung des Beschuldigten vorlagen – der Tatverdacht war nicht gerade üppig – rief mich der Anzeigenerstatter ganz entsetzt an. Er wolle die Anzeige sofort zurücknehmen. Die Brosche habe sich nämlich wiedergefunden, irgendwo im häuslichen Chaos. Und vor allem: Die Sache tue im leid.

Jetzt sitzt der ehedem Beschuldigte vor mir und präsentiert mir den Einstellungsbescheid, den ich ihm wenige Tage zuvor geschickt habe. Er will sich einfach nur noch einmal bedanken, denn er hat sich über die Einstellung gefreut und zudem auch darüber, dass sein Nachbar die Brosche wiedergefunden hat. Der Balkan einmal von seiner schönen Seite. Als der Glückliche sich verabschiedet, reicht er mir einen 20-DM-Schein über den Schreibtisch als kleine Anerkennung. Als ich lachend ablehne steckt er mir blitzschnell das Geld in die Brusttasche meines Hemdes – und ist verschwunden. Am Aufzug habe ich ihn allerdings wieder eingeholt und er bekommt sein Geld zurück – es kostet mich allerdings einige Überredung.

Das war mein erster Kontakt mit der Korruption – in meinem zweiten Jahr bei der Staatsanwaltschaft. Eine Sache zum Schmunzeln.

Mein zweiter Kontakt sah schon etwas anders aus. Eine Bekannte bat mich zum Treff in ein Cafe in der Rotlintstraße. Sie brauche einen juristischen Rat. Dort erzählte sie mir dann von merkwürdigen Dingen, die sich an ihrem Arbeitsplatz, einem Rehabilitationszentrum für querschnittgelähmte und hirnverletzte Opfer von Arbeits- und Verkehrsunfällen ereigneten. Die drei Hausarbeiter seien nur noch selten dort. Wahrscheinlich hielten sie sich am privaten Bauprojekt des Bosses auf. Als sie dort kürzlich vorbei gekommen sei, habe sie zu ihrer Überraschung die Männer bei der Anlage eines Gartenteichs beobachten können. Und dann seien dort noch ein halbes Dutzend Arbeiter mit der Montage von Dachrinnen und Regenfallrohren beschäftigt gewesen. Die Firma dieser Leute bekomme seit über zwei Jahren sämtliche Aufträge aus dem Sanitärbereich des Reha-Zentrums. Als sie das einem Kollegen erzählt habe, habe der nur gelacht und gefragt, ob sie denn nicht wisse, was alle wüssten. Die Arbeiten an der Villa des Chefs seien das Dankeschön der Firma für den lukrativen Dauerauftrag im Zentrum, und die Hausarbeiter zeigten sich auf diese Weise dankbar für ihre übertarifliche Entlohnung.

Korruption heißt Bestechung und Bestechlichkeit, Vorteilsannahme und Vorteilsgewährung, heißt staatliches Handeln gegen cash oder andere schöne Dinge.

Die Pädagogin, das ist meine Empfehlung, soll den Sachverhalt schriftlich bei der Korruptionsabteilung der Frankfurter Staatsanwaltschaft anzeigen und sich Vertraulichkeit zusichern lassen. Denn eines ist ihr klar: Wenn sie als Petze entlarvt wird, dann kann sie ihren Job an den Nagel hängen.

Ein dreiviertel Jahr später frage ich auf Bitten der Anzeigenerstatterin nach dem Sachstand. Die Anzeige sei eingegangen, bescheidet mich die Behörde, liege aber derzeit auf Halde. Im Klartext, andere, wichtigere Verfahren sind vorgezogen worden, das Reha-Zentrum muss noch warten.

Auch heute stauen sich die Verfahren, obwohl die Korruptionsabteilung der Staatsanwaltschaft Frankfurt am Main mittlerweile auf Vordermann gebracht wurde. 250 Verfahren lang ist der Stau im Frühjahr 2001. Und auch heute noch sind die Anzeigenerstatter in Sachen Korruption nur ungern bereit, ihre Identität preiszugeben. Sie bitten aber deswegen nicht um Vertraulichkeit, sondern sie erstatten die Anzeige anonym.

Über die Identität der Anzeigenerstatter und über die Beweggründe für die Anzeigenerstattung besteht immer noch keine Klarheit innerhalb der Strafverfolger.

Für Oberstaatsanwalt Wolfgang Schaupensteiner, den Leiter der Korruptionsabteilung der Frankfurter Staatsanwaltschaft, sind es in erster Linie Angehörige der ausgestochenen Konkurrenten, die die Sache ins Rollen bringen. Wer beispielsweise als Inhaber einer Baufirma trotz günstiger Angebote jahrein und jahraus bei der städtischen Auftragsvergabe leer ausgehe und schließlich in wirtschaftliche Not gerate, der mache sich irgendwann einmal kundig und teile seine Kenntnisse der Staatsanwaltschaft mit. Aber auch Mitarbeiter der bestechenden Unternehmen kommen als Informanten in Betracht. Solche, die sich intern für fehlende Beförderung rächen wollen oder einfach aus Anstand die Dinge nicht mehr hinnehmen können. Das gleiche gilt für die Mitarbeiter der staatlichen Stellen. Das alles aber ist immer noch Spekulation.

Auch wer die Anzeige im Zusammenhang mit einem millionenschweren Bauprojekt im Frankfurter Süden zu Beginn der neunziger Jahre erstattet hat, wissen die Strafverfolger nicht. Eine vierspurige Straße musste neu gestaltet werden, das gesamte Kabel- und Rohrsystem neu verlegt werden. Die Firma, die den Hauptbatzen an Land gezogen habe, hieß es in der Anzeige, habe zumindest den Leiter des zuständigen Amtes geschmiert. Man solle sich mal dessen Pkw anschauen, nach den Wagen von Ehefrau und Tochter sehen und vielleicht einmal im Hafen von Paguera auf Mallorca nachschauen und sich nach dem Besitzer der Yacht Salome erkundigen.

Wenn anonyme Anzeigen eingehen, führt die Staatsanwaltschaft zunächst eine Rasterprüfung durch. Sie basiert vor allem auf ihren Vorerfahrungen. Damit trennt man die Spreu vom Weizen. Mehr mag die Staatsanwaltschaft dazu nicht verraten. Mit dem Weizen geht sie dann regelmäßig zur betroffenen Dienststelle und bittet diese um interne Ermittlungen.

Im Falle der Straßenneugestaltung südlich des Mains greift die Staatsanwaltschaft auch auf den Tipp des anonymen Anzeigenerstatters zurück, Auto und Yacht. Der Amtsleiter fährt – in Ablöse zu seinem BMW 320 – einen Mercedes 230 Coupé, seine Ehefrau hat den Fiat Uno gegen einen Opel Corsa getauscht und die Tochter hat als Erstwagen einen VW New Beatle angemeldet, um die Hälfte teurer als der Wagen der Mutter. Und auch Mallorca ist ermittlungsmäßig hoch ergiebig. Die Yacht Salome im Werte von 3,5 Millionen DM gehört dem Amtsleiter, der dafür aber ein paar Besoldungsgruppen zu niedrig liegt.

Die Frankfurter Staatsanwaltschaft kann ein Lied singen, was alles gezahlt und geleistet wird für Baugenehmigungen, Gaststättenkonzessionen, Aufenthaltserlaubnisse, Führerscheine, Diplome und Aufträge aller Art.

Bargeld, Schmuck, Autos – das sind die herkömmlichen Vergütungen. Längst schon sind sie ergänzt durch Exotischeres, Attraktiveres, Abenteuerreisen mit dem Eisbrecher in die Antarktis z.B., seltene Tiere oder private Bauchtänze.

Alles, was Geld kostet und Spaß macht, steht auf der Liste der Begehrlichkeiten. Am 04.07.2000 berichtet die Frankfurter Rundschau von vier saarländischen Bürgermeistern und einem Innenminister, die sich von einer im Saarland ansässigen französischen Entsorgerfirma 1998 zur Fußballweltmeisterschaft nach Grenoble und Paris – mit VIP-Service! – einladen ließen.

Neuerdings hat die Korruption noch eine andere Innovation erfahren: Man besticht nicht mehr nur Einzelpersonen sondern ganze Abteilungen, Apparate, Behörden. Da lädt schon mal der Bauunternehmer das gesamte Bauamt ein – für ein Wochenende nach Hamburg, Musical Cats, Fischessen und Herbertstraße. Oder nach Prag: Stadtbesichtigung, Brauereibesichtigung, Rotlichtmilieu. Alle gehen mit, ein Mitarbeiter will allerdings einmal wissen, ob der Bordellbesuch Pflicht sei. Für Wolfgang Schaupensteiner keine Überraschung: Korruption sei ein strukturelles Problem, sei maßgeblicher Teil des wirtschaftlichen Handelns und könne sich daher nicht auf einzelne Personen beschränken. Der gesamte behördliche Apparat stehe im Visier der Unternehmen.

Der Yachtbesitzer wird festgenommen. Personen unter Korruptionsverdacht wandern, soweit es sich nicht um Bagatellfälle handelt, schnell in Untersuchungshaft, denn der neben dem dringenden Tatverdacht erforderliche Haftgrund liegt als Verdunklungsgefahr in aller Regel vor: Lässt man die mutmaßlichen Täter in Freiheit, so werden sie Unterlagen vernichten oder manipulieren, Mittäter und Zeugen beeinflussen – vielleicht sogar einmal mehr bestechen – oder Alibizeugen kaufen.

Das hilft der Korruptionsstrafverfolgung markant auf die Sprünge: Denn Weiße-Kragen-Täter sind – von Ausnahmen abgesehen – einen gehobenen Lebensstandard gewöhnt. Den bietet die U-Haft nicht. Zudem sind viele Repräsentanten der vornehmen Gesellschaft rauschgift-, tabletten- und alkoholabhängig. Auch diesbezüglich ist das Angebot im Knast eher dürftig. Also werden sie viel daran setzten nicht dorthin zu kommen oder wenigstens schnell wieder dort wegzukommen. Der Königsweg: Geständnis, und damit verbunden: Die Enttarnung weiterer Täter.

Sieben Jahre Haft gibt es für den Yachtbesitzer – das ist aber auch die Deadline in Sachen Strafzumessung im Bereich Korruption. Zahlreiche weitere Mitarbeiter erhalten Bewährungsstrafen.

Für die Frankfurter Strafverfolger immer noch ein gutes Ergebnis. So wie ihre Gesamtbilanz eine Erfolgsbilanz ist. In den 13 Jahren ihres Bestehens, seit 1988, hat die Korruptionsabteilung 338 Anklagen und Strafbefehle auf den Weg gebracht und 236 Jahre und neun Monate Freiheitsstrafe erzielt – bei nur zwei Freisprüchen in Verfahren mit minderer Bedeutung. Und das alles auf einem Gebiet, das vor wenigen Jahren im strafrechtlichen Sinne noch keins war. Damals, sagt Wolfgang Schaupensteiner, war Korruption nur ein Problem der Länder des hohen Sonnenstandes. Spanien zum Beispiel oder Marokko oder Tunesien, Länder, wo oftmals nur Bakschisch die Überfahrt sicherstellen konnte. Heute wissen wir es besser – und haben reagiert. Neben der Einrichtung einer Schwerpunktstaatsanwaltschaft ist ein Sondergericht für die Aburteilung der Korruptionsdelikte zuständig.

Richter Großmann, Vorsitzender dieser Kammer, macht Nägel mit Köpfen. Er ist kein Hardliner, aber er weiß, über was er richtet, sein Know-how macht ihn zum Garanten einer effektiven Rechtsprechung. Zu diesem Know-how gehört auch das Wissen um die Sozialschädlichkeit der Korruption. Der materielle Schaden ist schon erschreckend hoch: Allein in der öffentlichen Bauwirtschaft summieren sich die Einbußen durch Korruption und Preisabsprachen auf zehn Milliarden DM im Jahr. Die immateriellen Schäden könnten noch höher liegen. Korruption zerstört den Leistungswettbewerb und die Innovationsfähigkeit der Wirtschaft. Wer kümmert sich noch um neue, attraktive Produkte und Verfahren, wenn der alte Kram – für ein paar Mark weniger – immer wieder an den Mann gebracht werden kann?

Und mit dem Vertrauen des Bürgers in die Nichtkäuflichkeit des Beamtenapparates geht letztlich auch das Vertrauen in den Staat verloren.

Rechtsstaatlichkeit und der demokratische Staat selbst stehen also unter den Bedingungen der Korruption zur Disposition.

Das sind keine Hirngespinste. In Südamerika zum Beispiel, wo nach Einschätzung des Frankfurter Rechtsprofessors Wolf Paul, einem hervorragenden Kenner der dortigen Verhältnisse, Korruption als verbreitete soziale Praxis und als reguläres Element des Wirtschaftslebens systemimmanent ist, sehen wir sehr deutlich, wie Korruption und Zerfall staatlicher Autorität zusammenhängen. Wer hat die Macht in Kolumbien, Bolivien und Peru? Hinter den gewählten Volksvertretern, so es sie denn überhaupt gibt, steht die Mafia, stehen die Rauschgiftkartelle, stehen die Großgrundbesitzer. Wenn sie nicht schießen, zahlen sie – und immer nur einen Bruchteil ihrer Riesengewinne, um sich den Staat gefügig oder gefällig zu halten.

Korruption als der große Feind von Demokratie und Rechtsstaatlichkeit. Da ist es schon ein richtiges und berechtigtes Anliegen, die Käuflichkeit des Staates zu stoppen. In Frankfurt am Main gelingt es, jedenfalls scheint die Sache in strafrechtlicher Hinsicht hier gut aufgehoben.

Und wie sieht es woanders aus? Oberstaatsanwalt Wolfgang Schaupensteiner hat lange gebraucht um sein Anliegen durchzusetzen, um einen Apparat zu schaffen, der der Korruption Paroli bieten kann. Zu sehr war man auch hier nicht bereit zu glauben, dass die korruptiven Unterschiede zwischen Algier und Frankfurt am Main eher unbedeutend waren. Jetzt weiß man es besser und man hat reagiert. Überall in Deutschland?

Die Marburger Sozialwissenschaftlerin Britta Bannenberg ist da skeptisch. Die von ihr initiierte bundesweite Strafaktenanalyse zur Korruption beschreibt vielerorts eine defizitäre Strafverfolgung. Die für die Bearbeitung dieser schwierigen Verfahren erforderlichen besonderen Kompetenzen, sprich: Sachkunde, seien auf Seiten von Polizei und Justiz oftmals nicht vorhanden. Das hieraus resultierende geringe Entdeckungsrisiko leiste der Korruption Vorschub.

Und dann fiel der Juristin noch auf, dass generell eine starke Zurückhaltung bei der Auskunft über Strafverfahren vorhanden gewesen sei, wenn Politiker oder Polizeibeamte in die Strafverfahren involviert gewesen seien. Der Versuch, Einsicht in die Verfahren der politischen Korruption zu nehmen, sei aussichtslos gewesen. Da kann man sich seinen Teil denken. Auch in anderen Bereichen der hochkarätigen Korruption, bei der Einflussnahme der Organisierten Kriminalität auf Richter, Staatsanwälte und Polizeibeamte hat die Verfasserin interessante Dinge recherchiert, wenn die Erkenntnisse auch nur als vage einzuordnen sind. Zwar hat sie keinen offiziellen Fall einer Richterbestechung feststellen können. Aber hinter vorgehaltener Hand seien von Staatsanwälten und Leitenden Oberstaatsanwälten Einzelfälle beschrieben worden, in denen sie einen starken Verdacht in diese Richtung äußerten.

Und obwohl auch im Polizeibereich nur Fälle innerhalb der Vergabeabteilungen berichtet worden seien, gäbe es in einer deutschen Großstadt eine besondere Ermittlungseinheit für Polizeikorruption, die davon ausginge, dass nahezu die Hälfte der Polizeibeamten Nebentätigkeiten für zwielichtige Personen des Bordellgewerbes u.Ä. ausführe und diese im Gegenzug illegal über bevorstehende Razzien oder sonstige polizeiliche Maßnahmen mit Informationen versorge.

Und noch aus einem anderen Grund scheinen die offiziellen Zahlen die Korruptionswirklichkeit in Deutschland nicht richtig wiederzugeben. Es werde seitens der Politik – über das Justizministerium und den Generalstaatsanwalt – Druck auf die Ermittler ausgeübt, wenn prominente oder mächtige Personen beschuldigt würden. Auch dafür hat Bannenberg Belege gefunden, wo, das sagt sie allerdings nicht. Hoffentlich nicht in Frankfurt am Main. Sicher nicht in Frankfurt am Main. Oder? Auf den politischen Druck in Hessen kommen wir noch einmal zurück.

5 Raubaffe Mensch – Kontrolle durch Strafrecht?

Das Umweltstrafrecht schützt unsere Lebensgrundlagen. Diesen Satz würden wohl die meisten von uns spontan unterschreiben. Die Umweltmedien, auf die es sich bezieht, Wasser, Boden, Luft, und deren Schutz es bezweckt, indem es ihre Beeinträchtigung unter Strafe stellt, sind mehrheitlich als unverzichtbar, quasi als Geschäftsgrundlage unserer Existenz erkannt oder besser gesagt, wiedererkannt worden. Denn zunächst, im Rausch stetig wachsenden Wohlstandes war die Kehrseite dieser Entwicklung, die Verschmutzung der Umwelt gar nicht wahrgenommen, dann hingenommen, bagatellisiert und sogar dem Spott anheim gegeben worden: Mein Auto fährt auch ohne Wald – dieser Spruch war auf den Heckscheiben zahlreicher Autos zu lesen.

Das Umweltstrafrecht ist ein Kind des wachsenden Umweltbewusstseins, der sich ausbreitenden Erkenntnis, dass auch unsere Existenz und nicht nur die von Moorfrosch und Kranich am seidenen Faden intakter ökologischer Verhältnisse hängt.

»Die 30 Zentimeter, von denen wir leben« – mit diesem Slogan wiesen Umweltverbände zu Beginn der achtziger Jahre darauf hin, dass unsere Ernährung vollständig abhängig ist von der Existenz und Fruchtbarkeit einer nur hauchdünnen Humusschicht auf Trilliarden Tonnen sterilem Fels und kochender Lava.

Und es waren die Astronauten, die den Blick schärften für die Verletzlichkeit unserer Atmosphäre, ohne die hier auf der Erde kein

Leben existieren kann. Neil Armstrong hat sie mit einer Eierschale verglichen, reichlich übertrieben angesichts der Tatsache, dass wir schon auf 3.000 Meter oberhalb Seehöhe Luftprobleme bekommen und in 10.000 Meter Höhe niemand mehr, Reinhold Messmer inklusive, ohne technische Hilfe atmen kann.

Die Grünen etablierten anlässlich ihrer ersten Regierungsbeteiligung in Hessen an der Frankfurter Staatsanwaltschaft das erste Umweltdezernat, eine beachtliche Leistung, wenn man bedenkt, dass die Initiatoren nicht gerade die besten Erfahrungen mit den Strafverfolgungsbehörden gemacht hatten, jedenfalls nicht mit deren politischen Abteilungen.

In Politik und Gesellschaft ist das Umweltstrafrecht heute weitgehendst akzeptiert. Wir müssen unsere Lebensgrundlagen schützen, darüber besteht – in der Theorie jedenfalls – Einigkeit. Wer sich als Strafverfolger in Umweltsachen outet, gleich ob auf Familienfeiern, auf Feuerwehrfesten oder im Rahmen akademischer Empfänge, kann auf breite Zustimmung hoffen. Bühne frei also für die Jagd auf die Bösewichte, die sich an unseren Lebensgrundlagen vergreifen? Wo so viel Zustimmung existiert ist meist etwas faul. Schon mein erster Fall im neuen Dezernat hätte mich misstrauisch machen müssen.

Der junge Mann aus dem Frankfurter Süden hatte eine Bekannte im Stadtteil Bornheim besucht und war jetzt, kurz nach Mitternacht, auf dem Nachhauseweg. In der Mitte der über den Main führenden Friedensbrücke hielt er seinen Motorroller an, entnahm dem Gepäckträger eine prall gefüllte Plastiktüte und warf sie in hohem Bogen über das Geländer in den Fluss. Kaum hatte er seine Fahrt fortgesetzt stoppte ihn ein Funkstreifenwagen der Polizei. Was er da gerade in den Main geworfen habe, wollten die Beamten wissen. Der Rollerfahrer antwortete wahrheitsgemäß. In der Plastiktüte seien weitere Plastiktüten gewesen, vielleicht 50 oder 100. Seine Freundin habe ihn gebeten, die Abfälle bei sich zu Hause in die Tonne zu stecken, weil die ihre voll gewesen sei. Und unterwegs sei ihm eingefallen, dass auch seine Tonne nicht mehr aufnahmefähig war. Da habe er die Ladung halt in den Main entsorgt.

Die Akte liegt irgendwann auf meinem Schreibtisch. Sie ist drei Seiten stark, das Dünnste, mit dem ich es an diesem Tag zu tun hatte. Die Polizei ist der Meinung, dass es sich hier um den Fall einer strafbaren Gewässerverunreinigung handelt. Die Beamten haben den Beschuldigten noch einmal zur Vernehmung vorgeladen, doch der ist nicht erschienen.

Ich schreibe dem Täter, er ist 22 und studiert Jura, einen Brief und biete ihm an, das Verfahren gegen Zahlung von 500 DM einzustellen. Das Geld soll er an Greenpeace zahlen, wie es sich im Fall von Gewässerverunreinigungen gehört. Man will dem angehenden Juristen doch wegen dieser Geschichte keine Schwierigkeiten machen in Gestalt einer Vorstrafe. Aber das geht nur mit seiner Zustimmung. Er schreibt zurück. Ob ein Gewässer auch mit unlösbaren Plastiktüten im strafrechtlichen Sinne verschmutzt werden könne, gibt er zu bedenken. Und vor allem: Ob der Main, den viele ja als Kloake bezeichneten, überhaupt noch verschmutzt werden könne. Im Übrigen habe er die 500 DM für andere Dinge zu gebrauchen.

Ein Greenhorn wird frech. Ich erhebe Anklage. Das Gericht reduziert das Bußgeld auf 300 DM und der Angeklagte ist einverstanden. Die Zahlung erfolgt ebenfalls, aber erst drei Mahnungen und acht Monate später.

Kann man den Main 500 Kilometer hinter seine Quelle, im Bereich von Frankfurt am Main, überhaupt noch verschmutzen? Keine schlechte Frage des angehenden Juristen. Der Fluss war und ist ein schmutziger Fluss. Die für seinen Zustand verantwortlichen Politiker unternehmen regelmäßig den Versuch ihn zum glasklaren Bergbach umzuinterpretieren. Fische seien zurückgekehrt, hätten sich vermehrt und so weiter. Leider kein Argument. Auch in Athen und Mexico City leben Menschen, mit schwarzen Lungen allerdings, auch die Nichtraucher. Kannibalen würden Abstand nehmen, und auch die Mainfische sind nichts für empfindliche Gaumen.

Wer hat den Main so zugerichtet? Das Schreiben des straffällig gewordenen Jurastudenten macht aufmerksam auf einen Tatbestand, der für das Umweltstrafrecht, insbesondere für die Bewertung der entsprechenden Straftaten von erheblicher Bedeutung ist: Die Verschmutzung unserer Gewässer, unserer Luft und unserer Böden resultiert nicht entscheidend aus strafbarem Verhalten, sondern ist das Ergebnis völlig legalen, gesetzmäßigen, erlaubten Tuns.

Zum Thema Gewässer: Auf seinem Weg von der Quelle bis nach Frankfurt am Main nimmt der Fluss die Abwässer zahlreicher Städte und Gemeinden inklusive der dort ansässigen Unternehmen auf. Auch wenn sie vorher modernste Kläranlagen passiert haben, nur knapp 90% der Schmutzstoffe bleiben auf der Strecke. Unter denen, die durchkommen befinden sich viele hochkarätige. Jenen machen Filter und Absetzbecken offenbar wenig aus. Und praktisch alles, was eingeleitet wird hat eine wasserrechtliche Erlaubnis.

Wir alle drehen an der ökologischen Schraube während wir unsere alltäglichen Geschäfte betreiben: Duschen, Waschen, Autofahren. Selbst mit Spartechnik und Verzichtsmentalität manövrieren wir das Raumschiff Erde in die Krise.

Die Alternative wäre: nachhaltiges Wirtschaften. Dinge tun und so tun, dass sie noch in 10.000 Jahren ebenso getan werden können, ohne dass es zum ökologischen Schadensfall kommt. Nur so viele

Bäume fällen und so viele Fische fangen, wie nachwachsen. Dies aber tun wir nicht. Nirgendwo auf der Erde. Wir sind Raubaffen, Plündern gehörte schon immer zu unserem Handwerk. Gründlich abräumen, das sicherte unser Überleben über eine lange Zeit hinweg. Dass sich die Voraussetzungen dafür allerdings geändert haben, begreifen wir nur sehr langsam. Dass wir mehr geworden sind und vor allem, dass wir unsere Ausbeutungsmethoden perfektioniert haben. Wir plündern nicht nur einen Baum sondern ganze Wälder, fischen nicht nur eine Bucht leer sondern ganze Meere.

Wenn aber die Masse der ökologischen Zerstörungsarbeit erlaubt stattfindet, gar keinen Straftatbestand erfüllt und letztlich von uns allen geleistet wird, dann müssen wir uns schwer tun damit, einen Illegalen auszudeuten und an den Pranger zu stellen. Und wenn die Fähigkeit zur Ausbeutung der Natur zu unseren evolutionären Vermächtnissen gehört, die Natur uns quasi selbst zu Umweltzerstörern gemacht hat, dann fragt es sich überhaupt, ob der richtige Umgang mit ihr über Drohungen und Zwang, über Repression durch Strafrecht zu erreichen ist.

Klaus Georg, der ehemaligen Leiter des hessischen Naturschutzzentrums in Wetzlar hat einmal die Frage gestellt, wie der Landwirt zum sorgfältigen Umgang mit seinem Unkraut veranlasst werden könnte, gegen das er jahrhundertelang einen aufreibenden Kampf geführt hat und von dem er jetzt, nachdem er den Kampf mit der Giftspritze gewonnen hat, hören muss, dass es nicht nur umbenannt worden ist in Ackerbegleitflora sondern auch auf der Liste des bedrohten Lebens steht. Eher doch – da war man sich damals einig – mit Information und Aufklärung als mit der Androhung von Strafen.

Also wider Erwarten Entwarnung an der strafrechtlichen Umweltfront? Oder jedenfalls: Ist Umweltkriminalität nicht die große Kriminalität, für die man sie nach dem ersten Hinschauen halten durfte?

Um das zu klären, muss man zunächst einmal sehen, was alles noch auf den Schreibtischen der Umweltsachbearbeiter landet. Besteht die Umweltkriminalität denn komplett aus Fällen, die vor dem geschilderten Hintergrund den Charakter von Bagatellen erhalten?

Keine Frage. Der größte Teil der der Strafverfolgung anheim fallenden Umweltdelikte gehört immer noch zu den ökologischen Peanuts. Landwirte leiten Gülle aus ihren vollen Sammelgruben in den Bach, ein Galvanisierbetrieb hält die Zyanidgrenzwerte in seinen Abwässern nicht ein, und ein Jugendlicher entsorgt sein Autowrack nebst undichter Ölwanne auf einem öffentlichen Parkplatz. Hier reagiert die Justiz zumeist auf die einzig richtige Art: Sie stellt die Verfahren, regelmäßig gegen eine Geldauflage, ein.

Das aber ist nicht alles. Gerade in den letzten Jahren hat die Zahl der harten Umweltfälle deutlich zugenommen. Das resultiert vor allem aus einer effektiveren polizeilichen Aufklärungsarbeit. Aus Umweltsachbearbeitern sind Umweltspezialisten geworden. Fortbildung, Erfahrung, Engagement tragen Früchte, ebenso wie die verbesserte technische Ausrüstung der Beamten. Auch die Staatsanwaltschaften haben sich entsprechend spezialisiert und die Spezialisten haben dazugelernt. Und engagierte Bürger leisten wichtige Beiträge. Das Anzeigeverhalten, wie die Strafrechtler sagen, in Sachen Umweltkriminalität könnte kaum besser sein. Während man bei der Misshandlung von Kindern gerne wegschaut: Beim Ölwechsel auf der grünen Wiese oder wenn allzu schwarzer Rauch aus einem Schornstein aufsteigt, zücken viele ihre Handys und wählen die bekannte dreistellige Nummer. Ein Mitglied des Bundes für Umwelt und Naturschutz aus Aschaffenburg hat den folgenden Fall den Strafverfolgungsbehörden zugänglich gemacht, bei dem es nicht nur um eine handvoll Plastiktüten geht, die ein verliebter Student in den Main entsorgt hat.

6 Die Stadt, der Müll und der Profit

Der vielleicht entscheidende Punkt, der auf der Habenseite der Täter zu verbuchen war, war technischer Natur: Autos können nur unter Schwierigkeiten recycelt werden. Das Verfahren, das heute noch überall praktiziert wird, beruht auf einer waschechten Dino-Technologie. Man schlägt die Altfahrzeuge kurz und klein, um dann in einem aufwendigen Verfahren die unterschiedlichen Materialien wieder auszusortieren. Eigentlich wäre es Sache der Automobilindustrie gewesen, ein praktikableres Verfahren zu erfinden, das beispielsweise den Produktionsablauf umgekehrt bzw. die Herstellung rückabgewickelt hätte. Aber so geht es, wenn die Faszination Auto den Verstand überlistet. Auch den der Autobauer. Statt einen Recycling-Fachmann zu beschäftigen hat man lieber einen Sound-Ingenieur eingestellt.

Dieser Technologie waren die Beschuldigten ausgeliefert. Alles andere aber geht voll auf ihre Kappe.

Die Täter, das waren Vater und Sohn, Kaufleute beide, mit Diplom und der Senior auch promoviert, also mit Doktortitel. Ihre Firma war am Osthafen ansässig und befasste sich mit der Aufbereitung von Stoffen, insbesondere Metallen. Im Klartext: Die Firma entsorgte Schredder-Unternehmen aus der Umgebung, verwertete die Restmaterialien, mit denen die Schredder-Betreiber nichts mehr anfangen konnten oder wollten. Dabei handelte es sich im wesentlichen um Teile von Fahrzeugkarossen und Industriemaschinen, aber auch von Fernsehapparaten und Haushaltsmaschinen. Die Eisenteile hatten die vorgeschalteten Unternehmen in der Regel schon aussortiert, was übrig blieb ging an die Recycling-Firma am Osthafen. Dort kam auf einem 2.500 qm großen Betriebsgrundstück ein umfangreiches und auch an sich anspruchsvolles Verfahren zur weiteren Separierung der Rohstoffe zur Anwendung, um vor allem Nichteisen-Metalle zu gewinnen und weiter zu verwerten, quasi das moderne Herz im Körper einer völlig rückständigen Technologie.

Die Materialien wurden mehrfach gesiebt, gewaschen, in einer so genannten Schwimm-Sink-Anlage nach dem Prinzip der unterschiedlichen spezifischen Gewichte behandelt und auch noch einem Überbandmagnetscheider zugeführt. Am Ende gab es einerseits wiederverwertbare Metalle wie Kupfer, Zink, Messing, Eisen und vor allem Aluminium und andererseits ganz viel nicht mehr Verwertbares. Nassstäube, Schlämme, Gummi-Fraktionen mit geringen Metallanteilen und die so genannten Filterkuchen, trocken gepresste Schlämme aus der Abwasserreinigung. Diese Reste waren erheblich mit Schadstoffen kontaminiert. Denn bei der Zerstückelung der Ausgangsware, zum Beispiel der Autokarosserien, gelangten Problemstoffe aus Kondensatoren, Motoren sowie Öle und Fette in das Material, wobei diese Problemstoffe im Zuge der Aufbereitung weiter verteilt wurden. An den großen Oberflächen der kleinkörnigen Abfälle lagerten sich erhebliche Mengen der besagten Schadstoffe an.

Die Recycling-Firma musste scharf kalkulieren. 120 DM pro Tonne übernommenen Materials durften maximal an Behandlungs- und Deponierungskosten der unverwertbaren Reste anfallen, dann konnte das Unternehmen noch gewinnbringend arbeiten.

Im Jahre 1990 eskalierte die Situation. Die Deponie Buchschlag im Süden Frankfurts schloss, weil ihre Kapazität erloschen war und gleichzeitig durften die in der Regel PCB-belasteten Abfälle nicht mehr auf andere Hausmülldeponien gebracht werden. Denn zwischenzeitlich war die toxische Brisanz dieser Chemikalie erkannt worden. Das überall in Kondensatoren und Weichmachern enthaltene Öl erwies sich nämlich als Krebs verursachend und zu allem Überfluss noch als schwer abbaubar. Das Unternehmen hätte nunmehr die PCB-kontaminierten Abfälle zur Hessischen Industrie Müll GmbH (HIM) bringen müssen, einer auf die Beseitigung hoch toxischer Stoffe spezialisierte Anlage in Biebesheim am Rhein. Allerdings: Die Entsorgung einer einzigen Tonne dieser Abfälle in der Sondermüll-Beseitigungsanlage hätte die Recycling-Firma 400 DM bis 500 DM gekostet –, ihre Kalkulation wäre nicht mehr aufgegangen.

Nun hatten die Kaufleute vom Osthafen schon vor dem Jahr 1990 bei der Entsorgung ihrer Abfälle gemogelt. 350 Tonnen ihrer Filterkuchen, die sie wegen der hohen Schadstoffbelastung zu keinem Zeitpunkt auf der Hausmülldeponie in Buchschlag entsorgen durften, sondern der HIM zur Beseitigung überlassen mussten, hatten sie dem »legalen« Buchschlag-Material ohne Kenntnis der Deponiebetreiber beigemischt, während sie 100 Tonnen Filterkuchen als Alibimenge – zur Täuschung der Abfallbehörden – der HIM angedient hatten. Sie waren also nicht unerfahren in der illegalen Abfallbeseitigung. Und weil man den Betrieb nicht aufgeben will – das wäre eigentlich die Konsequenz der veränderten Marktverhältnisse gewesen, machen Vater und Sohn jetzt Nägel mit Köpfen.

Sie nehmen Kontakt auf zu dem Fuhrunternehmer Manfred H. Der ist gerne bereit den gesamten Betrieb zu entsorgen. Er sagt, dass er das Material bei diversen Bauvorhaben und Verfüllungsmaßnahmen unterbringen kann. Die Firmeneigner wissen aber, dass das unter rechtmäßigen Bedingungen nicht funktionieren kann. Denn sie zahlen ihm pro Tonne nur 50 DM zu. Unter diesen Bedingungen kann Manfred H. die Abfälle nicht verwerten, jedenfalls nicht auf rechtmäßige Art und Weise. Trotzdem wird man sich handelseinig. 1991 und 1992 fährt der Fuhrunternehmer riesige Mengen Feinabsiebungen vom Betriebsgelände der Firma am Frankfurter Osthafen ab.

Im Frühjahr 1992 wird ein Mitarbeiter des BUND fündig. Im frisch verfüllten Bereich einer alten Kiesgrube nahe Klein-Ostheim an der hessisch-bayrischen Grenze entdeckt er Elektronikschrott, kleine Kondensatoren, Drähte und Glasteile. Das Fernsehen ist dabei und die Behörde in Zugzwang. Die Sache ist schnell aufgeklärt. Das Material ist Material der Recycling-Firma aus Frankfurt am Main. Mehr als 15.000 Tonnen hat Manfred H. binnen eines Jahres davon in die aufgegebene und zur Verfüllung freigegebene Kiesgrube gekippt. Obwohl er die Kontamination des Materials kannte und obwohl er wusste, dass zur Verfüllung der Grube nur unbelasteter Erdaushub genommen werden durfte. Den Firmenverantwortlichen war das alles gleichgültig. Sie interessierten sich nicht für das Schicksal ihrer Abfälle. Obwohl sie sich, wie ihnen das Gericht später ins Urteil schreiben wird, unter den gegebenen Umständen über den Verbleib des Materials genauestens hätten informieren müssen.

Ein gewaltiger ökologischer und ökonomischer Schaden war entstanden. Die Kiesgrube befand sich innerhalb eines Naherholungsgebietes und gehörte zum Naturpark Spessart. In ihrem näheren und weiteren Umkreis befanden sich ein See und mehrere Trinkwasserschutzgebiete. Wegen der erheblichen Belastung der eingebrachten Feinabsiebungen an Polychlorierten Biphenylen (PCBs), Polycyclischen Aromatischen Kohlenwasserstoffen (PAKs) und Schwermetallen musste das belastete Material, zusammen mit den sekundärkontaminierten Böden ca. 80.000 Tonnen, wieder ausgebaggert und ordnungsgemäß entsorgt werden. Die Sanierungsmaßnahmen kosteten den Eigentümer des Geländes, der Deutschen Bahn AG, über 20 Millionen DM. Ein Rückgriff auf die Recycling-Firma scheiterte, denn die war schließlich zahlungsunfähig.

Die Kiesgrube in Bayern war nicht das einzige Ziel von Manfred H. Wo genau er welche weiteren Abfallmengen der Firma entsorgt hat, konnte anlässlich der später durchgeführten Ermittlungen nicht geklärt werden. Von der Polizei mitgeschnittene Telefonate lassen allerdings schlimmes befürchten. Einmal sagt er zu einem Gesprächspartner: »Wenn die wüssten, was alles in der BUGA verbuddelt worden ist.« BUGA steht für Bundesgartenschau. Sie fand Mitte der achtziger Jahre in den Frankfurter Niddawiesen statt, und auch bei den Folgearbeiten wurde viel Gelände kunstvoll modelliert. Diesen Dingen ist man später vorsichtshalber nicht weiter nachgegangen.

1991 finden die Firmeninhaber einen anderen willfährigen Vollstrecker ihrer Entsorgungswünsche. Der Kaufmann Ferdinand H., Inhaber der Firma TEC und wegen diverser Delikte schon fünfmal zu Freiheitsstrafen verurteilt, bietet sich als Entsorger an – gegen 150 DM pro Tonne Material. Dass es auch hier nicht mit rechten Dingen zugehen kann, wissen die Firmen-Verantwortlichen. Nachdem Ferdinand H. die Abfälle – sogenannte grobe Gummifraktionen – in Frankreich nur kurzzeitig unterbringen kann, weicht er in die neuen Bundesländer aus. Deren wirtschaftliche Not, ihre Unerfahrenheit in marktwirtschaftlichen Dingen und ihre Gutgläubigkeit nutzt H. gnadenlos aus.

Er pachtet das Grundstück einer ehemaligen landwirtschaftlichen Produktionsgenossenschaft (LPG) in Lichtenau/Sachsen und erzählt der Bürgermeisterin, dass er eine Gummiproduktion aufbauen und 80 Arbeitsplätze schaffen wolle. Dann lagert er – im Wasserschutzgebiet und in der Nähe einer Trinkwassertalsperre – neben Altfarben und Pestiziden 1.700 Tonnen Gummischutt der Firma ab, zusätzlich vermengt mit 10 Tonnen hochkontaminierter Filterkuchen. Bald treten Sickerwässer aus, es kommt zu Geruchsbelästigungen, Anwohner beschweren sich und dann fliegt der Schwindel auf. Die Gemeinde erlässt einen Räumungsbefehl gegen die Recycling-Firma. Die aber legt dagegen Rechtsmittel ein, so dass die Gemeinde die Abfälle selbst entsorgen muss. 2,5 Millionen DM zahlt sie für die aufwendige Verbringung und ordnungsgemäße Deponierung der Abfälle. Und auf diesen Kosten lässt sie die Firma sitzen.

Noch einmal nutzen Vater und Sohn die Verhältnisse in den neuen Bundesländern aus. 1.300 Tonnen Gummi-Metall-Gemisch geben sie 1991 unter Zuzahlung von 80 bzw. 90 DM an den Weimarer Altmetallhändler F., ein alteingesessner aber völlig überforderter Vertragspartner. Von dieser Summe muss F. auch noch die Deponierungskosten zahlen. Eine gewinnbringende Ausbeutung der Materialien gelingt selbstverständlich nicht, obwohl F. die Gummischutte von Billigarbeitern, ehemaligen sowjetischen Soldaten, von Hand sortieren lässt um vor allem Aluminium zu gewinnen.

Letztlich gelangen die Abfälle auf die Deponie Buttellstedt, wo man die hohe Schadstoffbelastung der Materialien nicht kennt.

Eher phantasievoll gehen Vater und Sohn im Falle Herbert Sch. vor, einem Unternehmer aus der Nähe von Limburg an der Lahn. Der war deswegen so interessant für die Firma, weil sich dort, 50 Kilometer entfernt nur von Frankfurt am Main, die Deponie Beselich befand. Allerdings durfte Sch. auf dieser Deponie nur kreiseigene Abfälle lagern. Da wussten die Firmeninhaber allerdings einen Weg. Sie verlagerten den letzten Arbeitsschritt der Verwertung nach Limburg an der Lahn, indem sie Sch. die Linearmotoren zur Aluminiumgewinnung zur Verfügung stellten. In der Folgezeit lieferten sie unter Zuzahlung von 30 DM sowie unter Übernahme der Kosten für Transport und Deponierung 3.700 Tonnen eines hochkontaminierten Gummi-Metall-Gemisches nach Limburg an der Lahn. Sch. konnte daraus 7% Metall gewinnen und an die Recycling-Firma verkaufen. Für ihn rechnete sich die Sache. Nicht jedoch für die Umwelt. Denn der Rest ging, hochkontaminiert und ohne Wissen der Betreiber und auch ohne Wissen von Sch. auf die nur für normalen Hausmüll zugelassene Deponie – rund 3.500 Tonnen. Das Geschäft endete, als die Deponiekosten um 30 DM pro Tonne angehoben wurden und die Kalkulation der Firmenverantwortlichen nicht mehr aufging.

Not macht erfinderisch. Als die diversen Entsorgungspfade sich als untauglich erwiesen haben, spielen die Firmenverantwortlichen ihren Joker. Sie weichen ins Ausland aus. In Pagny sur Meuse in Lothringen kaufen sie eine ähnlich ausgestattete Firma, in deren Nähe sich eine Deponie befindet, deklarieren die Gummi-Metall-Gemische, über die sie zuvor noch Filterkuchen und Feinabsiebungen verteilt haben, als Wirtschaftsgut um und verbringen sie nach Frankreich, 3.500 Tonnen insgesamt. Dort lässt man sie zum Schein noch einmal durch die Magnetanlage laufen. Verwertbares lässt sich dabei allerdings nicht mehr gewinnen. Ein Mitarbeiter wird später im Prozess sagen, es war Abfall vom Abfall, was uns geliefert wurde. Und das war ja auch nicht anders beabsichtigt. Denn es ging allein um die preisgünstige Deponierung der Stoffe. Das war nun unmittelbar neben der Anlage möglich. Lichtbilder, von einem Journalisten des Hessischen Rundfunks, der über den Fall berichtete, aus einem

Hubschrauber aufgenommen, zeigen die riesige Deponie am Ufer der Meuse und den Fluss, der unmittelbar dahinter seine Farbe wechselt. Von tiefem Blau ins giftige Grün.

Im Frühjahr 1993 werden Vater und Sohn in Untersuchungshaft genommen und nach vier bzw. zwei Monaten gegen Auflagen wieder entlassen. Am 5. Januar 1995 erhebt die Staatsanwaltschaft Anklage gegen beide wegen umweltgefährdender Abfallbeseitigung und am 3. September 1995, nach siebenmonatiger Verhandlungsdauer, verurteilt das Gericht den Seniorchef zu einer Freiheitsstrafe von drei Jahren und seinen Sohn zu einer Freiheitsstrafe von eineinhalb Jahren mit Bewährung. Beide erhalten auch noch eine Geldstrafe von 100.000 DM und der Seniorchef zusätzlich ein fünfjähriges Berufsverbot.

Wir sind überglücklich. Endlich eine Freiheitsstrafe, die verbüßt werden muss. Gegen einen prominenten Mann. Nicht wieder der nervtötende und im Exzess praktizierte Kompromiss in Form der zweijährigen Bewährungsstrafe. Drei Jahre können nicht mehr zur Bewährung ausgesetzt werden.

Im Zuhörerraum sitzt an diesem Tag auch Eduard Bernhard, ein über die hessischen Grenzen hinaus bekannter Atomkraftgegner und unermüdlicher Umwelt-Aktivist. Nach der mündlichen Urteilsbegründung kommt er auf uns zu. Er ist fassungslos:

»Drei Jahre« sagt er »für 30.000 Tonnen Gift – das ist ein Skandal.«

Alles eine Frage des Standpunktes. Strafzumessung ist ein schwieriges Geschäft. Vor allem wenn es auf neuem Terrain stattfindet. Das Gericht führt in der Urteilsbegründung als strafmildernd an, dass die Tat vor dem Hintergrund der sich zuspitzenden Entsorgungslage begangen worden sei und sich die Angeklagten wegen der Schließung ihrer Hausdeponie und wegen der Umqualifizierung der Schredder-Materialien zu Sonderabfall in einer Zwangslage befunden hätten.

Die Angeklagten als Opfer höherer – politischer – Gewalt? Umwelttäter durch Zufall, obwohl sie im Dienste der Umwelt tätig waren, als sie wertvolle Rohstoffe sammelten und der Wiederverwertung zuführten? Diese Konstellation ist in den Umweltdezernaten nicht neu. Schon in den achtziger Jahren war ein ausgemachter Ökofreak mit der Justiz aneinandergeraten. Auf seinem Grundstück im Südwesten der Stadt, nahe des Mains, hatte er einige Millionen Altreifen gelagert und wartete auf günstige wirtschaftliche Rahmenbedingungen um sie mittels eines selbstentwickelten Pyrolyseverfahrens in ihre Grundstoffe zurückzuverwandeln. Der gerichtlich bestellte Gutachter war der Meinung, solche Bedingungen seien wegen des konstant niedrigen Ölpreises vorerst nicht in Sicht, aber sollte die Reifenhalde einmal in Brand geraten, dann müssten wohl große Teile Frankfurts evakuiert werden, jedenfalls dann, wenn der Wind, wie zumeist, aus Südwesten wehe. Und ob der Brand überhaupt gelöscht werden könne, sei fraglich, denn der Einsatz von Wasser sei wegen der drohenden Verseuchung des nahen Mains ausgeschlossen und geeignete Chemikalien gebe es in der erforderlichen Menge auf dem gesamten Weltmarkt nicht. So wurde aus dem erklärten Umweltschützer ein rechtskräftig verurteilter Umwelttäter. Auch für uns nicht zum lachen.

War das hier auch so? Wohl nicht. Unternehmer müssen sich auf veränderte Rahmenbedingungen einstellen und ihre Kalkulation den wechselnden Realitäten des Marktes anpassen. Das ist überall so, nicht nur in der Recyclingbranche. Und von diesen Dingen profitieren sie ja auch, wenn sich aus den Veränderungen neue Marktchancen ergeben.

Darüber hinaus entlarven sich die Firmeninhaber an anderer Stelle als knallharte, profitorientierte Kaufleute, die mit der ökologischen Idee nichts am Hut haben. 1991 und 1992 hatten sie nämlich von drei anderen Firmen kontaminiertes Material aus der Bodensanierung und der Kabelverwertung angenommen, das keinerlei nutzbare Bestandteile enthielt und so wie es angeliefert worden war über die Feinabsiebungen gekippt wurde, die der Fuhrunternehmer Manfred H. in der Landschaft verteilte.

Drei kleine Begebenheiten am Rande des Prozesses sollten nicht unerwähnt bleiben. Sie könnten andeuten, was der Justiz in Wirtschafts- und Umweltsachen demnächst zusätzlich Probleme machen könnte.

Die Journalistin Petra W. schreibt für ein großes Münchener Wochenmagazin. Im Mai 1995, unmittelbar nach Prozessbeginn berichtet sie unter dem Titel »Viel Gift, viel Geld und keine Ahnung« über das Verfahren. In ihrem Artikel kommt die Recycling-Firma nicht gut weg. Auch der T-Konzern aus Essen muss sich einiges sagen lassen. Zum Beispiel, dass er beim Kauf der Firma in Frankreich die Hauptrolle gespielt habe. Der Beitrag bleibt nicht ohne Folgen für Petra W. Ein Journalist, wegen eines markanten Fehltritts schon vor einiger Zeit vom »Stern« gefeuert und nun der Wirtschaft bereitwillig zu Diensten, macht ihr Vorhaltungen und droht ihr für den Fall, dass sie ihr Tun fortsetze, an, ihren Rauswurf zu veranlassen. Soviel Einfluss habe er bei ihrem Münchener Chefredakteur. Das aber berührt die Journalistin nicht. Aber etwas anderes scheint wenig später nachhaltig Eindruck auf sie gemacht zu haben. Sie übernimmt beim T-Konzern den lukrativen Posten der Pressesprecherin. Es haben halt nicht alle Journalisten das Standing eines Klaus Bednarz oder eines Gert Monheim.

Der Kommissar René B. hat maßgeblich an den Ermittlungen im Recycling-Verfahren mitgewirkt. Man könnte auch sagen, die Aufdeckung der illegalen Abfallverschiebung sei zum großen Teil ihm zu verdanken – oder zu verübeln. Der Seniorchef mag das jedenfalls nicht unquittiert lassen.

Als er anlässlich eines Fußballspiels in der VIP-Lounge des Frankfurter Waldstadions den Chef des Kommissars trifft, lädt er ihn zu einem Essen in den »Frankfurter Hof« ein, um ihm interessante Dinge über einen seiner Beamten zu erzählen. Der Chef schlägt die Einladung aus, was der Seniorchef ihm aber berichten wollte, steht kurz darauf in einer Verlautbarung, die die Firma an die Presse verteilt. Kommissar René B. symphatisiere mit der RAF. Das allerdings weiß der Chef besser.

Zwei Wochen vor der Urteilsverkündung erhalte ich einen Anruf. Ein Herr Wagner ist am Apparat. Meine beiden Kollegen, Schenk und Bauer, habe er nicht erreichen können, sagt er, die Zentrale habe ihm jetzt meine Nummer gegeben, ich sei ja auch im Verfahren gegen die Firmenbosse tätig. Er wolle nur noch einmal sagen, dass die Sache mit der Frau S. ihm heute leid tue. Eigentlich sei es ja nur eine Lappalie gewesen, obwohl: in die Kasse habe sie ja schon gegriffen. Trotzdem: Fristlos kündigen würde er ihr heute nicht mehr. Meinen beiden Kollegen hätte er den Vorfall gestern wohl etwas zu drastisch geschildert. Aber die hätten ja auch kräftig insistiert.

Ich brauche einige Augenblicke bis ich die Sache auf der Reihe habe. Die Staatsanwälte Schenk und Bauer gibt es in Frankfurt am Main nicht. Aber die Frau S. ist schon existent. Sie ist eine der beiden Schöffinnen der Strafkammer, die den Recycling-Prozess verhandelt. Was ich noch weiß, allerdings nur gerüchteweise: Die Angeklagten unterhalten gute Beziehungen zu einer großen Detektei.

Soll die Schöffin im Hinblick auf ihre Straftat, offenbar ein Diebstahl in ihrem Betrieb, der zur fristlosen Kündigung führte, von den Angeklagten wegen Befangenheit abgelehnt werden? Ein ziemliches hoffnungsloses Unternehmen. Oder will man sie mit ihrer kriminellen Vergangenheit erpressen? Kein abwegiger Gedanke. Zwar dürfte es wahrscheinlich wenig nützen, sie zu einem Votum gegen eine Verurteilung der Angeklagten zu veranlassen. Denn nur eine Gegenstimme innerhalb der fünfköpfigen Strafkammer kann eine Verurteilung der Angeklagten nicht verhindern. Aber wenn sie plötzlich krank oder einfach nicht mehr zur Hauptverhandlung erscheinen würde, dann platzte der Prozess, denn Ersatzrichter sind nicht bestellt worden. Die Neuauflage eines solchen umfangreichen und aufwendigen Verfahrens, das wissen die Verteidiger, ist nicht zu organisieren.

Wir sind gespannt, aber es geschieht nichts. Die Angeklagten werden verurteilt und der Seniorchef verbüßt seine Strafe, selbstverständlich als Freigänger, in der Justizvollzugsanstalt in Frankfurt am Main/Preungesheim. Nach Ablauf von zwei Drittel der Strafzeit wird er zur Bewährung entlassen.

Die Empörung von Eduard Bernhard, die dieser anlässlich der Urteilsverkündung geäußert hatte, habe ich noch lange im Ohr. Drei Jahre Haft für 30.000 Tonnen in die Landschaft entsorgten Giftmülls – ein Skandal? Wir messen das Urteil mehr am Möglichen als am Wünschenswerten. Das aktuell Mögliche bemisst sich stets an dem jeweiligen Stand der Strafzumessung, und der ist immer noch niedrig in diesen Fällen. Mehr war realistisch gesehen nicht drin. Wir schauen nach vorne. Hält die Justiz den Kurs, kann sie ihn vielleicht noch verschärfen?

Noch während der Hauptverhandlung im Recycling-Verfahren hat die Frankfurter Umwelt-Kripo die Ermittlungen in einem weiteren Umwelt-Großverfahren aufgenommen. Wiederum geht es um illegale Giftmülltransporte, aber auch um andere ähnlich schwerwiegende Dinge: um Betrug, Korruption und Bildung einer kriminellen Vereinigung.

7 Schwarze Pumpe – Großes Geld

Gegensätze finden oft zueinander. In den Naturwissenschaften sind es Plus und Minus. Im Zwischenmenschlichen vorsichtig kalkulierende Finanzbeamte und mutig-forsche Bungee-Springerinnen. Und in dem Fall, der die Frankfurter Staatsanwaltschaft ab Mitte 1995 beschäftigte, waren es Abfall und Profit. Liaisons dieser Art dauern oft nicht sehr lange, aber sie sind stets sehr ergiebig und lassen die schönsten Träume wahr werden. Und was träumt ein Fuhrunternehmer, der mit seinem Lastwagen jahrein, jahraus Bauschutt transportiert vom Sanierungsobjekt zur Deponie, die Tonne für 20 DM Reingewinn?

Er träumt davon, dass er Giftmüll transportiert, stinkende, bräunlich schimmernde, lehmartige Masse, oder – noch besser – Schlämme oder ölige Flüssigkeiten, die mit den gefährlichsten Schadstoffen satt belastet sind, und dass er dafür eine Menge Geld bekommt von demjenigen, der das Zeug loswerden will. Und er träumt darüber hinaus davon, dass sich seine Ladung auf dem Weg zum Entsorger, wo er üblicherweise nicht nur seinen Giftmüll los wird, sondern auch – in Form von Deponierungsgebühren – den Löwenanteil seiner Auftraggeber-Knete, wie im Märchen in Wirtschaftsgut verwandelt, das ihm am Bestimmungsort noch einmal vergütet wird. Und weil Märchen stets ein ganz besonders schönes Ende haben, an dem die Prinzessin nicht nur wachgeküsst wird, sondern auch ihren Prinzen bekommt, der ein Lieber ist und keiner, der andere Menschen verprügelt, sattelt der Fuhrunternehmer in seinem Traum noch eins drauf: Aus den 20 Tonnen in seinen Tanks werden, nach der wundersamen Wandlung zum Wirtschaftsgut, 30 Tonnen, oder sagen wir, um gleich am Fall zu bleiben: 33 Tonnen.

Diesen Traum erfüllt sich Dr. Ahrendt J., Frankfurter Rechtsanwalt und Geschäftsführer zweier Altöl-Sammelfirmen, der Firmen AHC und der Firma PER. Mit noch vier Gleichgesinnten erwirbt er im August 1990 drei Abfallverwertungsfirmen, eine in Linkenheim in Baden-Württemberg, die andere in Brake in Schleswig-Holstein und die dritte in Berlin. Es ist Teil des Tatplans, dass sich die Firmen in verschiedenen Bundesländern befinden, denn dann sind auch unterschiedliche Abfallbehörden zuständig, zwischen denen es, wie man weiß, keinen Informationsaustausch gibt. Dann sammeln die Firmenchefs alles, was es an flüssigem Giftmüll auf Deutschlands Märkten gibt: Schlämme aus der Tank- und Fassreinigung und aus Abscheideanlagen, Restbestände von Farben, Lacken und Holzschutzmitteln, krebserregende Teeröle, ätzende Säuren und Laugen, Testbenzine.

Was mit diesem Giftmüll passiert, liegt auf der Hand. Dr. Ahrendt J. schafft ihn in seine drei neuerworbenen Firmen um ihn dort zu verwerten, d.h. chemisch umzuwandeln oder zu verbrennen – das allerdings geschieht nur auf dem Papier. Papier heißt Begleitschein. Alles ist ganz einfach. Die Lkw der Firmen AHC und PER holen beim Abfallerzeuger, beispielsweise einer Tankstelle in Essen, Schlämme ab. Die sind hoch belastet mit allerlei gefährlichen Giftstoffen. Auf dem gesetzlich vorgeschriebenen Abfallbegleitschein tragen die Fahrer die Firma in Linkenheim als Entsorger bzw. Empfänger des Abfalls ein.

So weit, so gut. Aber schon auf dem ersten Parkplatz hinter der Tankstelle füllen die Fahrer einen zweiten Begleitschein aus. Darauf erscheint die Firma in Linkenheim nicht mehr als Entsorger, sondern als Abfallerzeuger, während als Entsorger ein neuer Name auftaucht: Schwarze Pumpe. Und noch etwas ändert sich auf dem zweiten Dokument: Aus den hochbelasteten Schlämmen werden Altöle, und aus 20 Tonnen werden 33 Tonnen.

Schwarze Pumpe: Das ist eine Riesenanlage, der ganze Stolz der ehemaligen DDR, gebaut Mitte der sechziger Jahre in der Nähe von Leipzig, um Braunkohle zu vergasen. Eine Anlage, so groß wie eine kleine Stadt, sogar mit einer gesonderten STASI-Zentrale. 75% des gesamten Gasbedarfs der DDR wurden dort hergestellt. Jetzt dient sie der Entsorgung giftiger Abfälle, indem man auch diese bei großen Drücken und hohen Temperaturen krackt und in gasförmigen Zustand überführt. Das Gas wiederum wird in einem nahgelegenen Kraftwerk zur Energieerzeugung genutzt.

Aber für den Großteil der Abfälle, die Dr. Ahrendt J. und Kompagnons anliefern, ist sie nicht genehmigt. Es ist nämlich unklar, ob eine Entgiftung dieser Stoffe, insbesondere der Halogene, möglich ist. Altöle allerdings nimmt man dort gerne. Sie werden als Energieträger eingesetzt und dem Lieferanten noch mit 70 DM pro Tonne vergütet.

Schwarze Pumpe, das ist nun auch das neue Ziel des Lkw, der nach dem Ausfüllen des zweiten Begleitscheins nichts mehr mit dem Ursprungsziel Linkenheim im Sinn hat.

In der Schwarzen Pumpe gibt es allerdings noch ein Problem. Denn dort traut man nicht blind den Begleitscheinen der Anlieferer, sondern nimmt von dem angedienten Material Proben, die in einem bestens ausgerüsteten Labor auf ihre Inhaltsstoffe untersucht werden. Selbstverständlich schafft die J.-Bande auch dieses Hindernis. Sie besticht die Schicht B der Eingangskontrolle. 600.000 DM zahlt sie dafür binnen vier Jahren an die Mitarbeiter. Die verzichten nun darauf, aus den Tankwagen Proben zu entnehmen und sind mit den von den Fahrern mitgeführten präparierten Altölproben zufrieden. Das Labor merkt unter diesen Umständen nichts, unerklärlicherweise auch dann nicht, als die Fahrer von AHC und PER mangels verfügbarem Altöl fabrikneues Motoröl zur Probe abliefern. Nur wenn die Schicht B Dienst hat am Haupttor der Schwarzen Pumpe rollen die Lkw des Dr. Ahrendt J. und Co.

Währenddessen werden die zuerst ausgefüllten Begleitscheine, die auf den Abfallverwerter in Linkenheim lauten, den Behörden in Baden-Württemberg ausgehändigt. Für die ist der Fall damit erledigt. Das anschließend gefertigte Dokument über Altöl via Schwarze Pumpe geht an die Behörden in Thüringen. Und damit ist auch für die die Sache abgehakt.

So ist die Welt der Abfallüberwachung am Ende in Ordnung. Ahrendt J.s Träume gehen in Erfüllung. Ein einziger vollbeladener Lkw bringt ihm einen Nettogewinn von 25.000 DM: Da werden selbst Rauschgifthändler blass. Und auch die Abfallerzeuger – wenn sie es denn wüssten. Denn sie haben für eine Leistung bezahlt, die nicht erbracht wurde: die ordnungsgemäße Entsorgung ihrer Sonderabfälle. Und die Umweltbilanz stimmt nicht. Aber das, was an Giftstoffen in den Naturkreislauf gelangt ist, lässt sich mangels Nachvollziehbarkeit nicht mehr bestimmen.

1995 fliegt die Geschichte auf – eher zufällig. Bei Kontrollen von Gefahrguttransporten fällt den Beamten ein Wagen der Firma AHC auf, der ohne Genehmigung verunreinigte Betriebsmittel von Tankstellen transportiert. Diese Meldung geht an die Frankfurter Umweltkripo und die hakt nach. Wieder ist es der Hauptkommissar aus dem Recycling-Verfahren, der das richtige Händchen hat. Ein paar wenige Verantwortliche und ein umfassendes Firmengeflecht machen ihn misstrauisch. Er platziert gezielt einen Informanten in der Firma und führt sogenannte operative Maßnahmen durch. Dann ist es so weit. Am 24. Oktober 1996 durchsuchen mehr als 500 Polizeibeamte und Staatsanwälte rund 200 Objekte in ganz Deutschland. Dr. Ahrendt J. und sechs seiner Kumpane wandern in Untersuchungshaft. Circa ein Jahr dauern die Ermittlungen der Frankfurter Staatsanwaltschaft noch, dann erhebt sie Anklage gegen die Bande wegen umweltgefährdender Abfallbeseitigung, Betruges, Korruption und Bildung einer kriminellen Vereinigung.

Als die Hauptverhandlung am 2. März 1998 beginnt, sitzen sämtliche drei Hauptdrahtzieher noch in Untersuchungshaft. Drei Haftprüfungen durch das bekanntermaßen pingelige Oberlandesgericht haben ihnen nichts genutzt. Es bleibt dabei. Dringender Tatverdacht u.a. wegen Bildung einer kriminellen Vereinigung und Haftgrund der Flucht- und Verdunklungsgefahr. Die anderen vier Angeklagten sind krankheitsbedingt von der Haft verschont worden.

Dann aber wird die Sache mysteriös. Die Umweltstrafkammer hebt nach nur acht Verhandlungstagen, an denen noch nicht einmal alle Angeklagten zu Wort kamen und keinerlei sonstige Beweisaufnahme stattfand, den Haftbefehl gegen Dr. Ahrendt J. und seine zwei rechten Hände auf und trennt das Verfahren ab. Begründung: Von einer kriminellen Vereinigung könne nicht gesprochen werden. Ein organisierter Geschäftsbetrieb sei nicht zu erkennen, eher ein chaotischer. Man habe im Rahmen einer Übung gehandelt, nicht im Rahmen eines kriminellen Tatplans. Das Gericht vermisst Verträge, Protokolle der Sitzungen, wie sie die Mafia in Palermo oder in New York seinerzeit gefertigt hat. Aber die gibt es natürlich nicht; da ist man in Deutschland schon klüger geworden.

Dann geht es im militanten Stil weiter: Staatsanwaltschaft nicht gegen Verteidigung sondern gegen Gericht. Der Spiegel titelt »Zoff um Müll«. Nach zehn Wochen eine erste Eskalation: Die Verteidiger fordern die Ablösung der Staatsanwälte. Es ist der einzige Antrag, den sie in diesem Verfahren stellen werden. Das Gericht schließt sich ihm an. Der Antrag hat keinen Erfolg.

Nach einem Jahr Verhandlungsdauer werden drei Angeklagte, es sind die kleineren Fische, zu Alibistrafen verurteilt: drei Jahre, zwei Jahre und ein Jahr mit Bewährung. Der Vorwurf der kriminellen Vereinigung wird nicht mehr erhoben.

Das Verfahren gegen Dr. Ahrendt J., den Drahtzieher, und seine beiden Haupt-Mittäter wartet zu diesem Zeitpunkt noch auf seine

Fortsetzung – und es wird noch lange warten. Ein neuer Termin steht im Februar 2001 noch nicht fest.

Was ist los mit unserer Justiz? Warum schlägt sie sich so ungeniert offen auf die Seite der Mega-Kriminellen? Mit der »gleichen Augenhöhe« kann das diesmal nicht entscheidend zu tun haben, denn die Angeklagten haben sich zu deutlich ins kriminelle Abseits gestellt. Und auch der Aspekt des ökologischen Peanut, die Überlegung, dass die Angeklagten im Prinzip nichts anderes getan haben, als das, was alle anderen auch tun, nämlich ein bisschen an der ökologischen Schraube zu drehen, greift angesichts der vielen tausend Tonnen illegal entsorgten Mülls nicht.

Die renommierte Organisation Business Crime Control des Frankfurter Sozialwissenschaftlers Hans See bringt Korruption ins Spiel. In ihrem Journal weist sie im Februar 1999 in einem fiktiven Interview darauf hin, dass der Vorsitzende Richter just zum Zeitpunkt der Aufhebung der Haftbefehle eine Honorarprofessur am Lehrstuhl für Strafrecht der Frankfurter Universität erhalten hat. Und einer der maßgeblichen Professoren dort ist der Ehemann der Verteidigerin des Dr. Ahrendt J.

Quatsch, sagen da einige. Für eine Honorarprofessur beugt man doch nicht das Recht. Oh, doch, meinen andere. Der Professorentitel steht hoch im Kurs, hat als moderner Luxusartikel in einer ansonsten satten Zeit Autos, Yachten und Geld allmählich abgelöst. Dafür legt man sich schon ins Zeug.

Was ist los mit unserer Justiz? Warum tut sie sich auf den entscheidenden Gebieten der Wirtschafts- und Umweltkriminalität so schwer?

8 **Tatort Supermarkt**

Auf einem anderen, mit dem Umweltbereich eng verwandten Sachgebiet hat eine vielleicht noch dramatischere Entwicklung stattgefunden. Es geht um die Schädigung von Menschen und Umwelt durch fehlerhafte Produkte. Hier hat das Strafrecht komplett kapituliert. Was das bedeutet und warum das so ist – interessante Fragen, deren Antworten viel sagen zu der Zukunftsfähigkeit der Disziplin insgesamt.

Dabei hatte sich die strafrechtliche Abwicklung der Produkthaftungsfälle gar nicht so schlecht angelassen. Bereits in den sechziger Jahren hatte die Justiz im so genannten Contergan-Verfahren der pharmazeutischen Industrie die Zähne gezeigt – ohne allerdings zuzubeißen. Immerhin aber mussten sieben Repräsentanten der Chemie Grünenthal sich über zwei Jahre lang vor Gericht verantworten und obwohl das Verfahren letztlich gegen Zahlung von 100 Millionen DM durch die Firma der Angeklagten eingestellt wurde, schrieb die Strafkammer des Landgerichts Aachen Klartext in die Einstellungsverfügung: Contergan hatte die Missbildung verursacht und die Angeklagten waren daran schuld.

25 Jahre später machte die Justiz dann ernst, zwar auch nicht ganz richtig, zumal es bei Bewährungsstrafen für die Angeklagten blieb, aber immerhin. Im so genannten Lederspray-Verfahren.

Der BGH hatte eine Entscheidung des Landgerichts Mainz vom 16. Januar 1989 zu überprüfen, das die verantwortlichen Geschäftsführer der Firma Werner und Merz wegen Körperverletzung im Zusammenhang mit dem Vertrieb von Lederimprägnierungsmittel verurteilt hatte.

Ab dem Spätherbst 1980 waren bei der Firma Meldungen eingegangen, in denen berichtet wurde, dass Personen nach der Anwendung dieser Mittel gesundheitliche Beeinträchtigungen erlitten hatten. Diese äußerten sich in Atembeschwerden, Husten, Übelkeit, Schüttelfrost und Fieber. Die Betroffenen mussten vielfach ärztliche Hilfe in Anspruch nehmen, bedurften oftmals stationärer Krankenhausbehandlung und kamen in nicht seltenen Fällen wegen ihres lebensbedrohlichen Zustands auf die Intensivstation. Die Befunde ergaben regelmässig Flüssigkeitsansammlungen in den Lungen. Erst nach der Verabreichung von Kortison besserte sich der Zustand der Betroffenen wieder.

Da die Firma bei der Überprüfung ihrer Produkte keine toxischen Bestandteile feststellen konnte, führte sie den Verkauf fort, was aber weitere Schadensfälle zur Folge hatte. Der schädigende Inhaltsstoff des Sprays konnte allerdings nie ermittelt werden.

Macht nichts, hatten die Mainzer Richter gesagt, und das sagten jetzt auch ihre Kollegen von der letzten Instanz in Karlsruhe. Im Rahmen der Kausalität komme es auf die Ermittlung des für die Erkrankung der Anwender verantwortlichen Inhaltsstoffes, die Kenntnis seiner chemischen Zusammensetzung und die Beschreibbarkeit seiner toxischen Wirkweise nicht an. Der Ursachenzusammenhang zwischen der Beschaffenheit eines Produkts und den Gesundheitsbeeinträchtigungen seiner Verbraucher sei auch dann rechtsfehlerfrei festgestellt, wenn offen bleibe welche Substanz den Schaden ausgelöst habe, aber andere in Betracht kommende Schadensursachen auszuschließen seien. Solche alternativen Auslöser hatte das Mainzer Landgericht trotz sorgfältiger Recherche nicht gefunden.

Dieser Richterspruch war seinerzeit wie eine Bombe eingeschlagen und hatte die heile Welt der Hersteller arg durcheinander gebracht. Erstmals hatte das Bollwerk Kausalität, hinter dem sich die Hersteller stets erfolgreich verschanzt hatten, einen Wirkungstreffer erhalten. An der Kausalität waren bis dahin in den Produkthaftungsfällen alle Ansprüche der Geschädigten gescheitert. Weder den Arbeitern in den bleiverarbeitenden Betrieben noch den Anwendern lösemittelhaltiger Farben war es gelungen, den Zusammenhang zwischen ihren Beschwerden und den fraglichen Produkten in ausreichender Weise zu belegen. Und jetzt dieses Urteil. Danach war noch nicht einmal erforderlich, dass bestimmte Inhaltsstoffe des fraglichen Produkts aufgrund ihres biochemischen Wirkmechanismus geeignet waren, die aufgetretenen Beschwerden auszulösen. Ebensowenig wurde etwa verlangt, dass der Wirkort des Mittels mit dem Schadensort übereinstimmte oder dass beide jedenfalls in räumlicher Beziehung zueinander standen. Pure, nackte Kausalität genügt, sagt der BGH, die Details des Zusammenhangs, das »wie« der Verursachung ist ohne Belang.

Die starke Bastion der Hersteller schien der juristischen Erosion anheim gefallen. Aber das war längst noch nicht alles, was der Bundesgerichtshof den Angeklagten zumutete. Er sagte auch: Stellen sich Produkte nach ihrem Vertrieb als gesundheitsgefährdend heraus, müssen sie zurückgerufen werden. Sind in einer Firma mehrere Personen für einen Rückruf zuständig, so ist jeder dieser Personen verpflichtet, alles ihr Mögliche und Zumutbare zu tun, um diese Entscheidung herbeizuführen. Wer gegen den Rückruf stimmt, haftet. Seine Einlassung, er habe nicht gegen den Rückruf gestimmt, weil die anderen ihn sowieso überstimmt hätten, ist eine faule Ausrede und damit unbeachtlich.

Auch diese These trifft die Herstellerseite ins Mark. Denn auch das war schon immer ein gutes Versteck für die Bosse gewesen: Die arbeitsteilige Organisation des Unternehmens. Wo viele an einem Erfolg arbeiten und schließlich einen Misserfolg produzieren, da schiebt man Verantwortung gerne weiter oder macht sich hinter einem anderen unsichtbar.

Im Lederspray-Verfahren verwirft das Gericht die Lieblingsthese der Männer in den Chefetagen, wonach kollektive Veranwortung individuelle Nichtverantwortung bedeutet, und weist ihnen statt dessen ausnahmslos und umfassend juristische Verantwortung zu. Ende des Versteckspiels.

Was seine Wirkung auf die Firmenverantwortlichen schließlich auch nicht verfehlt haben dürfte: Der BGH bestätigt darüber hinaus die Verurteilung einiger Angeklagter wegen vorsätzlicher Körperverletzung. Den Vorsatz hatten die Mainzer Richter für die Fälle angenommen, in denen die Angeklagten ihre Produkte weiter vertrieben hatten, obwohl ihnen die schadensverursachende Wirkung des Sprays aufgrund der zahlreichen Schadensmeldungen bereits bekannt war. Mit einer fahrlässigen Körperverletzung hätte man vielleicht leben können, denn das passiert schon mal, im Straßenverkehr, wie wir gesehen haben, mit ein paar Bier zuviel oder ein paar Stundenkilometer zu schnell. Das ist dann ein Kavaliersdelikt. Vorsätzliche Körperverletzung ist hingegen ehrenrührig, rückt die Täter ins Lager der Schläger und Rabauken.

Da sind die Männer im weißen Kragen sehr sensibel. Graf Gahlen, 1986 wegen der Veruntreuung von mehreren 100 Millionen DM zu einer Freiheitsstrafe von dreieinhalb Jahren verurteilt, hatte unmittelbar nach der Urteilsverkündung einen Fernsehreporter wissen lassen, er lege Wert auf die Feststellung, dass er wegen Untreue und nicht wegen Betruges verurteilt worden sei. Betrug machen Kriminelle. Aber Untreue kann schon mal vorkommen, ganz nebenbei, zum Beispiel beim riskanten Geldanlegen – und ist ein kleiner Betriebsunfall im großen Bankengeschäft.

Ende 1990 sieht es gut aus für die Produkthaftung, jedenfalls aus Sicht der Strafverfolger. Der zweite Strafsenat des Bundesgerichtshofs scheint zu allem entschlossen. Er hat offenbar die Brisanz begriffen, die in den Produkthaftungsfällen steckt, vor allem wenn es um Publikumsprodukte geht. Produkte also, die massenhaft vertrieben werden. Leben und Gesundheit, die wichtigsten Rechtsgüter einer Vielzahl von Menschen, sind bedroht. Und die Täter zeichnen sich nur allzu oft durch erhebliche kriminelle Energie aus: Bis zur letzten Minute werden die Geschäfte fortgeführt, bis nichts mehr geht, werden Profite gemacht, immer auf Risiko und Rechnung der Kunden. Kriminalität wie sie im Buche steht, wenn auch die Tatmittel, normale Gebrauchsgegenstände, nicht den klassischen Werkzeugen entsprechen. Die Justiz hat verstanden und ist Anfang der neunziger beim Verbraucherschutz in der Offensive. Martin Niemöller, ein profiliertes Mitglied des zweiten Senats, redet auch außerhalb der Urteilsgründe Klartext. In einer Veranstaltung des Gerling-Konzerns referiert er das Lederspray-Urteil und wagt einen Ausblick. Was die Zukunftsfähigkeit des Urteils anbelangt, sagt er sinngemäß, da sei er ganz zuversichtlich. Das sind deutliche Worte seitens der ansonsten wortkargen Dritten Gewalt.

Vom Aufschwung, den das Lederspray-Urteil der Produkthaftung bringt, profitiert nun auch das Frankfurter Holzschutzmittel-Verfahren. Seit 1984 ermittelt die Staatsanwaltschaft gegen die Verantwortlichen verschiedener Firmen wegen Körperverletzung im Zusammenhang mit der Herstellung und dem Vertrieb giftiger Holzschutzmittel. Mehrere tausend Anzeigen sind eingegangen und stets tragen die Betroffenen vor, nach dem Einsatz der fraglichen Mittel in ihren Wohnungen einen markanten gesundheitlichen Einbruch erlitten zu haben. Die 1989 erhobene Anklage wird zunächst nicht zugelassen. Die Richter sagen, dass die Zusammenhänge nicht beweisbar seien – die alte Kiste mit der Kausalität. Und sie sagen: Solange Toxikologen streiten, hat die Justiz Pause. Dann aber – ein und ein halbes Jahr nach Lederspray – ebnet das Oberlandesgericht den Weg für die Hauptverhandlung. Ein ganzes Jahr dauert der Prozess, von Mai 1992 bis Juni 1993, und er endet mit einer Verurteilung der beiden Geschäftsführer des marktführenden Holzschutzmittelherstellers. Das Strafmaß für die beiden Angeklagten ist nur bescheiden – ein Jahr Freiheitsstrafe mit Bewährung – aber die Urteilsgründe machen dies mehr als wett. Auf 366 Seiten formuliert die Umweltkammer die Grundsätze einer modernen Produkthaftung. Sie pokert hoch, reizt die rechtliche Karte bis zum Letzten aus, bleibt aber stets auf dem Teppich des juristisch und ökonomisch Verantwortbaren.

Einmal mehr steht die Kausalitätsfrage im Mittelpunkt der Auseinandersetzungen. Das Gericht orientiert sich in Ermangelung verbindlicher toxikologischer Erkenntnisse über die schädigende Dosis der in den Mitteln enthaltenen Giftstoffe in erster Linie an dem, was die Geschädigten zu berichten haben. Dass sie vor dem Kontakt mit den Mitteln gesund waren und danach nicht mehr. Dass sich immer dann Besserungen ihrer Beschwerden einstellten, wenn sie das Haus für eine gewisse Zeit verließen, im Urlaub, während der Kur, an Wochenenden. Dass es ihnen besonders schlecht ging, wenn die Sonne im Sommer die behandelten Räume extrem aufheizte oder wenn sie nur wenige Zentimeter unter den holzverkleideten Schrägen im ausgebauten Dachzimmer schliefen. Dass auch ihre Besucher schon bald über tränende Augen und Schleimhautreizungen klagten und die Haustiere massenhaft verendeten.

Daneben interessierte sich das Gericht noch für die Beobachtungen der Hausärzte. Den Ausführungen der Sachverständigen mit den großen Namen ohne klinische Erfahrung in Sachen Holzschutzmittel, die von der Verteidigung ins Spiel gebracht worden waren, konnte es wenig abgewinnen.

Es entlarvte die Grenzwerte, die erwartungsgemäß selten überschritten waren, als politische Kompromisse, die entgegen einer landläufigen Meinung nicht dem Schutze des Verbrauchers dienen, sondern dem Interesse der Hersteller.

Und es bestritt vehement den Angeklagten das Recht sich auf die verharmlosenden Expertisen der Schulmedizin berufen zu dürfen, während sich gleichzeitig tausende fast identischer Schadensmeldungen erkrankter Kunden auf ihren Schreibtischen stapelten.

Wie sich die Angeklagten richtigerweise hätten verhalten müssen, sagt das Gericht auch. Einstellung des Vertriebs der gefährlichen Mittel und Rückruf der bereits verkauften Gebinde und Warnung der Kunden, die die betörend duftenden Lasuren bereits verstrichen hatten. Das alles mit der gleichen Intensität und dem gleichen Engagement, die die Firma zuvor auch im Rahmen der Produktwerbung investiert hatte.

Deutliche Worte und vor allem: ein angemessener Ausgleich zwischen den Interessen der Produzenten und den gesundheitlichen Belangen der Verbraucher. Was für diese auf dem Spiel steht, wenn Hersteller nur ihre wirtschaftlichen Interessen sehen, machen ein paar wenige Zahlen deutlich. 100.000 – 200.000 Menschen sind zwischen Mitte 1970 und Mitte 1980 in den alten Bundesländern durch Holzschutzmitteleinfluss schwer erkrankt. Der Sanierungsbedarf wird von der Interessengemeinschaft der Holzschutzmittelgeschädigten auf 360 Milliarden DM geschätzt.

Große Schäden, große Schuld, große Täter. Megakriminalität. Und ein angemessenes Urteil. Dass die Täter nicht ins Gefängnis müssen, bedeutet hier nicht, dass man sie hat laufen lassen. Das in diesem Urteil enthaltene moderne Produkthaftungsrecht ist Sanktion genug.

Und trotzdem – das am 1. Juni 1993 gesprochene Urteil der Frankfurter Umweltkammer ist nicht rechtskräftig geworden. Zwei Jahre später, am 8. August 1995 hebt der Bundesgerichtshof auf die Revision der Angeklagten das Frankfurter Urteil auf und verweist die Sache zur erneuten Entscheidung an eine andere Kammer des Landgerichts zurück.

Ein Formfehler ist nach Auffassung der Karlsruher Richter Schuld daran, dass die Entscheidung keinen Bestand haben kann. Am Verfahren habe nämlich ein Sachverständiger mitgewirkt, der sich der Besorgnis der Befangenheit ausgesetzt habe. Gemeint ist Prof. Huber aus Heidelberg. Der hatte mir, nachdem im Sommer 1990 die Frankfurter Rundschau von der Nichtzulassung der Anklage berichtet hatte, einen Brief geschrieben. Darin hieß es wörtlich:

»Aus meinem fachlichen Interesse heraus möchte ich Sie ausdrücklich ermutigen, an Ihrem Verfahren festzuhalten. Denn ich habe in meiner Praxis zwischenzeitlich mehr als 70 Personen als eindeutig holzschutzmittelgeschädigt diagnostiziert.«

Prof. Huber betreute nierentransplantierte Patienten und hatte bei einigen von ihnen ein auffälliges Krankheitsbild, bestehend aus immer wiederkehrenden Infekten und einem allgemeinem Erschöpfungssyndrom, festgestellt. Seine weiteren Nachforschungen hatten ergeben, dass diese Patienten holzschutzmittelbelastet waren und sämtlich über ein geschädigtes Immunsystem verfügten.

Geben diese Zeilen für einen verständigen Angeklagten Anlass, an der Objektivität des Sachverständigen zu zweifeln? Es leuchtet nicht ein. Zu einer solchen Einmischung muss ein Sachverständiger befugt sein, ohne dass ihm der Ausschluss aus dem Verfahren droht. Allein schon im Interesse der mutmaßlich Tausenden von Geschädigten, die vielfach auf ihre Aufklärung noch warten, muss es dem Sachverständigen erlaubt sein, der Wahrheit auf die Sprünge zu helfen. Sei es auch mithilfe eines Briefes an die Staatsanwaltschaft, zu deren gesetzlichem Auftrag es gehört diese Dinge aufzuklären.

Das haben die klugen Karlsruher Richter nicht übersehen. Der Todesstoß für das Holzschutzmittel-Urteil – wie zu erwarten, wurde das Verfahren nicht wiederholt, sondern Ende 1996 eingestellt – hatte keine juristischen Gründe. Erinnern wir uns noch einmal an den Verdacht, der lange schon im Raum steht und nicht weichen will: dass die Justiz mit den Mächtigen kungelt. Augenfällig geworden war das 1995 in Mainz, als sich ein Vorsitzender Richter für sein freisprechendes Urteil in einem »Soldaten sind Mörder«-Verfahren bei den anwesenden Bundeswehrsoldaten entschuldigte. Er müsse das tun, weil das Bundesverfassungsgericht das entsprechende Zitat für straffrei erklärt habe. Seine, des Mainzer Richters Überzeugung, aber sei eine andere.

Und jetzt die Aufhebung des Holzschutzmittel-Urteils. Wer auch nur einen kurzen Blick hinter die Kulissen wirft und den historischen Kontext der Entscheidung zur Kenntnis nimmt, weiß Bescheid.

Denn Mitte der neunziger Jahre hatte die Wirtschaft gezeigt, wer Herr im Hause ist. Zur Abwehr gewerkschaftlicher Forderungen oder als Reaktion auf beabsichtigte Verschärfungen von Umweltstandards, ja sogar zur Bekräftigung eigener Forderungen nach Abschaffungen sozialer und ökologischer Normen stellte sie die Standortfrage. Sie drohte mit Wegzug, nach Tschechien, nach Portugal, nach Angola. Überallhin, wo der Frühkapitalismus immer noch fröhliche Urstände feiert. Und sie hatte Erfolg damit. Weite Bereiche der Gesellschaft und ihrer Repräsentanten kuschten, bettelten ihre Herren an, baten ums Bleiben. Mit von der Partie: Die Justiz. Nur ein Beispiel: Die fristlose Kündigung eines Marktleiters wegen der privaten Verwendung eines Joghurtbechers mit abgelaufenem Verfallsdatum wurde in zwei arbeitsgerichtlichen Instanzen seinerzeit für rechtmäßig erklärt. Dieses Unternehmen muss wirklich nicht mehr in den Osten emigrieren.

Und jetzt ist auch der Bundesgerichtshof mit von der Partie. Es braucht jedenfalls nicht viel Fantasie sich das vorzustellen. Prof. Manz, ein renommierter Hamburger Umweltmediziner, hatte mir schon lange vor dem Karlsruhrer Richterspruch gesagt, was seines Erachtens Sache war: »Wenn die Standortfrage nach Karlsruhe kommt«, so erschreckte er mich im Frühjahr 1995 anlässlich eines Telefongesprächs, »haben Sie den Prozess verloren«.

Keine Frage: Das Frankfurter Urteil raubte den Unternehmen fast alle ihre haftungsrechtlichen Privilegien und machte aus Verbrauchern rechtsfähige Personen. Fast richtige soziale Marktwirtschaft hätte das bedeutet und für die Unternehmen einen guten Grund zu gehen. Daher war das Urteil der Frankfurter Richter zu dieser Zeit, als alles nach der Musik der Wirtschaft tanzte, nicht zu halten. Es wäre aber auch heute noch nicht wieder umzusetzen. Noch immer dominiert auf der Seite der Betroffenen Angst und Demut und auf der anderen Seite der Täter unverblümte Arroganz. Die Konzerne haben weiter freie Bahn. Der Kanzler ist ein Automann und sein Vize ein Vielflieger. Geplante Fusionen, verbunden mit dem Verlust von 16.000 Arbeitsplätzen führen weder zum Bürgerkrieg noch zu sozialen Unruhen oder Streiks, sondern bringen lediglich mickerige 1.000 Menschen für zwei Stunden auf die Straße – gewaltfrei natürlich.

Neben der Politik zählt offenbar auch die Justiz zu den Befehlsempfängern der wirtschaftlichen Macht. Richter, die immer auch das wirtschaftliche Wohlergehen der Konzerne und wohl auch das gesamtwirtschaftliche Befinden im Auge haben. Die den Unternehmensbilanzen im Zweifel mehr verbunden sind als den Opferinteressen. Die in den Angeklagten immer auch Arbeitgeber und Steuerzahler sehen, deren internationale Konkurrenzfähigkeit durch strenges nationales Recht gefährdet wird. Die mit den Konzernherren die These teilen, dass es keinen Fortschritt ohne Risiko gibt und eine Risikogesellschaft ein gewisses Maß an individuellen oder ökologischen Schäden hinzunehmen hat.

Eine solche Haltung erklärt die enttäuschende Rechtsprechung im Bereich der Produkthaftung und auch die parallele Entwicklung in den Umweltverfahren, denn dort stehen ja – in den Verfahren außerhalb des Bagatellbereichs – ebenfalls Unternehmer im Fadenkreuz der Strafverfolgungsbehörden, schmälern restriktive Umweltauflagen die Gewinne und verstärken die Abwanderungsgelüste.

Überwältigend viel deutet in der Tat darauf hin, dass es der Justiz im Produkthaftungs- und Umweltbereich in erster Linie um die Belange der Wirtschaft geht. Richter Niemöller, unser Hoffnungsträger vom zweiten Strafsenat des Bundesgerichtshofs, referiert 1996 erneut zum Thema, diesmal vor den vereinigten Chemischen Verbänden in Berlin.

Und da stehen plötzlich nicht mehr die Verbraucher im Mittelpunkt der Ausführungen, sondern die Täter. Zu ihren Gunsten soll gegebenenfalls der Grundsatz des Verbots der überlangen Verfahrensdauer zur Anwendung kommen, jedenfalls dann, wenn, wie im Holzschutzmittelkomplex, das Verfahren schon über zehn Jahre anhängig ist. Von den Opfern ist gar nicht mehr die Rede. Sie, die schon viel länger auf ihr Recht warten, gehen dann am Ende gänzlich leer aus. Das aber stört 1995 nicht mehr.

Und bis heute hat sich daran nichts geändert. Die letzten Schadensersatzklagen der Holzschutzmittelopfer werden mit den alten hanebüchenen Begründungen – Zusammenhänge nicht ausreichend belegt, beziehungsweise den Herstellern nicht bekannt gewesen – abgewiesen. Den Amalgam-Geschädigten hält man ihre niedrigen Quecksilber-Blutwerte vor, wobei man geflissentlich die Depotwerte übersieht und den krebskranken Waldarbeiter, der jahrelang mit Lindan-haltigen Mitteln Holzpolder gespritzt hat, speist man mit dem Hinweis ab, dass zwischen Gifteinsatz und Krankheitsfeststellung ein viel zu langer Zeitraum liegt.

Die Justiz auf Seiten des Systems, kein rein deutsches Phänomen. Die Baseler Strafverfolger ließen die Firma Sandoz unbehelligt, als 1986 bei einem Brand im Herbizidlager der Firma große Mengen giftiger Löschwässer in den Rhein gelangten und dort auf mehreren hundert Kilometern Länge alles Leben töteten. Umweltschützer mokierten sich seiner Zeit wegen der nicht vorhandenen Löschwasserauffangbecken – ohne Erfolg. Der Fluss war zwar verschmutzt aber die Schweiz blieb sauber. Nebenbei gesagt: Der eidgenössische Rhein war ja auch nur auf drei Kilometer verseucht, die restlichen 400 Schadenskilometer befanden sich in Deutschland. Dort blieb die Justiz allerdings ebenfalls untätig.

Im weiteren Umfeld der Baseler Katastrophe waren die schweizer Strafverfolger allerdings wieder hellwach. Ein Aktionskünstler, der auf der Bühne und vor laufenden Kameras ein Fisch in einem mit kontaminiertem Rheinwasser gefüllten Aquarium sterben ließ, wurde wegen Tierquälerei zu einer hohen Geldstrafe verurteilt.

Und auch die deutsche Justiz verfährt beim Gewässerschutz nach altem Muster. Nicht nur Plastiktütenentsorger werden belangt. Ein Schafzüchter aus dem Vordertaunus wurde 1994 wegen Gewässerverunreinigung von der Frankfurter Justiz zu einer Geldstrafe von 8.000 DM verurteilt. Er hatte eine Schubkarre voll Mist in einen Bach gekippt. Drei Instanzen brachten dem Angeklagten keine Strafminderung sondern nur noch eine Menge zusätzlicher Verfahrenskosten.

V Die alten Widersacher

1 Arroganz der Macht

Die Justiz sorgt sich um die Mächtigen, und die Mächtigen wissen das. Der Bundesgenosse in Schwarz ist Teil ihrer Geschäftsgrundlage. Wenn es einmal anders kommt oder anders zu kommen droht, wird man böse. Das begreift man als Zumutung. Da verliert man auch schon einmal die Fassung. So wie Dr. S., Leiter der Rechtsabteilung des großen Konzerns am Niederrhein. Das Unternehmen war in den Holzschutzmittelfall involviert, stand im Verdacht, für die zahlreichen Gesundheitsschäden mit verantwortlich zu sein, die in der Folge des Gebrauchs der giftigen Lasuren aufgetreten waren. Mit einem Durchsuchungsbeschluss des Ermittlungsrichters am Amtsgericht Frankfurt am Main in der Tasche waren wir am Morgen des 26. Juni 1994 frohgemut in Richtung Nordrhein-Westfalen aufgebrochen. Die zwei Dutzend Beamte des Bundeskriminalamtes freuten sich schon auf einen leckeren Imbiss und eine Tasse duftenden Bohnenkaffee. Ein Weltkonzern weiß schließlich, was Gastfreundschaft heißt.

Kurz vor Mittag parken wir unsere großen Wagen vor dem Verwaltungsgebäude. Unser Ziel ist der 23. Stock. In der Rechtsabteilung hoffen wir, die Protokolle der Vorstandssitzungen zu finden. Zunächst treffen wir dort Dr. S. Sein böser Blick signalisiert, dass die Sache heute nicht den erwarteten Verlauf nehmen könnte. Nachdem er meinen Dienstausweis eine Zeit lang studiert hat, sagt er: »So, so, ein Bild von ihm ist auch drin und einen Namen hat er auch.« Das ist nicht die feine rheinländische Art.

»Sie kommen aus Frankfurt am Main«, sagt er, während er mir den Ausweis wieder zurück gibt. »Sie sind also ein Dahergelaufener. Alle Frankfurter sind Dahergelaufene.« Wir übergeben ihm eine Durchschrift des Durchsuchungsbeschlusses und erläutern ihm seine Rechte. Er darf bei der Durchsuchung anwesend sein, und er darf auch Zeugen beiziehen. Innerhalb kurzer Zeit erscheinen ein Dutzend Personen, sämtlich Anwälte, wie es heißt. Dann äußern wir unsere Wünsche, immer noch darauf hoffend, dass die Sache einvernehmlich erledigt werden kann.

Die Protokolle bekommen wir nicht, sagt Dr. S. Und dann macht er uns klar, was er von der ganzen Angelegenheit hält: »Das sind Stasi-Methoden.« Und: »Sie wollen doch nur diesen Staat kaputt machen.«

Wir versuchen zu beschwichtigen und erklären den Anwesenden, wieso wir an den Protokoll-Bänden interessiert sind. Nicht wegen der eventuell darin enthaltenen Geschäftsgeheimnisse, sondern weil wir die Beziehung des Konzerns zum Holzschutzmittel-Hersteller überprüfen wollen. Es nützt nichts.

»Sie sind nicht mehr lange Staatsanwalt«, prophezeit mir Dr. S. schließlich: »Noch heute abend treffe ich in Bonn den Schäuble, dann sind sie erledigt.« Er duzt mich wenigstens nicht mehr. Jetzt weise ich ihn darauf hin, dass er nicht verpflichtet ist, uns die Akten auszuhändigen. Allerdings hat er die Durchsuchung seiner Räumlichkeiten zu dulden.

»Die können Sie sich sparen«, gibt er daraufhin zur Antwort, »die Akten befinden sich nämlich hier«. Er zeigt dabei in den hinteren Teil seines Büros. Tatsächlich stehen dort auf einem kleinen Regal ca. 20 Leitzordner. Nach der Beschriftung der Aktenrücken sind es die gesuchten. Ich bitte die Polizeibeamten, die Akten einzutüten, und begebe mich nach nebenan, wo sich weitere Büros befinden.

»Ich war jahrelang Chef von Bayer-Leverkusen, dem besten Fußballverein hier in der Gegend«, gibt mir Dr. S. mit auf den Weg. »Glauben Sie ernsthaft, mit Ihnen werde ich nicht fertig?«

Nach wenigen Minuten informiert mich ein Bundeskriminalbeamter darüber, dass es ein Problem gebe. Dr. S. sei halt einfach nicht einverstanden, dass wir die Akten mitnehmen.

Wer Durchsuchungen stört, kann nach dem Gesetz in Gewahrsam genommen werden. Randalierer werden regelmäßig an irgendeinen Heizkörper angekettet. Dann ist einerseits deren gesetzlichen Recht, der Maßnahme beizuwohnen, Genüge getan, und andererseits sind sie »aus den Füßen« und behindern die polizeiliche Arbeit jedenfalls nicht körperlich.

Als ich in das Büro von Dr. S. zurückkomme, wird mir klar, dass die Heizungslösung heute wohl nicht funktionieren wird. Die Männer des Bundeskriminalamtes stehen kleinlaut in irgendwelchen Ecken, allesamt erkennbar beeindruckt vom Auftreten des starken Mannes.

Dr. S. spielt jetzt mit hohem Einsatz. Er hat den Werksschutz geholt. Zwei Männer mit großen Colts an der Seite haben sich vor den Akten aufgebaut. Nun ist das Fass voll. Ich frage den Einsatzleiter nach dem Verbleib unserer Waffen.

»Die Pistole liegt im Auto«, raunt mir dieser zu, und damit ist die Machtfrage im 23. Stock für heute beantwortet. Doch dann macht sich der Werksschutz so schnell, wie er gekommen ist, wieder von dannen. Die beiden Männer haben begriffen, dass sie gerade missbraucht werden sollen. Sie sind besonnener und vernünftiger als ihr hochbezahlter Boss und seine zahlreichen Vasallen.

Schließlich packen wir die Akten ein. Über drei Stunden hat es gedauert, bis der richterliche Beschluss durchgesetzt war.

Am nächsten Morgen ruft mich ein Fernsehmensch an und will wissen, ob es am Vortag am Niederrhein zu einem Eklat gekommen sei. Er ist über alles informiert. »Ein U-Boot, verstehen Sie?« Das Fernsehen berichtet über die Vorfälle, die von meiner Behördenleitung eingeräumt werden. Aber ansonsten bleiben meine Vorgesetzten still. Keine Kommentierung des Vorgangs, keine Überlegung, ob nunmehr nicht auch gegen Dr. S. zumindest wegen versuchter Nötigung zu ermitteln sei. Einer meiner Bosse fragt mich stattdessen vorwurfsvoll, ob es denn wirklich nötig gewesen sei, die Vorstandsprotokolle mitzunehmen. Und er gibt auch gleich eine Erklärung für seine eigenartige Aufgeregtheit: »Mein Schwager arbeitet auch da.«

Ob es denn wirklich nötig gewesen sei ... Diese Frage stellt man mir einige Monate später, nachdem ich von einer richterlich angeordneten Durchsuchung bei dem größten Arbeitgeber am Ort zurückgekommen bin, noch einmal. Ob es denn wirklich nötig gewesen sei, wegen des banalen Verdachtes umweltschädigender Pestizideinsätze dort mit 15 Kripobeamten zu erscheinen. Wo so etwas doch kein gutes Licht auf das Unternehmen werfe. Mein Boß ist offenbar schon von anderer Seite über die Aktion informiert worden.

15 Beamte, gebe ich zu bedenken, habe man gebraucht für das umfangreiche Durchsuchungsprogramm, und schließlich seien die Beamten als Kripoleute ja in Zivil erschienen und dem Publikum als solche gar nicht aufgefallen. Trotzdem, der Boss bleibt ungehalten, am liebsten hätte er an diesem Nachmittag wohl verkündet, dass Durchsuchungen in heimischen Großunternehmen völlig zu unterbleiben haben.

So einfach ist es. Hat sich ein Staatsanwalt einmal in eine große und zugleich seriöse Firma verirrt – Läden wie Management Consulting gehören selbstverständlich nicht dazu –, braucht nur die richtige Telefonnummer gewählt zu werden. Die Maßnahme ist dann in aller Regel nicht mehr zu verhindern, aber gleichzeitig ist klar, dass so etwas so schnell nicht wieder passiert. Das sind sich die Bosse schuldig.

2 Richter in Weiß

Auf einen möglichen juristischen Grund für die schlechte Bilanz der Justiz bei Umwelt- und Produkthaftungsfällen soll schon an dieser Stelle hingewiesen werden. Obwohl er in keinem der vorgenannten Fälle letztlich zum Tragen kam, stand der fragliche Umstand jeweils im Mittelpunkt der Auseinandersetzung, und er dürfte in einer Vielzahl ähnlich gelagerter Fälle einer Verurteilung im Wege gestanden haben. Gemeint ist die Kausalitäts-Problematik. Es geht dabei um den Nachweis, dass ein bestimmter Stoff die Umwelt geschädigt oder einen Menschen gesundheitlich beeinträchtigt hat. Dieser Nachweis ist in der Regel nur schwer zu führen, für eine Verurteilung des Täters aber ist er unerläßlich.

In den Kindertagen des Umweltstrafrechts, zu Beginn der achtziger Jahre, gab es Stimmen, die für ein schnelles Ende der Diziplin plädierten, weil man es grundsätzlich für unmöglich hielt, innerhalb der fraglichen hochkomplexen Sachverhalte einzelnen Schäden bestimmte Ursachen zuzuordnen, jedenfalls nicht mit der für eine Verurteilung erforderlichen Sicherheit. Sollte heißen: Wie kann man eine einzige Öllache auf dem Rhein einem von hundert Schiffen zuordnen? Wie will man in einem Gewerbegebiet, wo zahlreiche Schmutzfirmen ansässig sind, den Verursacher einer Grundwasserverunreinigung feststellen? Und: Wer kann verbindlich sagen, welcher Emittent die Bäume am Großen Arber oder in der Hohen Rhön auf dem Gewissen hat?

Dieser Einwand zieht nicht mehr. Denn längst hat die Umweltwissenschaft nachgezogen. Schadstoff-Screening, Spect-Analyse und Chemischer Fingerprint heißen die Schlagworte, die den Machtzuwachs der Strafverfolgungsbehörden auf dem naturwissenschaftlichen Sektor beschreiben. Im Holzschutzmittel-Verfahren gelang es beispielsweise, die Dioxin-Belastung geschädigter Menschen auf ein ganz bestimmtes Mittel zurück zu führen, indem die Chemiker die Dioxin-Isomere in einem Gebinderest, im behandelten Holz, im Hausstaub, in der Raumluft und im Blut der Bewohner bestimmten. In allen Proben war das Mischungsverhältnis der einzelnen Dioxin-Varianten gleich. Wunderschön kamen die bunten Säulen auf dem Milimeterpapier der Wissenschaftler zur Deckung. Nur eine Probe machte eine Ausnahme: die der Außenluft. Sie war negativ.

Doch damit ist das Problem noch nicht aus der Welt. Die Erfolge der Umweltanalytik scheinen mehr und mehr unterlaufen zu werden durch die Unseriösität der mit der Anwendung dieser Techniken oder besser noch: mit der Auswertung und Bewertung der entsprechenden Messwerte betrauten Wissenschaftler. Der naturwissenschaftliche Zugewinn droht von einer typischen menschlichen Komponente wieder kompensiert zu werden. Gemeint sind die Sachverständigen; es geht um die Richtigkeit ihrer gutachterlichen Expertisen.

In einer technisierten und chemisierten, arbeitsteilig organisierten Gesellschaft braucht die Justiz zur Bewältigung ihrer Aufgaben fremden Sachverstand. Richter und Staatsanwälte haben Jura studiert und nicht Medizin oder Biologie. Und auch nicht Physik oder Chemie. Mit Fragen aus diesen Bereichen werden sie allerdings häufig bei ihrer Arbeit konfrontiert. Um ihre Fälle richtig zu entscheiden, müssen sie beispielsweise wissen, mit welcher Geschwindigkeit ein Auto auf ein Hindernis aufgefahren ist, ob ein Afrika-Reisender an der Malaria-Prophylaxe erkrankt ist oder ob die Ameise am Stiefel des Tatverdächtigen am Fundort der Leiche zu Hause war. Dieses Wissen liefern ihnen die Sachverständigen; in unseren Fällen sind das ein Kfz-Ingenieur, ein Tropenmediziner und ein Insektenforscher. Die machen die Juristen dann auch in naturwissenschaftlicher Hinsicht klug und sorgen so dafür, dass die Wahrheit gefunden werden kann und dass daraus Gerechtigkeit entsteht.

Die explosionsartige Zunahme naturwissenschaftlicher Erkenntnisse und ihre parallele Umsetzung in technische Produkte und Verfahren, die Technisierung unseres Alltags also und die dadurch bedingte Verkomplizierung zahlreicher alter und neuer Konflikte haben innerhalb der Justiz in den letzten 50 Jahren zu einer Inflation des Sachverständigen-Engangements geführt. Kaum mehr ein Prozess ohne Gutachter. Schleichend hat damit die Justiz einen erheblichen Teil ihrer Macht und ihrer Zuständigkeit abgegeben. Richter in weiß heißen die Spezialisten aus den naturwissenschaftlichen Labors – und das zu Recht. Sie sind es, die Recht sprechen, denn die Richter sind ihren Ergebnissen in den meisten Fällen ausgeliefert, haben keine Möglichkeit, diese zu überprüfen und können nur noch deren Ergebnisse in rechtliche Entscheidungen umsetzen. Das ist so lange kein Problem, als die Sachverständigen die Wahrheit sagen. Lange Zeit zweifelte kaum jemand daran und auch heute verläuft der gerichtliche Alltag diesbezüglich geordnet und unspektakulär. Die Feststellung der Alkoholisierung eines Autofahrers und die Beurteilung seiner Schuldfähigkeit, die Ermittlung des Wirkstoffgehaltes des sichergestellten Kokains oder die DNA-Analyse einer Speichelprobe sind fern jeglichen Verdachts, bewusst unrichtig vorgenommen zu sein. Im Gegenteil: Viel Engagement der mit diesen Fragen befassten Wissenschaftler ist festzustellen. Als Jurastudent habe ich in Gießen erlebt, was Rechtsmediziner zur Aufklärung einer banalen Unfallflucht bzw. Trunkenheitsfahrt zu investieren bereit sind. Ein Gelegenheitsarbeiter hatte mit seinem Pkw einen Laternenmast gerammt und war dann weitergefahren. Eine Funkstreife hatte den Fahrer schließlich 20 Minuten später zu Hause völlig betrunken angetroffen: 2,7 Promille. Der hatte nun aber eine gute Geschichte parat. Der Unfall: Unaufmerksamkeit. Die Unfallflucht: Schockbedingt, weil neues Auto. Die Promille: Private Antischocktherapie anschließend im häuslichen Bereich – drei Liter Apfelwein und sieben doppelte Whisky.

Der Sachverständige der Gießener Rechtsmedizin hatte eine noch bessere Geschichte parat: Geht nicht, sagte er, diese Menge Alkohol von dieser Art und in dieser Kombination kann niemand innerhalb von 20 Minuten trinken. Er hat es ausprobiert bzw. ausprobieren lassen. 25 Studenten, alle alkoholerprobt, haben an einem entsprechenden Trinkversuch teilgenommen. Alle mussten sich kurzfristig übergeben. Apfelwein und Whisky geht es wie Männer und Frauen: Sie passen einfach nicht zusammen. Nicht sehr appetitlich die Angelegenheit, aber hervorragend geeignet die Nachtrunk-Geschichte des Angeklagten als Lügenmärchen zu entlarven.

Wo es um mehr geht als um Führerscheine und mehr auch als um eine Verurteilung eines Angeklagten wegen eines Kapitalverbrechens ist die heile Welt der Sachverständigen schnell zu Ende. Wo nämlich das Wohlergehen ganzer Branchen und Wirtschaftszweige von einem einzigen Richterspruch abhängig ist, wo die Justiz das letzte Wort hat bei der Etablierung bestimmter technischer Verfahren oder Zulassung toxischer Verbindungen, wo es um Milliarden geht also, da schicken die wirtschaftlich Mächtigen ihre eigenen Sachverständigen ins Rennen. Nutzung der Atomkraft, Zulassung giftiger Insektizide und bedenklicher Medikamente, Anbau gentechnisch veränderter Lebensmittel, das sind nur wenige Beispiele für die betreffenden Sachgebiete auf denen die Wirtschaft aus nachvollziehbaren Gründen auf Nummer sicher gehen muss, und das mit Hilfe ihrer Sachverständigen auch tut. Denn die begutachten nicht nach den Grundsätzen von Wahrheit und Richtigkeit, sondern nach den Vorgaben ihrer Auftraggeber. Sie tun das nicht unbedingt aus freien Stücken, sondern sie tun das in erster Linie, weil sie abhängig sind von ihren Auftraggebern. Deren Aufträge nämlich sind es, die ihre Fachbereiche, Institute und Forschungseinrichtungen am Leben erhalten. Drittmittel heißt das Zauberwort und die Nadel, an der sie alle hängen. Der Staat reduziert sein finanzielles Engagement immer mehr. Was er noch gibt sind oftmals nur noch Peanuts.

Abhängige sind nicht mehr frei in dem was sie tun. Sie entscheiden sich immer im Sinne ihrer Dealer. Wes Brot ich ess', des Lied ich sing, gilt auch hier. Der Wissenschaftler, der beispielsweise die Verbrennung von Braunkohle zur Stromerzeugung als ökologisch hochgefährlich und wegen der Existenz solarer Ersatztechnologien als unzeitgemäß bewertet, hat mit Sicherheit keine Aufträge mehr von den immer noch mit Dino-Hirnen ausgestatteten Energieversorgen zu erwarten – und die haben viel Geld zur Verfügung. Umgekehrt wird ein genehmes Gutachten von der Wirtschaft großzügig belohnt – mit neuen Aufträgen. Und so schaukelt sich die Geschichte dann schnell hoch. Der Lockruf des Geldes bringt Skrupel zum Schweigen. Man ist immer zu Diensten – und zu allem bereit.

Zu welch schlimmen Konsequenzen gekaufte bzw. abhängige Wissenschaft führen kann, hat schon der Contergan-Prozess gezeigt. Ein medizinischer Sachverständiger erklärte das Schlafmittel, das im Verdacht stand, bei Tausenden von Föten schwere Missbildungen hervorgerufen zu haben, nicht für gefährlich, sondern für lebensverlängernd. Es habe dafür gesorgt, mutmaßte er, dass an sich nicht existenzfähige Föten doch noch geboren werden konnten – zwar missgebildet, aber doch zu leben in der Lage.

Die Richter durchschauten diesen Unfug seinerzeit schnell, denn sie vermissten die andere Konsequenz dieser Annahme: das statistisch belegte Fehlen mehrerer tausend Schwangerschaftsabbrüche und Totgeburten.

Auch der Holzschutzmittelprozess in Frankfurt am Main hat deutlich gemacht, zu welchen Untaten industriefreundliche Gutachter bereit sind. Prof. Schlatter, ein von der Verteidigung aufgebotener schweizer Toxikologe, hatte die Gefährlichkeit von Holzschutzmittel zu beurteilen. Er tat dies auf der Grundlage eines Tierversuchs. Ratten hatten einen Fütterungsversuch mit PCP, dem in den Farben enthaltenen Hauptgift, ohne feststellbare Gesundheitsschäden überlebt. Den Tieren waren drei Monate lang täglich drei Milligramm PCP pro Kilogramm Körpergewicht verabreicht worden. Wenn Ratten drei Milligramm vertragen, postulierte der Sachverständige, dann vertragen Menschen immer noch ein Zehntel davon, also 0,3 Milligramm, denn ihr Stoffwechsel ist um den Faktor 10 langsamer, und entsprechend langsamer erfolgt auch die Entgiftung. Dann hatte der Sachverständige ausgerechnet wie viel PCP Menschen aufnehmen, die in mit Holzschutzmitteln behandelten Wohnungen leben. Weil das aber nur der 50. Teil dessen war, was sie nach der Rattenlogik risikolos hätten aufnehmen können, erklärte der Sachverständige die Holzschutzmittel für unbedenklich.

Auch in diesem Fall winkten die Richter ab. Denn der Sachverständige hatte einige relevante Umstände ganz einfach unterschlagen: Dass es keinerlei Erkenntnisse gibt, wonach Menschen und Ratten giftmäßig praktisch gleichgesetzt werden können, dass die Giftaufnahme bei den betroffenen Menschen in erster Linie inhalativ, also besonders effizient erfolgt, während den Ratten das Gift mit dem Futter verabreicht wurde; dass das »Holzschutzmittel – PCP« hochgefährliche Dioxine und Flurane enthielt, während die Ratten gereinigtes PCP erhielten. Dass in den Holzschutzmitteln zahlreiche weitere Gifte, zum Beispiel Lindan, Furmecyclox und Lösungsmittel enthalten waren, von denen die Ratten allerdings verschont geblieben waren. Und: Dass ca. 80% der Beschwerden der Holzschutzmittel-Geschädigten psychiatrisch-neurologischer Natur und gar nicht Gegenstand des betreffenden Tierversuchs waren.

Contergan und Holzschutzmittel – das waren lange Verfahren, innerhalb derer sich die Gerichte und die Staatsanwaltschaften intensiv wie sonst kaum mit den naturwissenschaftlichen Fragen vertraut machen und auseinandersetzen konnten. Hier war die Mogelei aufgefallen. An anderer Stelle fällt sie nicht auf. Falsche Gutachter geben ihren Expertisen regelmäßig den Schein von Richtigkeit. Denn sie rechnen immer mit dem Schlimmsten: Dass Staatsanwälte oder Richter das Gutachten auch lesen. Das kommt zwar nur selten vor, denn die Justiz orientiert sich mangels Zeit und Sachkunde am Ergebnis des Werkes, also an dem letzten Absatz auf der letzten Seite. Aber sicher ist sicher: Juristen sollen es nicht merken.

Juristen merken es zum Beispiel nicht, wenn Sachverständige mit Grenzwerten ihre Spielchen treiben. Regelmäßig sind mehrere Grenzwerte im Umlauf, davon nimmt man den für den eigenen Standpunkt günstigsten. Wenn es beispielsweise um toxische Schädigungen der Allgemeinbevölkerung geht legen Sachverständige gerne auch statt der hierfür geltenden MIK-Werte die für Arbeitnehmer geltenden MAK-Werte zu Grunde. Die sind deutlich größer bemessen, was damit zu tun hat, dass Arbeitnehmer den Schadstoffen am Arbeitsplatz nur max. 40 Stunden pro Woche ausgesetzt sind, während Belastungen im privaten Wohnbereich sich im Extremfall als Dauerexposition darstellen können, und dass man, nebenbei gesagt, dem Gesundheitszustand von Arbeitern weder damals noch heute besondere Beachtung schenkte.

Immer auch wird von den Falschgutachtern verschwiegen, dass Grenzwerte Phantasiewerte sind, politische Kompromisse ohne medizinisch-toxikologische Verbindlichkeit, vor allem dann, wenn Betroffene an MCS, an multipler Chemikalien-Empfindlichkeit erkrankt sind und von geringsten Schadstoffmengen schachmatt gesetzt werden können. Gerne verwechseln Sachverständige auch die sich regelmäßig unterscheidenden Symptome von akuten Verläufen einerseits und chronischen bzw. subakuten Verläufen andererseits.

Wenn dies alles einmal nicht funktioniert, bedeutet die Psycho-Schiene die letzte Rettung. Danach bilden sich Patienten, die bestimmten Schadstoffen ausgesetzt sind, aus Angst vor diesen Stoffen die in diesem Zusammenhang diskutierten Beschwerden ein. Oder aber sie ordnen existierende Beschwerden den Schadstoffen zu, obwohl ihre Krankheiten ganz andere Ursachen haben. Äußerst großer Beliebtheit erfreut sich innerhalb der ärztlichen Diagnose dabei das Ursachenbündel Midlife-crisis, Partnerschaftsprobleme und beruflicher Misserfolg – mit anderen Worten: Psychostress. Den machen auch zahlreiche synthetische Nervengifte. Etwa Pestizide oder Schwermetalle wie sie in Mückensprays oder Zahnamalgam vorkommen, so dass sich die Symptome in beiden Fällen ähneln. Jetzt braucht man den Quecksilber-belasteten Plombenträgern nur noch eine Partnerschaftskrise zu unterstellen und schon ist die Chemie aus dem Schneider.

Das alles funktioniert natürlich auch ohne Psychostress, ohne dass man die Ursachen vertauscht, einfach indem man Ursachen mit Wirkung verwechselt. Die Gießener Zahnmedizin hat das zu Beginn des Jahres 2000 einmal mehr vorbildlich in Szene gesetzt. Man hatte in einer Studie mit 40 Personen, die sich durch Zahnamalgam geschädigt fühlten, bei über einem Drittel der Probanden psychische Störungen festgestellt. Damit war für die Ärzte alles klar: Diese Störungen hatten die Patienten auf den Amalgamtrip gelockt, waren ursächlich für ihre merkwürdigen Selbstdiagnosen. Sie galt es zu behandeln mittels Psychotherapie und psychiatrischen Maßnahmen, während die Entfernung der Plomben oder eine Entgiftung als nicht notwendig angesehen wurden. Bekloppte haben halt komische Ansichten.

Im Frankfurter Amalgam-Verfahren habe ich 1.500 dieser Spinner kennengelernt. Sie sind wirklich nervlich sehr am Ende. Ich hatte allerdings mehr den Eindruck, dass das an den Nervengiften lag, die sie alle massenhaft im Mund trugen oder getragen hatten oder auch an den Gutachten der Marke Gießen, denen die Bedauernswerten völlig schutzlos ausgeliefert sind.

Im Fall der Familie Sting aus Wilnsdorf, die ihr Haus mit einer großen Menge PCP- und lindanhaltiger Holzschutzmittel gestrichen hatte, kommt schließlich eine interessante Variante der Psychokiste zur Anwendung. Die holzschutztypischen, vor allem psychiatrisch und neurologisch ausgerichteten Beschwerden des Ehemannes werden vom Gutachter der Münsteraner Uni-Polyklinik als schweres depressives Syndrom gedeutet und die ähnliche Symptomatik der Ehefrau als »Reaktion auf die schwere Erkrankung ihres Ehemannes«.

Und dann gibt es halt noch Tricks der unbestimmten Art, um wissenschaftliche Falschheiten unter Juristen zu bringen.

Das Lungengewebe von Asbest-Arbeitern wird mit Hilfe eines Lichtmikroskopes untersucht. Das ist aber gar nicht in der Lage, die nur millionstel Millimeter kleinen Asbestfasern zu erkennen, die als Auslöser von Lungenkrebs oder Asbestose infrage kommen. Auf den Einsatz des Elektronenmikroskops, das die erforderliche Aufklärungsarbeit leisten könnte, wird ganz bewusst verzichtet.

Im Amalgam-Komplex stellen die Wissenschaftler fest, dass Patienten nach dem Entfernen ihrer Plomben keine gesundheitliche Besserung erfahren. Ein gutes Argument gegen die Auffassung von der krankmachenden Wirkung von Amalgam. Was die Ärzte verschwiegen: Die Plomben wurden ohne die erforderlichen Schutzmaßnahmen entfernt, so dass es zur Inkorporierung des frei gewordenen Quecksilberdampfes gekommen war. Und vor allem: Die neuen Plomben waren wieder aus Amalgam.

Roland Scholz, Prof. für physiologische Chemie an der medizinischen Fakultät der Universität München, hat sich einmal die Mühe gemacht die berühmte Studie der Universität Mainz zur »Häufigkeit von Krebserkrankungen im Kindesalter in der Umgebung westdeutscher kerntechnischer Anlagen 1980 – 1990« einer detaillierten und kritischen Bewertung zu unterziehen. Diese im Auftrag des Bundesumweltministeriums erstellte und 1992 der Öffentlichkeit vorgestellte Arbeit kam zu dem Ergebnis: In der 15-Kilometer-Region um Kernkraftwerke beträgt das relative Risiko für alle bösartigen Erkrankungen der unter 15-jährigen 0,97. Das bedeutet, dass keine Erhöhung der Krebserkrankungen in den Kernkraftwerksregionen gegenüber den Vergleichsregionen feststellbar war.

In dem von Antje Bultmann herausgegebenen Buch »Käufliche Wissenschaft« hat der Münchner Wissenschaftler sehr eindrucksvoll belegt, wie geschickt in dieser Studie die Fakten manipuliert wurden, um – das darf bei der damaligen Verfassung des Umweltministeriums gemutmaßt werden – zu dem gewünschten Ergebnis zu kommen. Die Auswahl der Randbedingungen, schreibt Roland Scholz, bestimmt das Ergebnis. Und da haben – auf insgesamt vier Ebenen – die Verfasser erfolgreich die Weichen gestellt.

Einmal wurden alle Atomanlagen gleich behandelt, große und kleine, alte und neue, schmutzige und weniger schmutzige. Es wurde gemittelt. Kritische Emittenten wurden mit weniger kritischen vermengt. Verdünnen kritischer Daten heißt das – eine erste Unredlichkeit.

Dann wurden die jüngeren AKWs bereits ein Jahr nach der Inbetriebnahme in die Studie aufgenommen. Aber strahleninduzierter Krebs hat eine Latenzzeit von mehreren Jahren bis Jahrzehnten. Selbst die akute Leukämie tritt in ihrem Maximum frühestens vier Jahre nach Beginn der Exposition auf. Das ist eine zeitliche Verdünnung der Daten und eine zweite Unredlichkeit.

Als Drittes werden alle Krebserkrankungen in die Bearbeitung einbezogen, also nicht nur die strahlenbedingten, sondern auch die erblich bedingten Krankheiten. Erneut Datenverdünnung.

Und schließlich bleiben die konkreten Expositionsbedingungen unberücksichtigt. Die Studie ermittelt die Krebserkrankungen im Umkreis von 15 Kilometer um ein Kernkraftwerk. Unterschlagen wird dabei, dass der Wind nie gleich stark und gleich häufig aus allen Richtungen weht. Die speziellen Windverhältnisse vor Ort haben stets ein ganz typisches Verteilungsmuster der radioaktiven Niederschläge zur Folge. Zumindest hätte man – bei der bevorzugten Windrichtung aus Südwest – eine elypsenförmige Studienregion mit der Achse Südwest – Nordost bestimmen müssen. Das ist nicht geschehen. Ein plumper Kreis hat erneut die kritischen Daten verwässert.

Diese Schweinereien sind bei der Vorstellung der Studie am 13. Februar 1992 niemandem aufgefallen. Der Presse nicht, die die These der Arbeit ohne Chance auf schnelle Nachprüfung in der gewünschten Weise kolportierte: »Keine Verbindung Krebs und Kernkraft«, und dem Umweltministerium ebenfalls nicht, schon deswegen, weil man mit dem Ergebnis hoch zufrieden war.

Auch insofern wird deutlich welche hervorragenden Möglichkeiten Sachverständige haben, ihre falschen Ergebnisse als Mogelpackungen unter das Volk zu bringen.

Oder man stellt sich dumm, ignoriert das Problem, weiß von nichts, spricht von Einzelfällen. Prof. Eikmann, der Leiter des Instituts für Hygiene und Umweltmedizin am Klinikum der Justus-Liebig-Universität Gießen hatte 1998 gutachterlich darüber zu befinden ob eine Landwirtin aus Nordhessen durch Holzschutzmittel krank geworden war. Die Klägerin aus der Nähe von Kassel hatte ihren Betrieb sowie Teile ihrer Wohnung mit PCP-haltigen Holzschutzmitteln behandelt und war in der Folgezeit an den klassischen Symptomen erkrankt. In seinem Gutachten vom Dezember 1998 schreibt Prof. Eikmann:

»... kann im Zusammenhang mit der Wirkungsproblematik von PCP und anderen Holzschutzmitteln die Aussage getroffen werden, dass auf der Basis der toxikologischen Daten sowie der Einzelberichte und epidemiologischen Studien bei Umweltexpositionen gegenüber PCP im allgemeinen ausgeprägte Wirkungen beim Menschen nicht zu erwarten sind, gleichwohl im Einzelfall PCP-bezogene Effekte nicht auszuschließen sind.« Und weiter:

»... die Behauptung der Beklagten (das ist der Hersteller der Holzschutzmittel), es gäbe keinen allgemein anerkannten Erfahrungssatz, dass die Holzschutzmittel Xyladecor und Xylamon geeignet seien, bei sachgemäßer Anwendung Gesundheitsschäden hervorzurufen, kann aus umweltmedizinischer Sicht und auch aus eigener Erfahrung bestätigt werden.«

Dabei hätte Gießen eigentlich eine gute Adresse für die Geschädigten sein können. Dort nämlich sollte für die vier Millionen DM, die die chemische Industrie für die Einstellung des Holzschutzmittelverfahrens 1996 gezahlt hatte ein Lehrstuhl für Innenraumhygiene eingerichtet werden. Dem betreffenden Verfahren hatten sich bundesweit ca. 2.700 Familien als Geschädigte angeschlossen. Immer noch kein allgemeiner Erfahrungssatz, dass Holzschutzmittel krank machen? Erst Ende 2000 ist dieser Lehrstuhl endlich besetzt worden.

Falschgutachter produzieren und provozieren falsche Urteile – auf breiter Front. Von den eine Million Chemikalienkranken in unserem Land – diese Zahl haben seriöse Umweltmediziner ermittelt – ist praktisch kaum einer vor einem deutschen Gericht rehabilitiert worden, etwa durch Zuerkennung von Schadensersatz und Schmerzensgeld oder durch die strafrechtliche Verurteilung der Verantwortlichen. Und in noch nicht einmal 20% der Berufsunfähigkeitsverfahren vor den Sozialgerichten sind Arbeitnehmer erfolgreich. Das ist unter anderem das Werk der besagten Gutachter.

Der Frankfurter Kriminalsoziologe Hans See hat dieses Phänomen als Wissenschaftskriminalität bezeichnet – es trifft den Nagel auf den Kopf. Von Richtern oder Staatsanwälten gerufen, um bei der Wahrheitsfindung behilflich zu sein, verselbständigt sich die Rolle der Sachverständigen zu einem eigenständigen, hochkriminellen Komplex. Rechtlich ist dagegen allerdings kein Kraut gewachsen. Nicht weil wegen der beschriebenen Abhängigkeit der Sachverständigen von der Wirtschaft von einer entschuldigenden Notkriminalität auszugehen wäre. Insoweit nämlich haben, wie schon erwähnt, die Sachverständigen längst das Positive an der Situation erkannt und machen kräftig mit. Aber der im Strafrecht erforderliche 100%ige Nachweis, dass das Gutachten falsch ist und vor allem, dass es auch vorsätzlich falsch erstattet wurde, macht in der Regel große Probleme. Wer will dem Sachverständigen dessen Einlassung widerlegen, dass das Gutachten seiner wissenschaftlichen Überzeugung entspricht?

Die Heidelberger Staatsanwaltschaft jedenfalls hat es nicht geschafft, obwohl der angezeigte Arzt über einen längeren Zeitraum hinweg fast ausnahmslos zugunsten der Berufsgenossenschaften begutachtet hatte – mit den immer gleichen Formulierungen, die er, wie die Anzeigeerstatter mutmaßten, als Textbausteine in seinem Computer vorrätig hielt. 1999 stellte sie das Ermittlungsverfahren gegen ihn ein. Dass anderenorts ebenfalls gegen Sachverständige wegen des Verdachts der Falschbegutachtung ermittelt wird – davon ist nichts bekannt.

Die Wissenschaftskriminalität, also die Bereitschaft von Ärzten, Toxikologen und Naturwissenschaftlern zu Gunsten der wirtschaftlich Mächtigen zu begutachten, den gerichtlichen Wahrheitsfindungsprozess zu deren Gunsten zu manipulieren, stellt eine ernsthafte Bedrohung insbesondere der Rechtsprechung in Umwelt- und Produkthaftungsfällen dar. Es ist zudem ein verfassungsrechtliches Problem, zumal Falschgutachter die Regeln der Gewaltenteilung unterlaufen, indem sie das Kontrollorgan Justiz praktisch ausschalten.

Auch außerhalb der Gerichtssäle spielen parteiische Gutachter ihr böses Spiel. Im Sommer 2000 wird eine Untersuchung der Weltgesundheitsorganisation veröffentlicht, die den Titel trägt: »Strategien der Tabakkonzerne zur Unterminierung der Tabakkontroll-Aktivitäten der WHO«. Danach haben die Tabakkonzerne in den USA jahrelang gezielt und erfolgreich eigene Wissenschaftler in die WHO eingeschleust, um die Forschungen zum Thema Tabak und Gesundheit zu ihren Gunsten zu beeinflussen.

Und vor wenigen Jahren berichtete das Fernsehmagazin »Globus« über gekaufte Klimaforscher. Die im Sold der Öl- und Kohleindustrie stehenden Wissenschaftler sollten vor allem gegenüber den westlichen Regierungen die aus den CO-2-Emissionen resultierenden Klimagefahren herunterspielen oder leugnen – Wissenschaftler sogar am Zündknopf des ökologischen Pulverfasses Erde.

Zurück zum gerichtlichen Sachverständigen. Wirksame Abhilfe gibt es da nur durch eine Reform des gerichtlichen Gutachterwesens, zum Beispiel durch die Einführung eines lizenzierten Sachverständigen, des Sachverständigen mit dem weißen Umweltengel. Den erhält er nur, wenn er seine wirtschaftliche Abhängigkeit, seine finanziellen Verpflichtungen offenlegt. Wenn er sagt, von wem er seine Aufträge bekommt, wer sein Institut finanziert und seine Betriebsausflüge sponsert. Und den erhält er auch nur, wenn er seine Sachkunde genau beschreiben und belegen kann. Man glaubt es kaum, aber vor Gericht sind hin und wieder Gutachter am Werk, die zwar über viel Lebenserfahrung und einen großen Namen verfügen, das moderne Beweisthema aber bestenfalls vom Hörensagen kennen. Es ist an ihnen vorbeigegangen, während sie vor erlauchtem Publikum die alten Geschichten zum besten gaben oder am kalten Büfett mit jungen Damen scherzten. Die Wirtschaft greift gerne auf sie zurück, weil sie besonders verlässlich sind und weil auch die Justiz sie mag.

Der lizenzierte Gutachter – da wissen Richter und Staatsanwälte wenigstens mit wem sie es zu tun haben. Ein demokratisch legitimiertes Gremium könnte sie bestimmen, und der Justiz wäre eine große Hilfe an die Hand gegeben bei der Auswahl der Gutachter.

Ein erster Schritt könnte das sein, mehr nicht. Ob es dazu kommt, erscheint fraglich. In einem offenen Brief an Bundesregierung und Bundestag habe ich das im Sommer 1999 angeregt. Nur 15 der 700 Adressaten haben geantwortet. Das Justizministerium hat sich damit einige Mühe gemacht. Es sieht keinen Handlungsbedarf. Denn die ZPO habe diese Frage bereits geregelt. Ein wirtschaftlich mit einer Partei verflochtener Sachverständiger könne gegebenenfalls wegen der Besorgnis der Befangenheit abgelehnt werden. Das sei eine hinreichende Möglichkeit, die Erstattung und Verwertung des Gutachtens eines befangenen Sachverständigen zu verhindern.

Dass genau das in der Praxis nicht funktioniert, weil die Justiz gar nicht die Zeit und der Kläger nicht die Möglichkeit hat, die oftmals gut getarnten Abhängigkeiten zu erkennen, will man in Berlin noch nicht sehen – obwohl man im Wahlkampf den Gutachter-Opfern viel Hoffnung auf Besserung ihrer Situation gemacht hatte. Aber das ist natürlich kein Argument. Wir alle wissen: Wenn Wahlen etwas verändern könnten, wären sie verboten.

3 Neuer Luxus: Vogelspinnen und Baumboas

Umwelt- und Produkthaftungsfälle gehören, ebenso wie viele Wirtschaftsstraftaten, zur modernen Kriminalität. Und moderne Kriminalität ist immer auch große Kriminalität, die Männer im weißen Kragen kleckern nicht. Die Schäden, die sie anrichten, sind gewaltig und gewaltig ist auch die kriminelle Energie, die sie dabei aufwenden. Die Justiz tut sich schwer mit diesen Fällen. Einige Gründe hierfür sind schon angesprochen worden. Nach anderen, vielleicht den entscheidenderen, die ja oft gut getarnt und als Biedermänner in der juristischen Landschaft stehen, wird noch zu suchen sein.

Vorher aber empfiehlt sich noch ein Besuch an der vordersten Strafrechtsfront. Wirtschafts-, Umwelt und Produkthaftungfälle sind das Allerneueste nicht mehr. Es gibt schon wieder noch Moderneres. Manches ist so modern, dass es noch gar nicht strafbar ist, der Gesetzgeber ist einfach nicht nach gekommen. Das hat mit einem gewaltigen Schub im kriminellen Lager zu tun. Die Straftäter sind außer Rand und Band und vor allem voller neuer Ideen.

»Es wird alles gemacht, was Geld bringt«, sagt Claus-Peter Holz, Kriminaldirektor im Bundeskriminalamt in Wiesbaden. »Egal, ob es erlaubt oder verboten ist.«

Wie sieht es aus an der vordersten Front, und wie ist es dort mit den juristischen Erfolgen bestellt? Zunächst einmal ein ganz banaler Fall, der allerdings schon seine message hat.

Der Förster aus der Großgemeinde im Vordertaunus war ein klassisches Zufall-Opfer. Im Rahmen einer Routinekontrolle der Passagiere des Lufthansaflugs Rio-Frankfurt am Main bat ihn ein Kontrolleur am blauen Ausgang für Reisende ohne zu verzollende Waren seinen Koffer zu öffnen. Unter viel schmutziger Wäsche entdeckte der Beamte ein braun-olives, stark muffelndes Fell, sowie ein Bündel schwarz glänzender Federn. Das Fell gehöre einem Affen, wie es ihn zu zigtausenden im Amazonasgebiet gäbe, und die Federn seien die eines brasilianischen Allerweltsvogels, meinte der Passagier. Der Zollbeamte wusste es etwas genauer: Bei dem Affen handelte es sich um einen Weisskopf-Saki und bei dem Vogel um einen Karunkel-Hokko – zwei bestandsbedrohte Arten, geschützt durch das Washingtoner Artenschutzabkommen (WAA) und das Bundesnaturschutzgesetz.

Als der Spezialist des Zolls die beiden Mitbringsel des Forstbeamten sicherstellt, ist dieser sauer. Es seien dies schließlich die einzigen Andenken an seinen teuer bezahlten Überlebenstrainingsurlaub im brasilianischen Amazonasgebiet nahe der venezuelanischen Grenze. 14 Tage habe man im Regenwald ohne moderne Hilfsmittel durchhalten müssen. Den Affen und den Vogel habe er selbst mit dem Blasrohr erlegt, das einzige Fleisch, das es in dieser Zeit zu essen gegeben habe. Den Affen und den Vogel durfte der Grünrock nach brasilianischem Recht nicht schießen und nach deutschem Recht nicht mit nach Hause nehmen – auch nicht in der abgespeckten Variante. Der Förster hat sich nach dem Bundesnaturschutzgesetz strafbar gemacht.

Artenschutz ist noch nicht lange ein Thema, dafür jetzt aber um so mehr. Zwischen 30% und 50% aller Tiere und Pflanzen sind in ihrem Bestand gefährdet. Täglich sterben nach den Recherchen des WWF und des Nabu ca. 160 Arten aus. Über die Ursachen dieses Tatsbestandes wird nicht mehr gestritten. Lebensraumvernichtung etwa durch Abholzung von Wäldern und Intensivierung der Landwirtschaft, Jagd und Wilderei sowohl zur Nahrungsbeschaffung als auch zum Trophäen-Sammeln, Vergiftung der Nahrungsketten. Die moderne Technik spielt auch hier eine entscheidende Rolle. Mit der Winchester rotteten die weißen Siedler vor 200 Jahren den amerikanischen Büffel fast aus, und mit kilometerlangen Treibnetzen und sonaren Ortungsgeräten erledigen japanische und koreanische Fischer gerade die Fischbestände zwischen den Aleuten und der Antarktis.

1976 haben die Staaten erstmals an der Notbremse gezogen. Das WAA stellt zahlreiche besonders gefährdete Arten unter Schutz und das Bundesnaturschutzgesetz erklärt Verstöße dagegen zu strafbaren Handlungen.

Die Frage nach dem Grund dieser Maßnahmen wird unterschiedlich beantwortet. Warum wollen wir, dass Biber und Äskulapnatter vor dem Aussterben bewahrt werden? Es ginge doch auch gut ohne sie, und – ehrlich gesagt – den meisten würde es doch gar nicht auffallen.

Religiös-ethische Gründe dürften eine zentrale Rolle spielen, obwohl sie von Juristen nicht gerne bemüht werden. Denn das Recht will damit nichts zu tun haben. In unseren Köpfen sind sie dennoch präsent: Die Schöpfung bewahren, sich nicht an Gottes Werk vergreifen. Oder zumindest das Ergebnis der Evolution respektieren und schützen. Wir haben Ehrfurcht vor der gewaltigen und faszinierenden Leistung des biologischen Zufalls.

Eine kleine Minderheit unter den Juristen plädiert dafür, Pflanzen und Tieren eigene Rechte zu gewähren, hat damit aber kein Gehör gefunden – verständlicherweise. Denn das wäre auch das Ende der Massentierhaltung. Und so weit soll es ja nun auch wieder nicht kommen.

Somit legitimieren sich die Bestimmungen des Artenschutzes letztlich wieder über die Verfolgung menschlicher Interessen. Mittlerweile ist uns nämlich gedämmert, dass wir unter den Lebewesen auf der Erde keine Privilegien genießen. Wir sind ein Teil des Ganzen und damit auch abhängig vom Ganzen. Wir haben zumindest ansatzweise begriffen, dass wir unsere eigene Existenz gefährden, wenn wir das ökologische Gleichgewicht, diese sensible Platz- und Rollenverteilung unter den Arten, stören.

Erst stirbt der Wald, dann stirbt der Mensch. Darüber lacht heute eigentlich niemand mehr. Dass daraus aber nicht geschlossen werden kann, dass wir unsere Wälder auch konsequent schützen, zeigt eindrucksvoll die Baumfällaktion zu Beginn des 20. Jahrhunderts im als Nationalpark vorgesehenen nordhessischen Kellerwald. Inszeniert und erlaubt zu allem Überfluss noch vom amtierenden Umweltminister.

Zudem haben wir erkannt, oder sagen wir besser, haben die Bosse der Pharmakonzerne erkannt, dass in den genetischen Ressourcen unserer Erde große medizinische und wirtschaftliche Chancen stecken. Wenn die Biologen der großen Firmen mit Kescher und Netz durch den Regenwald streifen und sich lautstark für deren Schutz einsetzen, hat das was mit Geldverdienen zu tun. Bei zahlreichen noch nicht erforschten Tier- und Pflanzenarten hofft man, biologisches Material und biologische Methoden zu entdecken, etwa im Umgang mit feindlichen Viren und Bakterien, die zur Heilung menschlicher Krankheiten eingesetzt werden können. Denn immer noch sind unsere Oberkiller, Krebs und Gefäßkrankheiten, unbesiegt und zudem melden sich die klassischen Infektionskrankheiten zurück. Die Natur als Vorbild und Lehrmeister ist wiederentdeckt – insofern allerdings nur aus ökonomischen Gründen.

Der Förster aus Weilrod hat sich strafbar gemacht nach dem Bundesnaturschutzgesetz, als er Affenfell und Vogelfedern nach Deutschland verbrachte. Wie soll die Strafverfolgungsbehörde darauf reagieren? Soll sie ihn anklagen – dann steht eine Vorstrafe für den Beamten auf dem Spiel. Ich biete ihm die Einstellung des Verfahrens gegen Zahlung von 8.000 DM an – genau die Summe, die er für seinen Abenteuerurlaub bezahlt hat. Er ist empört, aber er stimmt zu. Als Förster hätte er es ja besser wissen müssen, besser jedenfalls als die zahlreichen Billigreisenden, die hochbepackt aber gutgläubig mit artgeschützten Muscheln und Korallen von den Stränden in Thailand und Malaysia zurückkehren und zur sicheren Beute der gutgeschulten Zollbeamten werden.

Seltsam, im Rahmen der neuen Kriminalität drücken auch Staatsanwälte immer wieder ein Auge zu, die es besser wissen und die ökologische Gefährdung kennen. Es gibt im brasilianischen Regenwald nur noch vielleicht 1.000 Weisskopf-Sakis und höchstens noch 5.000 Karunkel-Hokkos, aber es reicht immer noch nicht für eine Anklage. Die Trophäe an der Wand hat halt eine längere Geschichte als die rote Liste des bedrohten Lebens. Und auch hier wieder: Die Täter kommen aus unserer Mitte, tragen keine verschlissenen Jeans und löchrigen Jacken, sondern in diesem Fall zur Abwechselung Lederhosen und Lodenjacke.

Ein letzter Punkt, der den Missstand erklären, nicht rechtfertigen kann:

Die mit verbotenem Material am Flughafen erwischten Passagiere sind zahlungsfähig und zahlungswillig. Vielen ist die Sache unangenehm, und sie akzeptieren jeden Betrag. Der geht überwiegend an Naturschutzorganisationen und die können nicht nur viel Geld gebrauchen, die investieren es auch sehr effektiv in ökologische Projekte, viel besser als es im Rahmen staatlicher Entwicklungshilfe üblich ist. So gesehen ist die Justiz auch ein bisschen korrupt. Sie verzichtet auf ihren Strafanspruch und sponsert stattdessen die Männer und Frauen von Greenpeace, dem WWF und auch von örtlichen Igelschutzgruppen.

Diese Situation könnte sich allerdings bald ändern – zu Lasten der Täter und zu Gunsten der Arterhaltung. Denn die Entwicklung eskaliert. Auf der einen Seite erreichen engagierte Naturschützer immer mehr Aufmerksamkeit auch für die Nobodys unter den bedrohten Arten und nicht nur für die Promis mit ihren runden Köpfen und Kulleraugen, und auf der anderen Seite gerät der illegale Tier- und Pflanzenhandel immer mehr zu einer planmäßig organisierten Plünderorgie unter der Kennziffer des organisierten Verbrechens. Da wird eine moderne Polizei hellwach – auch die Justiz?

Einen erster Versuch startete das hessische Landeskriminalamt Anfang der neunziger Jahre. Bei der Polizeidienststelle in Bad Vilbel, einer Kleinstadt nordöstlich von Frankfurt am Main, hatte sich ein junger Mann aus einer kleinen Gemeinde in der Wetterau gemeldet. Der war gerade per Anhalter unterwegs gewesen, und sein freundlicher Chauffeur hatte ihm eine eigenartige Frage gestellt: Ob er nicht Nashorn-Horn gebrauchen könnte. Er könne ihm das Zeug besorgen. Der Tramper hatte seinen Ansprechpartner abschlägig beschieden. Da das Zeug nicht zu rauchen war, hatte er auch keine Verwendung dafür. Aber er wusste schon, dass Nashorn-Horn eine heiße Ware war, und so informierte er die Polizei. Da er sich auch das Kennzeichen des fraglichen Wagens gemerkt hatte, stand für die Beamten Polen offen.

Oder besser gesagt, die damalige CSSR. Dorthin nämlich telefonierte der Pkw-Halter fast täglich. Und schon am nächsten Tag wurden die Gespräche abgehört. In Usti nad Labem saßen die Hintermänner unseres Wetterauer Tölpels. Sie hatten große Mengen Nashorn-Horn im Angebot und versuchten, die teure Ware über ihren deutschen Verbindungsmann, den sie zufällig im Urlaub kennen gelernt hatten, zu veräußern. Sie waren heftig bemüht, sie waren aber auch vorsichtig. Einmal wurden sie misstrauisch, als es im Telefon ständig knackte. Ob man vielleicht abgehört werde? Nein, sagte der deutsche Geschäftspartner, das gäbe es doch nur im Kino.

Das Horn des Nashorns ist heiß begehrt. Nicht überall, aber leider dort wo viel Geld gezahlt werden kann für die Ware. Die Scheichs im Nahen Osten verwenden das Horn als Scheide für ihre Krummdolche. Und im Fernen Osten gilt das zerriebene Horn als hochwirksames Medikament und Potenzmittel. Für Letzteres wird auch in armen Ländern jeder Preis gezahlt – Viagra ist damals noch nicht erfunden.

Das Landeskriminalamt übernimmt die Ermittlungen. Ein V-Mann wird eingesetzt. Er muss natürlich als potenzieller Abnehmer vertrauenerweckend sein. Das heißt, er muss Schlitzaugen haben. Die Polizei hat einen solchen auf Lager. Ich erfahre nichts über seine Identität, denke mir aber, dass er sich vielleicht von einer Rauschgift-Schuld freikauft. Kontakte werden hergestellt und überwacht. Hubschrauber sind im Einsatz. Wir wissen mittlerweile, dass das Nashorn, dieses Urgestein der Evolution auf der Kippe steht. Sondergattungen, wie das Java-Nashorn sind nicht mehr zu retten. Ihre Zahl ist so gering, dass ihre Fortpflanzung infolge genetischer Verarmung nicht mehr lange funktioniert.

Das afrikanische Rund- und Spitzmaulnashorn hat noch eine Chance, eine kleine. Seine Bestände sind binnen 20 Jahren von 70.000 auf 7.000 Tiere zurückgegangen, alleinige Ursache: Wilderei. Jetzt geht es um alles oder nichts.

Unserem V-Mann gelingt es, die beiden tschechischen Hintermänner nach Frankfurt am Main zu locken. Denn er hat ein attraktives Angebot gemacht: 50.000 DM für ein Kilogramm Horn. Man trifft sich im Hotel an der Messe. Horn und Vorzeigegeld der Polizei wechseln den Besitzer. Das Geld ist verloren, aber die Lieferanten kommen wieder, mit viel mehr Ware. Drei Wochen später sind sie erneut da. Dann greift die Polizei zu. Zwölf Kilogramm Horn haben sie dabei. Sie wandern in U-Haft – für ein Jahr. Zwischenzeitlich lassen wir unsere Beute untersuchen. Nur in Südafrika, in Johannesburg und an der Technischen Hochschule Hannover kann man das Alter des Horns bestimmen. Hannover macht es schließlich. Wir sind enttäuscht. Es ist ca. 40 Jahre alt. Afrikanische Botschaftsangehörige haben es wohl im damaligen Ostblock zu Geld gemacht. Es ist keine aktuelle Wilderer-Ware. Aber was soll's, es ist Beute aus dem fürchterlichen Raubzug gegen unsere schönsten Geschöpfe.

Zu zwei Jahren Haft werden die Täter aus der Stadt an der Elbe verurteilt, und danach umgehend abgeschoben. Die 50.000 DM aus dem ersten Geschäft machen sie in ihrer Heimat zu reichen Leuten – es sei denn, sie haben das Geld an ihre Verteidiger gezahlt. Wie sie genau an das Horn gekommen sind, verraten sie uns nicht. Aber offensichtlich unterhalten sie interessante Beziehungen. Denn in ihrem Angebot, die entsprechenden Listen wurden bei ihrer Festnahme sichergestellt, gibt es noch Waffen aller Art, Pistolen, Maschinengewehre, Haubitzen und sogar ein MIG-Kampfflugzeug – als Bausatz.

Wenige Jahre später. Diesmal benötigen die Amerikaner ausnahmsweise einmal deutsche Hilfe. Bei der Interpoltagung 1996 in Lyon/Frankreich klopfte der Spezialagent aus Arlington bei seinen Kollegen aus Wiesbaden an die Tür. In den Staaten war man einer Bande Tierschmuggler mit überwiegend deutscher Beteiligung auf die Spur gekommen. Wenn es um den Schutz bedrohter Arten geht, verstehen die Amerikaner mittlerweile keinen Spaß mehr. Wahrscheinlich steckt ihnen der Schock aus eigenen Untaten dieser Art noch in den Knochen. Erst die Büffel, von 60 Millionen auf fast Null, dann die Indianer – ehedem drei Millionen Naturburschen, jetzt noch ein paar Tausend Alkoholiker –, ganze Arbeit hatte die Gründergeneration da geleistet und deshalb steht nun Schadenswiedergutmachung an. Die US-Justiz ist dabei: Für den Diebstahl von drei Eiern aus dem Nest des US-Wappenvogels, dem Weißkopfseeadler, verhängt sie acht Jahre Knast – pro Ei.

Aber jetzt geht es um Reptilien. Vor allem um Schlangen. Sie kommen aus Madagaskar und werden über Europa nach Amerika verbracht, wo Liebhaber sie für viel Geld erwerben. Die Amerikaner haben längst Nägel mit Köpfen gemacht, haben einen Verdeckten Ermittler in die Gruppe eingeschleust. Das hört sich einfacher an als es ist. Der muss nämlich über viel Spezialwissen verfügen und er muss die Tiere auch anfassen können. Personen mit einer Schlangenphobie kommen da nicht infrage, man hätte sie schnell enttarnt. Aber dieser Verdeckte Ermittler war erste Sahne, und er hatte schon eine Menge an Aufklärungsarbeit geleistet.

Ein Geschäftsmann aus Rheinland-Pfalz war der Kopf der Bande, zu der sich noch ein halbes Dutzend seiner Freunde gesellten. Reptilien waren sein Hobby, da kannte er sich aus, so gut, dass er zu jeder Zeit im Exotarium des Frankfurter Zoos oder im Senckenberg-Institut eine entsprechende wissenschaftliche Tätigkeit hätte übernehmen können.

Aber weil wir ja töten, was wir lieben oder einsperren, hatte er aus seiner Leidenschaft ein Verbrechen gemacht. Madagaskar war das Ziel der Gruppe geworden. Dort auf der Insel gab es die schönsten Reptilien, allen voran die Baumboas. Für die Sammler hatten madagassische Tiere neben ihrer exotischen Schönheit noch einen ganz besonderen Reiz. Es sind endemische Arten. Es gibt sie nur dort. Auf der isolierten Insel im indischen Ozean haben sie sich über Jahrmillionen hinweg ungestört entwickeln können. Jetzt sind sie einzigartig und selten, und das macht sie so begehrlich.

Die Gruppe reist im Januar nach Madagaskar. Immer im Januar, denn in diesem Monat sind die Schlangen dort trächtig. Eine Schlange mit acht bis zwölf Jungen im Bauch lässt sich leichter transportieren als die Einzeltiere. Transportmittel sind Hartschalenkoffer mit Luftlöchern. Den Input fängt die Gruppe selbst, oder sie lässt ihn fangen, von den Dorfbewohnern. Bettelarm ziehen sie in den Urwald bzw. in das, was davon noch übrig ist, und fangen was der Dschungel hergibt. Auf dem Dorfplatz sortieren die Deutschen für ein paar Dollar die Schnäppchen aus, der Beifang landet im Kochtopf. Dann holt man sich noch das O.K. eines Holländers, der den illegalen Tierhandel in Madagaskar kontrolliert. Am Holländer geht nichts vorbei, aber der ist großzügig, vor allem wenn cash gezahlt wird, allerdings dann nicht, wenn er seine Kreise gestört sieht. In die Ermordung zweier deutscher Hobbyforscher Anfang der neunziger Jahre, die sich im Urwald etwas zu genau umgesehen hatten, soll er involviert gewesen sein.

Über Kenia gehen die merkwürdig durchlöcherten Koffer nach Reunion, einer kleinen Insel im indischen Ozean östlich von Madagaskar, die zu Frankreich gehört, und von dort nach Paris – ohne Kontrolle. Nun sind die Wege offen nach Frankfurt am Main oder nach New York.

Die deutschen Behörden übernehmen den Fall. Ein engagierter Staatsanwalt erwirkt Beschlüsse zum Abhören der Telefone des Geschäftsmannes und seiner Freunde. 1,5 Millionen DM, so hören die Fahnder, hat die Gruppe innerhalb von vier Jahren mit dem Verkauf von insgesamt 800 Reptilien bereits verdient. Das ist nicht allzu viel, aber die Täter sind in erster Linie Verbrecher aus Leidenschaft. Wir kennen diesen Begriff und diesen Tätertyp schon aus dem Gutachten über Rainer Körppen, den Mörder von Jakob Fishmann. Die Motive der Täter ändern leider nichts an den schlimmen Folgen ihrer Delikte. Der Boss wird später sagen, sie hätten die Tiere ja gerettet vor dem Hunger der Urbevölkerung und der fortschreitenden Urwaldzerstörung auf der Insel.

»Das ist nicht einmal die halbe Wahrheit«, sagt Kriminaloberkommissar Matthias Müller, der beim Bundeskriminalamt im Wiesbaden als Sonderdezernent die Artenschutz-Kriminalität bearbeitet. Der Geschäftsmann und seine Freunde waren es, die den Eingeborenen gegen cash das Plündern erst richtig schmackhaft gemacht haben.

Der Geschäftsmann und seine rechte Hand wandern in Untersuchungshaft – aber nur für wenige Tage. Dann werden sie gegen Kaution in Höhe von 200.000 DM entlassen. Der Prozess bringt später das, was nach dem Vorspiel zu erwarten war. Das Verfahren wird eingestellt gegen Zahlung von 30.000 DM. Der Gewinn in Höhe von 1,5 Millionen DM wird nicht zurückgeführt.

Mittlerweile haben uns die Amerikaner da schon wieder etwas vorgemacht. Ein deutsches Bandenmitglied, das sie selbst verhaftet und vor Gericht gestellt hatten, wurde wenig später zu vier Jahren Haft verurteilt.

Die Tiere, die der Boss zu Hause hielt, im wesentlichen artgerecht – das sei hier der Richtigkeit halber angemerkt –, wurden sichergestellt und einem Zoo überantwortet.

Eine Rückführung nach Madagaskar war nicht möglich. Denn diese Tiere müssen, um ihr Weiterleben zu garantieren, quadratmetergenau wieder an dem Ort ausgesetzt werden, an dem sie gefangen wurden, so sehr sind sie an ihren ursprünglichen Lebensraum gebunden. Diesen Platz aber kennt noch nicht einmal mehr der Täter.

Madagaskar steht vor dem ökologischen Aus. Dass der Tierschmuggel nicht alleine daran schuld ist, das ist auch dem Wiesbadener Kommissar klar, der als Forstwirt weiß, von was er spricht. Brandrodung mit anschließender Erosion, Überweidung und Nutzung der Wildtiere zu Ernährungszwecken machen einen noch viel größeren Teil der ökologischen Problematik aus. Während aber Letzteres auf das Konto von Armut und Unwissenheit geht, hat das Erste zu tun mit Gewinnsucht und der Befriedigung des Bedürfnisses nach neuem Luxus. Schmuck und Autos sind ausgereizt, an ihre Stelle sind Boa und Vogelspinne getreten.

Das Problem der Artenvernichtung durch Wilderei ist nicht nur in Madagaskar akut. In den kommenden 20 Jahren werden weltweit zahlreiche prominente Arten wie Nashorn, Schneeleopard, Berggorilla, Orang-Utan, Kaiman und Puma der Nachstellung durch den Menschen zum Opfer fallen. Zu den Schadensorten gehört allerdings auch Deutschland. Eine weltweit agierende Tätergruppe hat im vergangenen Jahr in Brandenburg das Gelege des letzten baumbrütenden Wanderfalken geplündert. Die Art gilt seitdem in Deutschland als ausgestorben.

Eine engagierte und informierte Polizei, auch ein interessierter und handlungsfähiger Staatsanwalt, aber schon wieder ein zögerndes und unschlüssiges Gericht. § 153a StPO ist auch hier wieder der Offenbarungseid. Unter diesen Bedingungen verlieren selbstverständlich die Ermittlungsbehörden jegliches Interesse daran, auf den Tierbörsen nach den sicher zahlreichen schwarzen Schafen zu suchen, deren Enttarnung einiges an Ermittlungsaufwand erforderlich machte.

4 Medizin auf Abwegen

Warum die Natur Fleischfresser hervorgebracht hat, ist nicht ganz ersichtlich. Denn die Beute hat sich einiges einfallen lassen, um keine zu werden. Mit Stacheln und Panzern schreckt sie den Gegner, droht ihm mit aufgeblasenem Bauch oder kräftigen Farben, macht sich unsichtbar, oder haut ganz einfach ab. Traurig zu sehen, wie Geparden und Löwen nach dem x-ten Fehlversuch auf Gazellen hechelnd und ausgemergelt in der Savanne sitzen und nicht mal mehr für einen Pelzmantel gut zu sein scheinen. Aber Beute aus Fleisch ist hochattraktiv. Denn Fleisch ist lecker. Und die Evolution hat es lecker gemacht, weil es voller Energie steckt, auf die die Jäger dringend angewiesen sind.

Fleischmangel hat die Evolution der Fleischfresser stets dominiert – auch die des Menschen. Der hatte allerdings noch die Möglichkeit, auf grüne Pflanzen auszuweichen. Die Kombination gilt heute noch: Steak und Salat. Wichtig allerdings die Rangfolge. Salat ist nur die Beilage.

Erst in jüngster Zeit konnte sich der Mensch den Traum vom Fleisch ohne Ende erfüllen – jedenfalls in den reichen Ländern. Pro Kopf essen wir heute fast 100 Kilogramm Fleisch im Jahr, dreimal mehr als noch vor 50 Jahren. Und zudem: Für ein Kotelett müssen wir heute nur noch 35 Minuten arbeiten, gegenüber 208 Minuten im Jahr 1950.

Diese paradiesischen Zustände sind allerdings teuer erkauft. Zuerst einmal zahlt das Tier die Zeche. Massentierhaltung, industrielle Tiermast, so heißen die Schlagworte. Bei künstlichem Licht und ohne sich frei bewegen und so verhalten zu können, wie es ihrer Natur entspricht, werden Hühner, Puten, Schweine und Rinder in engen Käfigen mit Kraftfutter in Rekordzeiten schlachtreif gemästet. Und weil das in der Vergangenheit Tiermehl enthielt – und in Zukunft vielleicht wieder –, beißen ganz nebenbei eine Menge Tiere noch ins BSE-Gras.

Den zweiten Teil der Zeche zahlt die Natur. Futtermittel in der benötigten Menge und zu bezahlbaren Preisen können nur auf riesigen Feldern hergestellt werden, wo große Maschinen schnelle und ganze Arbeit leisten. Ausgeräumte Landschaften, sogenannte Agrarwüsten, sind die Folge, artenarm, die Böden chemiebelastet und von der Erosion bedroht. Solange kein Tiermehl verfüttert werden darf, wird diese Situation sich sogar noch verschärfen.

Dann ist da noch der Verbraucher, der zahlt den Rest der Zeche. Einmal abgesehen von dem BSE-Problem, dessen Tragweite heute noch nicht exakt abgeschätzt werden kann: Wenn die Lobby der industriellen Landwirtschaft mit ihrem Slogan: »Aus deutschen Landen frisch auf den Tisch« null Problem beim Essen suggeriert, dann schütteln nicht nur Biobauern den Kopf. Soviel weiß man heute: Nur biologisch bewirtschaftete Höfe produzieren unbedenkliche und ernährungsphysiologisch wertvolle Lebensmittel. Aber die machen gegenwärtig gerade mal 2,64 % der landwirtschaftlich genutzten Fläche aus. Auch die Gourmets melden gegenüber den offiziellen Statements der Bauernlobby Bedenken an. Zwischen einem Steak vom biologisch-dynamischen Überzeugungstäter und einem vom herkömmlich wirtschafteten Chemikalienjunkie gäbe es einen gewaltigen Unterschied, und den könne man auch schmecken.

Unterschiede nur im Geschmack? Klaus Gronwald befasst sich beim Bundeskriminalamt in Wiesbaden mit den strafrechtlichen Aspekten der Massentierhaltung. Soviel ist klar: Die Bauern stehen unter einem gewaltigen Konkurrenzdruck. Ihre Tiere müssen, will man noch mit Gewinn wirtschaften, möglichst schnell das maximale Gewicht erreichen. Herkömmliches Kraftfutter, vom Energiegehalt schon optimiert, stößt irgendwo an seine biologische Grenze. Danach kommt nur noch eins: die Pharmazie.

In der Puten- und Schweinezucht spielen die Erzeuger schon mit dem Feuer. Es heißt Antibiotika. 16.000 Tonnen werden in Deutschland pro Jahr dem Tierfutter zugesetzt, völlig legal. Man gibt es vorbeugend gegen Infektionen. Erreger hätten in den engen Ställen leichtes Spiel. Eine erkältete Sau – und am nächsten Tag hustet der ganze Stall. Antibiotika – richtig angewendet – werden vom Körper der Tiere wieder abgebaut, vorausgesetzt, die Wartezeit bis zur Schlachtung wird eingehalten. Dann sind sie im Fleisch, das der Verbraucher erhält nicht mehr zu finden. Allerdings: Viel hilft viel, dieser Spruch stammt ebenfalls aus deutschen Landen und beschreibt eine Unsitte des Bauernstandes, die bis heute fortgilt: Man düngt, man spritzt, man füttert – zuviel. Die mögliche Folge: Antibiotikarückstände im Fleisch, das an den Verbraucher abgegeben wird. Das führt dann nach einer gewissen Zeit zur Resistenzbildung im Körper der Konsumenten. Seine Krankheitskeime gewöhnen sich an die Antibiotika und werden unempfindlich gegen sie. Penicillin bleibt dann ohne Wirkung, eine banale Grippe wird zu einer tödlichen Bedrohung.

Oder ein noch heimtückischerer Mechanismus. Schon das behandelte Tier entwickelt resistente Erregerstämme, die dann vom Konsumenten aufgenommen werden. Kriminal-Hauptkommissar Gronwald verweist auf einen entsprechenden Fall aus Dänemark. Dort hatte sich 1998 eine Patientin durch einen einmaligen Genuss von Schweinefleisch mit Salmonellen infiziert. Eine Penicillinbehandlung blieb ohne Erfolg, weil die Salmonellen schon im Schlachttier wegen der vorangegangenen Antibiotikagaben resistent geworden waren. Die Patientin starb.

Im Winter 2000/2001 hat der sogenannte Schweinemast-Skandal schlagartig die Brisanz des Antibiotika-Problems deutlich gemacht. Zuerst in Bayern, dann in zahlreichen anderen Bundesländern gingen den Behörden Tierärzte ins Netz, die Landwirte massenhaft mit billigen Antibiotika versorgt hatten. Nicht, weil deren Tiere krank waren, sondern zur vorbeugenden Vergabe nach dem Gießkannenprinzip. Mit einem Mal wurde offiziell, was die Branche längst wusste: Es gibt einen riesigen Schwarzmarkt für illegale Masthilfen. Sogenannte Autobahn-Tierärzte versorgen die Landwirte ohne jegliche medizinische Indikation mit allem was das Herz begehrt. Ein Geschäft ohne großes Risiko, denn die Übergabe der Ware findet auf Autobahn-Raststätten und Parkplätzen statt.

Während Antibiotika in erster Linie nur für die Gesunderhaltung der Schlachttiere gut sind, wobei das Wohlbefinden natürlich auch das gute Gedeihen fördert, bedient eine andere Stoffgruppe den zentralen Wunsch der Landwirte nach schnellem Wachstum ihrer Masttiere. Hormone und hormonähnliche Substanzen. Clenbuterol ist das Mittel der Wahl. Der Beta-Agonist wirkt als künstliches Stresshormon. Es erweitert die Lungen und führt so zu schnellem Gewichtszuwachs. Zudem greift es in den Fett- und Muskelstoffwechsel ein mit der Folge, dass die Tiere mehr Muskelfleisch und weniger Fett ansetzen. Der Kunde ist König!

Clenbuterol ist in der Humanmedizin ebenso zugelassen, beispielsweise im Hustensaft, wie in der Tiermedizin – mit Ausnahme der Tiere, die für die Lebensmittelproduktion bestimmt sind. Das ist auch gut so, denn hormonelle Wachstumsbeschleuniger sind der menschlichen Gesundheit abträglich. Das weiß man sehr genau, obwohl man die biologischen Wirkmechanismen noch nicht genau kennt. Viele Sportler, die ihre Muskeln mit Hormonen aufgepäppelt hatten, klagten anschließend über schwere Nebenwirkungen. Einige sind jung gestorben.

Dirk Reichenbach, der Kugelstoßer zum Beispiel, oder Birgit Dressel, die Siebenkämpferin. Auch der berühmte Bodybuilder Andreas Münzer wurde das Opfer seiner Muskelpräparate. Stets waren kranke Lebern und vergrößerte Herzen im Spiel.

Und immer wieder findet die deutsche Lebensmittelüberwachung Clenbuterol-Rückstände im Fleisch. Ganz im Gegensatz zu Belgien und Holland, wo diese Funde selten geworden sind. Was allerdings nicht bedeutet, dass dort keine illegalen Wachstumshilfen angewendet werden. Im Gegenteil. Die Mäster in unseren Nachbarländern sind uns weit voraus. Sie verfüttern Hormon-Cocktails aus bis zu zehn verschiedenen Wirkstoffen. Wegen der geringen Konzentration des Einzelstoffes sind die dann kaum mehr nachweisbar.

Wie viel Clenbuterol in deutschen Ställen zur Anwendung kommt, wissen die Kriminalisten aus Wiesbaden auch nicht. Die Tatsache, dass in Deutschland nur fünf Kilogramm dieses Stoffes offiziell hergestellt werden, was gerade einmal für die Mast von 70.000 - 80.000 Kälbern ausreichen würde, beruhigt die Beamten nicht. Sie fürchten vielmehr, dass ein großer illegaler Schwarzmarkt existiert. Der Schweinemastskandal und zwei einschlägige Fälle bestärken sie in ihren Befürchtungen:

Im April 1996 wird das Bundeskriminalamt von einer norddeutschen Staatsanwaltschaft über die Festnahme eines niederländischen Futtermittelvertreters informiert. Der war just zu dem Zeitpunkt auf dem Hof eines Rindermästers vorgefahren, als dort zahlreiche Polizeibeamte das Büro des Bauern im Rahmen eines Subventionsbetrugs-Verfahrens filzten. Angesichts der vielen grünen Autos und grünen Männchen auf dem Gelände ergriff der Niederländer überstürzt die Flucht. Zehn Minuten später wird er gestellt. In seinem Kofferraum findet sich einiges an Clenbuterol und anderen illegalen Masthilfen, diverse Spritzen und eine Jagdwaffe sowie ein Notizbuch. Darin sind 40 deutsche Mäster verzeichnet. Nur drei sagen gegen den Niederländer aus. Er sei brutal und rücksichtslos, einen Mord trauen sie ihm zu. Die Geschäftsbeziehungen hätten mit Futtermitteln begonnen, dann sei Clenbuterol angeboten worden. Bei zahlreichen Adressaten aus seinem Notizbuch finden die Ermittler die illegale Masthilfe – stets in guter Qualität, bei einem Mäster stellen sie sogar 120 Gramm reinen Clenbuterolpulvers und einen Liter einer hochkonzentrierten Clenbuterolflüssigkeit sicher.

Der Beschuldigte wird dem Haftrichter vorgeführt. Der setzt eine Kaution in Höhe von 500.000 DM für die Freilassung fest. Das Geld ist binnen einer Stunde da. Ein halbes Jahr später ist Hauptverhandlung. Der Angeklagte riskiert nicht den Verlust der Kaution und erscheint vor Gericht. Er war gut beraten, denn er musste nicht in Deutschland bleiben. Sein Verfahren wurde eingestellt.

Im Sommer 1998 erfährt das Bundeskriminalamt von einem Hinweisgeber, dass in einem süddeutschen Schlachthof mit Brombuterol behandelte Rinder eines bestimmten Mästers eingetroffen seien. Das zuständige Landeskriminalamt wird informiert, lässt die Veterinärbehörde außen vor und macht Nägel mit Köpfen. Eine ganze Hundertschaft von Polizisten überprüft den Tierbestand des Mästers, nimmt bei 160 Kälbern Blut,- Urin- und Haarproben. Was beim Verdacht von Drogenkonsum hilfreich ist, kann auch bei der illegalen Tiermast von Nutzen sein. Haare deponieren wachstumsabhängig die von dem Träger aufgenommenen Medikamente bzw. Wirkstoffe und erlauben einen Schluss auch auf länger zurückliegende Wirkstoffgaben. Von 61 Haarproben weisen 13 Proben Brombuterol-Rückstände auf, mehr als 20%!

Der Beschuldigte ist hoch verschuldet. Für die Preisgabe seiner Brombuterol-Bezugsquelle stellt man ihm Strafmilderung in Aussicht. Doch er schweigt. Das Gericht verurteilt ihn zu einer Geldstrafe von 30.000 DM. Das muss sein endgültiger wirtschaftlicher Ruin sein. Ist es aber nicht. Er wirtschaftet weiter und ist wenig später verlustfrei.

Nur zwei Fälle, aber Kriminalisten haben gelernt, kleine Dinge hoch zu rechnen. Der Hormonmarkt trägt unverkennbar Züge der Organisierten Kriminalität. Die Täter handeln gewerbsmäßig und geplant auf der Grundlage einer ausgeklügelten Logistik, und stets sind erpresserische und gewalttätige Elemente mit im Spiel. Und vor allem: Es geht um viel Geld. Das offizielle Clenbuterol wird vom Hersteller in Deutschland für 60 DM pro Gramm angeboten. Argentinische Fälscher, das hat ein deutsches Fernsehteam herausgefunden, bieten es den Zwischenhändlern größer portioniert um den Faktor zehn billiger an, also für 6.000 DM pro Kilogramm. Das Dreifache schließlich zahlen die Bauern, für die es immer noch ein Geschäft ist. Denn ein Gramm des Stoffes reicht für einen Mastdurchlauf von 15 Kälbern. Und das bringt ihnen einen zusätzlichen Gewinn von 500 DM pro Tier.

Wird die Justiz diesen Umständen gerecht, vor allem der enormen Gefährdung, die sich für breite Teile der Bevölkerung aus dem illegalen Einsatz gefährlicher Mittel in der Massentierhaltung ergibt? Kaum, wie die Fälle aus Nord- und aus Süddeutschland zeigen. »Und das ist auch kein Wunder«, sagt der Kriminalhauptkommissar. Denn Lieferanten und Anwender der Wachstumsbeschleuniger halten, wie gesehen, zusammen, und sie halten auch dicht. Das ist auf dem strukturell ähnlichen Rauschgiftsektor anders. Da packt immer einer aus. Die Geschädigten im Clenbuterol-Fall können die Zusammenhänge nicht erkennen, zunächst jedenfalls nicht. Das Fleisch schmeckt zudem wie eh und je. Die Gesetzeslage ist ungünstig, drei Jahre Freiheitsstrafe maximal, und die einschlägigen Bestimmungen des Arzneimittelgesetzes sind keine Katalogstraftaten, die es erlauben würden, verdeckte Ermittler einzusetzen oder Telefone zu überwachen. Und – so die Erfahrung des Kommissars – Staatsanwälte übernehmen die Fälle wegen ihrer Komplexität und Unübersichtlichkeit in der Regel nicht gerne; Verfahrenseinstellungen gegen Bußgeldzahlungen sind daher, wie gesehen, eine bevorzugte Erledigungsart. Und die Richter sind, wenn das Verfahren überhaupt bis zu ihnen vordringt, ebenfalls not amused.

Eine Justiz, die hier weiterkommen will darf sich nicht vom süßen Duft des Geschmorten und Gesottenen benebeln lassen. Unmittelbar an der Frankfurter Universität hat eine amerikanische Fast-Food-Kette ein Restaurant, oder soll man sagen einen Mastbetrieb, eröffnet. Dort essen auch Jurastudenten. Sie werden das Clenbuterol-Problem wohl nicht mehr lösen. Es sei denn, sie werden früh genug durch Schaden klug.

Vielleicht hilft ja auch die Politik noch etwas nach. Auf dem vorläufigen Höhepunkt der Landwirtschaftskrise im Frühjahr 2001 kündigte die Regierung in Berlin an, man wolle die illegalen Mastpraktiken zukünftig wie Organisierte Kriminalität behandeln. Ein entsprechender Gesetzentwurf sei schon in der Mache. Wir werden sehen.

In Wiesbaden befasst man sich auch mit dem Missbrauch von muskelbildenden Präparaten auf der Body-Builder- und Fitnessszene. Unser Ideal – schön, stark, potent – muss in der Regel künstlich erzeugt werden. Da, wie bei der Tiermast, »normale« Mittel nicht entscheidend helfen, greift man auf künstliche zurück – auf Clenbuterol zum Beispiel oder Nandrolon, was sich hin und wieder sogar in der Zahnpasta findet. Die Mittel erhält man in vielen Fitnessstudios an der Theke. Sie kommen oft aus dem Ausland, wo ihr Vertrieb erlaubt ist oder werden vor Ort nachgebaut. Wie auch die anderen Lifestyle-Drogen: Propetia für den Haarwuchs, Xenical für die Fettverbrennung und Viagra für die Potenz. Letztere gibt es zwar auch legal – als verschreibungspflichtige Medikamente. Aber die Verschreibung macht oft Probleme. Denn die Ärzte zögern wegen der vielen Nebenwirkungen.

Diese Lücke füllt der illegale Internet-Handel. Keine dummen Fragen, keine Bedenken und wer seine Viagra auf diesem Weg bestellt, spart sich zudem den peinlichen Gang in die Apotheke.

Kein Thema eigentlich für um die Volksgesundheit besorgte Strafverfolger. Wer sich in Gefahr begibt, kommt darin um. Aber ein großer Teil der illegal gehandelten Medikamente ist nachgebaut. Und das Phänomen der gefälschten Medikamente ist mittlerweile nicht mehr auf die über das Internet vertriebenen Lifestyle-Drogen beschränkt. Medikamente werden mittlerweile umfassend gefälscht und auf ganz normalem Weg – über die Apotheken – vermarktet.

Aber gefälschte Medikamente sind gefährliche Medikamente. Als Placebos oder mit falschen oder falsch dosierten Wirkstoffen gefährden sie Leben und Gesundheit des Konsumenten. 100 Kinder starben 1990 in Nigeria an einem mit Lösemittel gestreckten Hustensaft. Da die Fälschungen meist perfekt sind und kaum auffallen, boomt der Markt. Als das Bundeskriminalamt Ende 1998 in den Besitz von Informationen über gefälschte Blutfettsenker einer bestimmten Marke kam, veranlasste die Herstellerin eine Rückrufaktion. Die Hälfte der von den Apotheken und vom Zwischenhandel zurückgegebenen Medikamente erwiesen sich dabei als Fälschung.

Insgesamt, so schätzt die Branche, sind gegenwärtig 5% aller auf dem Markt befindlichen Medikamente illegal nachgebaut.

Ein Supermarkt für moderne Straftäter. Den enormen Gewinnchancen stehen nur geringe strafrechtliche Risiken gegenüber. In der Medikamenten-Fälschung steckt zwar ein bisschen Betrug, ein klein wenig Arzneimittelgesetz und eine Prise Urkundenfälschung, aber nichts Richtiges. »Dieses Delikt«, sagt Klaus Gronwald, »ist strafrechtlich nicht ausreichend abgedeckt«.

Mit was macht die Avangarde der Straftäter sonst noch ihr Geld? In Wiesbaden weiß man auch das. Die entsprechenden Deliktsbereiche werden von den Abteilungen für organisierte und allgemeine Kriminalität bearbeitet: Geldwäsche, Computerkriminalität, Waffenhandel, Kinderpornografie, Menschenhandel, Kreditkartenfälschung, Schleuserkriminalität, Organhandel, Kunstdiebstähle.

Honorige Geschäftsleute verdienen sich auch hier goldene Nasen. Ist die Polizei am Ball? Auch im BKA stehen für die »anlaßunabhängige Recherche« im Internet nur begrenzte Ressourcen zur Verfügung. »Aufgrund der Datenfülle«, sagt Klaus Gronwald, »sind wir noch nicht einmal in der Lage, die Arzeneimittelangebote im Netz zu überwachen«. Nicht nur in Wiesbaden fragt man sich, ob es überhaupt einen anderslautenden politischen Willen gibt. Stehen wir nicht alle auf »Markt total«?

Und die Gerichte? Auch da ist, wie im Bereich des Artenschutzes und der Medikamentenkriminalität, noch einiges defizitär. Die Strafen sind immer noch moderat. Im Mai 2000 wurde ein Frankfurter Anwaltsehepaar wegen Geldwäsche zu einer Freiheitsstrafe von eineinhalb Jahren mit Bewährung verurteilt. Sie hatten sich ihr Millionenhonorar, das bei der Verteidigung eines Rauschgifthändlers angefallen war, aus Drogengeldern bezahlen lassen.

Die Geldwäsche-Vorschrift steht im Übrigen exemplarisch für die Schwierigkeiten, die die Justiz mit der neuen Kriminalität hat. Die mit viel Vorschusslorbeeren im Jahr 1992 ins Rennen geschickte Bestimmung hat in der Praxis weitgehendst versagt. Oberstaatsanwalt Günter Wittig, beim Frankfurter Generalstaatsanwalt zuständig für die Koordination der Geldwäscheverfahren, macht keinen Hehl aus dieser Tatsache: »Die gesamte Geldwäsche-Gesetzgebung ist ein zahnloser Tiger«, sagt der Staatsanwalt. »Die entsprechenden Verurteilungen können wir an den Fingern einer Hand abzählen.«

Schuld daran ist nach allgemeiner Auffassung aber der Gesetzgeber. Der nämlich belässt die volle Beweislast für die illegale Herkunft der fraglichen Gelder bei der Justiz. Das gelingt mangels tauglicher Ermittlungsansätze aber kaum. Die Lösung: Unter bestimmten Umständen muss der Verdächtige offen legen, woher das Geld stammt, eine Beweislastumkehr also. Für das sensible Strafrecht ist das aber eine gefährliche Angelegenheit. Denn eine Kröte hat man bisher stets und anstandslos geschluckt: dass der Staat dem Einzelnen die Straftat im vollen Umfang nachweisen muss.

5 »Im Namen des Deutsches Volkes«: mindestens Opportunisten

An dieser Stelle soll nun noch auf eine weitere justiztypische Haltung eingegangen werden, die möglicherweise eine Erklärung sowohl für den gnadenlosen Umgang der Justiz mit den Kleinen als auch für die zögerliche Behandlung der Großen abgibt. Ihre Qualität und ihre Ausprägungen sind mir anlässlich einer Fallbearbeitung aus dem Bereich ärztlicher Kunstfehler bewusst geworden, für den ich als Umweltdezernent zuständig war. Dabei ging es allerdings um mehr als nur um das Versehen eines Arztes. Der Fall hatte sich am 30. September 1994 am Frankfurter Flughafen ereignet. Von dort sollte an diesem Tag mit einer Lufthansa-Maschine der nigerianische Staatsbürger Kola B. in sein Heimatland abgeschoben werden. Ein Jahr zuvor war der 30-jährige in Rheinland-Pfalz bei einer Routinekontrolle von der Polizei ertappt worden – als Illegaler und seitdem hatte er in der Justizvollzugsanstalt Zweibrücken in Auslieferungshaft gesessen. Fünf Abschiebeversuche waren zwischenzeitlich gescheitert. Einmal stimmten die Papiere nicht, ein anderes Mal behauptete der Schübling bei seiner Ankunft in Lagos, er stamme in Wirklichkeit aus der Karibik, woraufhin ihn seine schwarzen Brüder gleich wieder in die Maschine zurückschickten. Und die übrigen Male lehnten die Piloten eine Beförderung ab, nachdem Kola B. in der Maschine gewalttätig geworden war. Am 30. September 1994 sollte die Sache nun endgültig über die Bühne gehen.

An Händen und Füßen gefesselt, die Arme nochmals auf die Oberschenkel fixiert, war er früh morgens zum Flugplatz gebracht worden. Schon bei der Abschlusskontrolle auf dem Rollfeld gab es den ersten Zoff. Kola B. biss nach den Beamten, stieß mit dem Kopf und sprengte eine Plastikhandfessel. In der Maschine ließ er sich nicht auf den für ihn vorgesehenen Platz setzen, sondern machte sich »steif«. Vier Beamte des Bundesgrenzschutzes, die den Flug begleiten sollten, versuchten dann mit Gurten, die sie um seine Beine und seine Oberschenkel schlangen, den Schübling in seinen Sitz zu ziehen. Schließlich setzten sie auch noch einen selbstgebastelten Knebel ein. Dabei handelte es sich um zwei zusammengesteckte Socken, durch die ein Gurt gezogen war. Nachdem die Socken in den Mund-Nasenbereich gebracht worden waren, zog einer der Beamten den Kopf des Kola B. nach hinten gegen den Sitz. 20 Minuten dauerte das Spiel noch, dann war der Widerstand des Schüblings gebrochen, die Beamten schweißgebadet und völlig erschöpft. Um weiteren Klamauk zu verhindern, spritzte nun der ebenfalls zur Transportbegleitung abgestellte Arzt der Flughafenklinik dem B. ein Beruhigungsmittel in den Oberarm.

Danach tat sich eine Minute lang gar nichts, bis einem der Beamten Zweifel kamen ob der Schübling noch atmete. Der darauf angesprochene Arzt konnte nun in der Tat keine Atmung und auch keinen Puls mehr feststellen, beruhigte die Beamten aber mit dem Hinweis, dass es in Westafrika Voodoo-Anhänger gäbe, die ihren Herzschlag und ihre Atmung bis gegen Null reduzieren könnten. Als die anschließend durchgeführte Überprüfung der Vitalfunktionen durch Reizung des Rachenzäpfchens, Wischen über die Augäpfel und Einsatz eines Ammoniak-Riechstäbchens negativ verlief, kamen allerdings auch dem Doktor Bedenken. Er orderte über den Kapitän – das Flugzeug stand immer noch auf dem Rollfeld – bei der Flughafenklinik ein EKG-Gerät. Das zeigte weniger als zwei Minuten später den Tod des Kola B. an.

Die Geschichte hatte sich schnell herum gesprochen. Der Bundesgrenzschutz stand schon lange im Verdacht es mit den Gesetzen nicht so genau zu nehmen, und tote Ausländer wecken in Deutschland viele Emotionen. Das darf nicht verwundern. Vor noch nicht allzu langer Zeit haben wir das Ausland flächendeckend mit Krieg überzogen und bis heute hat sich unser Verhältnis zum Ausländer noch nicht normalisiert. Zwischen Konzentrationslager und Lichterkette scheint es keinen dritten Weg zu geben.

Drei Ärzte haben den Leichnam des Kola B. obduziert, unabhängig voneinander. Ein Arzt der Frankfurter Rechtsmedizin, ein Professor, den »Pro Asyl« benannt hatte und ein Mediziner, den die nigerianische Botschaft beauftragt hatte. Keiner konnte die konkrete Todesursache klären. Nur so viel war klar. Der Tod stand im Zusammenhang mit dem großen psychischen und physischen Stress anlässlich der Abschiebung und der durch den Einsatz des Knebels verminderten Sauerstoffaufnahme des Schüblings. Welche Rolle die ebenfalls festgestellte Herz-Muskel-Schädigung des Kola B. – ausgelöst vermutlich durch einen Virus – gespielt hatte, war gänzlich unklar. Nur eine untergeordnete, sagte der Mann von »Pro Asyl«, die entscheidende, meinte die Frankfurter Rechtsmedizin. Die Herzkrankheit des Nigerianers war im übrigen niemandem bekannt gewesen. Den Ärzten in der Justizvollzugsanstalt nicht und auch nicht dem Arzt der Flughafenklinik und den BGS-Beamten.

Um Missverständnissen und Fehldeutungen vorzubeugen, habe ich die Zeugen und Beschuldigten seinerzeit selbst vernommen, zunächst die Männer vom Bundesgrenzschutz.

Einer der Beamten sagte: »Klagen Sie mich doch an. Dann schmeiß ich die Sache halt hin, und dann macht ihr euren Scheiß alleine.«

Was mit dem Scheiß gemeint war, sagte ein anderer. Für ein paar Mark fahren sie mit nach Angola, wenn dorthin abgeschoben wird. Dort ist Bürgerkrieg. Das Flugzeug hält mit laufenden Motoren, die Schüblinge springen aufs Rollfeld und verschwinden schnell wie Hasen in alle Richtungen. Dann wird sofort wieder gestartet, um in Johannesburg oder Windhuk aufzutanken.

Ein Jahr nach dem Vorfall stelle ich das Verfahren gegen die Beamten des BGS ein. Weil, so die juristische Begründung, ein pflichtwidriges und schuldhaftes Verhalten der Beamten, das ursächlich ist für den Tod des Kola B., nicht festgestellt werden kann.

Ich schreibe allerdings noch mehr in den Einstellungsbescheid, jedenfalls in den Entwurf dieses Bescheides. Es ist an sich Unjuristisches, aber deswegen längst nichts Unwichtiges. Ich schreibe, dass ein Staat grundsätzlich befugt ist, den Zuzug oder den Aufenthalt von Ausländern zu regeln, und dass das mit Widerstandshandlungen gegen vollziehbare Abschiebeverfügungen verbundene Risiko grundsätzlich nicht denen aufgebürdet werden darf, die von Berufs wegen die Anordnungen durchsetzen müssen. Den Forderungen verschiedener Menschenrechtsgruppen, auf Abschiebungen im Falle massiver, mit Lebensgefahr verbundener Gegenwehr gänzlich zu verzichten, entgegne ich mit einer Frage: Würde dies bedeuten, dass Frauen, Kinder, Alte und Kranke, also nicht zur massiven Gegenwehr befähigte Menschen, bedenkenlos abgeschoben werden könnten, während die Starken ihren Aufenthalt erzwingen könnten?

Aber ich schreibe auch, dass jenseits aller strafrechtlichen Relevanz die Fessel- und Knebelaktion der Beamten einem freiheitlichen Rechtsstaat nicht gut zu Gesicht steht, dass man behördliche Maßnahmen nur auf menschenwürdige Art und Weise durchsetzen darf.

Ich schreibe das, weil ich der intensiv geführten öffentlichen Diskussion des Falles entnommen hatte, dass die interessierte Öffentlichkeit mehr wollte von der Justiz als nur eine Entscheidung. Sie verlangte nach einer Antwort.

Die bekam sie aber nicht. Meine Vorgesetzten baten mich inständig, auf die fraglichen Passagen zu verzichten. Sie gehörten, so ihre Begründung, nicht in eine strafrechtliche Einstellungsverfügung. Und so geschah es dann auch.

Ein Satz aber durfte passieren. Ich hatte die im Abschiebebefehl der Ausländerbehörde enthaltene Feststellung, in Nigeria, dem Zielland der Aktion herrschten im wesentlichen ordentliche politische Verhältnisse, im Hinblick auf den Charakter des Landes als Militärdiktatur als »zumindest etwas blauäugig« bezeichnet. Prompt kam die Antwort des Generalstaatsanwaltes, dem die Einstellung zur Kenntnis übersandt worden war: Solche Aussagen gehörten nicht in die Begründung einer staatsanwaltlichen Entscheidung.

Aber da war ja noch der Arzt, der einen Sterbenden zu einem Voodoo-Anhänger gemacht hatte. Ich klage ihn wegen unterlassener Hilfeleistung an. Vielleicht kann ja im Rahmen dieses Verfahrens die Justiz Farbe bekennen und die zahlreichen offenen Fragen beantworten.

Ein Vierteljahr, nachdem ich die Akte zum Gericht geschickt habe, erkundige ich mich angesichts der zahlreichen Nachfragen bei dem zuständigen Richter nach dem Sachstand. Er habe sie noch nicht bearbeitet, sie liege irgendwo in dem Stapel unerledigter Sachen, sagte er. Wenn ich nun glaube, er zöge dieses Verfahren vor, nur weil irgendeine Öffentlichkeit besonderes Interesse daran habe, dann täuschte ich mich.

Nach weiteren drei Monaten ohne Resonanz frage ich dezent bei seiner Geschäftsstelle nach, ob der Richter zwischenzeitlich etwas unternommen hat. Der Richter sei gar nicht mehr da, erfahre ich nun, er sei vorige Woche in Pension gegangen. Jetzt habe ein Interimsrichter die Sache auf dem Schreibtisch. Der entscheidet aber auch nicht über die Eröffnung des Verfahrens und bestimmt keinen Verhandlungstermin, sondern schickt die Akte noch mal zur Polizei, um die eine oder andere Randfrage genauer zu klären.

Damit ist auch er aus dem Schneider. Der richtige Dezernatsnachfolger verhandelt schließlich, ein Jahr nach Anklageerhebung, den Fall – und stellt ihn ein. Schließlich habe man die Beamten des Bundesgrenzschutzes ja auch nicht belangt, begründet er seine Entscheidung, und es sei auch eine Menge Zeit ins Land gegangen seit dem unerfreulichen Vorfall auf der Startbahn des Frankfurter Flughafens.

Wenn ein Fall politisch wird oder es zu werden droht, gerät die Justiz ratz-fatz in Panik. Davor hat sie Angst, das mag sie nicht. Sie weigert sich so gut es geht, den gesellschaftspolitischen Kontext ihrer Fälle zur Kenntnis zu nehmen. Wenn es insbesondere um Armut, Unterdrückung und Diskriminierung geht und um deren Ursachen und Folgen, winkt sie gerne ab. Einen Fall auf seine außerhalb des Täters liegenden, auf politische Entscheidungen und gesellschaftlichen Fakten zurückzuführende Umstände hin zu untersuchen, da macht sie nicht mit. Straftaten zu hinterfragen, um die ganze Wahrheit zu erfahren, soziale und gesellschaftliche Machtverhältnisse abzuklären und das Ergebnis bei der Falllösung zu berücksichtigen, das ist nicht ihre Sache. Von den gesellschaftlichen Ursachen der Kriminalität will sie nichts wissen, und auch die gesellschaftlichen Folgen ihrer Urteile interessieren sie nicht besonders.

Gänzlich unbekannt war mir das natürlich nicht. Wenn Verteidiger in Warenterminverfahren bei geschädigten Anlegern insistierten, nachdem diese davon gesprochen hatten, schon im internationalen Waffenhandel ihr Anlageglück versucht zu haben, oder wenn Sachverständige bei ihren Ausführungen zur Gefährlichkeit von Dioxin die amerikanische Entlaubungsaktion in Vietnam zu Beginn der siebziger Jahre ins Spiel bringen, dann intervenieren Vorsitzende sehr schnell. Aber so dick wie im Kola-B.-Verfahren hatte ich das alles noch nicht erlebt.

Warum gibt sich die Justiz so unpolitisch, wo sie es doch gar nicht ist? Da bieten sich eine Reihe plausibler Erklärungen an.

Einmal sieht sie sicherlich ihre Rolle als objektive Instanz gefährdet, wenn sie sich aufs politische Eis begibt. Denn »das Politische« gilt im hohen Maße als subjektiv, als einseitig. »Politische« Sachverständige wie der Kieler Toxikologe Prof. Wassermann, der gerne Klartext redet und nicht nur sagt, dass und warum eine Substanz gefährlich ist, sondern auch, wer daran wie viel verdient, wird regelmäßig mit Erfolg wegen der Besorgnis der Befangenheit, also weil man glaubt, ihn bei der objektiven Wahrheitsfindung nicht brauchen zu können, abgelehnt. Da werde in unzulässiger Weise Recht und Politik miteinander vermischt, ist ein häufiger Vorwurf an diejenigen, die Rechtsfindung auch als politische Angelegenheit begreifen.

Die politische Komponente verheißt zudem eine zweite Front, wo es Sieger auf Dauer nicht gibt. Rechtsfindung unter den Bedingungen des Politischen – das ist ein Fass ohne Boden.

Ein Fass ohne Boden droht auch auf der justiz-ökonomischen Seite, und hier dürfte ein Hauptgrund für die besagte Abneigung liegen. Die bereits beschriebene formalistische Rechtsanwendung würde sich verkomplizieren, verlöre ihre fast naturwissenschaftliche Exaktheit, nach der Juristen immer suchen, auch weil sie sie gleich macht mit ihren geheimen Idolen in weiß. Und damit verbunden: mehr Aufwand an Zeit und Arbeit, qualitative und quantitative Veränderung der Arbeitsinhalte. Und sogar: die alten Ergebnisse stünden zur Disposition.

Während im Fall Kola B. die Einstellungsentscheidung an sich nicht betroffen gewesen wäre, sondern nur der rudimentäre Bereich der Wahrheit, indem man über Art und Weise der Abschiebung gesprochen hätte, vielleicht auch über die Abschiebepraxis als Ganzes und möglicherweise sogar die Frage angeschnitten hätte, was wir dazu beitragen, dass so viele Menschen ihre Heimat verlassen und sogar ihr Leben riskieren, um nicht mehr dorthin zurückkehren zu müssen, stand in unserem Darmstädter Hauskauffall das Eingemachte auf dem Spiel. Eine Hinterfragung seines Ergebnisses und seiner Methode hätte Richter Schmidt davon überzeugt, dass sein Urteil, das die juristisch noch unverdorbenen Referendare mit Kopfschütteln zur Kenntnis genommen hatten, falsch war. Vertrag ist Vertrag, hatte er gesagt. Aber die Rechtsordnung hat Verträgen nur deshalb verpflichtenden Charakter zuerkannt, weil sie den Fall gleichstarker Partner vor Augen hatte, die sich bei ihren Verhandlungen regelmäßig »in der Mitte treffen«. Hier aber war der Bauunternehmer seinem Vertragspartner wirtschaftlich haushoch überlegen und auch viel geschäftserfahrener. Von ihm stammte das Kleingedruckte, das die Bauherrin zu akzeptieren gezwungen war, wollte sie ihren Traum vom Haus im Gründen realisieren.

Missbräuchliche und damit unzulässige Berufung auf einen Vertrag, der eigentlich keiner war. Zu dieser Erkenntnis hätte es einige Überlegungen zur gängigen Dogmatik und zu den wirtschaftlichen Machtverhältnissen zwischen den Beteiligten bedurft. Auf die hat Richter Schmidt zugunsten seiner klaren, allerdings halt auch sehr vordergründigen Methode verzichtet. Im Übrigen, Rechtsprechung und Gesetzgeber haben mittlerweile das Problem in den Griff bekommen. Was ins Kleingedruckte darf und wie es auszulegen ist, regelt seit einigen Jahren ein Gesetz. Solchermaßen dreiste Bauunternehmer gewinnen nicht mehr.

Soll das die Regel werden, fragt da die Justiz: Darstellung und Bewertung der gesellschaftspolitischen Rahmenbedingungen des jeweiligen Falles? Analyse gesellschaftlicher Machtverhältnisse? Eine ideale Einbruchstelle für lange Monologe und umfangreiche Beweisanträge der Verteidigung. Unter diesen Umständen hält man es doch lieber mit der Frankfurter Amtsrichterin Anne Döring: Wer klaut wird bestraft, war ihr Motto. Wie richtig. Gerade bei dem Massendelikt Diebstahl hätte die Hinterfragungsmasche verherende Wirkung auf die Abwicklung der zahlreichen Verfahren. Wenn in jedem Falle eines Ladendiebstahls über die Problematik des psychologischen Kaufzwanges innerhalb moderner Supermärkte diskutiert werden müsste, Feststellungen zur Frage getroffen würden, an wen die Kaufhausherren die aus den Ladendiebstählen resultierenden Verluste weitergeben, und von Bedeutung wäre, ob der Sozialhilfeempfänger auch gestohlen hätte, wenn die Sozialhilfe so hoch gewesen wäre, wie sie die PDS fordert, oder wenn es ein Recht auf Arbeit gegeben hätte, das dem Dieb ein angemessenes Einkommen garantiert hätte, dann kämen die Rechtsanwender aus dem Takt und kein Richter und Staatsanwalt mehr zu Potte. Vielleicht sogar bedeutete das irgendwann einmal das Ende der Strafverfolgung in Sachen Ladendiebstahl.

Wer klaut wird bestraft – so einfach kann und muss Recht sein, sagt die Justiz.

Wer blockiert, nötigt. Dieser Satz stammt vom ehemaligen Bundeskanzler Helmut Kohl, gesprochen auf dem 55. Deutschen Juristentag 1984 in Hamburg vor 4.000 enthusiastisch applaudierenden Juristen, kurze Zeit, bevor das Bundesverfassungsgericht das Gegenteil festschrieb. Das war nicht nur ein gelungener Schlag gegen links, sondern eine Absage an die endlosen Diskussionen über das Verwerflichkeits-Erfordernis des § 240 StGB, der die Nötigung unter Strafe stellt. Dort nämlich, in Absatz 2 dieser Vorschrift, wird die Justiz vom Gesetzgeber gezwungen, das zu tun, was sie sonst nicht tut: den politischen Hintergrund einer Tat schon im Rahmen der normalen Subsumtion aufzuklären. Eine Nötigung ist nämlich nur strafbar, wenn sie verwerflich ist. Und das ist der Fall, wenn die Mittel-Zweck-Relation sie als solche ausweist. Beispiel Sitzblockade gegen Castor-Transporte. Alles kommt aufs Tapet: Gefahr durch Atomspaltung, Angst um die Heimat, Chancen alternativer Energien. All diese Dinge müssen im Rahmen der Verwerflichkeitsprüfung erörtert und gegeneinander abgewogen werden. Das kann zu endlosen Diskussionen führen und zu abenteuerlichen Beweisanträgen, zum Beispiel auf Ladung des amerikanischen Verteidigungsministers als Zeugen im Rahmen der Frankfurter Verfahren um die Blockade des Pershing-Depots.

Die offizielle Antwort auf die Frage nach den Ursachen der Justizangst vorm »Politischen« fällt allerdings anders aus; klar, dass man sich nicht dem Verdacht aussetzt, faul zu sein. Neben der These von der fehlenden Objektivität des Politischen steht die Behauptung, dass das Recht wertneutral sei und Rechtsanwendung per se ein angemessenes Ergebnis garantiere. Die Verfechter dieser These berufen sich insbesondere darauf, dass das Recht ja niemanden vorziehe oder benachteilige, es sei für alle gleich. Und alle seien vor dem Gesetz gleich, spotten die Kritiker und fügen hinzu: Nur einige sind gleicher. Was hier übersehen wird: Es sind die unterschiedlichen sozialen Bedingungen, die die pauschale Rechtsanwendung so problematisch machen. Das Verbot des Diebstahls gilt zwar für alle in der Gesellschaft, unabhängig von Geschlecht und Religion, Einkommen und Vermögen. Aber das Stehlen selbst hat viel zu tun zwar nicht mit Geschlecht und Religion, aber doch damit, was wir in der Tasche haben oder auf dem Konto. Die Notwendigkeit zu klauen hängt insbesondere davon ab, was uns diesbezüglich fehlt.

Das Unpolitische in der Justiz gehört zu ihrem Programm und prägt ihr Wesen. Es wird, wie auch die Fixierung auf die Macht, früh angelegt bei den angehenden Vertretern der Justiz. So sind die Auseinandersetzungen innerhalb der Dogmatik, die den Studenten als das Ringen um Gerechtigkeit verkauft werden, in Wirklichkeit Scheingefechte und haben fast ausschließlich mit Banalitäten zu tun. Die Akteure der Fälle, an denen der Nachwuchs sein Handwerk lernt, A, B, C und D, sind inhaltsleere Strichmännchen ohne soziale und individuelle Identität. Außer vielleicht ihren Beruf erfährt man von ihnen nichts, weiß nicht, ob sie in ihrer Kindheit geschlagen oder sexuell missbraucht wurden, ob ihre Eltern trinken oder wo sie wohnen.

Das ist ja auch nicht nötig, denn das Studium beschränkt sich auf die Feststellung der Straftat. Ist A ein Dieb oder ein Betrüger oder sogar beides? Mehr will man nicht wissen. Mit der Frage, wie auf diese Straftat richtigerweise zu reagieren ist, welches Strafmaß das angemessene ist, werden die Studenten zwölf Semester lang praktisch nicht konfrontiert.

Die letzte Antwort auf die Frage nach dem Unpolitischen in der Justiz nimmt Bezug auf den Staat.

Ist die Justiz nicht so wie sie ist, weil es der Staat so will? Der hat es doch in der Hand, diese Dinge zu ändern.

Aber welches Interesse sollte der Staat am politischen Juristen haben? Könnte der nicht umgekehrt gefährlich für ihn werden? Etwa wenn er auf den Gedanken käme, dass in einem Land in dem 3% der Bevölkerung 80% des Volksvermögens besitzen, entgegen allen offiziellen Statements doch nicht alles seine Richtigkeit hat, das geschriebene Recht also die gerechte Ordnung wider Erwarten nicht garantiert.

Der Staat mit einem existenziellen Interesse an der Beibehaltung des Status quo. Keine Experimente, jedenfalls keine, die ans Eingemachte gehen. Wie sonst ist es erklärbar, dass er es bei der antiquierten Juristenausbildung belässt, einem realitätsfernen zweiphasigen Ausbildungsgang, der die neuen Herausforderungen, die sich den Juristen in weiten Bereichen, zum Beispiel auf dem Umweltsektor, stellen, leugnet und die betreffenden Sachgebiete weder lehrt, geschweige denn in den Katalog der prüfungsrelevanten Fächer aufnimmt.

Und wie anders ist es zu verstehen, dass es der Staat zulässt, dass unsere Juristen faktisch nicht mehr von den hochbezahlten Professoren unserer Universitäten ausgebildet werden, sondern von

Repetitoren, die zweifellos in pädagogisch-didaktischer Hinsicht hochtalentiert sind, die aber ausschließlich kataloghaft totes Examenswissen vermitteln – bei Ausschluss jedweder streitiger Auseinandersetzung. Ein bekannter Repetitor aus Mainz, die Mitarbeiter bezeichnen sich werbewirksam als Rolls-Royce unter ihres Gleichen, verpflichtet seine Dozenten zum bedingungslosen Pauken. »Lassen Sie in keinem Fall Fragen zu!« Aber wer Fragen nicht lernt, der lernt auch nicht Hinterfragen. Hinterfragen – ihre Methoden und ihre Ergebnisse –, das sollen Juristen offenbar auch nach dem Willen des Staates nicht. Sie sollen Gesetz mit Recht, also mit Gerechtigkeit gleichsetzen. So sind sie verlässlich. Hans Filbinger, ehedem Ministerpräsident in Baden-Württemberg, hat es vorgemacht. Als Marinerichter hatte er noch 1945 bei Kriegsende einen deutschen Soldaten wegen Fahnenflucht zum Tode verurteilt. Er hatte seine Lektion besonders gut gelernt. Es gilt das Gesetz, Verstand und Herz sind nachrangig. Als man ihn viel später wegen seiner Entscheidung attackierte, da verteidigte er sich mit dem Hinweis, dass das, was damals Recht gewesen sei, heute nicht Unrecht sein könne. Da hat ihm Dieter Hildebrandt, allerdings etwas abgewandelt, beigepflichtet: Was schon damals Unrecht gewesen sei, könne heute nicht Recht sein.

6 Unabhängige Justiz?

Wie unabhängig, wie autonom ist die Justiz? Wer hat noch alles seine Finger im Spiel, wenn Recht gesprochen wird? Dr. S., der mächtige Boss der Rechtsabteilung im großen Konzern am Niederrhein, hätte auf diese Frage wohl eine Antwort gewusst. Zum »Schäuble« wollte er gehen, am nächsten Tag schon, und dann sei ich meinen Job als Staatsanwalt los. Wolfgang Schäuble war seinerzeit Kanzleramtsminister in der Bonner CDU/FDP-Regierung.

Der Kanzleramtsminister betreibt den Rausschmiss eines Frankfurter Staatsanwaltes, also eines Beamten des Landes Hessen – wie sollte das gehen? Rechtlich haut das nicht hin, die Bundesregierung darf der Länderjustiz nicht ins Handwerk pfuschen. Also geht das nur außerrechtlich oder besser gesagt, widerrechtlich. Was sich Dr. S. im einzelnen gedacht hat, was er tatsächlich unternommen hat und ob er überhaupt etwas unternommen hat, muss im Dunkeln bleiben. Ich blieb seinerzeit Staatsanwalt, und – ganz nebenbei – auch Dr. S. behielt seinen Job.

Worum geht es eigentlich, wenn von der Unabhängigkeit der Justiz die Rede ist? Die Rechtsprechung ist an Recht und Gesetz gebunden, heißt es im Grundgesetz, und nur daran. Sie entscheidet die ihr übertragenen Fälle auf der Grundlage des geschriebenen und ungeschriebenen Rechts. Andere Kriterien gelten für sie nicht und dürfen auch ihre Entscheidungen nicht beeinflussen. Insbesondere sollen diejenigen nicht mitbestimmen, die von den Entscheidungen unmittelbar oder mittelbar betroffen sind. Das heißt selbstverständlich nicht, dass die Betroffenen zur Passivität verurteilt sind. Ihre Meinung sollen sie schon sagen, ihre Standpunkte schon vertreten dürfen.

Es ist das unlautere Einwirken auf die Justiz, um das es geht. Und unlauter heißt täuschen, nötigen, erpressen, kaufen. Auf dem weiten Feld des Gutachterwesens hat sich, wie schon erörtert, dieser Missstand mittlerweile etabliert. Die wirtschaftlich mächtige Partei schickt gekaufte Sachverständige ins Rennen, die mit ihren »Gutachten« der Justiz fehlerhafte Entscheidungsgrundlagen liefern. Die Abhängigkeit der Justiz von fremdem Sachverstand wird auf diese Weise zur Abhängigkeit von den Mächtigen. Eine solchermaßen abhängige bzw. getäuschte Justiz verliert ihre Funktion als objektiver Schlichter.

Die Forderung nach einer unabhängigen Justiz ist auch unter dem Aspekt der Gewaltenteilung zu sehen. Als Kontrollorgan gegenüber der gesetzgebenden und der vollziehenden Gewalt hat sie vom Einfluss dieser beiden freizubleiben, sonst kann Kontrolle nicht funktionieren. An dieser Stelle darf noch einmal an den geradezu wahnwitzigen Vorschlag des ehemaligen rheinland-pfälzischen CDU-Vorsitzenden Johannes Gerster erinnert werden, der angesichts der Entscheidung des Bundesverfassungsgerichts zum Soldaten-Mörder-Zitat gefordert hatte, das Parlament müsse in die Lage versetzt werden, eine Entscheidung des Bundesverfassungsgerichts mit Zweidrittelmehrheit zurückweisen zu dürfen. Unter diesem Blickwinkel bekommt die Idee des Dr. S., mittels Kanzleramt, also eines Organs der Exekutive, meine Ablösung zu betreiben, neue Brisanz.

Politik und Justiz: Wie könnte eine Einflussnahme praktisch ablaufen? Oder: Wie läuft sie ab?

Tatort Nürnberg-München: Der 27-jährige sudanesische Student Fahtelrahman Abdallah hatte um Asyl in der Bundesrepublik Deutschland nachgefragt. Sein Antrag wurde abgelehnt. Da er das Land nicht freiwillig verließ, ordnete die Behörde seine Abschiebung an. Die aber misslang dreimal, weil sich der nunmehr inhaftierte Schübling heftig wehrte.

Im Juni 1999 hatte der Nürnberger Richter Uwe Stark über die Fortdauer der Abschiebehaft des sudanesischen Flüchtlings zu entscheiden. Dessen Chancen, entlassen zu werden, stehen nicht schlecht, denn es gibt Zweifel an seiner Reisefähigkeit. Später berichtet der Richter über merkwürdige Dinge im Vorfeld seiner Entscheidung. Das Ausländeramt der Stadt Nürnberg habe ihm mitgeteilt, dass seitens des bayerischen Innenministers eine dem Haftantrag stattgebende Entscheidung erwartet werde. Es sei in diesem Zusammenhang auch geäußert worden, dass das bayerische Innenministerium dem erkennenden Richter anderenfalls die Tür einrennen werde und dass der bayerische Innenminister habe verlautbaren lassen, dass er denjenigen Richter, der den betroffenen Abdallah aus der Haft entlasse, einen Kopf kürzer machen wolle. Unmittelbar nach seiner Entscheidung – der Richter hatte den abgelehnten Asylbewerber trotz der Einschüchterungen aus dem Innenministerium aus der Haft entlassen – habe das bayerische Innenministerium zudem die Personalabteilung des bayerischen Justizministeriums kontaktiert.

Innenminister Günther Stein hat diese Äußerung später vor dem Rechtsausschuss des bayerischen Landtags bestritten und als absoluten Unsinn und Unverschämtheit zurückgewiesen.

Wer immer auch Recht hat: Es wäre ein arg plumper Versuch der Exekutive gewesen, auf die rechtsprechende Gewalt Einfluss zu nehmen. Oder man sieht es aus einem anderen Blickwinkel: Eine typisch bayerische Geschichte, passend zum Volk der begnadeten Fingerhakler und leidenschaftlichen Wirtshausraufer. Man kämpft mit offenem Visier. Trotzdem – wenn es denn wahr ist, was dem Richter da aus Nürnberg berichtet wurde – ein übler Angriff auf die Unabhängigkeit der Justiz seitens der Politik. Dabei geht es in Bayern doch auch ganz anders, viel subtiler nämlich.

Tatort Augsburg-München: Seit 1995 ermittelt die Staatsanwaltschaft Augsburg gegen eine illustre Tätergruppe, darunter Walter Leisler Kiep (WLK), der ehemalige CDU-Schatzmeister; Lobbyist und Waffenhändler Karlheinz Schreiber; Max-Josef Strauß, ältester Sohn des ehemaligen bayerischen Ministerpräsidenten; Ludwig-Holger Pfahls, früherer Staatssekretär im Verteidigungsministerium und die Thyssen-Manager Haastert und Maßmann. Gegenstand des Verfahrens war der Verkauf von 26 Fuchs-Panzern an Saudi Arabien. Die Strafverfolger hatten Hinweise, dass Karlheinz Schreiber, der das Geschäft vermittelte, Schmiergelder des Panzerherstellers Thyssen-Hentschel an WLK gezahlt und sich dann bei den zuständigen Stellen erfolgreich für das problematische Waffengeschäft eingesetzt hatte.

Im April 1999 erwirkte die Staatsanwaltschaft Haftbefehle gegen Pfahls, Haastert und Maßmann. Zur Vollstreckung der Haftbefehle kam es jedoch nicht, weil der bayerische Generalstaatsanwalt Hermann Froschauer, den die Augsburger Staatsanwälte von der beabsichtigten Vorgehensweise informiert hatten, sein Veto einlegte. Begründung: Er wolle die Angelegenheit erst noch gründlich prüfen.

Seitdem ist Pfahls, dem als Entscheidungsträger im Bundesverteidigungsministerium eine zentrale Rolle in dem Fall zukommen soll, spurlos verschwunden; angeblich hält er sich im Fernen Osten auf.

Im November 1999 gesteht WLK unter dem Druck seiner drohenden Verhaftung vor dem Richter, im Jahr 1991 in der Schweiz von Karlheinz Schreiber tatsächlich eine Million DM in bar erhalten zu haben, allerdings nicht als Schmiergeld, sondern als Spende an die CDU. Die Staatsanwaltschaft will daraufhin die CDU-Geschäftsstellen in Bonn und Berlin durchsuchen lassen.

Die fertig formulierten Durchsuchungsanträge faxt die Staatsanwaltschaft, wie ein halbes Jahr zuvor mit den Haftbefehlen geschehen, an die vorgesetzte Behörde nach München. Die stoppt daraufhin auch diese Aktion und zitiert die forschen Ermittler in die Landeshauptstadt. Dort macht der Generalstaatsanwalt seine Meinung deutlich: Keine Durchsuchung und auch keine Vernehmung des Altkanzlers Helmut Kohl, die die Staatsanwälte ebenfalls beabsichtigt hatten.

Wo ist das Problem, könnte man an dieser Stelle mit einer gewissen Berechtigung fragen. Staatsanwaltschaften sind eben hierarchisch geordnete Behörden, da hat der Generalstaatsanwalt halt über alle anderen Staatsanwälte zu bestimmen. Was er sagt wird letztlich gemacht und muss auch gemacht werden.

Das ist aber nur die formale Wahrheit. Die eigentliche Wahrheit sieht anders aus. Generalstaatsanwälte stehen im Lager des Justizministers, gehören also juristisch gesehen zur Exekutive oder, klarer formuliert, zur Politik. Die Tatsache, dass sie oftmals parteilos sind, steht dem nicht entgegen. Jeder weiß, dass das nicht viel bedeutet. Die Generalstaatsanwälte sind nämlich nicht richtig parteilos. Sie zählen immer zu der Partei, die gerade die Macht im Lande inne hat. Insofern sind sie sehr flexibel und haben für Vorschläge aus den Ministerien stets ein offenes Ohr.

Die Chefs der einzelnen Staatsanwaltschaften sowie vor allem die Abteilungsleiter in den Staatsanwaltschaften gehören hingegen zur Justiz. Die Sitzordnung bei den Treffen mit der vorgesetzten Behörde macht das schon deutlich. Dazu gleich.

Winfried Maier, ermittelnder Staatsanwalt im Augsburger Verfahren, ist im Februar 1999 vor dem Parteispenden-Untersuchungsausschuss des Bundestages vernommen worden. Der Spiegel hat ausführlich darüber berichtet. Auf die Frage, ob der Eindruck täusche, dass der Beschuldigte Max-Josef Strauß Schutzengel habe und zwar nicht nur im Himmel, hat Staatsanwalt Maier geantwortet: »Sie fragen mich ganz schwierige Sachen.« Und dann hat er noch gesagt: »Ich bin ein Staatsanwalt ganz unten. Über mir gibt es einen Behördenleiter, dann gibt es einen Generalstaatsanwalt und einen

Minister. Ob es da interne Vorgänge gibt, müssen Sie diese Personen fragen. Was weiß ich, was alles dazwischen ablaufen kann.« Justiz-Juristen, Staatsanwälte vor allem, sind Meister der Demut und neigen zur Selbstverleugnung. Vor diesem Hintergrund waren das, was der Staatsanwalt da gesagt hat, deutliche Worte. Und sein Wechsel ins Richteramt im Frühjahr des gleichen Jahres macht die stattgehabte politische Einflussnahme auf die staatsanwaltliche Tätigkeit noch deutlicher.

Diese Dinge sind nicht auf Bayern beschränkt. Es gibt sie wohl überall im Land, auch in Hessen.

Tatort Gießen/Wiesbaden/Frankfurt am Main: Im Frühjahr 1999 ermittelt die Staatsanwaltschaft Gießen gegen den frischgebackenen hessischen Innenminister Volker Bouffier wegen Parteiverrats. Staatsanwältin Dagmar Lachmann geht dem Verdacht nach, der Minister habe während seiner Zeit als Rechtsanwalt zwei streitende Parteien gleichzeitig vertreten. Obwohl der Vorwurf nicht besonders schwerwiegend klingt, bringt er den Minister politisch doch arg in Verlegenheit.

Im Mai des Jahres trifft sich Udo Corts, der Staatssekretär des Innenministers mit der Vizechefin der Gießener Staatsanwaltschaft, Almut von Anshelm, in einem Frankfurter Hotel und eröffnet ihr, dass sie für den Posten des Polizeipräsidenten in Wiesbaden oder in Frankfurt am Main infrage komme, »wenn man auf einer Linie liege«. Noch im selben Monat kommt es in einem Frankfurter Lokal zu einem Treffen zwischen der Juristin und dem Minister selbst. Beim Abendessen lässt der die Vizechefin wissen, dass er sie für die richtige Frau hält und die wiederum geht davon aus, dass sie die Position bekommen wird.

Daraus aber wird nichts. Frau von Anshelm schlägt das Angebot schließlich aus, nachdem sie wenig später während der Urlaubsabwesenheit ihres Chefs selbst öffentlich in das Ermittlungsverfahren gegen Bouffier involviert wird.

Vor dem Untersuchungsausschuss des Hessischen Landtags erklärt von Anshelm, dass es seitens des Ministers und seines Staatssekretärs bei den Gesprächen keine Versuche der Einflussnahme auf das Verfahren gegen Bouffier gegeben habe.

Auch ziemlich plump, wird man sagen können, Polizeipräsident gegen Verfahrenseinstellung. Aber auch hier gibt es die subtilere Form der unzulässigen Interessenwahrnehmung.

Vor dem Untersuchungsausschuss des hessischen Landtags zur fraglichen Affäre sagt auch Staatsanwältin Dagmar Lachmann aus. Dreimal, so die Dezernentin, sei sie nach Frankfurt am Main zum Generalstaatsanwalt zitiert worden, um über den Stand der Ermittlungen im Fall Bouffier zu berichten. Meldungen der Frankfurter

Rundschau, wonach sie sich bei Kollegen über Versuche der Beeinflussung durch die vorgesetzte Behörde beklagt habe, bestätigt die Staatsanwältin nicht. Zwar sei anlässlich dieser Besprechungen der Satz gefallen, man müsse auch die außerprozessualen Folgen in diesem Fall bedenken. Dies sei jedoch nicht im Zusammenhang mit einer möglichen Anklageerhebung geschehen. Ihrer Erinnerung nach habe sie sich zudem während der mehrmonatigen Verfahrensdauer nie mit ihren Kollegen über den Fall unterhalten, sondern immer nur mit ihren Vorgesetzten. Eventuell sei angesichts ihrer vielen Fahrten nach Frankfurt am Main etwas falsch interpretiert worden. Staatsanwältin Lachmann hat das Verfahren schließlich mit Zustimmung des Gerichts gegen Zahlung einer Geldbuße eingestellt. Im Fall einer Anklage, so wurde seinerzeit gemutmaßt, hätte der Innenminister wohl seinen Hut nehmen müssen.

Ich will an dieser Stelle einmal von meinen Erfahrungen berichten, die ich mit der Generalstaatsanwaltschaft gemacht habe. Als kleiner Staatsanwalt, im Rahmen der normalen Ermittlungstätigkeit, hat man wenig zu tun mit der vorgesetzten Behörde. Der ist es völlig egal, ob man den Räuber für drei oder für sechs Jahre ins Gefängnis steckt oder ob man den Ladendiebstahl wegen Geringfügigkeit einstellt oder zur Anklage bringt. Erst wenn man es mit bedeutenderen Verfahren zu tun hat, kommt die vorgesetzte Behörde ins Spiel. Bedeutend heißt: politisch, Verfahren also gegen Repräsentanten aus Politik und Wirtschaft.

In meinem Fall war das das Holzschutzmittel-Verfahren. Da ging es nicht nur um Körperverletzung, sondern auch um erfolgreiche Geschäftsführer, große Konzerne und sogar um die Chlorchemie. Da stand der Generalstaatsanwalt plötzlich auf der Matte. Auffällig oft musste ich Berichte schreiben. An das Justizministerium über die Generalstaatsanwaltschaft. Die Berichtsaufträge waren umfangreich. Zahlreiche Fragen mussten beantwortet werden. Ein bis zwei Tage saß man schon an einem solchen Bericht. Dadurch wurde man immer wieder von der eigentlichen Ermittlungsarbeit abgelenkt. Für den Laien vielleicht schwer nachvollziehbar, aber die erfolgreiche Befassung mit einem komplizierten Vorgang setzt voraus, dass man sich für längere Zeit ungestört mit der fraglichen Materie befassen kann. Solchermaßen komplexe Sachverhalte strapazieren das Hirn schon sehr und verlangen höchste Konzentration. Berichtsaufträge sind da das reinste Gift. Schnell wurde klar: Der Oberboss will das Verfahren nicht.

Bestimmt genauso störend sind die Besprechungen beim Generalstaatsanwalt. Immer wieder muss man dorthin. Der sachbearbeitende Staatsanwalt, sein Abteilungsleiter und sein Behördenleiter sitzen dann dem Generalstaatsanwalt, seinem Vertreter und dem

Leiter der entsprechenden Abteilung gegenüber. Drei gegen drei als Mindestbesetzung. In vornehmer Umgebung mit einem Hauch Luxus, den normale Staatsanwälte von ihrem Arbeitsplatz nicht kennen, wird dann von der adretten aber reservierten Sekretärin des obersten Staatsanwaltes Kaffee serviert, und dann heißt es warten. Denn in aller Regel fehlt noch jemand, meist der »General«, wie man den Boss aller Strafverfolger zweideutig zu nennen pflegt. Warten unter diesen Bedingungen ist unangenehm. Wie im Wartezimmer des Arztes wächst mit jeder Minute auch die Angst. Die ist gewollt, denn Angst macht gefügig.

Der Ablauf der Veranstaltung entspricht dem hierarchischen Aufbau der Behörde. Zuerst knöpft sich der Generalstaatsanwalt den Behördenleiter vor und macht ihm klar, dass man dieses Verfahren sowohl aus rechtlichen als auch anderen Gründen nicht will. Der Behördenleiter ist Behördenleiter, weil der Generalstaatsanwalt es so wollte. Das gleiche geschieht mit dem eine Stufe darunter positionierten Abteilungsleiter. Ihm gegenüber wird der Ton noch schärfer, denn der hätte es ja in der Hand gehabt, den Sachbearbeiter früh genug zu bremsen. »Dass Sie zur Fantasterei neigen,« heißt es da schon mal, »war mir ja bekannt, aber für so blauäugig hätte ich Sie nicht gehalten.« Auch der Behördenleiter ist Behördenleiter, weil der Generalstaatsanwalt es so wollte. Dem Sachbearbeiter selbst vermittelt man seine Missachtung, indem man ihn weitgehend ignoriert oder auch schon mal examiniert. Auch für seine Karriere ist der Generalstaatsanwalt zuständig, vor allem für die, die noch kommt bzw. noch kommen sollte: die Beförderung.

Nach zwei Stunden verlässt man schweißgebadet den Ring. Dort will man nie wieder hin. Aber nur wenn man den klar formulierten Vorstellungen der Oberbehörde nachkommt, kann man sich diesen Wunsch erfüllen. Anderenfalls wiederholt sich die Tortur beliebig oft. Es gibt keinen Zweifel, wer am längeren Hebel sitzt. Und was die Vorgesetzten sagen, meinen sie auch ernst. Nur in einer Beziehung bluffen sie. Der typische Satz am Ende einer solchen Besprechung »... sehen wir heute noch einmal von einer förmlichen Weisung ab« ist nicht ernst gemeint – jedenfalls nicht in Hessen. Weisungen passen nicht ins Bild einer modernen Strafverfolgungsbehörde, die ja offiziell auf Unabhängigkeit der Dezernenten und nicht auf Bevormundung und Zwang setzt. Und Weisungen sind ja auch in aller Regel entbehrlich. Irgendwann ist der Patient weichgekocht. Macht ist geübt in Brutalität und in Kreativität. Da wird der störrische Dezernent auch schon mal mit der Forderung auf Rückzahlung der Kosten eines Gutachtens konfrontiert, das er angeblich ohne Berechtigung in Auftrag gegeben hat. Und da steht stets und immer die Frage der Karriere, der Beförderung im Raum, die für den kleinen Staatsanwalt so wichtig ist und die ohne das Plazet der vorgesetzten Behörde nicht möglich ist. Nochmal Thomas von Eschenburg: Wer befördert, befiehlt!

Ermittlungen unter diesen Bedingungen sind darüber hinaus wenig erfolgversprechend und machen auch keinen Spass mehr. Es gibt eine zweite Front – im eigenen Laden. Sie bindet viel Kraft und nimmt den Mut, den der Dezernent braucht, um gegen die geballte Macht aus Sachverstand und Geld zu bestehen. Da geben schließlich viele auf.

Die Justiz hat es nicht leicht, sich den Rücken frei zu halten. Vor allem die Politik fühlt sich von ihr massiv gestört. Und die hat mit Objektivität nur selten was am Hut, sondern vertritt eigene Interessen und die befreundeter Mächte: Es sind die Interessen der Herrschenden. Über den Justizminister hat sie Richter und Staatsanwälte fest im Griff. Beförderung und Ressortverteilung sind die übergeordneten Steuerungsmittel, der Rapport erledigt den Rest.

Wie sehr gerade der Politik eine funktionierende Dritte Gewalt ein Dorn im Auge ist, zeigen schließlich zwei Vorgänge aus der jüngeren Zeit.

Ende der neunziger Jahre gliederte Wolfgang Clement, der Ministerpräsident Nordrhein-Westfalens, das Justizressort in das Innenministerium ein und Ähnliches plant Anfang 2000 Eberhard Diepgen, der Regierende Bürgermeister von Berlin: Er will gleichzeitig auch Justizsenator werden.

Die Dritte Gewalt im Würgegriff der Exekutive. Politiker, die davon träumen, heißen, wie man sieht, nicht nur Johannes Gerster.

VI Plädoyer für eine radikale Reform

1 Neue Justiz!

Die Justiz, traditionell den Mächtigen in Staat und Gesellschaft zugetan, ungern nur bereit, den gesellschaftspolitischen Bezug ihrer Tätigkeit anzuerkennen und zu allem Überfluss noch zahlreichen außerrechtlichen Einflüssen und Zwängen ausgesetzt. Das begründet einmal die zum Teil schlechte Leistungsbilanz unserer Gerichte und rechtfertigt andererseits eine radikale Forderung: Wir brauchen eine neue Justiz.

Mit dieser Forderung macht man sich keine Freunde. Allerdings auch keine Feinde. Eher erregt man damit Heiterkeit oder Kopfschütteln. Hatten wir das nicht alles schon einmal? Die Forderung nach einer neuen Gesellschaft, nach dem neuen Menschen? Sind diese Dinge nicht überall kläglich gescheitert, in Kambodscha zu Zeiten Pol Pots ebenso wie in Berlin und Frankfurt am Main während der Studentenbewegung?

Neue Justiz, neue Juristen – eventuell kann man die Forderung erträglicher machen, wenn man sie konkretisiert. Was heißt das, wo soll die Reise hingehen?

Der moderne Straftäter trägt Anzug und Krawatte. Er wohnt nicht mehr im Ghetto, sondern im Bungalow. Er kleckert nicht, sondern er klotzt. Er ist erfinderisch, alles was viel Geld bringt, ist seine Sache. Er ist Wirtschaftsstraftäter und gut organisiert.

Unsere Strafjustiz hat lange gebraucht, diese neue Klientel auch nur ansatzweise zu erschließen. Viel zu lange und viel zu gründlich hatte man sich eingeschossen auf die tätowierten und verlumpten Tölpel aus den sozialen Unterschichten. Sie waren leichte Beute, wie die Hirsche bei der gräflichen Jagd, die dem hochgerüsteten Adel im Gatter vor die Flinte getrieben werden. Heute stehen auch schon einmal weiße Kragen vor dem Kadi. Nicht alle, die dort hingehören, auch nicht alle, die man dort hinbringen könnte. Viele haben, wie zu sehen war, Schutzengel. Staatsanwälte, mit denen sie Tennis spielen wie im Fall Balsam, oder Generalstaatsanwälte, die allzu gerne ihre Untergebenen reglementieren bzw. ihren Vorgesetzten im Ministerium Gehorsam schulden. Und auch Minister, die sich weiß-blaue Geschichten ausdenken. Aber immerhin, allein die Liste der Frankfurter Wirtschaftsgroßverfahren aus den letzten zehn Jahren ist lang: COOP-Verfahren, DG-Bank, European King's Club, Metallgesellschaft, Baulöwe Schneider …

Vor 15 Jahren sah das noch ganz anders aus. Das Verfahren gegen Graf von Gahlen 1986 hatte noch Ausnahmecharakter. Und die

Justiz schien vor ihrer eigenen Forschheit erschrocken zu sein. Kaum hatte sie den Grafen wegen Veruntreuung von mehreren 100 Millionen DM zu einer Freiheitsstrafe von dreieinhalb Jahren verurteilt – aus heutiger Sicht eine eher moderate Strafe –, da begnadigte sie ihn auch schon wieder. Nur die Hälfte seiner Strafe musste der Inhaber des Bankhauses Schröder, Münchmeyer, Hengst und Co. verbüßen. Ein Bankräuber kann davon nur träumen.

Heute hat man da weniger Skrupel. Aber vor allem was das Strafmaß anbelangt, stimmt es immer noch nicht. Die geschilderten Frankfurter Fälle haben auch das exemplarisch gezeigt. Wobei es allerdings auch Ausnahmen gibt. Für den Frankfurter Wirtschaftskriminologen Prof. Hans See verhängen die Gerichte vor allem dort hohe, manchmal sogar zu hohe Strafen, wo der Wirtschaftskriminelle aus eher einfachen Verhältnissen kommt. Aber da gibt es auch schon wieder Rückausnahmen. Peter Graf, als Gebrauchtwagenhändler gerade mal eine Stufe über dem Schrotthändler und wegen seiner Schmarozerei an den Steffi-Millionen nicht besonders gut gelitten, hatte eigentlich Glück. Wegen der Hinterziehung von 15 Millionen DM an Steuern erhielt er nur drei Jahre und neun Monate Gefängnis. Die Staatsanwaltschaft hatte fast das Doppelte gefordert.

Aufmerksamkeit gebührt einem weiteren Straftäter in Schlips und Kragen: dem Politiker. Die alte Justiz hat Probleme mit ihm. Das kann man verstehen. Die Immunitätsregeln machen ihn zu einer persona non grata, nicht nur in rechtlicher Hinsicht. Egal was er treibt, die Justiz zögert. Auch auf den Feldern der allgemeinen Kriminalität. Der Fall Wiesheu hat es gezeigt. Für eine fahrlässige Tötung im Straßenverkehr in Verbindung mit Alkohol und überhöhter Geschwindigkeit gab es erstinstanzlich noch 13 Monate ohne Bewährung – wenig genug –, aber das Landgericht ließ es in der Berufung mit zwölf Monaten gut sein – ausgesetzt zur Bewährung.

Die Masse der Beschuldigten aber profitiert von der Bestimmung des § 153a StPO – die Vorschrift, die uns der Himmel geschickt hat. Verfahrenseinstellungen auf ihrer Grundlage bedeuten für den Beschuldigten keine Vorstrafe, er wird dafür aber kräftig zur Kasse gebeten. Einstellungen nach § 153a StPO sind auch die bevorzugte Erledigungsart bei dienstlichen Vergehen der Politiker, also im Zusammenhang mit illegalen Parteispenden, schwarzen Kassen und ebensolchen Konten. Die saarländischen Politiker konnten sich wegen ihrer kostenlosen Besuche der Fußballweltmeisterschaft ebenfalls freikaufen, obwohl der Vorwurf viel schwerwiegender war, es ging nämlich um Korruption. Zwischen 3.500 DM und 31.000 DM lagen die Tarife – gar nicht so teuer.

Die Einstellung des Verfahrens gegen Altbundeskanzler Helmut Kohl im März 2001 gegen Zahlung von 300.000 DM zeigt, wie sehr die Justiz bereit ist, die juristische Karte zugunsten prominenter Politiker auszureizen. Weil Kohl den Schaden wieder gutgemacht habe, argumentierten die Bonner Staatsanwälte, sei das öffentliche Interesse an der Strafverfolgung entfallen. Da haben viele gelacht, und noch mehr haben den Kopf geschüttelt. Schadenswiedergutmachung durch Spendengelder –, die Chance hat der gewöhnliche Straftäter leider nicht. Und dann noch: keine Bekanntgabe der anonymen Spender, völlige Uneinsichtigkeit in das Verwerfliche seines Tuns, keinerlei Reue. Der straffällig gewordene Normalo hätte unter diesen Umständen nicht die Spur einer Chance auf die Einstellung des Verfahrens gehabt.

Wo es nur geht, wird auf Anklage und Hauptverhandlung verzichtet. Vielleicht hofft ja die Justiz auf eine andere Gerechtigkeit, die durch den Wähler. Wahltag ist Zahltag. Aber auch das scheint längst vorbei. Die Spaßgesellschaft ist vergesslich geworden.

Allerdings hat eine moderne Justiz noch ganz andere Gründe, politisch Verantwortliche ins Visier zu nehmen. Nicht im Zusammenhang klassischer dienstlicher Verfehlungen, sondern in Verbindung mit ihren ganz normalen politischen und exekutiven Entscheidungen. Da waren sie bisher praktisch von jedem rechtlichen Risiko freigestellt.

Im Holzschutzmittel-Skandal gab es zwar ein Ermittlungsverfahren wegen Körperverletzung gegen die Verantwortlichen des ehemaligen Bundesgesundheitsamtes. Ihnen wurde vorgeworfen, trotz Kenntnis von den gesundheitlichen Gefahren, die von den fraglichen Mitteln ausgingen, nichts unternommen und sogar noch mit den Herstellern gemeinsame Sache gemacht zu haben, um die Verbraucher zu täuschen. Während dieses Verfahren später eingestellt wurde, wurden Ermittlungen gegen das Bundesgesundheitsministerium erst gar nicht aufgenommen. Das war wohl nicht in Ordnung. In Bonn wusste man seinerzeit genau Bescheid über das Problem und hätte über das Bundesgesundheitsamt oder unmittelbar selbst intervenieren müssen.

Ich kann mich noch an einen Anruf erinnern, der mich 1989 aus dem Ministerium erreichte, kurz nachdem ich Anklage gegen Verantwortliche der Herstellerfirma erhoben hatte. Eine sterbende Stimme bat um Übersendung einer Anklageschrift. Am liebsten hätte man die Bestellung im Flüsterton aufgegeben. Nur nicht auffallen, nur nicht in Erscheinung treten, keine schlafenden Hunde wecken.

Daran hat sich bis heute nichts geändert. Während immer mehr Menschen ihre schweren, existenzbedrohenden Krankheitsbilder auf ihre Zahnfüllungen aus Amalgam zurückführen und diese Einschätzung mit den Diagnosen erfahrener Umweltärzte untermauern, bleibt auch das grüne Berlin stumm. Minister und Behördenleiter wiegen sich weiter in der Sicherheit eines umfassenden Ermessensspielraumes, der rechtlich äußerst fragwürdig ist. Derweilen versorgen die Staatsanwaltschaften im Lande die verzweifelten und zornigen Opfer der politischen Nachlässigkeit mit Einstellungsverfügungen – wie gehabt.

Mit der neuen Klientel eng verzahnt sind die neuen Erscheinungsformen der modernen Kriminalität, sind die neuen Handlungsfelder und die neuen Begehungsweisen des sozialschädlichen Verhaltens unserer großen Gangster.

Die Fälle der Produkthaftung haben das damit verbundene Problem deutlich gemacht. Contergan, Lederspray, Holzschutzmittel: Auch über die Herstellung und den Verkauf von Medikamenten und Haushaltschemikalien kann man Menschen verletzen oder töten. Es braucht dazu nicht Messer oder Pistole und auch nicht den heimtückischen Giftanschlag mit E 605 im Kaffee. Es genügt ein ganz normales Marktgeschehen.

Oder ein ganz aktuelles Beispiel: Doping-Kriminalität. Die Vorbereitung auf eine erfolgreiche Olympiade bedeutet zugleich eine strafbare Körperverletzung. Zwei Jahre mit Bewährung hat das Berliner Landgericht gegen den Oberdoper aus der ehemaligen DDR verhängt. Die Opfer von damals, die heute noch krank sind, haben dieses Urteil nicht verstanden.

Diese Tür muss eine moderne Justiz weiter aufstoßen. Dann ist sie schnell bei einem interessanten Thema. Bei der Frage nämlich, ob die Massenschäden innerhalb unserer Risikogesellschaft, oder genauer: ob die Schäden, die auf die Technisierung und Chemiesierung unserer Umwelt, unseres Alltags zurückzuführen sind, eine strafrechtliche Sanktion verdienen.

Noch immer verführen und blenden uns die faszinierenden Vorteile des technischen Fortschritts, machen uns unzugänglich für seine Schattenseiten. Die aber wachsen immer bedrohlicher. Für die Segnungen der Chemie zum Beispiel zahlen immerhin schon ca. eine Million Menschen mit einer chemikalienbedingten Erkrankung, und jeder Dritte leidet unter einer Allergie. Das will man nicht sehen. Bunte Farben, flauschige Textilien und duftende Parfums betören unsere Sinne, was sie mit unserem Immunsystem machen, interessiert zunächst nicht.

Dort, wo die Strafjustiz bisher mit dieser Fragestellung konfrontiert war, hat sie sich in den meisten Fällen eine geniale Ausrede einfallen lassen. Mit der Rechtsfigur des erlaubten Risikos hat sie die Ansprüche der Geschädigten zurückgewiesen. Dahinter verbirgt sich die Vorstellung, dass Risiken immer dann hinzunehmen sind, wenn die ihnen zugrunde liegenden Technologien oder Stoffe einen attraktiven, kompensierenden Ausgleich zur Verfügung stellen.

Die Sache mit dem erlaubten Risiko ist eine hochbrisante und wohl auch hochmanipulative Angelegenheit, wie das Beispiel der Verkehrskriminalität schon gezeigt hat. Pestizide sichern der Landwirtschaft hohe Erträge, machen aber Menschen zu Tausenden krank. Kann man diese Dinge in Relation zueinander setzen? Kann da aufgerechnet werden? Spielt es eine Rolle, dass Ertragssicherung und -maximierung bei uns gleichbedeutend ist mit Überschussproduktion, die dann wieder kostenintensiv abgebaut werden muss? Fällt die Abwägung in Hungerländern ohne Überschussproblem, aber mit noch viel höheren Opferzahlen, wie in Mittelamerika beispielsweise, wohin unsere Konzerne ja auch liefern, anders aus?

Schwierige Fragen. Neue Juristen werden sie vielleicht anders als bisher geschehen beantworten.

Und noch wahrscheinlicher ist, dass neue Juristen den Fällen auf die Spur kommen, in denen bisher ganz unverblümt gemogelt wurde. Prof. Schönhöfer vom Betanien-Krankenhaus in Bremen kennt eine Reihe von Beispielen für diese Mogelei. Immer noch vertreibt die Pharmazeutische Industrie Kombipräparate gegen Schmerzen. Diese verkaufen sich hervorragend, machen allerdings auch krank. Viele Mittel enthalten Paracetamol und ASS nebst Koffein. Die Wissenschaft ist sich insoweit einig: ASS stört die Durchblutung der Nieren und Paracetamol wird im Körper in gefährliche Metaboliten umgewandelt, die die Nieren überlasten und krank machen. Von den jährlich 56.000 Fällen mit Nierenversagen gehen 10% – 20% auf den Kombi-Schmerzmittel-Konsum zurück. Von diesen Mitteln werden pro Jahr etwa 24 Millionen Packungen verkauft. Die Folgekosten für die Betroffenen, auch für die Gesellschaft, übersteigen selbst den entsprechenden Umsatz der Hersteller: 600 Millionen bis 1,2 Milliarden DM. Dazu kommt noch, dass 10% der Personen mit Nierenversagen an Krebs der ableitenden Harnwege erkranken, weil die bei der Verstoffwechselung des Paracetamols entstehenden Verbindungen den DNA in der menschlichen Zelle massiv zusetzen.

Nicht anders sieht es im Bereich der Östrogen-Präparate aus, die Frauen nach den Wechseljahren verschrieben werden. Sie sollen die durch den Hormonmangel bedingte Knochenversprödung verhindern und so vor gefährlichen Becken- und Oberschenkelhalsbrüchen schützen. Auf 100.000 Verschreibungen kommt ein verhinderter Knochenbruch, weiß nun die Statistik. Was sie auch weiß: Auf 100.000 Verschreibungen kommen zwei östrogenbedingte Krebserkrankungen. Gedeckt durch ein erlaubtes Risiko?

Eine moderne Justiz wird vielleicht auch ganz neue Wege gehen bei der Aufarbeitung und Bewältigung der strafrechtlichen Probleme unserer Risikogesellschaft. Beispiel Auto. Echt gut, meinten die Veranstalter der IAA. Wirklich? Viele Menschen sterben daran, aber zugegebenermaßen haben noch viel mehr Menschen Freude an diesem Produkt und nutzen es im Rahmen ihrer Mobilitätswünsche.

Ist der Hersteller damit aus dem Schneider? Oder gibt es zumindest Teilbereiche, um die sich eine moderne Strafjustiz kümmern müsste? Unsere polizeilichen Unfallakten kennen als Unfallbeteiligte immer nur die am Unfall unmittelbar beteiligten Personen, den Autofahrer, den Lenker des Motorrads, den Fußgänger. Der Hersteller des Fahrzeugs etwa, das den Fußgänger überfahren hat, taucht ebenso wenig auf wie der Beamte, der dem unfallbeteiligten Fahrzeug – rechtlich – den Weg auf die Straße geebnet hat. Ist das so richtig auch in den Fällen, in denen 18-jährige über 180 PS verfügen dürfen, über Autos oder Motorräder, die ihnen die Produzenten unter Hinweis auf deren hochattraktiven Eigenschaften, nämlich Geschwindigkeit und Beschleunigung, über die Werbung schmackhaft gemacht hatten? Ist an einem Crash solcher Fahrzeuge mit einem Fußgänger wirklich nur ON 1 und ON 2, so die Kürzel im Polizeiprotokoll, beteiligt und nur ON 1 schuld? Nicht auch H 1, der Hersteller des Fahrzeugs von Ordnungsnummer 1? Oder auch der Minister für den Straßenverkehr? Oder auch der für die Werbung?

Eine Auseinandersetzung mit diesen Fragen könnte spannend werden, sie hört sich allerdings noch ziemlich utopisch an. Soweit sind wir noch nicht, aber wir spielen ja ganz bewusst Zukunftsmusik.

Wo ein erster Einbruch der Strafjustiz in die scheinbar heile und geordnete Welt der Risikogesellschaft möglich wäre, wo also eine realistische Reformchance existiert, ist dort zu lokalisieren, wo Sanktionen unter Hinweis auf das Einverständnis des Opfers abgewehrt werden. Es gibt diesen Aspekt einmal im Rahmen der allgemeinen Diskussion über die Haftungsfragen innerhalb der Risikogesellschaft. Kein Fortschritt ohne Risiko; eine Gesellschaft, die sich dem Fortschritt verschrieben hat, darf nicht nach der Justiz rufen, wenn dieser Fortschritt hier und da, dann und wann auch einmal zu einem Schaden führt. Auch als Spaßgesellschaft haben wir uns dem Risiko ausgeliefert: No risk, no fun.

Konkret wird der Gedanke der haftungsausschließenden Einwilligung beispielsweise beim Rauchen. Wer als Raucher sein Risiko kennt, darf im Schadensfall keinen anderen belangen, auch den Hersteller des schädlichen Produkts nicht. Dass, wer raucht, seine Gesundheit schädigt, sagt uns nicht nur die Wissenschaft, sondern unser Instinkt. Vor Rauch sind wir immer schon weggelaufen, denn Rauch bedeutet Gefahr. Doch dieser Instinkt scheint nicht mehr zu funktionieren. Trotzdem: Dass der Raucher weiß, was er tut, war bis vor kurzem unangefochtene Meinung. Und dass er es aus freien Stücken tut, sowieso. Diese Überzeugung hat jede Diskussion über eine Haftung für gesundheitliche Schäden der Raucher verhindert.

Wer sich in Gefahr begibt, kommt darin um. Und wer sich freiwillig in Gefahr begibt, dem geschieht es auch noch recht so.

Das könnte eine nach vorne drängende, die gängigen Argumente der Tabakindustrie hinterfragende Justiz bald ändern. Hilfreich wäre ein Blick nach Amerika. Die politisch-juristischen Erfolge der dortigen Nichtraucher-Allianzen gegen die Zigarettenindustrie haben entscheidend damit zu tun, dass man die These von der Alleinverantwortlichkeit des Rauchers infrage gestellt hat und dabei sehr rasch auf ganz andere Verantwortliche gestoßen ist. Auf Philip Morris beispielsweise oder J.R. Reynolds, weil deren Bosse die Raucher nicht nur verführt, sondern auch genötigt haben. Etwa dadurch, dass sie schon die Kinder – also Menschen in ihrer Prägezeit – über das Bindemittel »Kuscheltier« auf die Zigarette fixierten. Das Camel-Symbol für die gleichnamige Zigarettenmarke hat in Amerika den Teddybär als kindlichen Sympathieträger längst abgelöst. Oder dadurch, dass sie den Slogan »Cool Kids can wait« flächendeckend plakatierten. »Kluge Kinder können warten«, das wollten die Tabakleute als Beitrag gegen das Kinderrauchen verstanden wissen, während der Satz etwas ganz anderes an das Kind brachte: Dass Rauchen selbstverständlich ist. Und schließlich dadurch, dass sie den Nikotingehalt der Zigaretten künstlich erhöhten, um den Kunden schneller abhängig zu machen.

Während heute Amerika mit der Zigarettenindustrie so gründlich abrechnet wie seinerzeit Wyatt Earp mit Butch Cassidy, auf Dollarbasis allerdings, ist es bei uns in dieser Angelegenheit noch relativ ruhig. Lange wird diese Ruhe allerdings wohl kaum mehr währen, dann ist auch die deutsche Justiz mit dem Thema befasst. Es dürfte zunächst die Strafjustiz sein, die insbesondere im Hinblick auf das hohe Kostenrisiko des Zivilprozesses mit diesem Thema zu tun haben wird. Dann entscheiden Staatsanwälte über den Erfolg der Aktion. Und dann wird es darauf ankommen, was den Damen und Herren in der schwarzen Robe mehr am Herzen liegt: Die konservative Dogmatik oder der moderne Rechtsstaat, der 140.000 Rauchertote jährlich zum Anlass nehmen muss, die Selbstmordtheorien der Tabakindustrie einmal kritisch zu überdenken.

Wenn die ersten Dämme gebrochen sind, geht es vielleicht viel schneller weiter. Wiederum ist in Amerika zu sehen, welch abenteuerliche Wege das Recht gehen kann. Dort sind die ersten Klagen gegen die Waffenindustrie anhängig, die gestern noch die heilige Kuh des Landes war. Aber auch sie ist in Verdacht geraten, ihren Profit auf unseriöse Weise gemacht zu haben. Und dann können Amerikaner natürlich auch zählen. 35.000 Menschen sterben dort jährlich durch Schusswaffen, mehr als halb soviel wie auf amerikanischer Seite im gesamten Vietnamkrieg gefallen sind.

Die Waffen-Kiste wird sich bei uns nicht öffnen lassen – mangels Masse. Aber wir haben dafür andere Probleme.

Und dann gibt es schließlich da noch das weite Feld der Dogmatik und der Auslegung einzelner Tatbestandsmerkmale. Die alte Justiz geht hier stets auf die gleiche tölpelhafte Art vor. Wenn entsprechende Fragen auftauchen, schlägt sie den Kommentar auf. Dort steht, was beispielsweise unter einer Urkunde zu verstehen ist oder einem gefährlichen Werkzeug oder unter einer Körperverletzung. Kommentare enthalten Gebrauchsanweisungen für die Rechtsanwendung. Geschrieben sind sie von irgendwelchen Leuten, in der Regel Universitätsprofessoren. Wer sich genau dahinter verbirgt, will eigentlich niemand mehr wissen. Nachfragen bringen aber erstaunliches zu Tage. Eberhard Maunz beispielsweise, der berühmte Kommentator des Grundgesetzes, war einer der führenden Köpfe der Nazi-Justiz. Und Eduard Dreher, der Verfasser des bekanntesten StGB-Kommentars, war als Erster Staatsanwalt beim Sondergericht in Innsbruck tätig, »wo er sich intensivst bemühte, wegen Nichtigkeiten die Todesstrafe durchzusetzen«. Ende der sechziger Jahre wurde unter seiner Federführung eine Gesetzesänderung beschlossen, nach der sämtliche Verbrechen der Nazi-Mordgehilfen bereits 1960 verjährt waren. Ganze Prozessserien platzten darauf hin. Für die Legitimation der Kommentatoren interessiert sich niemand. Wer in den Kommentaren schreibt, hat es irgendwie geschafft. Es sind blitzgescheite Köpfe, aber ihr Produkt, das Gesetz hinter dem Gesetz, ist nicht autorisiert. Und obwohl, bzw. besser gesagt, gerade weil sie nicht als besonders fortschrittlich gelten, werden die Meinungen der Kommentatoren gerne immer wieder übernommen.

Hier könnte eine kreative und risikofreudige Justiz für viel frischen Wind sorgen und viel Boden gut machen bei der Suche nach praktikablen und sachgerechten Lösungen. Deren generelle Machbarkeit steht außer Frage. Denn wir wissen ja längst: Wenn die Justiz will, dann kann sie auch – so gut wie alles.

Beispiel Herrenreiterfall – ein Husarenstück aus dem Jahr 1958. Der Hersteller eines sexuellen Kräftigungsmittels warb mit dem Bild eines bekannten Springreiters für sein Produkt, ohne Erlaubnis des Abgebildeten. Der verlangte nun Schadensersatz. Ein Schaden war ihm aber nicht entstanden. Dann wollte er halt Schmerzensgeld haben als Ausgleich für die seelische Pein, die ihm die Werbeaktion bereitet hatte. Aber im Gesetz steht, dass es Schmerzensgeld nur gibt im Falle der Körperverletzung und der Freiheitsberaubung und dann, wenn ein Verlobter seine unbescholten gewesene Verlobte verlässt. Der Bundesgerichtshof wusste einen Weg aus der Misere. Er befand, dass der Springreiter in seinem allgemeinen Persönlichkeitsrecht verletzt war, eine Position, die es vor dem auch noch nicht lange gab, und in diesem Fall gerechterweise Anspruch auf ein Schmerzensgeld hatte.

Man hat das Rechtsfortbildung genannt und dabei konsequent übersehen, dass diese Rechtsfortbildung gegen das geschriebene Recht verstieß. Normalbürger oder etwa Arbeiter oder Sozialhilfeempfänger sind auf diesem Wege noch nicht reich geworden. Sie werden ja auch selten nackt am Pool oder auf ihrer Jacht vor Ibiza abgelichtet. Anders die Promis der Musik- und Filmbranche sowie die Vertreter maroder Fürstenhäuser. Sie bedienen sich seitdem gerne auf diese Weise.

Diese Rechtsprechung hat sich durchgesetzt. Denn so viel ist richtig daran: Auch die Promis dürfen den Paparazzi nicht schutzlos ausgeliefert werden. Auch Oscarpreisträger und Präsidenten haben eine Privatsphäre, die es über die besagten Grundsätze zu schützen gilt. So weit – so gut.

Dies als Beispiel für die schier unglaublichen innovativen Fähigkeiten der Justiz.

Weniger dreist, aber immer noch beachtlich forsch hat der Bundesgerichtshof 1997 in einem anderem Fall das Recht auf Vordermann gebracht, im Fall eines Bad Homburger Röntgenarztes.

Der geldgierige Mediziner aus der Stadt der Spieler wusste, wie Reichtum funktioniert. Er röntgte was ihm vor die Kanone kam. Regelmäßig wurden bis zu einem Dutzend Aufnahmen gemacht, wo eine einzige ausgereicht hätte. Egal ob es um Knie, Kopf oder Rückgrat ging, er machte Ganzkörperaufnahmen. Und als Sahnehäubchen: Manchmal wurden auch die Begleitpersonen der Patienten mitgeröntgt. Es geht nur ums Geld. Auf den von der Staatsanwaltschaft sichergestellten Röntgenaufnahmen verdecken Gürtelschnallen, Schmuckstücke und Geldmünzen oftmals den biologischen Schadensherd, aber das ist dem Angeklagten schnuppe.

Das Frankfurter Landgericht verurteilt ihn wegen Freisetzung ionisierender Strahlen, spricht ihn aber wegen des Vorwurfs der Körperverletzung frei. Der Bundesgerichtshof korrigiert dieses Urteil und stellt fest, dass der Angeklagte auch wegen Körperverletzung zu verurteilen sei, jedenfalls in all den Fällen, in denen die den Patienten zugemutete Strahlenbelastung das Normalmaß einer Röntgenbehandlung überschritten und die statistische Wahrscheinlichkeit eines Strahlenschadens erhöht hatte.

Röntgenstrahlen zerstören stets die Kerne einiger menschlicher Zellen. Solchermaßen getroffene Zellen können mutieren und zum Beispiel Krebs auslösen. Unterhalb einer bestimmten Strahlenbelastung lässt sich das entsprechende Risiko nicht statistisch belegen, oberhalb schon. Und an dieser Grenze macht der Bundesgerichtshof jetzt die Körperverletzung fest. Obwohl keiner der missbrauchen Patienten zwischenzeitlich einen klassischen Strahlenschaden erlitten hatte, wurde der Täter wegen Körperverletzung bestraft.

Das ist mutig – und richtig. Der Täter soll nicht davon profitieren, dass die Folgen seines Tuns erst 20 oder 30 Jahre später eintreten, während im Körper des Opfers schon vom Tattag an die verhängnisvollen biochemischen Mechanismen ablaufen, die viel später zur Katastrophe führen.

Wäre es jetzt nicht an der Zeit, diese modernen Grundsätze auch im Bereich der chronischen Vergiftungsfälle zur Anwendung zu bringen? Beispielsweise im Fall des Ingolstädter Holzschutzmittel-Patienten:

Die Ärzte waren machtlos. Drei Wochen nach seiner Einlieferung starb der Bürokaufmann im Krankenhaus von Ingolstadt an den Folgen seiner aplastischen Anämie. Krank geworden war er ein halbes Jahr zuvor, nachdem er sein Arbeitszimmer mit Holz verkleidet und die Nut- und Federbretter satt mit Holzschutzmittel gestrichen hatte.

Seine Ehefrau besteht auf einer Obduktion und auf einer chemisch-toxikologischen Untersuchung der inneren Organe. Im Blut des Toten finden sich nur leicht erhöhte Werte der Holzschutzmittelgiftstoffe PCP und Lindan. 50- bis 100-mal höher sind die Konzentrationen der fraglichen Gifte aber in den diversen Organen, vor allem im Rückenmark. Sie kommen als Auslöser der aplastischen Anämie infrage. Ob sie die Krankheit auch tatsächlich verursacht haben, wissen die Ärzte nicht.

Den Fall des bayrischen Kaufmanns habe ich seinerzeit nicht mit in die Holzschutzmittelanklage übernommen. Weder als Vorwurf der Körperverletzung noch als Vorwurf der fahrlässigen Tötung. Denn seine aplastische Anämie war nicht mit der für eine strafrechtliche Verurteilung erforderlichen Sicherheit auf den Holzschutzmittel-Einfluss zurückzuführen. In den Fällen gesundheitlicher Schädigungen im Zusammenhang mit Chemikalieneinflüssen gehen die Gerichte bisher nur dann von einer Körperverletzung aus, wenn feststeht, dass die Beschwerden der Betroffenen auch tatsächlich von den Schadstoffen herrühren. Das ist oftmals nur schwer nachzuweisen.

Bald können sich diese Situationen aber ganz anders darstellen. Wenn nämlich die Gerichte die Grundsätze des Karlsruher Röntgenurteils auch auf den klassischen Giftsektor übertragen. Dann nämlich reicht eine Giftbelastung, die das statistische Erkrankungsrisiko deutlich steigert, aus für die Annahme einer Körperverletzung. Und damit wären dann die Schlupflöcher der Giftmischer gestopft, die bisher unter Hinweis auf alternative Schadensursachen die Kausalität erfolgreich vernebeln konnten.

Natürlich schafft das nur eine Justiz, die über viel Tatendrang verfügt. Denn die Konsequenzen dieser Rechtsprechung dürften gewaltig sein. Während der Missbrauch von Röntgenstrahlen nur einige wenige Ausnahmefälle betrifft, könnte sich im Chemikalienbereich wegen der Allgegenwärtigkeit entsprechender Belastungen eine Verfahrenslawine entwickeln. Man denke nur an die Amalgamproblematik: Schon in den Hirnen von Föten und Embryonen sind große Mengen Quecksilber aus den Zahnplomben der Mütter gespeichert. Viel Arbeit für die Justiz.

Aber vielleicht könnte eine gewitzte Justiz die leidigen Kausalitätsprobleme im Zusammenhang mit den besagten Vergiftungsfällen noch ganz anders lösen. Über die Entindividualisierung der Geschädigtenebene nämlich. Was so ungemein juristisch klingt und sich daher dem normalen Verständnis zu entziehen droht, ist in Wirklichkeit eine recht einfache, allerdings auch schon wieder ansatzweise geniale Sache. Lothar Kuhlen, Juraprofessor aus Frankfurt am Main, ein Mann mit beachtlichen Fähigkeiten, aber, wie viele seiner Zunft, durch und durch ohne konsequenten gesellschaftskritischen Ansatz, hat sie mit erdacht. Wenn das Gesetz im Körperverletzungs-Paragraphen davon spricht, dass eine andere Person körperlich misshandelt wurde, oder wenn es im Totschlags-Paragraphen heißt, dass ein Mensch getötet wurde, dann bedeutet das ja nicht, dass eine ganz bestimmte Person Opfer der Straftat geworden ist. Eine Person kann auch bedeuten: irgendeine Person, und eine andere Person kann verstanden werden als irgendeine andere Person. Eine solche Auslegung wäre im Normalfall ohne jegliche Relevanz, aber im Rahmen der chronisch-toxischen Massenschäden hätte sie enorme Bedeutung.

Wenn nämlich auf die individuelle Bestimmung des Opfers verzichtet wird – irgendein anderer Mensch muss verletzt worden sein –, dann genügt zum Tatnachweis insofern die Feststellung, dass beispielsweise ein bestimmter Schadstoff die Erkrankungsrate innerhalb eines Kollektivs statistisch relevant erhöht hat. Wenn im Nahbereich einer Dioxin-emittierenden Fabrik die Krebsrate der Bevölkerung um 100% gestiegen ist, von 60 auf 120 Fälle beispielsweise, ohne dass andere Ursachen in Betracht kommen, dann steht in strafrechtlich relevanter Weise fest, dass der Fabrikbesitzer 60 Menschen, abzüglich einer Sicherheitsquote von 10% oder 20%, in ihrer Gesundheit verletzt hat. Sein Einwand, dass nicht verbindlich gesagt werden kann, wer nun im einzelnen dioxingeschädigt ist und wer aufgrund anderer Einwirkungen erkrankt ist, wäre ohne Relevanz. Gerade dieser Einwand ist es, der in vielen Vergiftungsfällen die Verfahren zu Ungunsten der Opfer ausgehen lässt: Mangels konkretem Schadensnachweis.

Entindividualisierung der Geschädigten-Ebene. Eine schöne Aufgabe für die Justiz. Und nur leistbar, wenn die Fragestellung begriffen wird: Soll der Verursacher wirklich davon profitieren, dass wir die Opfer zwar zählen aber nicht beim Namen nennen können? In den Kommentaren steht nichts dazu.

2 Auch neue Gesetze?

Wie soll es weitergehen? Muss unser Strafrecht weiter modernisiert werden durch Schaffung neuer Straftatbestände? Muss es auf- oder umgerüstet werden angesichts neuer Bedrohungen? Ist das Verfahrensrecht noch zeitgemäß, reicht es aus um auch auf den neuen Feldern, auf denen sich keine Dilettanten mehr tummeln, sondern Profis arbeitsteilig und versiert zu Werke gehen, den staatlichen Strafanspruch durchzusetzen?

Gehören zur neuen Justiz auch neue Gesetze?

Neue Straftatbestände?

Im Hinblick auf das materielle Recht ist diese Diskussion müßig. Denn auf diesem Gebiet hat der Gesetzgeber in der Vergangenheit wahrlich nicht geschlafen. Seine Überzeugung, dass eine moderne Gesellschaft dem Wandel ihrer Anschauungen, Wertungen und Wertschätzungen und dem Wandel ihrer objektiven Lebensbedingungen durch Änderung ihrer rechtlichen Regeln Rechnung tragen muss, hat dazu geführt, dass kleine und große Strafrechtsreformen zu einer ständigen Einrichtung unseres Parlaments geworden sind.

Das Sexualstrafrecht macht den raschen Wandel gesellschaftlicher Ansichten anschaulich und auch die Reaktion des Gesetzgebers darauf. 1964 wurde § 175 StGB abgeschafft, der die männliche homosexuelle Betätigung unter Strafe stellte, und 1999 wurden die Vergewaltigung in der Ehe zur Straftat erklärt sowie zahlreiche Bestimmungen zum Schutze der kindlichen Sexualität geschaffen.

Die Bestimmungen über die Computerkriminalität, eingeführt zwischen 1991 und 1998, sind Reaktionen auf den Siegeszug der kleinen Chips mit der enormen Speicherkapazität und die große Gefahr ihres Missbrauchs. Reformbedarf ist an allen Ecken und Enden zu erkennen. Das betrifft einmal eher banale Dinge wie die Frage, ob das Besprühen von Hausfassaden und Straßenbahnwagen auch dann strafbar sein soll, wenn es nicht mit einer Substanzverletzung oder einer Gebrauchsbeeinträchtigung verbunden ist. Nach geltendem Recht ist das bloße Verunstalten fremder Sachen nicht unter

Strafe gestellt. Die entsprechende Zunahme dieser Delikte sowie vor allem die neue Bewertung dieser Handlungen als Vandalismus und nicht mehr als Teil einer politisch-kritischen Kultur, die sich der mobilen wie immobilen Fassaden als Instrument politischer Meinungsäußerung bediente und sich dabei auf die Verfassung berufen konnte, sprechen für eine entsprechende Erweiterung des Strafgesetzbuches.

Wesentlich ernster ist der Tatbestand, der unter dem Begriff »Stalking« diskutiert wird.

Männlicher Psychoterror gegenüber Frauen aus verschmähter Liebe. Für die Betroffenen schlimmer Terror, die Hölle auf Erden Tag und Nacht, aber strafrechtlich kaum fassbar. Ein Hauch von Körperverletzung, Nötigung, Beleidigung, wenn überhaupt. Staatsanwaltschaft und Polizei sind praktisch hilflos. Es hat lange gedauert bis das Problem den Sprung auf die rechtspolitische Bühne geschafft hatte, aber jetzt ist auch schon eine Lösung in Sicht. Im Berliner Jusitzministerium arbeitet man an einem Tatbestand, der den Psychoterror gegenüber der undankbaren Geliebten unter Strafe stellt.

Andere Änderungen sind noch nicht konkret bzw. sind erst zu erahnen. Auf dem neuen Feld der Computerkriminalität steht man sicher schon in den Startlöchern, um gegen den Erfindungsreichtum von Hackern und Crackern zu kontern. Deren Fähigkeit, Konzerne zu ruinieren, Risikotechnologien scharf zu machen und sogar ganze Volkswirtschaften zu bedrohen, schafft Handlungsbedarf auch auf der Ebene des Strafmaßes. Dem durch den »I love you-Virus« im Frühjahr 2000 verursachten Schaden von schätzungsweise 21 Milliarden DM steht eine Strafdrohung von maximal nur fünf Jahren Haft gegenüber – wenig abschreckend für die seriösen Schwerkriminellen.

Und das Schlüsselwort der Umweltdiskussion – Klimaschutz nämlich – hat überhaupt noch kein strafrechtliches Pendant. Keine Rechtsnorm schützt den »charakteristischen Ablauf unserer Witterung«, wie die Meteorologen den Begriff des Klimas umschreiben. Obwohl Klimaveränderungen gewaltige Schäden zur Folge haben können, hat man bisher auf eine einschlägige Klimaschutzbestimmung im Strafrecht verzichtet. Dafür gibt es gute Gründe – noch. Denn noch glaubt man, das Problem ausschließlich politisch lösen zu können – ohne strafrechtlichen Druck. Das könnte sich bald ändern. Wenn das Schmelzen der polaren Eiskappen besser erkennbar wird und die ersten Tornados in Berlin für frischen Wind sorgen, wird der Gesetzgeber sehr schnell handlungsbereit sein.

Unproblematisch ist das Ganze allerdings nicht. Die Stimmen, die den Gesetzgeber vor zu viel Aktionismus warnen, sind verständlich.

Wohlüberlegt sollte das schon geschehen, und wenn es zu schnell geht, ist die Gefahr groß, dass etwas daneben geht. Denn vorschnell ist oft gleichbedeutend mit falsch. Nun kann man Gesetze, wie gezeigt, auch wieder korrigieren. Aber von heute auf morgen ist das in aller Regel nicht zu machen. Und allzu viele Fehlschüsse könnten das Renommee des Gesetzgebers nachhaltig beschädigen. Im Jahr 1996 wäre dem Bonner Parlament in diesem Zusammenhang um ein Haar ein böser Fehler passiert.

Als Reaktion auf die Entscheidung des Bundesverfassungsgerichts, wonach die Äußerung: »Soldaten sind potenzielle Mörder« keine strafbare Beleidigung der Bundeswehr darstelle, weil sie vom Recht auf freie Meinungsäußerung gedeckt sei, brachte die Bundesregierung einen abenteuerlichen Gesetzentwurf ein, der diese strafrechtliche Lücke, wie man es formulierte, schließen sollte. Im neuen § 90a, also unter der Rubrik »Staatsschutz«, hieß es: »Wer öffentlich, in einer Versammlung oder durch Verbreiten von Schriften … Soldaten in Beziehung auf ihren Dienst in einer Weise verunglimpft, die geeignet ist, das Ansehen der Bundeswehr oder ihrer Soldaten in der öffentlichen Meinung herabzuwürdigen, wird mit Freiheitsstrafe bis zu drei Jahren oder mit Geldstrafe bestraft.«

Warum, fragten Kritiker sogleich, sollte gerade die Bundeswehr in dieser besonderen Weise vor Kritik geschützt werden? Warum nicht auch Richter oder Lehrer oder Schornsteinfeger oder Putzfrauen?

Der Entwurf ist nie Gesetz geworden. Das sollte man ehrlicherweise der damaligen Parlamentsmehrheit zugute halten. Still und heimlich ist der Entwurf in irgend welchen Schubladen wieder verschwunden, nachdem er zunächst mit lautem Tamtam in die Öffentlichkeit gebracht worden war. Wie im richtigen Leben. Zum Standesamt geht es laut hupend, ins Amtsgericht, zwecks Scheidung fünf Jahre später, schleicht man sich durch den Lieferanteneingang. Etwas anderes mindert die Schuld der Verantwortlichen allerdings nicht: dass damals Ausnahmezustand herrschte in den Köpfen vieler Menschen. Das Karlsruher Gericht hatte eine Bombe gezündet, eine entlarvende allerdings.

Im Bundestag eilten die Sprecher fast aller Parteien an das Rednerpult und überboten sich mit Solidaritätserklärungen an die Adresse des Militärs. Sie seien keine Mörder, hieß es immer wieder, obwohl das niemand behauptet hatte. Der rheinland-pfälzische CDU-Boss Johannes Gerster verlangte gar, wie schon erwähnt, es müsse dem Parlament möglich sein, eine Entscheidung des Bundesverfassungsgerichts mit Zweidrittelmehrheit zurückzuweisen. Der zu Kontrollierende kontrolliert den Kontrolleur! Der Tod, der militärische, ist wohl wirklich ein Meister aus Deutschland.

Dass das Strafrecht der gesellschaftlichen Entwicklung folgt, auf Veränderungen reagiert, auch durch neue gesetzliche Tatbestände, erscheint trotz dieser Bedenken als eine Selbstverständlichkeit. Aber es ist keine Selbstverständlichkeit. Denn ein nicht unerheblicher Teil der Strafrechtswissenschaft ist damit überhaupt nicht einverstanden. Missmutig reagieren die Juristen um den Frankfurter Verfassungsrichter Wilfried Hassemer auf das viele Neue, das sich im Laufe der letzten Jahre angesammelt hat. Wirtschafts- und Umweltkriminalität einschließlich Korruption, Steuerhinterziehung, Subventionsbetrug und Produktkriminalität, aber auch Terrorismus und Organisierte Kriminalität, darüber sind sie nicht glücklich. Ihr Schlagwort heißt Kernstrafrecht und meint das klassische Strafrecht: Mord und Totschlag, Diebstahl, Betrug und Raub. Das Neue ist ihnen zunächst einmal zu ungenau und zu vage. Da mögen sie insoweit Recht haben, als sich die Tatbestände des modernen Strafrechts äußerlich ganz erheblich von denen des klassischen Strafrechts unterscheiden. Die Bestimmungen etwa über die Geldwäsche oder die strafrechtlichen Verbotsnormen des Bundesnaturschutzgesetzes oder des Waffengesetzes sind ungleich umfangreicher und komplizierter als etwa der Totschlags-Paragraph: Wer einen Menschen tötet, ohne Mörder zu sein, wird bestraft. Das mag die Anwendung der neuen Vorschriften erschweren. Ein Grund, auf diese Bestimmungen zu verzichten, ergibt sich daraus aber nicht.

Darüber hinaus verdächtigt Hassemer den staatlichen Gesetzgeber, im Strafrecht einen bequemen Problemlöser gefunden zu haben, der ihn von der politische Befassung mit dem jeweiligen Thema entbindet. Auch das ist nicht ganz falsch, wie wir ganz zu Anfang schon gesehen haben. Den Umweltschutz handelt man lieber im Strafgesetzbuch ab als ihn über teure und unpopuläre politische Maßnahmen in den Griff zu bekommen. Dass deswegen aber die jeweiligen Strafbestimmungen dem Rotstift anheim fallen sollen, leuchtet wiederum nicht ein.

Wer die entsprechenden Veröffentlichungen aufmerksam liest, kommt schnell hinter die wahre Absicht der Autoren. Es passt ihnen nicht, dass das neue Strafrecht, wie Hassemar schreibt, einwandert in die oberen Etagen von Banken und Unternehmensleitungen, in Villen und Regierungsgebäude. Dass es also endlich auch die Großen erreicht. Denen fühlt man sich verpflichtet und für sie ist kein Argument zu billig. In einem Aufsatz aus dem Jahr 1996 schlägt der Boss ernsthaft vor, schon im Vorfeld der strafrechtlichen Prüfung all die Handlungsweisen als nicht tatbestandsmäßig auszuscheiden, die sich dem äußeren Schein nach als normale Teilhabe am Wirtschaftsleben darstellen. Wenn der Bänker also Geld nach Luxemburg transferiert per Überweisung, so macht er sich nicht strafbar, selbst wenn es schmutziges Geld ist, aus Drogengeschäften etwa, und er das auch weiß.

Die These vom Kernstrafrecht, die sich übrigens schon eine ganze Zeit durch die juristische Landschaft mogelt, hat bereits 1972 eine adäquate Antwort erfahren. Das Strafrecht, hat Fritz Bauman, ein Rechtsgelehrter aus Tübingen, geschrieben, dürfe nicht länger ein Gesetzbuch gegen die Armen und Dummen sein, denen nichts besseres einfalle, als dem Nachbarn mit plumper Hand in die Tasche zu greifen. Genau das aber ist die Konsequenz der Hassemer'schen Gedanken. Damit ist alles gesagt zu diesem Thema.

Neues Verfahrensrecht?

Heftig wurde schon immer gestritten, wenn es darum ging, die Regeln des Ermittlungsverfahrens zu ändern oder neu zu fassen. Während die Rechtswissenschaft, die bekanntermaßen die Welt vom Schreibtisch aus erklärt, für die Beibehaltung des Status Quo plädiert, machen sich Polizei und Staatsanwaltschaft für eine Effizienzerhöhung des Strafrechts etwa durch Verfahrensbeschleunigung und umfassendere staatliche Einflussmöglichkeiten stark. Beide Lager, das vorweg, kann man gut verstehen.

Die Wissenschaft, in der doppelt gesicherten Welt der Prominentenwohnviertel vor kriminellen Übergriffen weitgehendst sicher, hat Muße genug darauf hinzuweisen, dass unser liberales Verfahrens- und Polizeirecht aus den bösen Erfahrungen der Diktatur entstanden ist und jede Veränderung zum Nachteil der Beschuldigten bzw. der Bürger insgesamt ein Schritt wieder in diese alte Richtung bedeutet.

Polizisten hingegen überfallen Wut und Verzweiflung, wenn sie nach langen Ermittlungen einen Serientäter festgenommen haben und ihn der Haftrichter noch am gleichen Tage mangels Fluchtgefahr wieder auf freien Fuß setzt. Der Leidensdruck, der vor allem der Polizei aus dem Rechtsstaat erwächst, kann in Ausnahmefällen sogar so stark und unerträglich sein, dass die Betroffenen sich zur Wehr setzen – auch in ungewöhnlicher Form.

Die Überfälle geschahen im Abstand von drei bis vier Wochen. Die Beute war relativ hoch: insgesamt 130.000 DM. Betroffen waren Bankfilialen in der Frankfurter Innenstadt. Der Täter hatte sich jeweils mit einem Motorradhelm und einer dicken, am Hals zugeknöpften Jacke getarnt. Weil es sich um unterschiedliche Helme und Jacken handelte, sah die Polizei zunächst keinen Zusammenhang zwischen den Taten. Dann fiel einem Neuling im Kommissariat auf den Fotos der Überwachungskameras ein unscheinbares Detail ins Auge: Am rechten Turnschuh des Täters fehlte jeweils der vordere Adidas-Streifen. Ein und derselbe Täter also. Weil man ihn zunächst im Rauschgiftmilieu vermutete, durchstreiften in der Folgezeit Beamte die Drogenszene und schauten den Junkies diesmal nicht auf die Armbeugen, sondern auf die Füße. Als das nichts brachte, fahndete man im Fernsehen nach den fraglichen Schuhen – mit Erfolg. Ein Mieter im Nordend hatte sie schon öfters an den Füßen seines Nachbarn gesehen. Observationen ergaben, dass dieser mit Bündeln von Banknoten in seiner Stammkneipe Eindruck machte. Als man zugreifen wollte, morgens um 6.00 Uhr, wenn alle schon oder noch zu Hause sind und schläfrig dazu, war der Tatverdächtige nicht mehr da. Seine ehemalige Freundin, jetzt noch wütender als vor der Information über die Ursache dessen überraschenden Reichtums, packte aus: Nach Gambia sei er geflogen, um dort in ein Hotelprojekt einzusteigen. Nun hätten die deutschen Strafverfolger die Auslieferung des Tatverdächtigen betreiben können, aber die dauert bekanntlich lang und ist mit Risiken behaftet. Also beantragten der Boss und sein schnellster Mann kurzerhand Urlaub und buchten drei Wochen Banjul-Beach. Westafrika – da wollten sie immer schon mal hin. Bereits am nächsten Tag saßen sie unter Palmen am Meer und am Abend mit Becks-Bier und dem Räuber an der Hotel-Bar. Was für ein Zufall. Drei Frankfurter treffen sich im Dschungel West-Afrikas, über 4.000 Kilometer fern der Heimat. Das war der Beginn einer wunderbaren, allerdings auch kurzen Freundschaft. Drei Tage vor dem Rückflug erklärten die Kripomänner ihrem Landsmann die vorläufige Festnahme und brachten ihn in ihr Hotelzimmer, wo sie ihn an ein Bett fesselten. Er könne auch nein sagen zu der Prozedur, belehrten sie ihn, aber dann müssten sie ihn der schwarzen Justiz übergeben und das bedeute einige Unwägbarkeiten für ihn. Da der Räuber das ähnlich sah, sagte er gar nichts, verbrachte noch drei Tage gefesselt im Hotel und trat dann mit seinen Jägern den Heimflug an. In Frankfurt am Main nahm ihn dann der Haftrichter in Empfang und schickte ihn in Untersuchungshaft.

Noch einmal ließen sich die beiden Beamten auf diese zeitsparende, aber rechtswidrige Fahndungsmaßnahme ein. Ein anderer Bankräuber war nach einer freitäglichen XY-Sendung in Österreich erkannt worden. Als ich am Montag anrief und nach dem Erfolg der Fahndung fragte, waren die beiden schon längst wieder da – mit dem Tatverdächtigen. Allerdings erfuhren die österreichischen Behörden von der Nacht- und Nebelaktion der deutschen Kriminalpolizei mitten in Tirol. Der Herr aus dem Justizministerium ließ mich sehr bestimmt aber mit Wiener Freundlichkeit wissen: »Herr Staatsanwalt, wir sind ein souveräner Staat.«

Aber man kann die Polizei verstehen. Schwierige und lange Ermittlungen, Idendifizierung des Täters, dann seine Flucht ins Ausland, und dann tut sich eine Ewigkeit lang nichts. Viele Auslieferungsverfahren dauern unerträglich lang. Im August 2000 wurde Thomas Drach, der mutmaßliche Drahtzieher in der Entführungssache Reemtsma, von Argentinien nach Deutschland ausgeliefert. Über zwei Jahre hatte er in Buenos Aires in Auslieferungshaft gesessen, und nicht nur juristische Laien fragen sich kopfschüttelnd, warum die Prüfung des deutschen Ersuchens so lange Zeit in Anspruch genommen hat. Dass es kein Auslieferungsabkommen zwischen beiden Ländern gibt, erklärt den enormen Zeitaufwand nicht.

Manchmal geht eine Auslieferung auch völlig daneben. Josef Azzemay, der Mann aus dem Kosovo, der in der Frankfurter Innenstadt im Zuge einer Blutrache einen Landsmann erschossen und zwei Passanten lebensgefährlich verletzt hatte, war kurz vor seiner Verurteilung 1997 zu lebenslanger Haft nach Portugal getürmt. Dort hatten ihn Zielfahnder des Bundeskriminalamtes aufgespürt, doch die portugiesischen Behörden lehnten eine Auslieferung ab, weil das dortige Recht keine lebenslange Haft mehr kannte. Dass er dennoch heute seine Strafe in Deutschland verbüßt, hat mit seiner Dummheit und mit der Hartnäckigkeit der Zielfahnder zu tun. Denn als er 1998 mit falschem Pass nach Frankfurt am Main flog, waren auch Passagiere aus Wiesbaden mit an Bord.

Die Husarenstücke der beiden Frankfurter Kommissare machen auf ein grundlegendes Problem des Strafprozesses aufmerksam. Auf sein Zeitproblem. Es geht um die Verfahrensdauer insgesamt, um den oft quälend langen Zeitraum, der zwischen der Straftat und dem rechtskräftigen Urteil bzw. der Vollstreckung des Urteils liegt. Dieses Zeitproblem behindert die gesellschaftliche Akzeptanz der Strafjustiz ungemein und auch die Akteure innerhalb der Justiz können oft nur schwer damit umgehen.

Gerechtigkeit hat ein Verfallsdatum, aus vielerlei Gründen. Ab einer gewissen Quantität bedeutet Rechtsverzögerung Rechtsverweigerung. Immer arbeitet die Zeit für den Täter. Sie heilt alle Wunden, lässt Gras über die Sache wachsen, die Empörung der Gesellschaft und sogar des Opfers verliert sich, das Interesse an der Ahndung der Tat nimmt ab. Die Zeugen vergessen, können sich immer weniger erinnern. Zudem: Für einen Täter, der keine umgehende staatliche Reaktion fürchten muss, hat die Strafe keine abschreckende Wirkung mehr. Alles was jenseits einer bestimmten Zeitgrenze liegt, vermag unser Verhalten nicht mehr zu beeinflussen. Das zeitlich versetzte Risiko wird nicht mehr ernst genommen.

Was das Zeitproblem für die Justiz konkret heißt, machen ein paar Beispiele deutlich: das Contergan-Verfahren. Beginn der Ermittlungen 1960, vier Jahre nach der Markteinführung des Medikamentes. Anklageerhebung 1965, Hauptverhandlung von Mai 1968 bis Dezember 1970. Gesamtverfahrensdauer: zehn Jahre.

Holzschutzmittelverfahren: Beginn der Ermittlungen 1984, zehn Jahre nach der ersten Anwendungswelle. Anklageerhebung 1989, 13 Monate später Nichteröffnungsentscheidung des Landgerichts. Weitere 18 Monate später Korrektur dieser Entscheidung durch das Oberlandesgericht. Beginn der Hauptverhandlung Juni 1992, Urteil Mai 1993, Aufhebung dieses Urteils durch den BGH 1995, Einstellung des Verfahrens gegen Auflagen 1996. Gesamtverfahrensdauer zwölfeinhalb Jahre. Coop-Verfahren, EKC-Verfahren, DG-Verfahren: alle zwischen vier und sechs Jahren.

Das sind prominente Verfahren, aber im Bereich der Routinefälle, der No-Name-Verfahren sieht es kaum anders aus. Viele dauern Monate und sogar Jahre.

Noch kokettiert die Justiz mit ihrem langen Atem. Besser wäre es, sie redete Klartext: So geht es nicht weiter. Eine Gerechtigkeit, die sich erst nach einem Jahrzeht einstellt, ist keine mehr. Nicht anders stellt sich im Übrigen das Problem auf der zivilrechtlichen Ebene dar, wo die Prozesse ebenfalls endlos dauern. Wer nach einem Unfall als Querschnittgelähmter zehn Jahre im Rollstuhl auf sein Geld warten muss, dem hilft es nicht mehr viel.

Wo kann man ansetzen? Da muss man erst fragen, woran liegt es, dass wir es mit diesem beängstigenden Problem zu tun haben. Weil der Gesetzgeber Angst vor der eigenen Courage hat, könnte man antworten. Zwar will er, dass der Straftäter bestraft wird, aber dann merkt er doch, dass er sich einiges rausnimmt, vor allem wenn er ihn am Ende für Monate oder gar Jahre in eine Zelle sperrt. Da will er sich unter keinen Umständen einen Fehler erlauben. Und so macht er das Urteil wasserdicht durch ein ausgeklügeltes, hochformalisiertes Verfahren, das dem Beschuldigten alle Chancen lässt.

Nur eins hat er dabei außer Acht gelassen: dass Straftaten komplexer und komplizierter geworden sind. Dass sie vielfach mit denen von gestern nichts mehr zu tun haben. Die Täter sind klüger, einfallsreicher, dreister geworden und ihr Produkt heißt raffinierte, schwer aufklärbare Kriminalität. Mit Hilfe gewitzter Anwälte machen sie aus dem naiven Regelwerk der Strafprozessordnung eine kaum zu knackende Festung. In unseren Gerichtssälen kollidiert das Prozessrecht aus der Zeit der Eierdiebe mit den Straftaten der Hightech-Szene.

Wo könnte man ansetzen? Nirgendwo, sagen da viele. Auch moderne Straftäter haben einen Anspruch auf lückenlosen Rechtsschutz. Das sehen mittlerweile andere anders. Sie haben den Instanzenkomplex ins Visier ihrer reformerischen Bemühungen genommen. Der ist tatsächlich in besonderer Weise am Zeitproblem beteiligt.

Beispiel Handtaschendiebstahl. Gegen das Urteil des Einzelrichters kann der Täter Berufung einlegen. Dann wird die Sache komplett vor der kleinen Strafkammer – dem Berufsrichter assistieren nun zwei Laienrichter – wiederholt. Passt ihm das Urteil dann wieder nicht, geht er in Revision. Über die entscheidet das Oberlandesgericht. Hat er auch dort wieder Pech, ist seine Zehn-Tagessatz-Geldstrafe rechtskräftig. Hat er aber Glück, wird das Verfahren zur erneuten Verhandlung an die kleine Strafkammer zurückverwiesen. Wahrscheinlich wird die ihn mit ähnlicher Begründung erneut verurteilen, aber dagegen gibt es ja dann wieder das Rechtsmittel der Revision.

Detailproblem Revision. Revisionsgerichte prüfen ein Urteil nur auf Rechtsfehler. Sie lesen also nur das Urteil und die Protokollbände. Die Akten, im Fall des Holzschutzmittelverfahrens sieben Zentner schwer, haben sie nicht zu interessieren. Aber das bedeutet jedenfalls in Verfahren mit kompliziertem, naturwissenschaftlichem, betriebs- oder volkswirtschaftlichem Hintergrund oder Inhalt, dass das Revisiongericht große Probleme mit dem Gesamtverständnis des Falles haben kann. Ob es dann die damit zusammenhängenden Rechtsfehler richtig beurteilen kann? Im Holzschutzmittelverfahren sagten die Revisionsrichter, dass das erstinstanzliche Gericht sich nicht ausführlich genug mit den Ausführungen eines von der Verteidigung benannten Sachverständigen auseinandergesetzt hatte. Was der BGH nicht wusste, aber die Richter am Frankfurter Landgericht: Der Sachverständige gehörte zu einer Clique von Gefälligkeitsgutachtern, zudem stand ihm die Inkompetenz auf der Stirn geschrieben. Da gilt es zu überlegen, ob die Befugnisse der Revisionsgerichte nicht drastisch beschnitten, etwa auf die Überprüfung auf offensichtliche Rechtsfehler reduziert werden sollten. Auch weil diese Instanzen sehr zeitintensiv sind. Die Holzschutzmittelakten lagen in Karlsruhe noch einmal zwei Jahre und zwei Monate – und dann wurde die Sache zurück verwiesen.

Der Richter eines kleinen nordhessischen Amtsgerichtes hat schon einmal auf seine Art deutlich gemacht, was er von einem zusätzlichen, der Überprüfung auf Rechtsfehler dienenden Rechtsmittel hält.

In den Verfahren gegen Rotlichtsünder und Schnellfahrer war er regelmäßig mit der Einlassung der Betroffenen konfrontiert, sie hätten den Wagen zur Tatzeit nicht gefahren. Auf die Frage, wer denn hinter dem Steuer ihres Autos gesessen habe, wurde dann geantwortet, das wisse man nicht mehr. Also kam es nun entscheidend darauf an, ob der Richter die auf dem Foto der Überwachungskamera abgebildete Person als die erkannte, die als Fahrzeughalter vor ihm im Gerichtssaal saß. Wenn das der Fall war, schrieb der Richter ins Urteil: »Das Gericht hat den Beschwerdeführer eindeutig als die

Person erkannt, die am Tag des Vorfalls von der Überwachungskamera hinter dem Steuer des Pkw … aufgenommen wurde.« Damit war der Bußgeldbescheid bestätigt. Hiergegen zogen die Betroffenen in die nächste Instanz vor das Oberlandesgericht, das die Entscheidung auf Rechtsfehler hin überprüft. Das gab ihnen nun ausnahmslos Recht und hob die Urteile wieder auf. Denn der Richter hatte jeweils versäumt zu schreiben, warum er von der besagten Personenidentität ausgegangen war. Das aber hätte er tun müssen, sagt die letzte Instanz. Hätte schreiben müssen, aufgrund welcher übereinstimmender Körpermerkmale – Haaransatz, Stirn, Mund zum Beispiel – er zu seiner Überzeugung gelangt war. Urteile müssten von den Betroffenen nachvollzogen werden können, sonst seien sie rechtsfehlerhaft.

So ging das jahrelang. Der Richter aus Hessisch-Sibirien, wie man den kalten Nordosten des Bundeslandes nennt, wollte partout nicht einsehen, dass er seine ganz persönliche Wertung auch noch offenlegen sollte. Und so wurde Urteil für Urteil des ansonsten hervorragend arbeitenden Richters vom Oberlandesgericht wieder aufgehoben.

Dann kam der Tag der Rache. Wieder eine Geschwindigkeitsüberschreitung mit der Folge eines Bußgeldes inklusive einem Monat Fahrverbot. Wieder Einspruch und die Begründung, ein unbekannter Dritter habe das Fahrzeug gesteuert, aber diesmal: ein völlig untaugliches Lichtbild. Die Überwachungskamera hat offensichtlich nicht funktioniert, hat zu lange belichtet. Auf dem Foto ist nur schemenhaft ein menschliches Antlitz zu erkennen. Völlig unmöglich, darauf eine Person zu identifizieren.

Der Richter bestätigt den Bußgeldbescheid dennoch. In die Urteilsgründe schreibt er, dass er den Fahrzeughalter auf dem Lichtbild der Polizeikamera wiedererkannt habe. »Markant sind die jeweiligen Übereinstimmungen in Bezug auf den Haaransatz, der auffällig niedrig ist, den besonders kurzen Augenabstand, die spitze, jeweils nach vorn lang auslaufende Nase und die wülstigen, stark hervortretenden Backenknochen. Ebenfalls ist dem Gericht aufgefallen, dass sowohl der Beschwerdeführer als auch die abgebildete Person über ein kräftiges Doppelkinn verfügen.«

Wütend zog der Unterlegene nun wieder vor das Oberlandesgericht. Auf dem Bild sei doch überhaupt nichts zu erkennen! Das interessiere sie nicht, schrieben daraufhin die Franfurter Richter, das sei Sache des Tatsachenrichters. In seine Angelegenheiten dürfe man sich nicht einmischen. Im Übrigen sei das Urteil ausreichend begründet. Insbesondere habe der Richter detailliert dargelegt, warum er die auf dem Foto abgebildete Person als den Fahrzeughalter erkannt habe.

Warum eigentlich der ganze Instanzenzirkus? Die Strafverteidiger sagen: um Fehlurteile zu verhindern. Sie berufen sich dabei auf die Statistik. In den Berufungsverfahren würden 3% der erstinstanzlich Verurteilten freigesprochen. Verzicht auf die zweite Tatsacheninstanz hieße demnach, eine Menge Leute unschuldig verurteilt, ein Teil davon unschuldig im Knast.

Diese Statistik ist natürlich unvollständig. Sicher werden in der Berufungsinstanz, die die Staatsanwaltschaft angerufen hat, zahlreiche Angeklagte, die in der ersten Instanz freigesprochen wurden, nunmehr verurteilt. Mit einem ausreichend langen Instanzenweg könnte man bestimmt ein buntes Wechselspiel unterschiedlicher Entscheidungen provozieren.

Die Logik der Instanzen ist kompliziert oder auch falsch. Warum werden Urteile des einen Richters von einem anderen überprüft? Was legt es nahe, dass der zweite Anlauf »richtiger« wird? Weil die nächste Instanz aus mehr Richtern besteht? Quatsch, es entscheidet doch sowieso stets der Vorsitzende. Ist der denn kompetenter? Dann müssten Beförderungen etwas mit Qualifikation zu tun haben. Also auch Unfug. Soweit an dieser Stelle. Beim Instanzenweg könnte man ohne größeres Risiko auch für die berechtigten Belange des Angeklagten ansetzen, um die Verfahren auf das erforderliche Maß zu kürzen. Ein Vorschlag – der allerdings nicht überbewertet werden soll. Recht im Stundentakt wird es auch bei völliger Abschaffung des Instanzenweges nicht geben. So oder anders: Das Strafrecht muss sein Zeitproblem lösen – unbedingt.

Es ist aber nicht nur der Zeit-Aspekt, der nach einer Reform des Verfahrensrechts ruft. Die Rechtsposition des Beschuldigten insgesamt ist es, die vielen Unbehagen bereitet. Seine großzügig ausgestalteten Befugnisse und die damit korrellierenden bescheidenen Möglichkeiten der Strafverfolgungsbehörden hält man für korrekturbedürftig.

Dies hat zwar auch das Zeitproblem im Auge, denn wenn der mutmaßliche Täter nichts mehr zu sagen hat, kann es schneller zur Sache gehen, in erster Linie aber geht es um eine einfachere Überführung des Verdächtigen.

Keine Frage, im internationalen Vergleich und vor allem im Vergleich mit unserer dunklen Vergangenheit hüben wie drüben ist unser Verfahrensrecht täterfreundlich. Zweifellos: Straftäter würden sich für den liberalen Rechtsstaat entscheiden, Mörder würden grün wählen. Der Beschuldigte kann die Aussage verweigern, darf bei seiner Vernehmung keiner Gewalt und auch keiner Täuschung ausgesetzt werden, kann jederzeit einen Anwalt beauftragen, muss spätestens 48 Stunden nach seiner Festnahme dem Haftrichter vorgeführt werden und so fort.

Davon profitiert der Rechtsstaat, sagen die einen – das Verbrechen, meinen die anderen. Und die verweisen darauf, dass Letzteres in den vergangenen Jahren drastisch aufgerüstet hat. Stichwort Organisierte Kriminalität. Da klauen nicht mehr nur ein paar Dummköpfe, sondern da räumen gut ausgebildete Banden systematisch ab. Während unsere Rechtspolitiker die Untersuchungshaftanstalten zum Fünf-Sterne-Hotel ausbauen, weil ja für noch nicht rechtskräftig Verurteilte die Unschuldsvermutung gilt, dirigiert der Chef aus seiner Zelle mittels Handy die Truppe draußen. Gangsterbosse, die sich ins Fäustchen lachen, und ein Staat, der sich lächerlich macht. Dieses Bild malen Kritiker gerne an die Wand.

Es stimmt so natürlich nicht. Aber unabhängig davon: Mit einigen unserer rechtsstaatlichen Regelungen können viele nur schwer leben. Wenn es den Gerichten zum Beispiel verwehrt ist, das Tagebuch eines Verdächtigen zu verwerten, in das er den Tatplan eingetragen hat; wenn sie ein detailliertes und glaubwürdiges Geständnis nicht berücksichtigen dürfen, nur weil die Belehrung des Verdächtigen vergessen wurde, oder wenn ein Urteil aufgehoben wird, auch wenn das Verfahren viele Monate gedauert hat, allein weil dem Angeklagten das Schlusswort verwehrt wurde, dann rufen viele nach einer Änderung dieser Regelung. Fixiert auf den strafrechtlichen Erfolg geht schnell der Blick verloren für die Nachteile einer entsprechenden Regeländerung, zumal diese Nachteile selten offen liegen und sich meist schleichend nur realisieren.

Beispiel Tagebuch. Es muss in einem freien Land für alle einen Bereich geben, der von staatlicher Einflussnahme frei ist. Wir nennen ihn Privatspähre. Da gibt es keine Einschränkungen. Und das gilt für alle. Auch für den Beschuldigten einer Straftat.

Beispiel vergessene Belehrung. Wer sie heute nicht sanktioniert, hat sie morgen als Massenphänomen. Danach kommt: die Täuschung. Und ist das schon das Ende?

Noch ein anderes Beispiel. Videoüberwachung. Das euphorische Plädoyer für die flächendeckende Überwachung unserer Städte durch Videokameras zielt auf die Eindämmung von Straßenkriminalität und verbesserte Identifizierung des Täters. Es sind realistische Ziele. Es nimmt aber nicht zur Kenntnis, dass überwachte Städte andere Städte sind, in denen die Menschen sich anders verhalten, nicht mehr unbefangen sind und ihre Rechte nicht mehr wahrnehmen, vor allem die, deren Ausübung schon ohne Kamera Mut erfordert.

Mit diesen Argumenten lässt sich nicht soviel Staat machen wie mit anderen, die einfacher und eingängiger sind. Der Rechtsstaat ist eine komplizierte Angelegenheit. Er lässt sich nur schwer begründen. Vernunft hat auch im strafrechtlichen Kontext ein Vermittlungsproblem. Sogar schon im Grundsätzlichen.

Denn warum gibt der Staat überhaupt Terrain auf zugunsten der Verdächtigen? Um bei der Belehrung des Beschuldigten zu bleiben: Welcher Teufel hat den Gesetzgeber geritten, dass er seinen Polizeibeamten, Staatsanwälten und Richtern zur Pflicht macht, den mutmaßlichen Übeltäter vor seiner Vernehmung darüber zu belehren, dass er nicht verpflichtet ist, überhaupt etwas zu sagen? Besser im Sinne der Strafverfolgung wäre es zweifellos, den Beschuldigten plaudern zu lassen. Nach einer vorläufigen Festnahme wird gerne die Wahrheit gesagt. Drei Stunden später, mit Anwalt, wird schon gelogen.

Das gehört zum fairen Verfahren, heißt es. Die Grundsätze des fairen Verfahrens sind ein wesentlicher Teil des Rechtsstaats. Auch das ist eine wenig verbindliche These. Was heißt schon fair? Polizisten, die einem Verdächtigen eine Hörfalle stellen, indem sie ihn von einer Person seines Vertrauens, die natürlich längst die Seiten gewechselt hat, anrufen und zu einem Geständnis überreden lassen: geniale Kriminalisten oder fiese Bullen?

Manchmal legitimieren sich rechtsstaatliche Regeln auch über ihre Vorgänger. Vor dem Rechtsstaat war die Diktatur. Viele derjenigen, die sich für den Rechtsstaat stark gemacht haben, taten dies als Folge ihrer traumatischen Erfahrungen mit dem Hitlerstaat. Sie standen noch unter Schock. Mitternacht, knarrende Treppenstufen, Schreie. Oppositonelle werden abgeholt und verschwinden. Das soll es nie mehr geben. Daher: Die Wohnung ist unverletzlich. Polizei darf nur hinein mit einem richterlichen Beschluss. Und den gibt es nur aus begründetem Anlass.

Die große Mehrheit unserer Bevölkerung hat dieses innige Verhältnis zum Rechtsstaat nicht. Eigentlich mag sie ihn gar nicht. Man hat ihn ihr aufgeschwatzt zusammen mit Wirtschaftsaufschwung und Coca-Cola. Vor allem gekämpft hat sie für ihn nicht, im Gegenteil, sie hat sich erbittert dagegen gewehrt. Nein, traditionell haben wir mit dem Rechtsstaat nichts am Hut. Wir mögen eher den starken Staat, der uns die Entscheidungen abnimmt und uns sagt, wo es lang geht.

Mehr polizeiliche Kontrolle, Haustür und Kofferraum öffnen müssen nach Belieben der Uniformierten – warum nicht? Wer nichts zu verbergen hat, muss sich davor nicht fürchten. Müssen wir dem Straftäter partout immer den Prozess machen? Nein, wenn feststeht, wenn wirklich feststeht, dass er es war, dann braucht es diese lange und teure Verhandlung nicht, dann kann ihm schon bei seiner Festnahme die Rübe abgehackt werden. Ausgedacht? Leider nicht, das sind verbreitete Ansichten. Sie werden nicht nur an den Stammtischen vertreten und zeigen auf diese Weise mehr als deutlich, wie wenig wir vom Rechtsstaat verstehen, wie fremd er uns eigentlich noch immer ist.

Andererseits darf man sich einer Reform des Verfahrensrechts nicht grundsätzlich entziehen. Auch hier könnte eine bedrohlicher werdende Kriminalität ein Nachziehen der staatlichen Strafverfolger gerechtfertigt erscheinen lassen. Dazu gehört auch das Eingeständnis, dass wir mutmaßlichen Straftätern hier und da Luxusrechte zugestehen, deren Abschaffung fällig ist. Die Regelung beispielsweise, wonach Unterlagen, die ein Beschuldigter seinem Verteidiger anvertraut hat, von der Beschlagnahmemöglichkeit der Staatsanwaltschaft befreit sind, wird mittlerweile von Beschuldigten aus den Chefetagen massiv missbraucht. Akten parken heißt das. Brisantes Material muss nicht mehr versteckt werden, sondern wird ganz einfach beim Rechtsanwalt gebunkert. Wenn der noch im eigenen Hause sitzt, und das ist bei Wirtschaftsanwälten zum Teil der Fall, kann man mit dem fraglichen Material auch weiter arbeiten. Diesbezüglich besteht Korrekturbedarf.

Dass vor allem die Rechtswissenschaft diese Fragen immer noch zum Tabu erklärt, macht unser rechtsstaatliches Dilemma noch einmal deutlich. Anderenorts handhabt man dieses Thema viel flexibler, ohne sogleich um den Rechtsstaat zu fürchten. Aber anderenorts sind die reformerischen Bedingungen ja auch besser.

In einem Land ohne rechtsstaatliche Tradition hingegen droht die Suche nach einer neuen Balance immer in einem Fiasko zu enden. Wir müssen daher aufpassen, wenn wir das so sehr sensible Prozessrecht reformieren. Auch weil es noch nicht einmal böser Wille sein muss, der den Rechtsstaat zur Episode macht. »Liberty dies by inches«, so lautet ein englisches Sprichwort. Die Freiheit stirbt Stück für Stück, unmerklich halt, mit jedem »Reformschritt« ein bisschen. Aber am Ende ist nichts mehr davon da. Das sollten wir bedenken, wenn wir unser Verfahrensrecht ändern wollen.

Und noch etwas sollte im Rahmen der engagiert geführten Diskussion um die Verschärfung des Verfahrensrechts ins Kalkül gezogen werden: dass diese Dinge nicht allzu viel Nutzen bringen. Ich kenne in meinem Dezernat kein einziges Verfahren, das an einem verfahrensrechtlichen Defizit gescheitert wäre. Wenn es schief ging, wie etwa im Holzschutzmittelverfahren, dann hatte das mit ganz anderen Dingen zu tun. Mit der fehlenden Bereitschaft der Justiz zum Beispiel, Recht auch gegen mächtige Wirtschaftsinteressen durchzusetzen. Oder einfacher formuliert, es ist nicht die Frage, ob wir endlich auch zur Nachtzeit durchsuchen dürfen, sondern ob wir selbst am Tage überhaupt durchsuchen wollen, Chefetagen beispielsweise und Parteizentralen.

VII Strafrecht in den Zeiten von BSE – eine Schlussbetrachtung

Die Justiz steht am Scheideweg. Während sie wie eh und je gegen die kleinen Ganoven erfolgreich zu Felde zieht, macht eine moderne Tätergeneration mit nie dagewesener Raffinesse und Dreistigkeit unbehelligt Kasse. Der böse Satz, dass die Justiz die Kleinen hängt und die Großen laufen lässt, erfährt tagtäglich in deutschen Gerichtssälen seine Bestätigung.

Keine Frage: Justiz im Rechtsstaat ist eine schwierige Angelegenheit. Urteile müssen die »in-dubio«-Regel beachten, die Strafzwecke im Auge behalten und vor allem dem Schuldprinzip genügen. Dabei wird die Justiz oft schon im Vorfeld der eigentlichen Entscheidung von einem gewaltigen Formalismus attackiert und von den Erfordernissen einer detailverliebten Prozessordnung kräftemäßig gebunden.

Aber ein Großteil ihrer Probleme hat sie auf die eigene Kappe zu nehmen. Wenn sie sich an den Kleinen schadlos hält, im Bagatellbereich ihre Statistik schönt, dann benutzt sie die soziale Unterschicht unter Missachtung des Schuldprinzips für eigene Zwecke. So verständlich dieses Verhalten immer noch sein mag: Wir wissen heute, dass die Entscheidungsspielräume im Rahmen der herkömmlichen Kriminalität klein sind, dass soziale, wirtschaftliche und intellektuelle Defizite kriminelle Karrieren vorzeichnen. Aber wir ziehen daraus immer noch nicht die notwendigen Konsequenzen.

Was wir ebenfalls kennen aber nicht umsetzen, ist die hohe Effizienz der modernen Kriminalität. Gut getarnte und bestens abgesicherte Weiße-Kragen-Täter machen mittlerweile durch Wirtschaftsverbrechen und Umweltdelikte Milliardengewinne. Dass die Justiz hier eher untätig zuschaut, hat einmal sicher zu tun mit der Kompliziertheit dieser Verfahren und dem enormen Aufwand, der mit der Bearbeitung dieser Fälle verbunden ist. Und auch die neue Qualität der modernen Straftäter – sie kommen in Loden und nicht mehr in Lumpen – macht es der Justiz nicht gerade leicht, sie ebenso hart anzupacken wie Zechpreller oder Taschendiebe.

Aber auch hier hat sie das Hauptproblem ganz alleine zu vertreten. Es ist ihre Hörigkeit gegenüber staatlicher und wirtschaftlicher Macht, die sie weitgehend unbeschadet in die neue Zeit herüber gerettet hat und die sie bis zur Rechtsbeugung den fremden Interessen ausliefert. Dass die Konzerne von der Justiz nichts zu befürchten haben, beruht auf einer autonomen Entscheidung der Dritten Gewalt. Das Laufen-lassen der Großen ist eine Vorsatztat.

Eng verzahnt mit dem Abgerichtet-sein auf die Belange der Mächtigen ist die notorisch unpolitische Haltung der Justiz. Dahinter verbirgt sich die Weigerung, gesetzliche Regelungen sowie die mit herkömmlicher Subsumtionsarbeit gefundenen Ergebnisse kritisch zu überprüfen und sie mit Blickrichtung etwa auf die Erfordernisse sozialer oder einzelfall-bezogener Gerechtigkeit zu hinterfragen. Auch das Unpolitische an der Justiz hat Methode. Juristen, die mit dem Dogma der Wertneutralität des Rechts aufwachsen, sind keine Gefahr für die herrschende Klasse – und auch keine Hoffnung für die ewigen Verlierer in diesem Spiel.

Dabei könnte das Strafrecht durchaus optimistisch in die Zukunft schauen. Denn gerade die inflationär wachsende moderne Kriminalität ist ihr doch wie auf den Leib geschneidert. Hohe finanzielle Einbußen und Massenschäden im Bereich unserer wichtigsten Rechtsgüter wie Leben, Gesundheit und Vermögen auf der einen Seite und erhebliche kriminelle Energie, die bei der Tatausführung aufgewendet wird, andererseits. Viel Schaden und viel Schuld also, und die sind es doch, wonach die Strafjustiz seit Anbeginn sucht. Und auch der Strafzweck der Abschreckung könnte im Bereich moderner Tatkomplexe mehr als sonst irgendwo erreicht werden. Denn die Klientel der Weißen-Kragen reagiert hochsensibel auf die Drohungen des Strafgesetzbuches. Mit der Polizei oder der Staatsanwaltschaft will man nichts zu tun haben. Das ist nicht gut für den Goodwill. Und erst recht will man nicht vor Gericht oder gar ins Gefängnis. Was sich für die Vertreter der sozialen Unterschicht oft als undramatischer Ortswechsel darstellt, wird für die Besserverdienenden zur sozialen und persönlichen Katastrophe. Von der 900-Quadratmeter-Villa am Taunushang in die neun-Quadratmeter-Zelle in der Wetterau. Wenn der Abschreckungsgedanke auch generell problematisch ist – in diesen Fällen könnte er greifen.

Und was die Strafzwecke darüber hinaus anbelangt: Erfüllt das Strafrecht neben Abschreckung und Sühne auf den neuen Feldern nicht noch eine weitere, vielleicht ebenso wichtige Aufgabe – die der Aufklärung komplexer Sachverhalte? Gerade in den Fällen der Massenschäden aufgrund des Vertriebs gefährlicher Produkte oder der Anwendung risikoreicher Technologien, wo Ursächlichkeiten und Verantwortlichkeiten gut versteckt sind unter arbeitsteilig organisierten und geschickt verschachtelten Firmengeflechten, kommt man nur über den groben Klotz strafprozessualer Zwangsmittel, wie etwa Durchsuchung und Beschlagnahme, an die Beweismittel heran. Keine andere Disziplin, keine andere Methode kann soviel Licht in das Dunkel dieser Fälle bringen. Und das ist nicht nur wichtig für die Aufklärung des Falles im herkömmlichen Sinne. Es ist noch viel bedeutsamer für die soziale Rehabilitation der Opfer. Im Holzschutzmittel-Fall bedurfte es der Sicherstellung vieler Tausend Seiten belastender Materialien, um die Geschädigten vom Ruf der schwächlichen Simulanten zu befreien und sie als das auszuweisen, was sie tatsächlich waren: Opfer hochtoxischer chemischer Gifte und deren heimtückischer Vertreiber.

Während die Strafjustiz trotz alledem ihrer alten Rolle im wesentlichen treu bleibt, reagiert die Gesellschaft, die diese Widersprüche immer mehr durchschaut und sich die Manipulation des Rechts immer seltener als juristischen Sachzwang verkaufen lässt, zunehmend wütend auf diesen Missstand. Sie will nicht mehr hinnehmen, dass sie bei ihrer Steuererklärung auf die Stellen hinter dem Komma festgelegt wird, während ihre berechtigten Ansprüche aus fehlerhafter ärztlicher Behandlung oder dem Umgang mit krankmachenden Arbeitsstoffen mittels Gefälligkeitsgutachten und juristischen Taschenspielertricks abgewiesen werden.

Wenn die Justiz nicht so mächtig wäre, nicht über die gefürchtete Aura der Unantastbarkeit verfügen würde, man hätte sie sicher schon längst abgeschafft. So aber beschränkt sich der Protest im wesentlichen auf die private Spähre und die Leserbrief-Seiten der Tageszeitungen – noch. Wer genau hinschaut, sieht aber, dass die Mitgliederzahlen in den Vereinen gegen Rechtsmissbrauch oder gegen Justizwillkür ständig wachsen. Die Unzufriedenheit organisiert sich.

Ob es zum crash kommt, wird davon abhängen, ob das Strafrecht die Kurve noch schafft. Wir brauchen eine neue Justiz. Das hat wenig zu tun mit neuen Gesetzen. Dafür um so mehr mit neuen Köpfen. Was wir brauchen, ist nicht mehr der Theorien-verliebte Schreibtischtäter oder der brav-feige Anwalt der herrschenden Meinung, sondern der Wagemutige, der vor dem Hintergrund einer immer noch tendenziell ungerecht organisierten staatlichen Ordnung mit den Profiteuren dieses Zustandes die Klinge kreuzt.

Die neue Justiz muss in der Lage sein, sich vom traditionellen Formalismus und Konservatismus zu lösen, denn über diese Mechanismen ist sie zum Vollstrecker des wirtschaftlichen Herrschaftswillens geworden. Sie muss stattdessen mutig und kreativ werden. Eine Gerechtigkeitssuche unter dieser Diktion wird den Alltag der Strafjustiz radikal verändern, denn sie führt auf kurzem Weg in das Herz der modernen Gesellschaft, wo mittlerweile alle Hemmungen gefallen scheinen und Seilschaften aus Wirtschaft und Politik die Zügel des großen Profits in die Hand genommen haben. Die Skandale um den Verkauf der Leuna-Werke oder die Lieferung der Fuchs-Panzer nach Saudi-Arabien stehen nur beispielhaft für die neue Qualität der Kriminalität und auch für die neue Täterklientel.

Neue Aufgaben für die Justiz auch unter dem Aspekt einer durch und durch technisierten und chemisierten und dem technischen Fortschritt unterworfenen Gesellschaft. Deren Risiken wachsen inflationär. Jetzt rächt es sich, dass wir die Warnungen der grünen

Spinner vor den Eingriffen in komplexe Systeme in den Wind geschlagen und geglaubt haben, die Folgen unseres Tuns umfassend abschätzen zu können. Erst langsam dämmert uns, dass fast alles, was wir tun, noch andere als die gewünschten Konsequenzen hat. Und erst allmählich geht uns auf, dass der Satz, wonach der Flügelschlag eines Schmetterlings in China in den Vereinigten Staaten einen Tornado auslösen kann, nicht dem Hirn eines bekifften Physikers entstammt, sondern todernst gemeint ist.

Trotzdem machen wir weiter. Immer mehr künstliche Verbindungen werden aus unseren Hexenküchen in die Umwelt entlassen. Und immer massiver impfen wir Nahrungsketten mit Fremdstoffen und bringen ökologische Kreisläufe aus der Balance, ohne auch nur einen Schimmer davon zu haben, wie das Experiment endet. Da wird man einwenden, dass viele der nachteiligen Folgen nicht vorhersehbar sind. Das wäre für das Strafrecht von entscheidender Bedeutung. Denn wenn es um unvorhersehbare Rechtsgutverletzungen geht, muss die Disziplin zwangsläufig passen. Allerdings: Ein Blick auf die Realität unserer Risikogesellschaft weist diese Fälle eher als die Ausnahme aus. Viele der Dinge, die wir tun, sind so abstrus und wider jede Vernunft, dass wir praktisch mit allem rechnen müssen.

Wer Pflanzenfresser mit tierischem Eiweis füttert, darf sich nicht wundern, wenn daraus eine Monsterkrankheit entsteht, die auch auf den Menschen überspringen kann. Wer mit Uranmunition auf feindliche Panzer schießt, darf nicht darauf hoffen, dass nur der Panzer und dessen Besatzung Schaden erleidet. Und wer an den Genen manipuliert, muss damit rechnen, dass er die Schöpfung ruiniert.

Das ist die eine Seite, die nach dem Strafrecht ruft. Die andere ruft mindestens genau so laut. Es sind dies die Fälle, deren Risiken wir schon kennen, wenn wir handeln. Der englische Minister, der auf dem Höhepunkt der BSE-Krise vor laufenden Kameras einen Hamburger verspeiste um seine Landsleute zur Nachahmung anzuregen, der wusste von dem tödlichen Risiko, das im englischen Rindfleisch steckt. Die Generäle, die weiter mit uranhaltiger Munition schießen lassen, wissen auf welchem Weg diese Granaten noch tödlich wirken können. Und die Bosse der energieerzeugenden Unternehmen, die mit den bewährten Argumenten des Wirtschaftswachstums und der Arbeitsplatzsicherung auch heute noch die Verbrennung gigantischer Mengen fossiler Energieträger durchsetzen, wissen sehr genau, dass dadurch schon in wenigen Jahrzehnten Millionen Menschen zu Umweltflüchtlingen werden.

Ganz nebenbei: Auf dem Klimasektor sind es nicht nur die Wirtschaftsbosse, die mit dem strafrechtlichen Feuer spielen. Im März 2001 hat sich der amerikanische Präsident George W. Bush vom

Kyotoer Klimaprotokoll verabschiedet, allein aus Sorge darüber, dass eine Drosselung des irrwitzigen amerikanischen Energieverbrauchs den »American Way of Life« beeinträchtigen könnte. Auch wer den Präsidenten in intellektueller Hinsicht eher niedrig einstuft, darf davon ausgehen, dass der mächtigste Mann des Landes wusste, was er tat.

Da kommt einiges auf das Strafrecht zu, dem es sich nicht verweigern darf, zumal es auch hier um elementare Rechtsgüter und deren Beeinträchtigung durch hochkriminelles Handeln geht. Da klingt manches noch sehr utopisch, ist es in Wirklichkeit aber gar nicht mehr. Selbst im Fall von George W. Bush sind die wesentlichen Voraussetzungen für eine Strafverfolgung längst geschaffen. Er müsste sich vor dem Tribunal in Den Haag wegen eines Verbrechens gegen die Menschlichkeit verantworten, das seine Klimapolitik zweifelsfrei darstellt.

Soweit die Justiz bisher mit den Schattenseiten des technischen Fortschritts konfrontiert war, hat sie sich regelmäßig feige aus dem Staub gemacht. In den spektakulären Medikamenten- und Chemikalienfällen – Contergan und Holzschutz sind nur zwei davon – hat sie die Geschädigten ganz oder überwiegend allein gelassen, die Waldbesitzer hat man mit ihren Forderungen nach Ersatz ihrer emissionsbedingten Schäden abgewiesen und kranken Arbeitnehmern, die ihre gesundheitlichen Einbußen auf den Umgang mit gefährlichen Arbeitsstoffen zurückführen verweigern die Gerichte zu über 80% die Anerkennung, obwohl nur ein Wahrscheinlichkeitsnachweis erforderlich ist. Das sind beschämende Bilanzen. Es sind Bilanzen einer Justiz, die sich immer noch den neuen Herausforderungen der Risikogesellschaft verweigert, während sie den Schwarzfahrern und Ladendieben wie selbstverständlich Saures gibt.

Also Kurswechsel – aber wie? Da ist einmal schon gesagt worden, dass der ungute Zustand der Justiz sehr viel mit der Ausbildung der Juristen zu tun hat. Fünf oder sechs Jahre lang lernen die angehenden Juristen nur Theorie und die an den alten Fällen. Wilderer wildern, Hausbesitzer genügen ihrer Streupflicht nicht und Gutsbesitzer verhökern ihresgleichen lahmende Gäule. Das alles, obwohl jeder Wilderer dem mit Rehen und Hirschen übervölkerten deutschen Wald willkommen ist, der Treibhauseffekt längst für eisfreie Verhältnisse gesorgt hat und der deutsche Adel mittlerweile so sehr verblödet ist, dass ihm der Zustand seines Gestütes gar nicht mehr bewusst wird. Die Universitäten machen die jungen Leute zu untauglichen Formalisten und lebensfremden Dogmatikern. Am Ende ihres Studiums beherrschen sie das Prüfungsschema einer Strafrechtsklausur, aber daran, dass sie den arbeitslosen A., der zur Deckung seiner Wochenration Glimmstengel einen Zigarettenautomaten aufgebrochen hat, wegen schweren Diebstahls belangen, für den es bis zu zehn Jahren Knast gibt, finden sie nichts Besonderes.

Während ihrer Referendarzeit erleben die Juristen zwar die Praxis, aber zu spät und nur bruchstückhaft. Zu viele Stationen stehen auf dem Programm. Dann, innerhalb der Justiz, keine neuen Chancen auf frischen Wind. Dass der Apparat sich seine Leute selbst aussuchen darf, ist schon kritisiert worden. Und der Apparat ist nicht dumm. Er sucht sich unter den besten Absolventen die pflegeleichtesten aus. Motzgesichter und Querdenker haben keine Chance. Das aber wären gerade diejenigen, die für die neuen Fragen in Betracht kämen. Also bleibt alles beim Alten. Aufkeimender Reformeifer erhält über das Regulativ der Beförderung seine adäquate Antwort. Wer aus der Spur läuft, bleibt einfacher Richter oder Staatsanwalt, eine üble Perspektive. Der Irrweg der Justiz – ein Teufelskreis?

Eigentlich nicht, denn es deuten sich vielversprechende Lösungen an: Reform der Juristenausbildung mit einer Orientierung an den aktuellen gesellschaftlichen Problemen; Reform der Beförderungsregeln mit der Folge, dass Querdenker statt Opportunisten eine Chance bekommen und Schaffung des unabhängigen Staatsanwaltes, dem weder der politische Justizminister noch der gehorsame Generalstaatsanwalt ins Handwerk pfuschen kann.

Das sind nur ein paar Beispiele aus einem breit gefächerten Bund reformerischer Möglichkeiten. Aber die Sache hat einen Haken, auch der wurde schon angesprochen: Will der Staat, an den sich ja die Forderungen richten, überhaupt einen neuen, einen politischen, einen kritischen Juristen? Danach sieht es nicht aus. Einmal ist in der Vergangenheit zu wenig geschehen, als dass man berechtigt wäre, dem Staat irgend einen Reformeifer zu unterstellen. Und zum anderen ist diese Haltung nur zu verständlich, gehört der Staat doch unzweifelhaft zu den Profiteuren des defizitären Rechts. Im Prozess um die luftverschmutzungsbedingten Waldschäden saß er auf der Beklagtenbank und der Niedergang der Zigarettenindustrie könnte ihn eine Menge Steuern kosten. Dann doch lieber, über alle Parteigrenzen hinweg, keine Experimente.

Bleibt der Appell an die Justiz selbst. Reformen von innen heraus, ohne viel fremde Hilfe, sind bekanntermaßen die dauerhaftesten. Aber an die alten Hasen kann sich dieser Appell selbstverständlich nicht richten. Wer im Verein der »Beharrlichsten der Konsevativen« schon ein Jubiläum gefeiert hat, ist verloren. Also die Neuen! Die Anfänger! In den jungen Köpfen steckt, wenn überhaupt, die revolutionäre Kraft. Wenn überhaupt. Die Jugend, auch die akademische, auch die Juristenjugend outet sich gegenwärtig über ihre offene Symphatie für Love-Parade und Openairkonzerte. Sie outet sich als zumindest unpolitisch oder vielleicht sogar als apolitisch.

Man kann sie in diesem Zustand getrost vergessen. Wer mit von der Partie ist, wenn innerhalb weniger Stunden 10.000 Tonnen Müll in die Berliner Grünanlagen geworfen werden, wird wohl nicht auf die Idee kommen die Luftfahrtindustrie zu belangen, weil sie ähnlich große Schadstoffmengen in ähnlich kurzer Zeit in der Atmosphäre entsorgt, auch wenn die Folgen, diesmal fürs Klima, noch dramatischer sind.

Es sieht schlecht aus, das wird man unumwunden zugeben müssen. Aber bekanntlich stirbt die Hoffnung immer zuletzt. Vielleicht berappelt sich unsere Jugend demnächst wieder, nach weiteren zwei oder drei Schwachsinns-Paraden mit noch mehr Ecstasy. Vielleicht war dann die Spaßgesellschaft nur eine Episode, und die Jugend beginnt ihre Angelegenheiten in die Hand zu nehmen, beginnt für die Gesellschaft, die ja ihre Gesellschaft ist und für die Welt, die ja vor allem ihre Welt ist, zu sorgen. Und der juristische Nachwuchs macht mit!

Und begreift Strafrecht als Chance. Als Disziplin, die es nicht ständig zu rechtfertigen gilt, weil sie sich für nichts Entscheidendes zu schämen braucht. An anderer Stelle ist die Strafjustiz schon in die Offensive gegangen und hat hoffnungsvolle Perspektiven eröffnet. Stichwort Kriegsverbrecher-Tribunal. In den Niederlanden stehen die Mörder des Balkan-Krieges vor Gericht. Wenige Jahre nach den schlimmen Vorfällen richtet ein internationales Gremium über Völkermord und Verbrechen gegen die Menschlichkeit. Wenn auch die Drahtzieher noch in Freiheit sind – sie sind auf der Flucht. Die Botschaft aus Den Haag ist unüberhörbar: Für Mörder gibt es keinen sicheren Ort mehr, keine ruhige Minute. Den Ball hat man auch in Berlin gespielt, in Ruanda und in Chile. Noch sind es Anfänge, aber die Richtung stimmt: Konsequente Verfolgung von Unrecht, egal ob es unter dem Deckmantel politischer Ämter, militärischer Ränge oder wirtschaftlicher Macht begangen wurde. Und egal, ob als Tatmittel eine vollautomatische Kalaschnikow oder eine hochtoxische Haushaltschemikalie benutzt wurde. Könnte das die Logik sein, für die sich eine junge Generation endlich wieder begeistert?

Nachwort

Von Hans See

Nach seinem erfolgreichen Buch »Von Menschen und Ratten – Über das Scheitern der Justiz im Holzschutzmittel-Skandal« (Verlag Die Werkstatt, Göttingen 1998/1999/2000) hat Erich Schöndorf nun eine weitere, viel grundlegendere justizkritische Studie vorgelegt. Sie geht weit über seine frühere Kritik hinaus. Jetzt zielt sie auf das bundesdeutsche Justizsystem. Damals standen im Mittelpunkt der Fall des Verkaufs giftiger Holzschutzmittel und der zunächst gewonnene, am Ende dennoch verlorene Kampf der Opfer und des Staatsanwalts Erich Schöndorf um Anerkennung des giftigen Konsumgutes als Ursache vielfältiger Krankheitssymptome und um eine angemessene Entschädigung. Es war eine Fallanalyse. In diesem Buch schildert und analysiert der Autor seine viel weiter reichenden Erfahrungen an einer Fülle von Fällen quer durch den Straftatenkatalog.

Wie das erste Buch ist auch dieses wieder brillant geschrieben, in hohem Maße allgemeinverständlich, dazu spannender als die meisten der frei aus der Luft gegriffenen Krimis. Aber dennoch ein lehrreiches Buch für alle, die in der Justiz arbeiten, mit ihr beruflich oder als Bürgerinnen oder Bürger, die ihr Recht suchen, zu tun haben. Auch alle Übrigen, die sich vielleicht fragen, welches die Ursachen dafür sind, dass so viele Menschen sich von der Demokratie, von Parteien, vom Parlamentarismus, von der Politik überhaupt abwenden und ihr Heil – wenn schon nicht im Konsumrausch oder in der flachen Spaßkultur – in politischen und religiösen Sekten, in irrationalen Gewaltakten gegen Staatsorgane, Mitmenschen, nicht nur Fremde, oder auch gegen sich selbst suchen, finden hier wichtige Hinweise und Analysen, die aus der um sich greifenden Rat- und Hilfosigkeit heraus führen können. Das Buch ist nicht nur eine staatsanwaltschaftliche Anklageschrift gegen die Strafjustiz, sondern zugleich ein hinreißendes Plädoyer für eine tiefgreifende Justizreform.

Erich Schöndorf ist hier der Versuch gelungen, auf die alte Frage, weshalb die Justiz die Kleinen hängt und die Großen laufen lässt, eine zeitgemäße Antwort zu geben. Dass dies so ist, wusste schon der Humanist und Philosoph Erasmus von Rotterdam, der von 1466 bis 1533 lebte. Er schrieb: »Stiehlt einer ein Geldstück, dann hängt man ihn. Wer öffentliche Gelder unterschlägt, wer durch Monopole, Wucher und tausenderlei Machenschaften und Betrügereien noch so viel zusammenstiehlt, der wird unter die vornehmen Leute gerechnet. Wer irgendjemand Gift verabfolgt, wird wie ein Giftmischer bestraft, wer durch gepanschten Wein oder verdorbenes Öl das Volk vergiftet, geht frei aus.« Erasmus traf diese Feststellung für die zu seiner Zeit herrschenden vordemokratischen Verhältnisse. Wir – die wir in einer rechtsstaatlichen Demokratie leben, in der Forschungs-, Lehr- und Meinungsfreiheit einigermaßen garantiert sind – wissen heute besser als es der große Philosoph wissen konnte, weshalb zu seiner und Luthers Zeit die Obrigkeiten und Mitglieder der oberen Stände das Volk noch ungestraft betrügen, krank machen, vergiften konnten. Schöndorf macht uns klar, warum sich daran kaum etwas geändert hat.

Die Oberherren sahen sich von Gott eingesetzt, und ihre Willkür (auch bei der Auslegung der Bibel zur Begründung ihrer juristischen Vorschriften) stand für göttliches Recht und aktuelles Gesetz. Das Volk hatte lediglich die Rechnungen der Reichen und der Einflussreichen zu begleichen – und sich zu unterwerfen. Wer an die unfehlbare Moral der Oberherren nicht glauben wollte, lief Gefahr, dran glauben zu müssen. Das konnte Folter, konnte Verbrennung bei lebendigem Leib bedeuten. Diese Verhältnisse sind heute in unseren Breiten überwunden. Es gab zu Lebzeiten des Erasmus noch keinen Rechtsstaat, keine bürgerliche Verfassung, keine Demokratie. Was der kluge Philosoph schildert, war die Wirklichkeit feudaler, vorkapitalistischer Verhältnisse.

Die Frage, die Schöndorf aus seiner Erfahrung und Übersicht für unsere Gegenwart beantwortet, ist daher einfach zu formulieren: Warum gilt die Justizkritik des Erasmus auch heute noch? Für vordemokratische Gesellschaften war sie noch mit dem Sittenverfall sündiger Menschen erklärbar. Die fortschrittlichsten Köpfe der Neuzeit erklärten die Missstände des Feudalismus mit fehlender Aufklärung, selbstverschuldeter Unmündigkeit, später mit mangelnder Demokratie. Der Fortschrittsglaube, der Aufklärung, Mündigkeit, mehr Demokratie brachte, hat jedoch in weiten Lebensbereichen seine Höhepunkte überschritten. Richtig ist: Man darf inzwischen frei reden und wählen. Man wird in Deutschland und manchen anderen demokratischen Staaten inzwischen nicht mehr gehenkt. Doch unmittelbar nach einem klassischen Kapitalverbrechen wie Kindermord haben die Anhänger der Todesstrafe sofort wieder eine Mehrheit. Hier stößt das Demokratieverständnis vieler auf seine eigenen Grenzen.

Hat also unsere moderne Gesellschaft noch immer zu wenig aufgeklärte Menschen? Fehlt es an demokratischer Kultur, an demokratischer Gesinnung? Mit den Sünden der von Gott auserwählten Obrigkeiten können wir nur noch wenig anfangen. Sie sind, zumindest aus Sicht moderner Demokraten und Demokratinnen, wenn man einmal vom Vatikan und einigen nichtchristlichen Gottesstaaten absieht, Fossilien des finstersten Mittelalters. Der Gegensatz von oben und unten, zwischen Regierenden und Regierten, ist durch das Wahlrecht abgemildert. Der zwischen »Reich« und »Arm« durch Sozialrechte erträglicher gemacht. Der zwischen den sozialen Klassen wird heute an runden Tischen und mit konformistischen Sozialpartnerschaftsideologien verwischt. Mit »Links« und »Rechts« als politischen Kategorien kann nicht einmal mehr die sogenannte Intelligenz etwas anfangen. Dass es »links« sein könnte, mehr Rechte für sozial Schwache und mehr Kontrolle für die Mächtigen zu fordern und zu erkämpfen, und »rechts«, die sozial Schwachen zu diskriminieren, zu drangsalieren, zu kontrollieren, im Extremfall auch zu eliminieren, die Reichen und Einflussreichen vor Kontrolle, vor mehr Demokratie zu schützen, auch wenn dies die angeblich über allen Parteirichtungen stehende Strafjustiz tut, wird von den Aufgeklärten, den Demokraten, die sich in der sogenannten Mitte um den besten Platz und das höhere Ansehen bei den Wählern prügeln, von vielen nicht erkannt, von den meisten nur nicht zugegen.

Demokratie ist – das sollte, wer dieses Buch liest, stets im Hinterkopf behalten – ein Kultur-, kein Naturverhältnis. Sie ist das Ergebnis von Kulturkämpfen, von Emanzipations- und Bewusstseinsbildungsprozessen. Rechte Diktaturen, die diesen Prozess von oben her aufzuhalten versuchen, aber auch die linke Diktatur des Proletariats, die sozialistische Aufklärung, soziales Bewusstsein und soziale Praxis, unabhängig vom Stand der objektiven Rahmenbedingungen einer Gesellschaft, ihrer geschichtlichen Prägung, von oben herab erzwingen wollen, sind zum Scheitern verurteilt, weil sie ein falsches Demokratieverständnis haben. Demokratie kommt von unten. Man kann sie auf Dauer weder unterdrücken noch erzwingen. Sie ist ein historischer politisch-ökonomischer, soziokultureller und sozialpsychologischer Prozess, dessen Entwicklungsstand sich besonders klar im Strafrecht und in der Strafpraxis widerspiegelt.

Demokratische Bewegungen sind seit Jahrhunderten – wenn auch immer wieder von Siegen ihrer sich oft als Demokraten oder gar Sozialisten ausgebenden Gegner unterbrochen – auf dem Vormarsch. Dies spiegelt sich in der Entwicklung der Rechtsverfassung. Nach mehr oder weniger erfolgreichen bürgerlichen Revolutionen war demokratisches Wahlrecht noch lange an Privilegien, an die Höhe des Steueraufkommens, ein fortgeschrittenes Alter und das männliche Geschlecht, gebunden. Der neue, nun bürgerliche Staat war zum Verfassungsstaat geworden. Und der Verfassungsstaat war endlich nicht mehr (wie der feudale Willkürstaat) der Feind des freien Unternehmertums, des Kapitals, auch nicht mehr der Herr der Wirtschaft. Aber er blieb weiterhin ein Unterdrückungsinstrument, mit dem nun die siegreiche Bourgeoisie ihre Feinde, das waren in erster Linie die Feinde des Privateigentums und der Freihandelsideologie, des Wirtschaftsliberalismus, bekämpfte.

Als dessen Feinde wurden (und daran hat sich bis heute wenig geändert) vor allem Diebe und betrügerische Konkurrenten betrachtet. Das sind Menschen, die – in der Regel nach Vorbildern erfolgreicher Privatunternehmer – die in der Natur des freien Marktes liegende ungerechte Eigentumsverteilung zu korrigieren versuchen. Freilich am geltenden Recht vorbei. Tagediebe beschaffen sich illegal Lohnersatz, eine Lohnerhöhung, Bankräuber gar das Startkapital für ein eigenes Geschäft. Doch neben diesen kleineren und größeren Einzelkämpfern erwiesen sich als besonders gefährliche Eigentums- und damit Staatsfeinde bald auch Sozialisten und Kommunisten. Sie unterschieden sich und unterscheiden sich auch heute noch von Dieben und Räubern, weil sie individuelle Problemlösungen ablehnen und das aus brutaler Ausbeutung und Unterdrückung der Arbeitsbevölkerung entstandene soziale Elend nach vollbrachter Revolution oder durch systemüberschreitende Reformen kollektiv zu lösen versuchen.

Unter fast ausschließlich von Kapitalinteressen bestimmten rechtlichen und politischen Bedingungen entstand die (von Marx' Kritik der bürgerlichen politischen Ökonomie nicht gedeckte), allerdings durch die erlebte Wirklichkeit des Früh-, Hoch- und Spätkapitalismus täglich neu bestärkte Überzeugung der marxistisch orientierten Arbeiterklasse, der ganze Kapitalismus sei kriminell. Die revolutionären Marxisten ignorierten einfach, dass es außer der bürgerlich-kapitalistischen Gesellschaftsklasse noch keine andere gegeben hat, die – über die Garantie der Vertragsfreiheit hinaus – so konsequent ihre Handlungen und Entscheidungen legalisiert hat bzw. legalisieren ließ. Das sogenannte Besitzbürgertum setzte aus gründlich durchdachtem Eigeninteresse radikal auf das Legalitätsprinzip. Die Gerechtigkeit entspringt danach – was der Soziologe Luhmann noch einmal systemtheoretisch unterstrichen hat – aus der strikten Beachtung von Verfahrensregeln. Doch diese fällt – und das ist auch nur ein System der Krise der Justiz – immer häufiger dem vordergründig als Prozessökonomie bezeichneten Opportunitätsprinzip zum Opfer – dem sogenannten Deal.

Die Arbeiterbewegung war durch ihre Erfahrungen mit dem liberalen Rechtsstaat, der nun einmal kein Linksstaat, kein demokratischer und kein sozialer Staat war, zu der unerschütterlichen Überzeugung gelangt, dass die »soziale Frage« nur durch Enteignung der Produktionsmittel überwunden werden könne. Das Privateigentum war schon lange vor Marx und den Marxisten als das Grundübel aller wesentlichen sozialen Probleme erkannt worden. Doch wie wir heute wissen, brachte die Abschaffung der privaten Verfügungsgewalt über gesellschaftlich notwendige Produktionsmittel, die der real existierende Sozialismus rechtlich durchsetzte, nicht die erhoffte Lösung. Zwar war es nun dem realsozialistischen Staat möglich geworden, das Problem der Arbeitslosigkeit, der Obdachlosigkeit, der Gesundheitsversorgung, Bildung und Ausbildung der Massen, zum Teil sogar die Frage der Gleichberechtigung zwischen Mann und Frau zu lösen, nicht aber das Problem der Missbrauchs des staatlichen Eigentums durch kommunistische Funktionäre, Kader und Apparatschiks. Die Kriminalisierung kapitalistischer Wirtschaftspraktiken innerhalb der legalen Planwirtschaften vermochte deshalb auch nicht die Entstehung eines illegalen Komplementärsystems, eines systematisch betriebenen Untergrundkapitalismus zu verhindern.

So erwies sich die Enteignung der privaten Produktionsmittel und des Großgrundbesitzes zwar als im Prinzip richtig, aber dennoch entpuppte sie sich im Laufe der Zeit als schwerer historischer Irrtum. Denn es zeigte sich, dass nicht nur das Privateigentum, sondern auch das Staats- und Genossenschaftseigentum, wenn es nicht hinreichender demokratischer Kontrolle unterworfen ist, vor Missbrauch durch Verwalter und Gestalter nicht geschützt werden kann. So verspielten die regierenden Kommunisten, indem sie den Alleinvertretungsanspruch der Macht des Volkes erhoben, bald ihre demokratische und obendrein ihre moralische Legitimationsgrundlage. Und die sozialistische Justiz, die sich bewusst als Klassenjustiz verstand, die nach ihrem Selbstverständnis eine Justiz der Arbeiter und Bauern hätte sein müssen, war faktisch auch nur eine Justiz der Eigentumsfunktionäre. Daher das Missverständnis, es habe sich in den Ostblockstaaten um einen Staatskapitalismus gehandelt. Nein, es war ein Staatssozialismus. Ein Widerspruch in sich.

Richtig war der eingeschlagene Weg der Arbeiterbewegung in Richtung Demokratisierung von Gesellschaft, Staat und Wirtschaft dennoch. So erkämpfte sich die diskriminierte, unterdrückte und skrupellos ausgebeutete Unterklasse erst einmal das allgemeine, gleiche, geheime Wahlrecht. Dazu das Demonstrations-, Streik- und Koalitionsrecht, das die Bildung von Parteien, Gewerkschaften und Betriebsräten ermöglichte. Damit konnten dem kapitalistischen Staat und – über diesen vermittelt – dem kapitalistischen Eigentum soziale Rücksichten und Verantwortlichkeiten legal abgerungen werden. Dass das Sozialstaatsmodell den Arbeitnehmern weniger Vorteile brachte als dem kapitalistischen System selbst, darf die Bourgeoisie freilich nicht offen eingestehen. Aber sie weiß es. Denn ohne die von großen Teilen des Bürgertums gehasste und erbittert bekämpfte Sozialpolitik wäre der Kapitalismus längst an seinen inneren Widersprüchen zugrunde gegangen.

Derlei Erkenntnisse hielten und halten bis heute die Unternehmer, ihre Verbandsfunktionäre und politischen Kampfhunde nicht davon ab, alle demokratischen und sozialen Fortschritte immer nur als Angriffe auf »die« Freiheit, die sie mit der Freiheit des Eigentums gleichsetzten, zu bekämpfen. Jedes noch so harmlose Sozialgesetz wurde als Einschränkung der Wettbewerbsfähigkeit der deutschen Wirtschaft und als Gefahr für Arbeitsplätze dargestellt und mit gekonnter psychologischer Kriegsführung, finanziert aus »schwarzen Kriegskassen«, notfalls auch mit Kapitalstreik und Kapitalflucht, bekämpft. Juristische Mittel, auch das letzte Mittel des Strafrechts, wurden von Anfang der kapitalistischen Wirtschaftsordnung an als Kampfinstrumente gegen die arbeitende Klasse zur Verhinderung ihres Kampfes um höhere Löhne, besseren Arbeits- und Gesundheitsschutz, mehr demokratische und soziale Rechte eingesetzt. Die Justiz war im übelsten Sinne des Begriffs Klassenjustiz. Sie hat Arbeitskämpfe und individuellen Widerstand gegen den Herr-im-Hause-Standpunkt des Kapitals als Verbrechen interpretiert und oftmals die gesamte soziale und demokratische Bewegung kriminalisiert. Erinnert sei hier nur an Bismarcks Sozialistengesetz und Hitlers Vernichtungsfeldzug gegen die internationalistisch orientierte Arbeiterbewegung.

Die Klasse der Produktionsmittelbesitzer sah sich kraft ihres durch die wirtschaftsliberale Verfassung garantierten Eigentumsprivilegs jederzeit legitimiert, zu dessen Verteidigung extrem sozialfeindliche und rassistische Parteien an die Macht zu bringen. Von diesen Parteien wurde erwartet, dass sie ihre Versprechen einlösen und die kapitalkritischen sozialen Bewegungen sowie die sie schützende freiheitliche Demokratie auf gesetzlichem Weg kriminalisieren, zerschlagen, niederwerfen. Die heimatlos gemachten Arbeitermassen wurden ins bürgerliche Lager zu ziehen versucht. Erst das radikalste Konzept, die Ideologie der nationalsozialistischen Volks- und Rassengemeinschaft, führte – wenngleich nur für kurze Zeit – zum »Erfolg«. Als integrationistische Feindbilder bewährten sich vor allem Juden und Kommunisten. Juden wurden als Vertreter des »raffenden«, »spekulierenden«, »wuchernden« internationalen, und das hieß jüdischen, Kapitals, das als Wurzel aller sozialen und moralischen Übel betrachtet wurde, und Kommunisten als deren internationalistische Handlanger zur Vernichtung freigegeben. Die auf die demokratische Verfassung verpflichtete Justiz hat nicht nur passiv mitgewirkt. Sie war selbst ein Teil des verbrecherischen Kampfes gegen die Entwicklung einer sozialstaatlichen Demokratie. Dieser Gefahr ist sie – wie Schöndorf uns (ohne es auszusprechen) am Beispiel der Strafjustiz bewusst macht – auch noch heute ausgesetzt.

Der objektiven Erkenntnis, dass sozialstaatliche Demokratie kapitalistische Wirtschaftsfreiheiten und Kapitalmissbrauch beschränkt, verdankt die erste deutsche Demokratie die meist als »Machtergreifung« verharmloste Machtübergabe an Hitler und seine uniformierten Mafiaorganisationen. Ausschlaggebend waren zwar die dem »Ermächtigungsgesetz« zustimmenden bürgerlichen Parteien. Aber ohne die hinter ihnen stehende freie Wirtschaft und deren Krisenmanagement hätte der Nationalsozialismus keine Chance gehabt, die Staatsmacht zu erobern. Erst die totale militärische Niederlage dieses nationalistisch-rassistischen, dieses rechten und ethnisch definierten Sozialismus ließ die Deutschen allmählich daran zweifeln, dass dessen Vorstellungen von Recht und Ordnung die einzig Wahren gewesen seien. Dass ausgerechnet nach 1945 in Deutschland die Abschaffung der Todesstrafe durchgesetzt werden konnte, ist nur bedingt ein großer Fortschritt gewesen. Es spricht nämlich einiges dafür, dass eines der Motive der verfassungsgebenden Versammlung, dieses totalitäre Strafmaß abzuschaffen, auch darin lag, ehemalige Nazis, die sich der Beteiligung am Völkermord schuldig gemacht hatten, nicht massenhaft hinrichten zu müssen.

Die infolge des Krieges entstandene deutsche Teilung und die damit als besonders bedrohlich empfundene kommunistische Diktatur beförderte bei westlichen Unternehmern zweifellos die Akzeptanz des Modells der sozialen Marktwirtschaft. Die Konzessionen an die Arbeiterklasse fanden ihren konkreten Niederschlag im sogenannten Wirtschaftswunder. Der ansteigende Wohlstand verhalf dann dem bürgerlich-demokratischen Gesellschaftsmodell – trotz des KPD-Verbots im Jahre 1956, trotz Wiederaufrüstung und trotz der radikalen Abwendung von Teilen der akademischen Jugend vom Kapitalismus und Parlamentarismus ab Mitte der sechziger Jahre – und mit diesem dem Kapitalismus, zu einem hohen Grad an gesellschaftlicher Anerkennung. In diesem Prozess spielte die deutsche Justiz, die damals noch in hohem Maße von Altnazis beherrscht wurde, eine Schlüsselrolle.

Der Niedergang und schließliche Zusammenbruch des Ostblocks und des Weltkommunismus machte auch den für die entschiedenen Anhänger der marxistischen Arbeiterbewegung bis dahin für gangbar gehaltenen Ausweg aus den Widersprüchen des Kapitals durch Verstaatlichung der Produktionsmittel als Sackgasse kenntlich. Hatte die Kapitalseite, solange die DDR unsichtbar mit am Verhandlungstisch der »Sozialpartner« saß, mit zusammengebissenen Zähnen den Sozialstaatsgedanken akzeptiert, so haben sich mit dem Ende der »roten Gefahr« aus dem Osten und mit der fortschreitenden Europäisierung der früher national regulierten Märkte die Kräfteverhältnisse und damit die sozialen Einstellungen der Unternehmer wieder zugunsten eines nun als Neoliberalismus deklarierten globalen Casino-, Spekulations- und Raubtierkapitalismus verschoben. Damit brechen freilich auch die alten Denk- und Politikstrukturen wieder hervor und reproduzieren im ausländerfeindlichen und antisemitischen Neofaschismus die alten Reaktionsmuster, mit denen unsere auf ihrer unbewältigten Vergangenheit sitzende Justiz nicht fertig wird.

Die Globalisierung, von Elmar Altvater treffend als »Deregulierung und damit als Schwächung der Gestaltungsmacht der Nationalstaaten gegenüber den Marktkräften« charakterisiert, tangiert auch mit diesen politisch-ökonomischen Veränderungen die Rolle der nationalen Justiz, zumal der Strafjustiz. Sie stürzt nun noch tiefer in die ohnedies schon lange verdeckt schwelende Krise, und führt nun dazu, dass sich die Wirtschaft noch rücksichtsloser ungeliebten nationalstaatlichen Gesetzen, Strafverfolgern, Steuerfahndern, Staatsanwälten und Richtern, auch denen, die nach wie vor fest entschlossen sind, geltendes Recht gegen die Mächtigen durchzusetzen, zu entziehen vermag.

Der systematische Gesetzesbruch wird zunehmend fester Bestandteil des nationalen wie des internationalen Wettbewerbs, dessen Vorteile für die Wirtschaft auf der Hand liegen, so lange der demokratische Staat die sozialschädlichen Praktiken von selbstständigen Unternehmern und Managern nicht mit der gleichen Elle misst wie die der übrigen Straftäter. Ein demokratischer Staat, der die Verantwortung der Kapitalseite in Sachen Investitionsfreiheit und Mitbestimmung nicht wirklich anzutasten wagt, der hinnimmt, dass die Strafverfolger bei Wirtschaftsdelikten, zu denen sachlich auch die Masse der Umweltdelikte gehört, die Verantwortlichkeiten nicht gerichtsfest bestimmten Personen zuzuordnen sind und keine Vorkehrungen dagegen trifft, dass sich Staatsanwälte und Richter immer häufiger auf Gutachten wirtschaftshöriger Wissenschaftler stützen, ein solcher demokratischer Staat kann die anstehenden Probleme juristisch nicht mehr »im Namen des Volkes« zufriedenstellend lösen. Denn die Justiz in einer Demokratie verliert, wenn sie den notwendigen demokratischen Prozess blockiert, die Kraft der Befriedung sozialer Konflikte, sie wird wieder erkennbar zur Klassenjustiz und liefert politischen Extremisten die Gründe, das geltende Recht zu missachten.

Schöndorfs Buch haucht diesen eher abstrakten Erörterungen, die allerdings zum besseren Verständnis der Rahmenbedingungen beitragen, erst das wirkliche Leben ein. Es ist auch ein wichtiger Beitrag zur überfälligen Justizreform.

DER AUTOR

Dr. Erich Schöndorf

Geboren 11.08.1947 in Greifenstein, Hessen.
1958 – 1966 Besuch des Gymnasiums in Weilburg a.d. Lahn.

Danach Studium der Rechtswissenschaften in Gießen an der Lahn und Frankfurt am Main,
1. Staatsexamen 1974,
2. Staatsexamen 1977.

Promotion 1979 bei Professor Spiros Simitis in Frankfurt am Main, Thema: Allgemeine Arbeitsbedingungen.

1977 – 1996 Staatsanwalt in Frankfurt am Main, die letzten zehn Jahre im Umweltdezernat tätig. Zwischen 1984 und 1996 in der Hauptsache mit dem »Holzschutzmittel-Verfahren« befasst.

Seit 1996 Professor für Umweltrecht an der Fachhochschule in Frankfurt am Main.

Seit vielen Jahren kreativ im Bund für Umwelt und Naturschutz (BUND) tätig, Schwerpunkt: Klimaschutz.